믿음의 깊은 샘 히브리서 2

멜기세덱의 반차를 따른 대제사장

아더 W. 핑크

An *Exposition of Hebrews*

믿음의 깊은 샘
히브리서

2

멜기세덱의 반차를 따른 대제사장

: 히브리서 5장~8장 강해

서문 강 옮김

청교도신앙사

차례

Arthur W. Pink

역자 서문

먼저 제 1권에 이어 제 2권을 바로 선보이게 하신 하나님 우리 아버지께 영광과 감사를 드리옵니다.

제 1권이 새롭게 선보이고 나서 여러분들이 크게 환영하고 격려를 보내왔습니다. 이는 우연한 일이 아니라 이 책을 향하신 하나님 우리 아버지의 기뻐하심의 소산이라고 믿어 의심치 않습니다. 그래서 주님께서 은혜 주시는 한에서 나머지 3,4,5,6권도 연달아 빠른 시일 안에 출간하여 독자들의 갈증을 풀어드리기를 원합니다.

제 1권을 준비하는 과정에서도 그러하였지만, 이 제 2권을 준비하면서 저자의 영성과 정확한 성경해석과 탁월한 목회적 적용에 감탄하지 않을 수 없었습니다. 바른 성경강해란 정당한 신학과 저자 개인의 영성과 목회적 간절함이 병행되어야 가치가 있다는 것은 보편적인 진리입니다. 종교개혁의 가장 큰 사건은 성경을 떠난 중세의 신학과 영성과 목회관에 대항하여 성경이 말하는 데로 돌아간 것이라고 할 수 있습니다. 그런 종교개혁의 정신이 계속 줄기차게 이어지고 열매를 맺었던 것은 성경의 권위에 복종한 설교, 또는 성경의 순전한 강해였습니다. 종교개혁자 루터나 칼빈에게 있어서 설교는 설교자의 의식이나 견해를 피력하는 것이 아니었습니다. 성경이 말하는 바를 적확하게 증거하고, 그에 따라 듣는 회중의 영혼에 적용하는 것이었습니다. 만일 그런 설교가 아니었다면, 종교개혁의 정신과 그 실제가 역사의 줄기를 바꾸는 역동적인 것이 되지 못하였을 것입니다. 하나님께서는 당신의 말씀인 성경의 권위와 능력을 그들 종교개혁자의 설교를 통해서 확증하셨고, 그 설교를 듣는 이들 속에서 진정한 각성과 거듭남과 회심의 역사를 일으키셨습니다.

그 종교개혁자들의 가치는 청교도운동에서 만발하였고, 성경이 말하는 복음과 교회관과 목회사역의 본질이 무엇인지 그 정체를 드러내게 되었습니다. 근대 교회사에 있어서 종교개혁과 청교도주의는 그 중심을 견지하는 지주가 되었습니다. 그래서 우리는 20세기를 지나 21세기를 살면서도 여전히 성경과 종교개혁과 청교도시대를 통해서 드러내신 성삼위 하나님의 영광에 주목해야 하는 것입니다. 진정한 설교자는 현대가 낳지 않고 성경과 종교개혁 정신과 청교도 시대의 영성이 낳는다 해도 과언이 아닐 것입니다. 물론 성경과 종교개혁 정신과 청교도 정신은 셋이 아니라 하나입니다.

'믿음의 깊은 샘 히브리서'의 저자 아더 핑크(A.W. Pink)는 바로 그 셋이 하나가 되어 낳은 설교자와 성경강해자입니다. 존 칼빈(John Calvin), 존 오웬(John Owen), 조나단 에드워즈(Jonathan Edwards), 에인절 제임스(J. Angell James), 찰스 스펄전(C. H. Spurgeon), 로이드 존스(D. M. Lloyd-Jones) 등 각 시대마다 하나님께서 귀하게 쓰신 말씀의 사람들은 다 그 한 태에서 난 설교자들입니다. 듣기로는 로이드 존스 목사가 젊을 때에 아더 핑크의 「성경연구지」(Studies in Scriptures)의 열렬한 독자였으며, 동료들에게 그 책을 읽을 것을 강권하였다고 합니다. 그것이 우연한 일이 아니고 한 성령께서 그들 속에서 역사하신 일입니다. 이들은 한 결 같이 성경을 풀어 강론하되 분명한 목적을 가지고 있었습니다. 단순한 지적 호기심이나 종교적 흥미를 만족하기 위해서가 아니라, 하나님의 교회, 곧 성도들을 그리스도 예수님 안에서 완전한 자로 세우려 자기들을 세우신 하나님의 목적을 염두에 둔 일이었습니다. 그래서 이들의 성경 강론은 본문이 말하는 정확한 해석과, 그 본문이 말하는 바에 따라 자기들에게 맡겨진 주님의 회중에게 어떤 영적인 도전과 각성과 격려가 주를 이루었습니다.

실로 참된 믿음은 합리주의(合理主義, rationalism)를 배격합니다. 그것은 합리주의는 인간 이성(理性)을 그 궁극적 척도와 권위로 삼고 있기 때문입니다. 자유주의 신학, 또는 현대주의 신학은 그런 합리주의의 극치입니다. 그러하다고 참된 믿음이 논리가 없는 맹목적인 추종이 아닙니다. 하나님께서는 당신의 자녀들에게 그런 맹목적 추종을 강요한 적이 없습니다. 도리어 하나님께서 당신 자신의 이름의 권위와 그 뜻과 영광을 알게 하시어 그 지식으로 믿음의 길을 나아가게 하셨습니다. 믿음은 인간적인 논리가 아니고 신적(神的) 논리, 하나님을 아는 지식의 터 위에 견고한 논리를 구축하여 어떤 대적하는 반론도 이겨내는 강력입니다. 사도 바울은 그 요점에 빛을 쏟아 부어주는 주석과 같은 말씀을 하였습니다. "우리의 싸우는 무기는 육신에 속한 것이 아니요 오직 어떠한 진도 무너뜨리는 하나님의 능력이라 모든 이론을 무너뜨리며 하나님 아는 것을 대적하여 높아진 것을 다 무너뜨리고 모든 생각을 사로잡아 그리스도에게 복종하게 하니(We demolish arguments and every pretension that sets itself up against the knowledge of God, and we take captive every thought to make it obedient to Christ - NIV)."(고후 10:4,5) 그래서 호세아 시대에 하나님께서는 그런 믿음의 정로를 벗어나 있는 백성들을 향하여 무서운 말씀을 하셨습니다. "내 백성이 지식이 없으므로 망하는도다 네가 지식을 버렸으니 나도 너를 버려 내 제사장이 되지 못하게 할 것이요 네가 네 하나님의 율법을 잊었으니 나도 네 자녀들을 잊어버리리라."(호 4:6)

이에 비추어 오늘날 현대교회의 설교들은 이 정로에서 너무나 많이 벗어나 있음을 누가 부인하렵니까? 그러니 그런 정로에서 벗어나 있는 강단에도 불구하고 교회는 크게 번성하고 성장하다니, 그 성장은 어떤 성장이겠습니까? 믿음의 진정성 여부를 시험하는 모진 시험이 불어 닥칠 때 그런 조건 속에서 성장한 성도들의 진(陣)인 교회가 얼마나 견뎌낼 수 있을까요? 이미 우리 주님께서는 "반석 위에 지은 집과 모래 위에 지은 집"을 예증삼아 참된 믿음의 기반의 중요성을 강조하셨습니다(마 7:24-29). 이런 의미에서 이 강해서는 참으로 현대 교회 성도들의 믿음의 기반을 탄탄하게 하시는 주님의 손에 들린 좋은 도구임에 틀림없습니다.

본 「믿음의 깊은 샘 히브리서 2」는 히브리서 5-8장 강해입니다. 5장에서는 레위 지파의 제사장 반열이 아닌 멜기세덱의 반차를 따른 대제사장으로서의 그리스도의 제사장 직무와 그 영광을 말하고 있습니다. 멜기세덱의 반차에 대한 이해를 둘러싸고 많은 논란과 이론이 있습니다. 특히 유대교는 그에 대하여 빈약한 이해를 넘어서 오해의 깊은 늪에 빠져 있었습니다. 이에 대해서 본 강해서 저자는 멜기세덱에 관한 구약성경의 말씀이 어떻게 그리스도 안에서 그 원형적 실체로 성취되었는지를 본문에 따라 기탄없이 강론하고 있습니다.

6장에서는 멜기세덱의 반차를 따른 그리스도께 대한 정당한 믿음 안에 있는 자들이 여러 박해 속에서 뒤로 물러가도록 유혹하는 사탄의 시험과 간계를 이기고 어떻게 믿음의 진보를 계속하여야 하느냐를 다루고 있습니다.

히브리서 기자는 교리적 문제를 다루면서도 언제나 그 교리를 경건의 실천에 적용하는 것을 놓치지 않습니다. 그래서 적극적으로는 실천적 경건에 박차를 가할 양으로 "그리스도의 도의 초보를 버리고…교훈의 터를 다시 닦지 말고 완전한 데로 나아갈지니라."(히 6:1,2)고 강권합니다. 소극적으로는 그런 진보를 게을리 할 때 스며드는 배도의 유혹에 대하여 강하게 경계합니다. 본 강해서 저자는 그 두 국면을 섬세한 영적인 촉수로 간파하여 강해하여 독자들의 영적 갈증과 의문을 풀어 줍니다.

히브리서 7장에서는 멜기세덱의 반차를 따른 그리스도의 제사직무가 하나님의 택한 백성들을 위해서 얼마나 필연적인지를 다루고 있습니다. 본 강해서 저자는 본문을 따라 그 문제를 다루면서 구속사의 경륜 속에서 모형과 그림자와 예표로서의 율법적 제도의 연속적 성격과 불연속적 실상을 구속사적인 안목으로 다루고 있습니다. '율법적 제도의 연속적 성격'이란 그것이 구약시대로 한시적으로만 존재하는 것이 아니라 그리스도의 날, 곧 신약시대에 성취되는 본질과 실체로 계속 이어진다는 말입니다. '불연속적 성격'이란 예표와 모형이 가지고 있는 한시적 부분으로 그리스도의 날에는 더 이상 무의미하여 폐해지는 것을 의미하는 것입니다. 그 문제를 본 강해서 저자는 하나님의 구속사적(救贖史的) 경륜에 대한 정확한 안목으로 강해하고 있습니다. 그래서 이 부분을 집중하여 읽음으로 구약성경과 신약성경이 어떻게 하나의 줄기로 조화를 이루고 있는지 그 이유, 그리고 구약성경과 신약성경이 어떤 역동성의 맥(脈)을 가진 하나의 심장을 공유하고 있는 사실에 눈을 더 크게 뜰 것입니다.

히브리서 8장은 땅에 있는 성소가 아닌 하늘의 참 성소에서 여전히 백성들의 대제사장으로 섬기고 계시는 그리스도의 항시적인 행사를 증거합니다. 이 부분에서 강해서 저자는 본문에 나타난 대로 그리스도의 행사의 교리적

논거와, 그것이 성도의 실천적인 경건에 어떻게 적용되어 위로가 되는지를 유창하게 논증하고 있습니다.

하나님 아버지, 우리 주 예수 그리스도의 이름으로 기도하옵나니, 이 책으로 당신의 신실한 사람들을 당신의 목적 속에서 예정하신 대로 그리스도의 형상을 본받도록 먹이시고 기르시고 세우소서. 이 책을 만드는 청교도신앙사에게 복을 주시어 이런 책들이 계속 출간할 힘을 주시고 이런 책들의 가치를 위해 헌신할 협력자들을 더하여 주옵소서. 이 책을 읽는 독자들에 복을 주시어 성령님의 기름부음을 주옵소서. 아멘.

주후 2014년 7월 여름,
은혜의 장마 비를 기다리며…

역자 서문 강 목사 아룀

19강

대제사장 직무의 본질

[5:1] 대제사장마다 사람 가운데서 택한 자이므로 하나님께 속한 일에 사람을 위하여 예물과
속죄하는 제사를 드리게 하나니 [5:2] 그가 무식하고 미혹된 자를 능히 용납할 수 있는 것은
자기도 연약에 휩싸여 있음이라 [5:3] 그러므로 백성을 위하여 속죄제를 드림과 같이 또한 자
신을 위하여도 드리는 것이 마땅하니라 [5:4] 이 존귀는 아무도 스스로 취하지 못하고 오직
아론과 같이 하나님의 부르심을 받은 자라야 할 것이니라

히브리서를 문맥을 따라서 여러 대목으로 나눌 수 있는데, 이제 우리는 가장 긴 대목(5:1-10:39)에 접어든 셈입니다. 이 대목이야말로 교리적인 측면에서나 실천적인 측면에서 볼 때 가장 중요한 대목일 것입니다. 성령께서는 이 대목에서 우리 구주의 '대제사장직'을 다루고 계십니다. 이 가장 복되고 사활을 좌우하는 주제에 대하여 오늘날 기독교 내에서도 상당한 혼란이 일고 있습니다. 그러나 그런 일은 놀라운 것이 아닙니다. 왜냐하면 겉으로는 그리스도의 이름을 고백한다고 하는 수많은 사람들이 '건전한 교리를 견디내지 못할 때'가 이르렀기 때문입니다. 그뿐 아니라 그리스도의 이름을 고백하는 수많은 이들이 자기들의 귀를 진리에서 돌이켜 "허탄한 이야기를" 좇기 때문입니다. 그들은 하나님을 모독하는 꾸며진 이야기로 자기들의 가려운 귀를 긁어 줄 스승을 두는 사람들이라서 육체적이고 세상적인 욕심을 따라 사는 사람들입니다. 하나님을 두려워하는 그리스도인들이 범사에 "좋은 것을 취하라."(살전 5:21)는 하나님의 권고를 오늘처럼 청종해야 할 때가 일

찍이 없었습니다. 신앙을 지키기 위해서는 오직 베뢰아 사람들처럼 '그것이 그러한가하여 날마다 성경을 상고하는' 수밖에 다른 도리가 없습니다. 우리가 사람들에게서 듣고 있는 것들을 성경을 통해서 매일 확인해 보아야 합니다. 아무리 신학적인 명성이 있고 경건하고, 또 아무리 정통하다는 평을 듣고 있는 이들의 말이라도 오류 없는 하나님의 말씀에 비추어 헤아려 보아야 합니다. 로마 가톨릭과, 갈수록 수가 증가해 가는 앵글리칸(성공회교도)들이 그리스도의 대제사장직의 유일한 장엄성과 그 속죄의 충분성을 실제로 외면하고 있습니다. 사제(司祭, priest)들이 하나님과 죄인들 사이의 중보자로 행세하고 있기 때문입니다. 알미니안들은 그리스도의 제사장 직무와 사역이 전체 인류와 관계를 가지고 영향을 미치는 것이라고 말합니다. 그럼으로써 근본적인 잘못을 저지르고 있습니다. 플리머쓰 형제단 (Plymouth Brethren)의 지도자들 대부분이 그리스도가 승천한 다음에야 제사장 직무를 시작했다고 주장합니다. 그렇게 함으로써 그리스도의 죽음이 가진 '제사장적' 성격을 부인하고 성경에 억지를 가하고 있습니다. 또한 그들은 확언하기를, 그리스도의 제사장직이 죄와 직접 관련되지 않고 다만 연약을 돕고 긍휼히 여기는 사역에만 해당된다고 합니다. 그러나 우리가 다른 사람들의 실수를 다루어 보았자 별 유익이 없을 것입니다. 그러니 우리가 다루려는 바, 그리스도의 제사장직에 대한 적극적인 국면을 살펴보려고 합니다.

이미 우리가 앞에서 살펴본 말씀들에서 그리스도의 대제사장직에 대한 언급이 히브리서 4장 이전에 세 번이나 나왔었습니다. 첫째는 2:17의 말씀입니다. "그러므로 그가 범사에 형제들과 같이 되심이 마땅하도다 이는 하나님의 일에 자비하고 신실한 대제사장이 되어 백성의 죄를 속량하려 하심이라." 이 말씀만 가지고도 그리스도의 제사장 사역이 '죄악들'과 아무 관계도 없다고 가르치는 이들의 주제넘음을 충분히 분쇄시킬 수 있습니다. 둘째로 3:1에서는 이러한 권면이 주어졌습니다. "그러므로 함께 하늘의 부르심을 받은 거룩한 형제들아 우리가 믿는 도리의 사도이시며 대제사장이신 예수를 깊이 생각하라." 셋째로 4:14의 말씀을 들어 보세요. "그러므로 우리에게 큰 대제사장이 계시니 승천하신 이 곧 하나님의 아들 예수시라 우리가 믿는 도리를 굳게 잡을지어다." 여기서 다시 이 단 하나의 진술을 가지고도 우리의 구주께서 승천하시기 전에 제사장 직무를 수행하셨다는 사실을 충분하게 증거하고도 남습니다. 그리스도께서 '승천하신 것'이 '대제사장으로서 승천'이기 때문입니다.

히브리서 4:14에 대한 우리의 주석을 보충하고, 우리 앞에 있는 문제를 도입하기 위하여 4:14에서 예수님을 '큰 대제사장'으로 부르고 있는 사실을 주목해야 합니다. '큰 대제사장'이란 칭호가 주님의 탁월하심과 뛰어나심을 강조합니다. 그처럼 존영과 영광을 가지셨던 분이 전에도 없었고 앞으로도 있을 수 없습니다. 우리의 대제사장이 '크심'은 첫째로 그의 인격의 존귀함에서 필연합니다. 예수님은 인자(人子)이실 뿐 아니라 하나님의 아들이십니다(4:14). 둘째로 그분의 본성의 순결성에서 '그 크심'이 드러납니다. 그분은 "죄가 없으십니다."(4:15) 그리고 그분은 거룩하십니다(7:26). 셋째로 그분이 속한 반열(班列)의 탁월함에서 '크신 대제사장'의 자격이 보증됩니다. 그리스도께서는 멜기세덱 반차(班次)를 좇으신 분이십니다(5:6). 넷째로 하나님께서 그리스도를 대제사장으로 엄숙하게 세우셨다는 면에서 '크신' 대제사장이십니다. "또 예수께서 제사장이 되신 것은 맹세 없이 된 것이 아니니 그들은 맹세 없이 제사장이 되었으나 오직 예수는 자기에게 말씀하신 이로 말미암아 맹세로 되신 것이라."(7:20,21) 어떤 제사장도 그렇게 세우심 받지 않았습니다. 다섯째로 예수님의 희생의 탁월하심 때문에 그분은 '크신 대제사장'

이십니다(9:14). "영원하신 성령으로 말미암아 흠 없는 자기를 하나님께 드린 그리스도의 피가…"(9:14). 여섯째로 그리스도의 일하심의 완전성 때문에 '크신 대제사장'이십니다(7:11,25). 그는 하나님의 공의를 만족시키셨고, 하나님의 은총을 확보하셨습니다. 그리하여 우리로 하여금 은혜의 보좌로 나아감을 얻게 하시어 영원한 구속을 이루셨습니다. 일곱째로 그리스도의 직무의 영구성에서 '크신 대제사장'으로서의 자격이 입증됩니다. 그 직무는 변하지 않고 영원합니다(7:24). 이런 모든 것을 비추어 볼 때 '내가 가장 큰 대사제(대제사장)이노라(pontifex maximus).'라고 외치는 교황의 오만불손하고 신성모독적인 처사를 알아차릴 수 있습니다.

이에 대한 존 브라운(John Brown)의 설명을 참조합니다.

"모세의 경륜 가운데서 '아론의 대제사장직'만큼 유대인들의 상상력과 애착을 더 강하게 불러일으키는 부분이 없었다. 그 직무를 감당하는 사람이 집례하던 예배 의식처럼 유대인들의 애착을 샀던 것이 없었다. 대제사장의 화려한 예복, 대제사장의 엄숙한 위임식, 대제사장의 신비로운 신성함, 대제사장이 섬기는 성전의 장엄함, 그가 집례하는 예배 의식(儀式)의 위풍당당한 광휘(光輝) 등이 유대인들을 붙잡아 매었다. 그래서 그들은 이제 지나가 버린 옛 경륜에서 마음을 떼지 못하였다. 그런 인상이 기독교의 새 경륜의 영적이고 검소한 체계에 대한 강력한 부정적 선입견을 불러일으키기도 했다. 사도는 그러한 선입견들을 제거하기 위하여 기독교의 경륜이 어떤 면에서도 모세의 경륜의 탁월함을 능가한다는 사실을 보여준다. 도리어 기독교의 체계는 모세의 경륜 보다 '더 존귀한 대제사장'을 모시고 있음을 보여준다. 기독교는 더 장엄한 성전과 더 신성한 제단과 더 효력 있는 희생 제사를 소유하고 있다고 말한다. 또한 사도는 이렇게 말한다. 곧 영적으로 빛을 받아 깨달은 심령이 보기에, 모세의 경륜에 속한 모형적인 의식(잠깐이면 없어질)의 모든 광채는 기독교 제도의 영구한 실체와 그 영광에 비하면 희미한 자국에 불과하여 무색하다는 것이다."(John Brown)

그러나 다시 한 번 우리는 성령께서 이 서신에서 진리를 나타내시는 방식을 통하여 그 완전하신 지혜를 찬탄하지 않을 수 없습니다. 만일 '그리스도가 모세와 아론보다 탁월하다.'는 선언을 먼저 했다면 유대인들의 그릇된 선입견이 대번에 고개를 쳐들고 일어났을 것입니다. 성령께서 그런 식으로 하시지 않고 중보자로서의 구속주(救贖主)의 인격의 존영을 어찌나 크게 돋보이게 나타내시는지요! 중보자로서의 구속주의 인격의 존영은 유대교가 사용하는 구약성경에서 드러나 있습니다. 그래서 그 영광에 비하면 천사들의 영광도 아무것도 아님을 먼저 말씀합니다. 그래서 지상에 살았던 아무리 훌륭한 사람들이라도 그 받은 영예는 역시 그 구속주의 영예에 비하면 아무것도 아니라는 필연적인 귀추가 성립되는 것입니다. 더 나아가 4장 끝에서 그리스도의 대제사장직이 묘사되고 있는데, 영적으로 새로워진 모든 심령마다 그것을 연구하고 인정할 수밖에 없는 방식으로 묘사되고 있습니다. 거기서 사도는 우리의 대제사장이 신적이며(14절), 거룩하시며(15절), 하늘로 들어가셨음을 선언하였습니다. 그뿐 아니라 그분은 우리의 연약을 향하여 자비로운 긍휼로 충만하신 분이시며, 그러면서도 친히 모든 점에서 우리와 같이 시험을 받으셨음을 선언합니다. 물론 그 모든 시험에도 죄는 없으십니다. 더 나아가 그분을 통하여 하나님의 은혜의 보좌 앞에 값없이 나아감을 얻게 되었으니, 우리가 때를 따라 긍휼하심을 받았습니다. 우리에게 당연하게 부가되어 있는 죄책을 면제받았습니다. 그리고 때를 따라 돕는 은혜를 얻을 수 있게 되었습니다. 우리가 우리 자신의 공로로는 당당히 얻을 만한 것이 아닌 것을 순전하게 은혜로 받게 되었습니다. 그러니 우리는 그러한 대제사장을 얼마나 '더욱 환영해야' 마땅하겠습니까! 우리는 그러한 대제사장을 주신 것에 대해 얼마나 감사해야겠습니까!

그리스도께서 우리를 불쌍하게 여기사 긍휼을 베푸심은 친히 하늘 높은 곳에서 하나님의 자녀들을 위해서 효과적인 중보 기도를 하고 계심을 확증하는 증거입니다. 사도는 그 점을 확증함으로써 하나님의 자녀들의 마음을 위로하였습니다. 이제 사도는 성육신하신 아들이 가진 대제사장직의 본질과 영광을 보다 정확하게 드러내려 합니다. 사도는 여전히 앞 대목들에서 취했던 방식을 고수합니다. 1장과 2장에서 그리스도를 천사들과 비교하고 대조시켰습니다. 그리고 3장과 4장에서는 모세와 여호수아를 그리스도와 비교시켰습니다. 이제부터 앞으로 나오는 몇 장(章)들 속에서 아론의 제사장직이 속한 반열(班列)과 역할들을 헤아려 볼 것입니다. 그럼으로써 우리의 대제사장이신 그리스도께서 훨씬 더 탁월하신 반열에 속하여 계심을 나타낼 준비를 합니다.

"사도는 이 대목을 진행해 나가면서 대제사장 직무의 진수가 되는 어떤 것이든지 다 그리스도 예수 안에서 발견됨을 명백히 한다. 또한 아론의 제사장직에 속했던 불완전한 요소들 중 어느 것도 그리스도 예수님의 대제사장직 안에서는 전혀 발견되지 않음을 천명한다. 또한 사도는 이 대목을 진행해 나가면서, 아론의 반열에 속한 다른 제사장들이 가지지 못했던 여러 가지의 탁월함의 요소들이 그리스도의 대제사장직 속에서 발견됨을 명백히 밝히고 있다."(John Brown)

히브리서 5:1

"대제사장마다 사람 가운데서 택한 자이므로 하나님께 속한 일에 사람을 위하여 예물과 속죄하는 제사를 드리게 하나니."

히브리서 5:1-4의 내용은 레위의 반차를 따른 제사장들을 일반적으로 묘사하고 있습니다. 이 내용 중에 그들에 대한 다섯 가지 사항이 언급되어 있습니다. 첫째, 그 제사장은 "사람들로부터 취함을" 입습니다. 곧 그는 자기가 대표하는 사람들과 동일한 본성을 가지고 있어야 합니다. 둘째, 그는 개인 자격으로 행동하는 것이 아니라 공적(公的) 직무를 수행합니다. 그는 "사람들을 위하여" 세움을 받은 것입니다. 셋째, 그는 하나님 앞에 빈손으로 나아가지 않고 "예물과 속죄하는 희생제물을" 가지고 나갑니다. 넷째, 그 자신도 연약에 싸여 있기 때문에 비참에 빠진 자를 능히 도울 수가 있습니다(2,3절). 다섯째, 그는 그 직무를 주제넘게 자기 스스로 취할 수 없습니다. 하나님의 부르심을 입고 인정을 받아야 합니다(4절). 우리는 이 사항들을 좀 더 세밀하게 관찰해 보아야 합니다.

"대제사장마다 사람 가운데서 택한 자이므로." 여기서 가장 먼저 그의 인간됨을 강조하고 있습니다. 천사는 사람들을 대신하여 제사장이 되지 못하는 것은 인성(人性)을 취하지 못하기 때문입니다. 또한 천사는 사람들이 당하는 시험을 겪지 못하기 때문에도 제사장이 될 수 없습니다. 천사들은 또 사람들의 고통에 체험적으로 참여할 수 없습니다. 그러므로 천사들이 사람들을 대신하여 위하는 행동을 하는 것이 적당치 않습니다. 그러므로 천사들은 사람들에게 '긍휼'을 베풀 수가 없습니다. 참된 대언의 간구는 마음을 녹이는 동정심의 샘에서 흘러나오는데 천사들은 그것이 없습니다. 그래서 제사장의 구비조건 제1호는 인성을 가지고 자기가 대표하여 복락을 베풀 사람들과 인격적으로 관계해야 합니다.

"대제사장마다 사람 가운데서 택한 자이므로." 히브리서가 처음에 누구에게 전해졌는지를 생각하십시오. 그러면 어째서 어딘지 격에 어울리지 않고 돌출적이라는 인상을 줄 수 있는 방식으로 이 대목을 시작해야 하는지 그 이유를 발견하는데 도움을 받을 것입니다. 히브리서 2장을 강해하면서 자주 지적한 바와 같이 유대인들을 그처럼 당혹하게 했던 것은 인간의 모양으로 나타났던 분이 친히 자신의 '신적(神的) 존영'을 주장하셨다는 점이었습니다. "이는 모든 사람으로 아버지를 공경하는 것 같이 아들을 공경하게 하려 하심이라 아들을 공경하지 아니하는 자는 그를 보내신 아버지도 공경하지 아니하느니라."(요 5:23) 그러나 만일 하나님의 아들이 사람이 되지 않으셨다면, 그는 결코 제사장의 직무를 감당하실 수 없었습니다. 그리고 하나님의 공의(公義)의 요구대로 자기 백성들의 죄를 위한 제물로 자신을 드릴 수 없었을 것입니다. 하나님의 택한 백성들의 구원을 확실하게 하려면 그분의 신적(神的) 성육신(成肉身, Divine Incarnation)은 절대로 필요하였습니다.

칼빈(John Calvin)이 이점에 대하여 무엇이라고 하였는지 들어 보십시오.

"그리스도께서 참사람이 되는 일이 필요하였다. 왜냐하면 우리가 하나님으로부터 매우 멀리 떨어져 있으니, 어떤 의미에서 우리의 대제사장의 인격 안에서만 하나님 앞에 서기 때문이다. 우리의 대제사장이 우리 중 하나가 되지 않으면 그런 일은 불가능하다. 하나님의 아들이 우리와 같은 인성(人性)을 취했다고 해서 그의 신성(神性)이 약화된 것도 아니다. 오히려 그리스도의 인성은 그리스도의 신성을 우리에게 더욱더 부각시켜 준다. 왜냐하면 그가 사람이시니 우리를 하나님께 화해시키기에 적당하신 분이시기 때문이

다."(John Calvin)

"하나님께 속한 일에 사람을 위하여 예물과 속죄하는 제사를 드리게 하나니." 이 부분은 대제사장을 "사람들 가운데서 취해야 할" 목적과 이유를 말합니다. 그것은 다른 사람들을 위하여 행동하기 위함입니다. 보다 더 정확히 말하자면, 다른 사람들 대신 행하기 위함입니다. 대제사장은 바로 그러한 입장과 사역을 위해서 "세움 받았습니다(ordained)." 또는 하나님께 지명되었습니다(appointed). 그럼으로써 모세의 경륜 아래서 히브리 사람들은 자기들이 직접 개별적으로 하나님께 나아갈 수 없다고 배웠습니다. 사람들은 죄인들이고 하나님은 거룩하십니다. 그러므로 하나님과 사람들 사이에 다리를 놓을 수 없는 먼 간격이 있었습니다. 죄가 처음 세상에 들어온 바로 그 순간부터 하나님께서 우리의 타락한 조상들에게 이 엄숙한 진리를 얼마나 부각시켜 주셨는지요! 그 점을 주목하면 숙연하고 놀라운 생각이 듭니다. 먹는 자마다 불멸의 생명을 부여받게 되어 있었던 "생명나무 열매"(창 3:22)는 하나님 자신을 나타내는 징표와 상징이었습니다. 그러므로 아담이 죄를 지었을 때 "하나님이 그 사람을 쫓아내시고 에덴 동산 동편에 그룹들과 두루 도는 화염검을 두어 생명나무의 길을 지키게 하시니라."(창 3:24) 그럼으로써 사람은 자기가 "하나님의 생명에서 떠나 있다."는 엄숙한 사실을 알게 되었습니다(엡 4:18).

이스라엘 사람들에게도 동일하게 무서운 진리가 전해졌습니다. 여호와께서 친히 시내산에 강림하셨을 때, 사람들은 하나님께 가까이 못하도록 멀리 떨어져 있게 하셨습니다. "너는 백성을 위하여 주위에 경계를 정하고 이르기를 너희는 삼가 산에 오르거나 그 경계를 침범하지 말지니 산을 침범하는 자는 반드시 죽임을 당할 것이라."(출 19:12) 산꼭대기에 여호와께서 계셨습니다. 그리고 산기슭 아래에는 백성들이 있었습니다. 그렇게 서로 떨어져 있었던 것입니다. 성막이 세워졌을 때도 그러하였습니다. 바깥 뜰 이상을 넘어가서는 안 되었습니다. 제사장들만이 성소에 들어감을 허락받았습니다. 하나님께서 그룹들 사이에 거하시는 지성소는 대제사장이 대속죄일(大贖罪日)에만 들어가게 허락하셨습니다. 그와 같이 하나님께서는 히브리 사람들에게 처음부터 이사야 59:2의 외경스러운 진리를 보여 주신 것입니다. "오직 너희 죄악이 너희와 너희 하나님 사이를 갈라놓았고 너희 죄가 그의 얼굴을 가리어서 너희에게서 듣지 않으시게 함이니라."(사 59:2)

그러나 이스라엘 사람들은 대제사장 안에서, 대제사장이 하나님 앞에 그들을 대표함으로 말미암아, 거룩한 밀실 안으로 접근할 수 있었습니다. '구속'(救贖, redemption)을 주제로 하는 출애굽기 28장에 그 점이 아름답게 밝혀져 있습니다. 거기서 우리는 이러한 말씀을 읽게 됩니다. "호마노 두 개를 가져다가 그 위에 이스라엘 아들들의 이름을 새기되…그 두 보석을 에봇의 두 어깨받이에 붙여 이스라엘 아들들의 기념 보석을 삼되 아론이 여호와 앞에서 그들의 이름을 그 두 어깨에 메워서 기념이 되게 할지며…너는 판결 흉패를 에봇 짜는 방법으로 금실과 청색 자색 홍색 실과 가늘게 꼰 베 실로 정교하게 짜서 만들되…그것에 네 줄로 보석을 물리되 첫 줄은 홍보석 황옥 녹주옥이요…이 보석들은 이스라엘 아들들의 이름대로 열둘이라 보석마다 열두 지파의 한 이름씩 도장을 새기는 법으로 새기고…아론이 성소에 들어갈 때에는 이스라엘 아들들의 이름을 기록한 이 판결 흉패를 가슴에 붙여 여호와 앞에 영원한 기념을 삼을 것이니라."(9, 12, 15, 17, 21, 29절)

대제사장이 사람들을 위하여 세움을 받는 일에 대하여 우리는 다음과 같은 말씀을 듣습니다. "아론은 그의 두 손으로 살아 있는 염소의 머리에 안수하여 이스라엘 자손의 모든 불의와 그 범한 모든 죄를 아뢰고 그 죄를 염소

의 머리에 두어 미리 정한 사람에게 맡겨 광야로 보낼지니."(레 16:21)

"하나님께 속한 일에 사람을 위하여…" 이 말씀이 그리스도의 인격과 사역(事役)에 독특하게 적용되고 있습니다. 그분은 사람이 되셨을 뿐 아니라, '사람들을 위하여, 사람들을 대신하여 행동하기 위하여' 하나님께 세우심을 받았습니다. "그 후에 말씀하시기를 보시옵소서 내가 하나님의 뜻을 행하러 왔나이다 하셨으니."(히 10:9) 이 말씀은 그리스도께서 하나님으로부터 받으신 사명, 그리고 그 사명을 감당할 만반의 준비가 되어 있는 기꺼운 자세를 함께 공표하고 있습니다. 그 다음 구절인 히브리서 10:10은 하나님으로부터 받은 그리스도의 임무가 무엇인지 밝히고 있습니다. "이 뜻을 따라 예수 그리스도의 몸을 단번에 드리심으로 말미암아 우리가 거룩함을 얻었노라." 그리스도께서는 사람들이 할 수 없는 일을 하러 오셨습니다. 하나님의 공의(公義)가 요구하는 바를 만족시키고 하나님의 은총을 확보하기 위해서 오셨습니다. 여기서 우리가 잠시 주목해야 할 것은 사도가 여기서 '사람들을 위해 세움을 받았다.'고 말하였습니다. '모든 인류 전체'를 위해서 세우심 받은 것이 아님을 유념하십시오. 하나님께서 자기에게 주신 사람들만을 위해서 세움 받으신 것입니다. 그리스도의 대제사장직의 모형 역할을 한 대제사장 아론이 염소의 머리에 안수할 때 '가나안 사람들이나 아말렉 사람들의 죄'를 고백하지 아니하고 오직 '이스라엘 사람들의 죄'를 고백한 것과 같습니다.

"하나님께 속한 일에…" 하나님의 거룩한 요구에 부응하여 그 일을 감당하셨다는 뜻입니다. 제사장들의 활동은 하나님께 속한 일을 이룰 목적이 걸려 있었습니다. 제사장이 항상 염두에 둘 것은 하나님의 성품, 하나님의 요구, 하나님의 영광이었습니다. "하나님께 속한 일에"라는 표현을 그리스도께 적용하면 우리 주님의 다른 직무들과 제사장 직무를 구분하여 생각해야 합니다. 그는 선지자로서 우리에게 하나님의 마음과 생각을 밝혀 주셨습니다. 왕으로서는 우리를 자신에게 복종시키시고 다스리시며 지키십니다. 그러나 대제사장 직무를 수행하실 때는 우리가 아니라 하나님을 대상으로 삼아 일하십니다.

"예물과 속죄하는 제사를 드리게 하나니." 예물과 제사를 '드리는 것'이 대제사장의 주요 역할입니다. 대제사장은 백성들을 대신하여 예물과 제물을 하나님께 드립니다. 화목제사와 감사제사와 속죄 희생제물과 화목제물을 드립니다. 이 부분에 대하여 칼빈(John Calvin)이 어떻게 주석하고 있는지 참조해 보십시오.

"내가 생각하기에는, 첫 마디 어휘인 '예물'은 여러 종류의 제사를 함축한다. 그러므로 그 용어는 일반적인 용어이다. 그러나 두 번째 나오는 '제사'는 특히 속죄제물을 지시한다. 여전히 그 의미는 '희생제물이 없이 대제사장이 하나님과 사람 사이의 화평을 이루지 못한다.'는 것이다. 왜냐하면 속죄제물이 없이는 속죄 받지 못할 것이고, 하나님의 진노도 가라앉혀지지 않기 때문이다. 그래서 하나님과 인간 사이의 화해는 반드시 이 제사가 언제나 필연적으로 우선해야 했다. 이래서 천사들이 우리를 위해서 하나님의 은총을 얻어 내는 일이 전혀 불가능함을 알게 된다. 천사들은 희생제물을 하나님께 전혀 드릴 수가 없기 때문이다."

"사람을 위하여 예물과 속죄하는 제사를 드리게 하나니." 이 말씀들을 우리의 대제사장이신 주 예수님께 적용시키는 일이 오늘날에는 매우 희미해졌습니다. 그리스도의 희생 죽음은 '제사장적' 행동이었습니다. 그리스도께서 십자가상에서 사람들의 손으로부터 오는 고통 뿐 아니라 하나님의 진노를 담당하고 계셨습니다. 뿐만 아니라 실제로 무언가를 '이루셨습니다.'(눅 9:30) 그리스도께서는 자신을 희생제물로 하나님께 '드렸습니다.' 갈보리에서 주 예수님은 우리를 대신하여 심판 당하신 하나님의 어린양이셨을 뿐 아니라, 제단에서 직무를 수행하시던 하나님의 대제사장이셨습니다. "대제사장마다 예물과 제사 드림을 위하여 세운 자니 그러므로 그도 무엇인가 드릴 것이 있어야 할지니라."(히 8:3) 히브리서 9:14에서도 말하듯이 그는 "영원하신 성령으로 말미암아 흠 없는 자기를 하나님께 드리셨습니다."

십자가 위에서 그리스도는 수동적으로 하나님의 심판의 매를 참아내기로 자원하여 자신을 희생물로 드리신 것 보다 더 나가신 분이였습니다. 그는 거기서 '하나의 일'을 이루고 계셨습니다. 그가 '다 이루었다.'는 승리에 찬 외침을 발하시기까지 '그 일'을 멈추지 않으셨습니다. 그는 "교회를 사랑하시고 위하여 자신을 주셨습니다."(엡 5:25). 그는 양들을 위하여 "자기 목숨을 내놓으셨습니다."(요 10:11,18). 그것은 하나의 능동적인 행동을 지시하는 것입니다. 그는 "자기 영혼을 죽기까지 다 쏟으셨습니다."(사 53:12). 또 "그 영혼이 떠나가기도 하였습니다."(요 19:30).

마틴(H. Martin)은 이 점에 대하여 다음과 같이 주석합니다.

"지옥의 가장 맹렬하고 큰 세력이 그를 향하여 달려들었다. 하늘의 칼이 그를 삼키려 하였다. 하나님께서 그를 버리셨다. 땅과 지옥과 하늘이 합하여 그를 대적하되, 하늘의 가장 엄격한 공의와 땅과 지옥의 가장 지독한 불의가 합세하여 그를 대적하였다. 만일 그렇지 않다면 십자가가 무슨 영광인가? 만일 그가 자신을 죽음에 내어 주지 않으셨다면, 그의 활동을 멈추게 하려고 갖은 수단을 다 동원하여 대적하였어도 그의 활동은 결코 멈춰지지 않았을 것이다. 그리고 그 모든 대적들을 능가하여 활동을 계속하셨을 것이다. 스스로 자신을 죽음에 내어 주지 않으셨다면, 가만히 앉아서 죽음을 당하지는 않으셨을 것이다."

히브리서 5:2

"그가 무식하고 미혹된 자를 능히 용납할 수 있는 것은

자기도 연약에 휩싸여 있음이라."

우리는 지금 레위 제사장직의 목적을 지나서 그 레위 제사장으로 설 사람들의 구비 조건에 대한 말씀을 듣고 있습니다. 그 조건들 중 하나는 무엇입니까? 그 레위의 반차를 따라 제사장 직무를 감당하는 사람이 자기가 대표하는 사람들을 향하여 '긍휼의 마음'을 가져야 한다는 것입니다.

"그가 무식하고 미혹된 자를 능히 용납할 수 있는 것은…" 이에 대하여 존 브라운(John Brown)의 주석을 참조합니다.

"흠정역(KJV)에서 '용납하다'는 표현을 '긍휼히 여기다'(have compassion)로 번역하고 있는데, 그 역본의 난외주(欄外註)에서는 '합당하게 참아내다'(reasonably bear with)로 번역되어 있다. 자기가 대표하는 사람들의 심정을 알 수 없는 사람이 대제사장의 의무들을 바르게 수행할 것이라고 기대할 수는 없다. 제사장 직무를 감당하는 사람의 마음속에 자기가 대표하는 사람들의 실수를 보고 연민의 감정을 가지지 못하고 대신 비난할 생각만 든다고 하자. 또는 사람들의 실수를 보고 아무런 느낌도 없이 그저 성만 낸다고 하자. 그러면 그런 사람들은 백성들을 대신하여 하나님께 나아가 중보의 사역을 감당하기가 부족하다. 또한 그런 이들은 백성들의 죄를 속(贖)하기 위해서 필요한 일이나 백성들을 위하여 필요한 일들을 감당하기가 어려울 것이다. 그러나 유대인 대제사장은 무식하고 실수하는 사람들에 대하여 동정심과 참을 수 있는 마음을 가진 자였다. 왜냐하면 '그 자신도 연약에 싸여 있었기 때문이다'. 여기서 '연약'이라는 말은 명백히 죄악적인 연약을 의미하

며 그로부터 발생하는 합당치 못한 열매들을 의미한다. 유대인 대제사장은 자신도 죄인이었다. 그는 시험을 받아 넘어진 체험도 가지고 있었고, 그 시험받을 사람의 성향을 가졌다. 죄와 죄의 결과를 개인적으로 체험도 한 자다. 그러므로 그는 본성적으로 자기 동료 죄인들을 불쌍히 여길 수 있는 가능성을 지녔고, 마땅히 자기 동료 죄인들에 대하여 긍휼을 베풀 도덕적 힘도 가졌음이 분명하다."(John Brown)

우리는 여기서 이러한 의문을 제기할 수 있습니다. 성령께서 여기서 어떤 의도로 레위의 반차를 좇은 대제사장에게 필요한 구비 조건을 언급하고 계시는지요? 성령께서는 최소한 네 가지 의도를 가지고 계신다고 저는 믿습니다. 첫째로는 이스라엘의 대제사장들의 허물을 상기하게 하려 하심입니다. 그 대제사장직을 마지막으로 감당했던 사람이 바로 이 요점에서 가장 두드러지게 실패했습니다. 그 점을 주목하는 것은 참으로 엄숙한 일입니다. 불쌍한 한나가 '영혼의 아픔'을 가지고 기도하며 여호와 앞에 울고 있었습니다. 엘리는 그녀의 입술이 움직이지 않는 것을 보고 그녀가 술에 취했다고 생각하여 거칠게 대했습니다(삼상 1:9-14). 그렇게 함으로써 그는 한나의 슬픔에 동정심을 나타내기는커녕 그녀를 오판했습니다. 참으로 그는 '실수한 사람'이었습니다. 이렇게 사람들의 아들들 중에서는 이상적인 대제사장이 결코 나타나지 못할 것이 뻔합니다. 둘째로는 성령께서 아론의 대제사장직보다 우리 그리스도의 대제사장직이 훨씬 탁월함을 대조적으로 보여주기 위한 길을 예비하고 계시지 않습니까? 셋째로는 이 2절의 진술이 대제사장 사역의 가치와 효력이 제사장 자신의 '인격적' 자질들과 불가분의 관계를 갖고 있음을 다시 한 번 보여주지 않습니까? 그리스도의 도덕적인 완전하심과 사람을 긍휼히 여기시는 마음이 서로 관계가 있음을 성령께서 보여주시려 하신다는 말입니다. 마지막 넷째로는 하나님의 아들이 반드시 '사람이 되셔야 할' 필연성을 다시 한 번 강조하고 있습니다. 하나님의 아들이 인간이 되심으로써만 사람을 불쌍하게 여기시는 절대 필요한 긍휼의 마음을 갖추실 수 있는 것입니다.

이에 대하여 아돌프 사피어(Adolph Saphir)의 긴 주해를 요약하여 여기에 소개하니 참조하시기 바랍니다.

"이러한 연민의 마음과 사랑과 온유와 모든 사려 깊음과 자애로운 생각은 죄 없는 자 속에서만 완전하게 존재할 수 있다. 이런 말이 언뜻 역설적인 논리로 보일 수도 있다. 왜냐하면 우리가 완전한 사람이라면 가장 냉혹한 판단자가 될 것이라는 생각이 들기 때문이다. 우리가 완전한 사람이라면 '죄에 대하여'는 분명 그런 자세를 견지할 것이다. 하나님께서는 자기 천사들에 대하여도 어리석음의 책임을 물으신다. 또한 우리가 알지 못하는 곳에서 죄를 발견해 내신다. 이스라엘의 거룩한 자이신 예수님께서도 성부 하나님과 마찬가지로 불꽃 같은 눈을 가지시고 하나님의 뜻과 생각에 반대되는 모든 것을 분변해 내신다. 그러나 예수님께서는 자신의 완전한 거룩 때문에 '죄인에 대하여' 가장 연민어린 긍휼로 사려 깊게 판단하시는 재판장이시다. 우리는 모든 사람들 속에 여러 모양과 방식으로 모습을 드러내는 자기중심적인 본질적인 악을 알지 못한다. 그리고 죄에 대한 깊고 예리한 관점을 가지지 못한다. 그런 우리가 사람들의 상대적인 죄책과 무가치함에 대해 의로운 평가를 내릴 수 없다. 아니, 우리의 죄악 자체가 우리로 하여금 다른 사람들의 죄에 대하여 더욱 참지 못하고 냉정하게 만든다. 우리의 헛됨이 다른 사람들의 헛됨에 대하여 참을 수 없게 하며, 우리의 교만이 다른 사람들의 교만을 지나치게 보게 한다. 우리 자신의 죄책에 대하여 눈이 먼 상태의 우리가 언제 충격을 받는가? 우리의 죄와는 달라 보이나 여전히 하나님께 대하여는 역시 같은 정도로 악한 다른 이들의 성향과 죄악들을 보면 충격을 받는다. 다시 말하여, 하나님의 사랑과 용서를 아는 지식이 크면 클수록 하나님의 긍휼과 새롭게 하심을 믿는 믿음이 더 강해진다. 우리의 믿음이 더 소망스러울수록 죄인들에 대한 우리의 관점은 더욱 더 관대해질 것이다. 끝으로 목자요 의사요 아버지이신 그분의 심령과 마음을 소유하면 할수록, 무식하여 곁길로 나가 방황하는 사람들에 대하여 가지는 우리의 연민의 심정은 더 깊어질 것이다.

"그러므로 주 예수님은 죄인들에 대하여 가장 깊은 연민과 긍휼, 그리고 가장 사려 깊고 관대한 소망의 느낌을 가지신다. 또한 죄인들을 다루실 때에도 그러하시다. 주님은 무한히 거룩하시며, 죄를 미워하시고, 판단하시는 데 있어서 완전하시다. 그러나 그는 죄인에 대하여 자애롭고 은혜로우시다. 모든 사람들 속에 있는 죄의 마음을 보시고, 하나님의 기준에 따라 죄를 아시고, 사람들의 외면적 기준에 의해서 죄를 아시지 않는 분이시다. 그러한 예수님께서는 그 분 자체로는 무한히 거룩하시고 예민하시다. 그런데도 그 분은 죄인들을 받고, 이기적이고 불경건한 종교가들보다도 술주정뱅이나 방탕한 사람들에게서 덜 충격을 받으시고 덜 고통을 받으신다. 그분은 죄를 가장 크고 무서운 악으로 보신다. 그러나 죄인에 대하여는 불쌍한 마음을 가지시고, 길 잃고 절망하는 이들을 안쓰럽게 보신다. 그래서 완전히 거룩하신 예수님이 가장 진실하고 사랑스럽고 부드럽게 우리를 판단하시는가 하면, 체험적으로 육체의 연약을 아시고 이 세상에서의 투쟁의 어려움과 지독함을 아신다. 예수님은 제사장마다 사람들 가운데서 취함을 입어야 한다는 제사장의 구비조건을 얼마나 놀랍게 성취하셨는가! 우리는 온전하고 고유한 확신을 가지고 우리의 대표요 참사람이신 그리스도 예수님을 완전하고 신적인 사랑과 긍휼의 소유자로 바라볼 수 있게 되었다."

"그가 무식하고 미혹된 자를 능히 용납할 수 있는 것은…" 대제사장이 대표하여 행하는 일들을 통하여 은혜를 입어야 할 사람들을 가리켜 "무식하고 미혹된 자들"로 묘사하고 있습니다. 이 묘사는 두 종류의 사람들을 말하기보다는 죄인들의 이중적인 성격을 가리킵니다. '성경에서 모든 죄는 무지의 결과로 표현되나, 그 무지는 핑계할 수 없는 무지이다.'는 말이 있는데 옳은 말입니다. "악인의 길은 어둠 같아서 그가 걸려 넘어져도 그것이 무엇인지 깨닫지 못하느니라."(잠 4:19) "깨닫는 자도 없고 하나님을 찾는 자도 없고."(롬 3:11) 모든 죄인은 미련합니다. "미혹된 자"라는 말은 하나님의 말씀이 걸어가라고 지시한 길을 벗어나 행하는 자를 지시합니다. "우리는 다 양 같아서 그릇 행하여 각기 제 길로 갔거늘."(사 53:6)

히브리서 5:3

"그러므로 백성을 위하여 속죄제를 드림과 같이
또한 자신을 위하여도 드리는 것이 마땅하니라."

이에 대하여 존 오웬(John Owen)의 설명을 들어 봅시다.

"대제사장의 죄를 위해서 대신 드려줄 자는 없었다. 그러므로 그 일은 스스로 해야 한다. 그는 자기가 다른 사람들을 위해서 드렸던 것과 똑같은 방식과 똑같은 이유로 자신을 위해서도 제사를 드려야 했다. 왜냐하면 그도 같은 연약에 싸여 있어 죄 짓기 쉬운 존재였기 때문이다. 그러므로 다른 사람들이 속죄나 죄사함이 필요했던 것과 마찬가지로 그에게도 그 속죄가 필요하였다."

대제사장더러 자신의 죄를 위해 제사 드리라고 명하는 성경구절은 레위기 4:3,7과 16:6,24의 말씀입니다.

"그러므로…또한 자신을 위하여도 드리는 것이 마땅하니라." 다시 여기서 성령께서는 레위 반차를 좇은 제사장들의 불완전함을 주목하게 하십니다. 그럼으로써 그리스도의 무한히 탁월함과 완전함을 인식할 길을 미리 예비하고 계신 것입니다. 그러나 이 구절에서 그것만이 전부는 아닙니다. 지금 이 구절에서 우리는 제사장 직무를 수행하는 자의 인격적 '구비 조건들'을 보고 있습니다. 아론이 이스라엘을 위해서 제사를 드릴 수 있기 전에 먼저 자기 죄를 위해 제사 드려야 합니다. 그래야만 여호와 앞에 정결하게 되어 받으심직한 상태에 들어갑니다. 다른 말로 해서, 거룩한 하나님과 죄인들 사이에 서게 될 자는 스스로 책잡을 것이 없어야 한다는 말입니다. 그리하여야 하나님의 은총을 받을 사람이 되는 것입니다. 그와 같이 인격적인 '바름'은 제사장의 본질적인 구비조건이었습니다. 레위의 반차를 좇은 제사장 직분의 경우에 그런 일을 위한 의식(儀式)이 있었습니다. 그러나 그리스도께서는 스스로 고유한 인격적 조건이 구비되어 있었습니다.

히브리서 5:4

"이 존귀는 아무도 스스로 취하지 못하고
오직 아론과 같이 하나님의 부르심을 받은 자라야 할 것이니라."

이 부분을 주해한 존 오웬(John Owen)의 말을 그대로 인용해 봅니다.

"이 구절에 대한 이 구절 이후에 나오는 구절들은 대제사장의 개인적 역할을 선언한다. 그러나 그것만 가지고는 어떤 사람도 그러한 직무를 수행하지 못하였다. 왜냐하면 하나님의 부르심을 받아 합법적으로 그러한 직무를 수행할 권한을 부여 받아야 했기 때문이다. 아론이 하나님께 부르심을 받은 것은 직접적이고 매우 특이한 방식을 따른 것이다. 그는 모세에게 주신 하나님의 명령을 통해서 부르심을 받았다. 그 일을 수행하라는 임무가 그에게 떨어졌다. 그는 실제적으로 대제사장 직무를 위해서 구별되고 헌신되었다. 이 직무를 위하여 부르심을 받아 그 일을 수행하기 위하여 그를 위하여 다른 사람이 드린 특별한 제사가 있었다. 아론의 경우에는 그런 모든 일들이 필요하였다. 왜냐하면 하나님께서는 아론의 인격 속에서 새로운 제사장의 반차를 세우셨기 때문이다."

"이 존귀는 아무도 스스로 취하지 못하고." 여기서 "존귀"로 대제사장 직무를 가리키고 있습니다. 왜냐하면 지존(至尊)하신 하나님께 나아가 인격적으로 그분과 대면하여 다른 사람들을 위해서 하나님의 은혜를 받아내는 자는 실로 놀라운 특권과 위대한 은총을 가진 자였기 때문입니다. 아론은 이 특이한 존영을 상징하기 위해서 가장 곱고 가늘게 짠 세마포를 입었습니다(출 28장). 여기서 성령께서는 모형과 원형(原型)을 번갈아 비교하시면서 히브리 그리스도인들 앞에 '십자가의 거치는 것'을 상쇄(相殺)시킬 것을 가져다 놓고 계십니다. 육적 논리로 보기에 그리스도의 죽음은 처참하게 낮아진 광경입니다. 그러나 영적으로 눈을 떠서 밝히 보는 사람은 갈보리 십자가 위에서 높은 '존귀'를 부여받아 직무들을 수행하시는 그리스도를 발견합니다.

"오직 아론과 같이 하나님의 부르심을 받은 자라야 할 것이니라." 이는 대제사장이 갖추어야 할 궁극적이고 가장 중요한 구비조건입니다. 어떠한 사람도 하나님의 부르심이 없이는 대제사장의 직무를 합법적으로 수행할 수 없었습니다. 이에 대하여 존 브라운(John Brown) 박사의 주해를 참조합니다.

"제사장직을 합법적으로 수행하기 위해서 하나님께서 부르셔야 할 필연성의 원리는 명백하다. 사람들의 섬김을 받으시거나 그 죄들을 용서하실지의 여부는 오직 하나님의 뜻에만 달려 있다. 다시 그렇게 하는 것이 하나님의 뜻이라고 상정하면, 이런 일이 이루어지는 방식에 관한 모든 일을 지시하시는 권한도 하나님께 속한다. 하나님은 모든 자를 다 받으실 당위적 의무를 가지고 계신 분이 아니다. 누가 제 멋대로나 아니면 자기 동료들의 천거로 제사를 드리는 자의 제사를 받으셔야 할 의무가 하나님께는 전혀 없다. 이러한 처지에서 어떠한 사람도 내 제물을 하나님께서 받으시리라는 기대를 할 이유는 전혀 없다. 하나님께서 그러한 임무를 수행하라는 명령도 없었고, 그런 제물을 통하여 진노를 가라 앉히겠다고 약속하신 적도 없다고 하자. 그 경우의 본질상 대제사장의 역할들을 합법적으로 수행하기 위하여 그런 것은 필연적이었다."

사도가 여기서 진행하고 있는 일은 하나님께서 그리스도의 대제사장직을 세우셨음을 논증하는 것입니다. 다음에 나오는 구절들에서 그 문제가 거론될 것이니 여기서는 그냥 지나치기로 합니다.

"오직 아론과 같이 하나님의 부르심을 받은 자라야 할 것이니라." 그 직무가 합법적인 것이 되려면 하나님께 개별적인 부르심을 받아야 합니다. 이는 가장 중요한 원리입니다. 그러나 오늘날같이 불법이 성행하는 시대에 이 원리는 악하게 무시되고 있습니다. 사람은 자기의 뜻을 하나님의 뜻에 전적으로 복종시켜야 합니다. 하나님의 일과 관련된 모든 것은 다 하나님의 정하심에 따른 것입니다. '편리함과 편법'이라는 대중적인 습관들이 나타나면 법정에서 축출당합니다. 어떤 자라도 하나님께서 부르시지 않았는데 거룩한 직무를 마음대로 행하는 것은 정당하고 온당치 못합니다. 스스로 자신을 세우거나, 또는 동료 죄인들의 선출 이상의 높은 권위를 전혀 갖지 않는 한에서는 하나님의 권위를 찬탈하는 행위입니다.

모든 목회사역이 다 그리스도의 손에 달려있습니다(계 2:2). 열 두 사도를 지명하신 것도 그리스도시요, 70인 제자들을 파송하신 이도 그리스도이십니다. 그는 우리에게 "그러므로 추수하는 주인에게 청하여 추수할 일군들을 보내어 주소서 하라"고 명하십니다(마 9:38). 그리스도께서 높은 곳에 오르셨을 때, "혹은 사도로, 혹은 선지자로, 혹은 복음 전하는 자로, 혹은 목사와 교사로 주셨습니다."(엡 4:11) 바울 시대에 이러한 말씀이 들렸습니다. "보내심을 받지 아니하였으면 어찌 전파하리요."(롬 10:15). 그러나 오늘날 보내심을 받지 않고 달려가는 사람들이 얼마나 많은가! 그러한 일에 하나님의 부르심을 받지 않은 사람들이 '평생 전도자가 되겠다, 목회자가 되겠다, 교사가 되겠다.' 하면서 스스로 그 직무를 수행해 나갑니다. 하나님의 부르심이 없는 것은 그에 필요한 은사가 없음을 통해서 입증됩니다. 하나님께서 부르시면 언제나 그 부르심에 필요한 장비를 구비해 주십니다.

이제 아론을 부르신 하나님의 부르심으로 되돌아가 봅시다. 아론의 공적인 권위가 도전받는 때가 있었음을 우리는 알 수 있습니다(민 16:2). 하나님께서 당신이 부르시어 쓰시는 종을 변호하신 방식은 아주 깊이 숙고할 가치가 있습니다. 민수기 17장에 그 일이 기록되어 있습니다. 아론의 지팡이가 싹이 나고 살구 열매가 열렸습니다. 초자연적인 열매는 그가 하나님의 부르심을 받았다는 증표와 서약이었습니다. 우리는 그 요점을 명심해 두도록 합시다. 이런 기준으로 판단해 보건대, 오늘날 하나님께서 부르시어 보내신 종들로 판명날 자들이 얼마나 될까요? 하나님께서 사람을 부르실 때, 아무 열매도 맺지 않는 일을 하라고 보내시지 않으십니다.

거룩한 직무를 스스로 행하겠다고 나서는 것은 참으로 엄숙한 일입니다. 웃시야의 비극적인 경우(대하 26:16-21)가 언제나 우리에게 경고를 줍니다. 그런데 그 경고를 주목하는 일이 얼마나 적습니까! 하나님께서 얼마나 크게 모독을 받습니까! '한 사람이 사역하는 것'(one-man ministry)을 공연히 헐뜯고, 하나님의 참된 종들로부터 나오는 덕을 세우는 많은 메시지를 외면하는 자들이 있습니다. 그러나 본 강해서의 필자는 제 자신은 세 대륙에서 20년 동안 체험한 결과로 볼 때, 그런 이들이 주장하는 대로 '누구나 다 사역하는 것'(every-man ministry)이 드러내는 무법함과 육신적인 결과들보다 더 비기독교적인 저주거리가 없었습니다. 하나님으로부터 그러한 사역에 대한 소명이나 자격을 부여받지 않은 사람들더러 '주일학교 교사가 되라.' '노방 전도자가 되라.'고 외치는 사람들이 얼마나 많습니까! 몇 년 뒤면 일을 포기하고 들어올 선교사들이 얼마나 많이 파송되었습니까! 그것은 그들이 하나님의 보내심을 받지 않았거나, 하나님께 부르심을 받지 않았다는 얼마나 놀라운 증거입니까!

우리 독자들이여, 히브리서 5:4의 말씀을 신중히 검토하십시오. 하나님께서 여러분을 부르시지 않으셨으면 하나님을 위해서 어떤 사역(使役)도 하지 마십시오. 안정하지 못한 영혼들이여, 하나님께서 명하신 말씀을 청종할 은혜를 구하세요. "듣기는 속히 하고 말하기는 더디 하며…"(약 1:19).

20강

그리스도의 대제사장 되심의 이치

5:5 또한 이와 같이 그리스도께서 대제사장 되심도 스스로 영광을 취하심이 아니요 오직 말
씀하신 이가 그에게 이르시되 너는 내 아들이니 내가 오늘 너를 낳았다 하셨고 5:6 또한 이
와 같이 다른 데서 말씀하시되 네가 영원히 멜기세덱의 반차를 따르는 제사장이라 하셨으
니 5:7 그는 육체에 계실 때에 자기를 죽음에서 능히 구원하실 이에게 심한 통곡과 눈물로
간구와 소원을 올렸고 그의 경건하심으로 말미암아 들으심을 얻었느니라

독자는 이 서신을 통해 말씀하시는 성령님의 중심적인 의도가 무엇인지 항상 유념할 필요가 있습니다. 히브리서를 주신 성령님의 주요한 의도는 유대교에 비하여 기독교가 얼마나 탁월한지를 보여주시는 것입니다. 유대교의 중추와 영광은 하나님께서 세우신 제사장 제도에 있었습니다. 그러면 이 점에 대하여 기독교는 무엇을 제시했던가요?

그 점에 대하여 존 브라운 박사의 말을 인용합니다.

"불신 유대인들은 그리스도를 믿는 자기 형제들을 보고 이렇게 말했을 성싶다. '너희의 새로운 종교는 종교의 제1요건을 갖추고 있지 못하다. 너희 죄를 위하여 화목제(和睦祭)를 드릴 필요가 있을 때 대제사장이 없으니 어떻게 죄를 용서받으려는가? 너희를 위해서 하나님께 중보해 줄 자가 없으니 너희의 부족을 어떻게 채우려는가?' 이러한 트집에 대한 답변을 '우리에게 큰 대제사장이 있다.'(히 4:14)는 사도의 말에서 얻는다."(John Brown)

하나님께서 자기 백성들에게 '대제사장'을 주셨다는 것은 하나님의 약속의 성취입니다. 여호와께서는 엘리와 그 아들들 시대에 아론의 반차를 좇은 제사장직의 명백한 실패를 보셨습니다(삼상 1:14 ; 2:12-17,22). 그래서 이렇게 선언하셨습니다. "내가 나를 위하여 충실한 제사장을 일으키리니 그 사람은 내 마음, 내 뜻대로 행할 것이라 내가 그를 위하여 견고한 집을 세우리니 그가 나의 기름 부음을 받은 자 앞에서 영구히 행하리라."(삼상 2:35) 주 예수 그리스도의 인격과 사역 속에서 이 약속이 이루어졌습니다. 그러나 그리스도의 제사장직을 연구해 보면, 아론과 멜기세덱이라는 두 모형적인 인물이 큰 대제사장이신 그리스도의 여러 행동들과 탁월하심을 예표하였음을 발견합니다. 이 점을 깨닫는 것은 그리스도의 대제사장직을 이해하는 데 매우 중요합니다. 그렇게 많은 사람들이 그리스도의 대제사장직에 대해 부적당하고 바르지 못한 처사를 보이는 것은 이 점을 인식하지 못했기 때문입니다.

아론이나 멜기세덱이 그리스도의 제사장적 사역의 여러 국면을 나타내기 위해서 필요했던 것입니다. 그러나 사도가 멜기세덱을 거론하기 전에 먼저 그리스도께서 아론이 예표한 모든 것을 다 이루셨음을 밝혀야 했습니다. 그리스도의 대제사장직이 레위의 대제사장직보다 탁월한 여러 요점들에 대해 생각하기 전에 먼저 그리스도의 제사장직과 아론의 제사장직의 유사성과 병행점들을 확증해야 합니다. 사도는 히브리서 5장에서 바로 그 일을 하고 있습니다. 처음 네 구절에서는 레위의 반차를 좇은 대제사장을 묘사하고 있습니다. 첫째 그의 본성(1절), 둘째 그의 직무(2절), 셋째 그의 구비조건(2절), 넷째 그의 의무(3절), 다섯째 그의 소명(4절)을 묘사하고 있습니다. 그 다음에 나오는 구절은 보다 직접적으로 그리스도에게 해당되는 것을 말하고 있습니다. 성령께서 사도를 통하여 그렇게 하심 속에 두 가지 의도를 담고 있습니다.

가장 우선적으로 성령께서는 먼저 '모형의 성취'를 보여주십니다. 하나님께서 이스라엘의 대제사장을 세우신 목적은 주 예수의 인격과 사역을 예표하기 위함이었습니다. 그래서 아론의 반차를 좇은 대제사장과 그리스도 사이에 무언가 닮은 것이 있어야 합니다. 둘째로 성령께서는 히브리 그리스도인들에게 레위의 반차를 좇은 제사장의 사역과 직무가 끝났음을 알려 주시려 합니다. 레위의 반차를 좇은 제사장 사역과 직무가 가진 목적이 이루어졌습니다. 그래서 더 이상 그러한 것들이 필요 없게 되었습니다. 이제 본체가 왔으니 그림자는 더 이상 필요하지 않습니다. 아니 그것들을 계속 견지하려는 것은 그 제도의 의도를 우습게 만드는 셈입니다. 그러한 것들은 '예표'에 불과합니다. 예표를 영구화시키려는 시도는 실체가 왔음을 부인하려는 것입니다. 왜냐하면 레위 제사 제도를 계속 존속시키려 함은 그리스도 없이도 그 제사장직이 가치 있고 쓸모 있다고 주장하는 셈입니다. 아론의 반차를 좇은 제사장 제도를 지속하는 일은 쓸모없을 뿐 아니라 극악한 일임을 보다 더 명백히 하려고 아론의 대제사장직과 그리스도의 대제사장직 사이의 관계를 보여줄 필요가 있었습니다. 우리가 다루는 대목의 첫 구절부터 아론의 제사장직과 그리스도의 제사장직 사이의 긴밀한 관계는 명백하게 나타나 있습니다.

히브리서 5:5

"또한 이와 같이 그리스도께서 대제사장 되심도 스스로 영광을 취하심이 아니요 오직 말씀하신 이가 그에게 이르시되 너는 내 아들이니 내가 오늘 너를 낳았다 하셨고."

아론의 제사장직과 그리스도의 제사장직 사이에 병행이 있다는 것은 분명합니다. "또한 이와 같이 그리스도께서"라고 한 표현에 비추어 보면 그러합니다. 레위의 대제사장들에게도 그 직무에 필요한 것들이 있었듯이 그리스도의 대제사장직에도 마찬가지입니다. 히브리서 5:5-10에서 보면 아론과 그의 후계자들에게 지시되었던 다섯 가지 요점이 우리의 '큰 대제사장' 안에서도 발견됩니다('죄'가 없으신 것만 빼고). 아론과 그의 후손들에게 속했던 인격적인 불완전함 때문에 그리스도의 대제사장직 사이에 분명한 차이들이 존재합니다. 만일 그리스도 안에 그들의 흠과 허물에 맞먹는 어떤 것이 있었다면, 그리스도는 대제사장 직무를 감당할 자격이 없었을 것이 틀림없습니다.

"또한 이와 같이 그리스도께서 대제사장 되심도 스스로 영광을 취하심이 아니요." 히브리서 2:17 ; 3:1 ; 4:14에서 그리스도의 대제사장 되심을 확언하였습니다. 여기에서 하나의 난제를 제기할 수 있습니다. '하나님의 율법의 엄격함과 제사장 직무를 수행할 자에게 필요했던 구비조건들을 생각한다든지, 더구나 예수님이 레위 지파에 속하지 않았음을 감안한다면, 어떻게 그 분을 대제사장이라고 말할 수 있는가?' 이러한 난제를 대처함에 있어 사도는 제사장의 가장 주요한 요건과 구비조건이 '하나님의 부르심'임을 강조합니다. "이 존귀는 아무도 스스로 취하지 못하고 오직 아론과 같이 하나님의 부르심을 받은 자라야 할 것이니라."(4절) 사도는 그 원리를 적용시켜 나가면서 성경 자체로부터 우리 주님께서 이 직무를 감당하기에 완전한 자격을 갖추신 분임을 보여주고 있습니다. 예리한 증거를 가늠해 보기 전에 우리 주님을 여기서 '그리스도'로 칭하고 있음을 주목하십시오. 사도가 그렇게 하는 의도가 있습니다. 조상들의 소망이었던 약속된 메시야는 영원히 하나님의 집을 다스리는 대제사장이셔야 함을 과시적으로 증거하고 있습니다. "그리스도" - 기름 부으심을 받은 자 - 께서 바로 이 대제사장 직무를 위해서도 기름 부으심 받았음을 의미합니다.

"또한 이와 같이 그리스도께서 대제사장 되심도 스스로 영광을 취하심이

아니요." 그리스도께서 이 '존귀'를 스스로 취하지 않으셨습니다. 또한 이 직무를 위하여 스스로 뛰어들지도 않으셨습니다. 우리 주 예수님께서 하신 말씀을 들어 보세요. "내가 내게 영광을 돌리면 내 영광이 아무 것도 아니거니와 내게 영광을 돌리시는 이는 내 아버지시니 곧 너희가 너희 하나님이라 칭하는 그이시라."(요 8:54) 그리스도께서 스스로 자신을 높은 체하지 않으셨습니다. 도리어 '종의 모양'을 취하셨습니다(빌 2:6,7). 또한 언제나 범사에 아버지께 완전히 복종하셨습니다. 주님께서 친히 자신을 높이실 필요가 전혀 없었습니다. 아버지와의 계약관계 속에서 당신 자신의 위치를 지키셨습니다. 그 계약의 조항 중 예수님께서 친히 이루셔야 할 부분이 무엇인지 아셨고, 아버지께서는 그것을 아시고 안전하게 일을 맡기셨습니다. "누구든지 자기를 낮추는 자는 높아지리라."(마 23:12) 이 말씀은 그의 지체들뿐만 아니라 머리 되신 그분께도 해당되었습니다.

"또한 이와 같이 그리스도께서 대제사장 되심도 스스로 영광을 취하심이 아니요." 모든 권위를 주장하시는 하나님께서 아론에게 하셨던 것과 같이 그리스도께도 대제사장의 존귀를 부여하셨습니다. 여기서 생략형식으로 표현된 어귀가 가진 함축된 반증을 온전히 찾아내기 위해서 보충설명이 필요합니다. 본문의 말씀을 그대로 직역하면 "그러나 그가 그를 영화롭게 하셨도다."(But He glorified Him)입니다. 아니면 "그(하나님)가 그를 대제사장 삼으셨도다."(He 〈God〉 made Him to be High Priest)입니다. 그리스도께서 대제사장으로 세움 받으신 것이 '영광을 받으신' 것임을 분명하게 추론할 수 있습니다. 그것은 그리스도의 중보자적 인격(mediatorial person)에 부여된 '존영'입니다. 다른 말로 해서, 그리스도의 '인성(人性)'(그의 神性과 연합된)에 부여된 높은 존귀입니다. 성경은 그의 중보자적 인격이 영광을 스스로 취해도 대단히 영화로울 수 있음을 명백하게 가르칩니다. 요한복음 17:1과 베드로전서 1:21을 보십시오. 우리가 대제사장으로서 그리스도께 주어진 사역(事役)의 '본질'을 생각하게 될 때 그 '존귀'는 더욱 명백히 드러납니다. 그리스도의 대제사장직은 죄가 하나님과 사람 사이에 만들어 놓은 구렁을 메우기에 충분합니다. 그리스도께서는 '율법을 높이고 율법을 영예롭게 함으로써' 그 일을 하셨습니다. 그분이 이루신 일의 '효과들'을 묵상하게 될 때 그 요점이 드러납니다. 그 효과들은 거룩하신 삼위일체 하나님의 영광을 드러내고 하나님의 옳으심을 변호합니다. 그리스도께서는 "많은 아들들을 이끌어 영광으로 들어가게" 하셨으며, 자신도 영광과 존귀로 관 씌우심을 받으셨습니다. 그리스도께서는 그 대제사장적 사역을 통해서 언젠가 자기의 형상을 본받아 끝없는 세상에서 당신을 찬송하게 될 백성들로부터 사랑과 감사의 마음으로 경배하심을 영원히 받으신 것입니다.

그리스도의 존영과 우리의 구원의 확실성이 어찌나 긴밀하게 연관되어 있던지 그분이 우리의 중보자 되신 것이 그분 자신의 영광이 되었습니다. 이 요점을 아는 것은 얼마나 놀랍고 복됩니까! 그리스도께서 중보자로서 취하신 세 가지 주요 직무들이 무엇입니까? 그는 선지자시며, 대제사장과 임금이십니다. 그러나 선지자나 임금에게 속하지 않은 존영과 복됨과, 중보자로서의 그리스도의 중요성이 그의 대제사장 직무에 들어 있습니다. 육신적인 생각으로는 그 요점을 지각하기가 어렵겠지만 성경은 그에 대하여 세 가지 증거를 갖추고 있습니다.

첫째, 우리는 "우리의 큰 선지자" 또는 "우리의 큰 임금"이라는 말을 성경에서 찾지 못합니다. 오히려 "우리의 큰 대제사장"이라는 말을 여기서 읽습니다(히 4:14).

둘째, 성령께서는 어디에서도 그리스도가 선지 직무와 왕의 직무를 위하여 세우심 받음으로 영화롭게 되셨다고 확언하신 적이 없으나 대제사장 직무로 부르심을 받은 것과 관련하여서는 그 점을 강조하고 계십니다(히 5:5).

셋째, 선지 직무나 왕의 직무를 수행하기 시작하는 것과 관련하여 "하나님께서 맹세하셨다."는 참으로 엄숙한 표현을 들어 본 적이 없습니다. 그러나 제사장 직무에 대해서는 그 말씀을 듣게 됩니다. "여호와는 맹세하고 변하지 아니 하시리라 이르시기를 너는 멜기세덱의 반차를 좇아 영원한 제사장이라 하셨도다."(시 110:4 개역한글) 그와 같이 그리스도의 대제사장직은 최고의 중요성을 부여 받았습니다.

"오직 말씀하신 이가 그에게 이르시되 너는 내 아들이니 내가 오늘 너를 낳았다 하셨고." 사도는 시편 2편의 증거를 인용하고 있습니다. 그러나 이 인용이 '어떻게' 그리스도의 제사장 직무를 확증하는지, 아니면 제사장 직무에 부르심 받은 일을 증거하는지요? 그 요점을 위하여 증거 본문으로 시편 2편의 말씀을 인용하고 있다는 것을 다음의 구절에서 분명하게 알게 됩니다. "또한 이와 같이 다른 데(다른 시편)에서 말씀하시되…"라고 말하고 있습니다. 사도가 여기서 시편 2:7의 말씀을 인용한 의도가 무엇인지 유심히 살펴보기 전에 먼저 지적할 일은 그리스도의 대제사장직 자체가 아니라는 것입니다. 오히려 그리스도가 대제사장으로 부르심을 받은 일에 관심이 있습니다. 사도가 두 번째로 목적하는 바는, 그리스도와 그의 모든 중보자적인 권위가 하나님께로부터 왔음을 보여주려는 것입니다. 세 번째로 시편 2:7에서 하나님께서는 성육신하신 그리스도를 자기 아들이라 선언하신다는 사실을 사도가 지적하고 있습니다. "너는 내 아들이라." 선포하시는 성부 하나님께서 그리스도를 받으시되, 그리스도께 맡겨진 모든 사역(事役)을 감당하시는 분으로 받으셨습니다. 그 점을 사도는 증거하고 있습니다. 성부의 이 엄숙한 인증(認證)은 우리의 구속주께서 하나님의 지정하신 일 외에는 아무것도 행하지 않으셨음을 암시합니다. 성부께서 인성을 입으신 그리스도를 '내 아들'이라 부르신 것은 그를 중보자로 크게 선포하신 것입니다. 곧 그의 백성들을 위한 제사장으로 선포하신 것입니다. 다른 말로 하나님께서 그리스도를 '부르심'은 그를 성육신하신 아들로 공식적으로 인정하는 일을 내포합니다. 시편 2:7의 말씀은 '그 부르심'을 묘사합니다.

시편 2:7이 "내가 영을 전하노라"는 말로 시작된다는 것을 주목해야 합니다. 그 말은 영원 전에 예정되고 영원한 언약 속에서 조인된 것을 공적으로 선포한다는 뜻입니다. 중보자가 하나님의 부여하신 임무와 그 직무에 필요한 모든 권위를 소유하였음을 하나님께서 알려 주신 것과 같습니다. 이와 관련하여 "너는 내 아들이라."는 선포의 더 깊은 의미는 그리스도가 신성(神性)을 취하고 계심이 그의 제사장으로서 충분한 자격을 갖추고 계시다는 것입니다. 그의 인격의 존영이 행하실 일의 가치를 부여해 주었습니다. 그가 아들이시기 때문에 하나님께서 대제사장으로 세우신 것입니다. 그는 이 영광을 다른 이에게는 주지 않으실 것입니다. 그와 같이 그가 아들이시기 때문에 하나님께서 그를 "만유의 상속자"로 삼으신 것입니다(히 1:2).

"그에게 이르시되 너는 내 아들이니 내가 오늘 너를 낳았다 하셨고." 대제사장으로 소명 받은 그리스도를 가리켜 하나님께서 "너는 내 아들이니 내가 오늘 너를 낳았다"하신 것입니다. 역사적으로 말해서 이 말씀이 마태복음 3:16,17에 기록된 사건을 가리키고 있다고 우리는 확신합니다. 거기서 우리는 조금 뒤에 가서, 더 낮고 눈에 보이는 것을 가지고 더 높고 눈에 보이지 않는 세계에 속한 것들을 예표 하였음을 봅니다. 그러니 예표와 모형과 그림자로, 곧 사람의 차원에 속한 것으로 그 눈에 보이지 않는 것을 예표하였습니다. 우리는 거기서 아론이 대제사장 직무를 위하여 기름 부음을 받을 때에 있었던 일의 원형(原型)을 발견합니다. 레위기 9장에 보면 그 모형(아론의 제사장 직무)에 대해 세 가지 요점이 기록되어 있음을 봅니다.

첫째, 그의 부르심입니다(1,2절). 둘째, 그의 기름부으심을 받는 일입니다(2절). 셋째, 그의 헌신입니다(22절). 이 세 가지가 우리 구주께서 세례를 받으실 때에 함께 주어집니다. 물론 그 일의 순서는 정반대입니다(왜냐하면 모든 일에 있어서 그리스도는 탁월하시기 때문이다). 구주께서 세례 받으심은 그의 지상 사역의 큰 전기(轉記)들 가운데 하나입니다. 30년 동안 그는 공적으로 나타나지 않으신 채 나사렛에서 사셨습니다. 그러나 공적 생애의 시작이 될 시점에 이르게 됩니다. 따라서 가장 우선적으로 자신을 하나님께 드리십니다. 그리하여 하나님의 종의 손으로 세례 받기 위해서 자신을 내보이십니다. 두 번째로 그의 직무를 위해서 요단강에서 기름부음 받으셨습니다. "하나님이 나사렛 예수에게 성령과 능력을 기름 붓듯 하셨으매"(행 10:38). 세 번째로 거기서 그는 하나님의 인증을 받으셨습니다. "이는 내 사랑하는 아들이요 기뻐하는 자라." 이 말씀은 성부께서 그리스도를 제사장 직무와 사역을 위하여 받으셨음을 인증하신 일입니다.

위에서 우리는 시편 2:7에 기록된 예언의 말씀이 처음으로 역사적인 상황에서 이루어졌음을 지적한 바 있습니다. 모든 예언이 최소한 이중적으로 성취되었기 때문에 아버지께서 아들을 인증하시는 그 말씀이 복음서에 두 번째로 다시 나타나는 것을 봅니다. 마태복음 17:5에 보면 아버지께서 이렇게 말씀하시는 것을 듣습니다. "이는 내 사랑하는 아들이요 내 기뻐하는 자니." 그리스도께서 제자들 앞에서 영화로운 모습으로 서신 때는 바로 그 산에서였습니다. 그때 하나님께서는 그리스도의 영광스러운 나라의 놀라운 장관을 축소하여 모형적으로 보여주신 것입니다. 베드로가 "우리는 그의 크신 위엄을 친히 본 자라"고 말한 바와 같습니다(벧후 1:16). 의심할 여지없이 이는 히브리서 5:5에서 나타나는 말씀의 심오한 참고 구절입니다. 왜냐하면 거기에 인용된 시편 2편은 그리스도가 '왕'으로 서심을 예고하기 때문입니다. 그런데도 불구하고 잊어서는 안 되는 요점은 그리스도의 제사장직이 그의 왕직의 기초라는 사실입니다. "또 제사장이 자기 위(보좌)에 있으리니."(슥 6:13) 그가 "어린 양"으로서 보좌에 앉으신 것과 같습니다(계 22:1). 빌립보서 2:9의 "이러므로"라는 말을 참조하십시오. 그리스도께서는 왕적 권위를 가지신 제사장이시요, 제사장적 온유하심을 지니신 왕이십니다.

히브리서 5:6

"또한 이와 같이 다른 데서 말씀하시되
네가 영원히 멜기세덱의 반차를 따르는 제사장이라 하셨으니."

하나님께서 그리스도를 제사장으로 부르셨음을 증거하는 또 다른 말씀이 인용되고 있습니다. 이 말씀은 시편 110편에서 따온 것인데, 그 시편은 유대인들이 메시야 시편으로 인정하던 것입니다. 그 시편에서 성부께서는 예언의 성령을 통하여 이 말씀을 성육신하신 아들에 대해 예언하신 것입니다. 그와 같이 여기서 두 증인이 호출되고 있습니다. 그 주제는 너무 중요하기 때문에 하나님께서는 히브리인들에게 거듭 확증하여 주셨던 것입니다. 하나님께서 우리의 무딘 감각을 얼마나 은혜롭게 참아 내시는지요! 시편 62:11의 "한두 번"이라는 말과, 요한복음 8:12,21에 나오는 우리 주 예수님의 "다시"라는 말씀을 서로 비교해 보십시오. 사도행전 1:3의 "많은" 증거들도 생각해 보십시오.

"또한 이와 같이 다른 데 말씀하시되." 이 표현은 하나님께서 구약의 저자라는 또 다른 증거입니다. 여기서는 성부 하나님께서 다윗을 통하여 말씀하시는 것으로 되어 있습니다. 시편 22:1에서는 성자께서 말씀하시는 것으로,

히브리서 3:7에서는 성령께서 말씀하시는 것으로 되어 있습니다. "말씀하시되"라는 말은 성부께서 성자께 말씀하셨다는 뜻입니다. 여기서 성부께서 성자께 '그의 부르심'에 관해 "말씀하셨습니다." 히브리서 7:21에서 성부의 "맹세"의 경우와 같은 것입니다. "너는 제사장이라"는 말씀은 성부와 성자 사이의 영원한 언약의 선포요, 성부의 영원한 경륜을 선언하신 말씀입니다. 그 영원한 언약 속에서 성자께서 이 직무를 감당하도록 계획되었던 것입니다. 그래서 그리스도께서 "아론과 같이 하나님의 부르심을" 받은 것입니다.

히브리서 5:7

"그는 육체에 계실 때에 자기를 죽음에서 능히 구원하실 이에게
심한 통곡과 눈물로 간구와 소원을 올렸고
그의 경건하심으로 말미암아 들으심을 얻었느니라."

이 구절을 강해하려면 세 가지 요점을 주목해야 합니다. 첫째, 이 본문의 의도(scope)나 주제를 알아내야 합니다. 둘째, 이 본문이 문맥과 어떤 관계인지 알아야 합니다. 달리 말하면 사도의 논증에 이 구절이 어떤 역할을 하는지를 발견해야 합니다. 셋째, 본문에 나온 엄숙한 용어들을 규정해야 합니다.

이 본문의 주제는 그리스도의 '대제사장적 사역(事役)'입니다. "소원을 올렸고"라는 표현으로부터 그 점이 확증됩니다. 존 브라운(John Brown) 박사는 이에 대해 이렇게 말합니다. "히브리서 5:4-6의 테마는 '예수 그리스도가 하나님에 의하여 제사장 직무를 감당하도록 지명되었다.'는 것이다. 그와 같이 5:7-9의 테마는 '예수 그리스도께서 그 제사장 직무를 성공적으로 수행하셨다.'는 점입니다."

이 본문의 문맥과의 관계는 이러합니다. 사도가 여기서 "연약에 휩싸여 있

는 자의 모습"(2절)이 아론의 원형이신 그리스도 안에서 발견됨을 보여주고 있다는 점입니다. "심한 통곡과 눈물"이 그에 대한 증거입니다.

또 이 본문이 채용하는 어휘들이 어떤 차원에서 쓰였는지는 그 다음에 나오는 말씀을 통해서 가늠해 보아야 합니다.

이 본문을 해석해 나가기 전에 먼저 유익한 도움을 주는 브라운 박사의 분석을 참조해 봅시다.

"7-10절의 문장 전체를 주로 두 부분으로 나눌 수 있다. 1) '그는', 곧 제사장의 직무를 수행하시는 그리스도께서는 '받으신 고난으로 말미암아 순종을 배우셨다.' 2) '그는', 제사장 직무를 수행하시는 차원에서 그리스도는 '그에게 순종하는 모든 자에게 영원한 구원의 근원이 되셨다.' '육체에 계실 때에'와 '아들이시라도'라는 두 소절은 '받으신 고난으로 순종함을 배웠다.'는 일반적인 선언을 수식한다. 그리고 '자기를 죽음에서 능히 구원하실 이에게 심한 통곡과 눈물로 간구와 소원을 올렸다.'는 소절과 '경외하심을 인하여 들으심을 얻었느니라.'(들으심을 받느니라) 등의 소절은 그리스도께서 순종을 배우게 된 고난의 본질과 범위를 보여주는 예증들이다. '온전하게 되셨은즉'이라는 소절이 그 문장의 후반부를 수식하며 후반부와 전반부를 연관시키고 있다. 또한 그 소절은 '그가 받으신 고난으로 말미암아 순종을 배우신 일'이 그로 하여금 '그를 순종하는 모든 사람들에게 영원한 구원의 근원이 되게 한' 양상을 보여주고 있다."(John Brown)

7절에서 이스라엘의 제사장이 가져야 할 구비조건들 중 다른 두 가지가 그리스도께 적용됩니다. 첫째, 제사장이 '연약에 휩싸여 있으므로'(2절) 자기가 대표하는 사람들을 불쌍히 여기기에 합당하십니다. 그와 같이 성자께서 제사장의 직무를 감당하게 되었을 때 죄는 없으셨으나 연약에 휩싸이셨습니다. 여기서 그 점이 세 가지 방면에서 확대됩니다.

첫째, 그가 아론을 통해 모형적으로 나타냈던 것을 이루실 때, 곧 "육체로 계실 때"에 그러셨습니다. 그때는 그가 "영광 곧 존귀로 관 씌움을 받기 전" 이었습니다.

둘째, "육체로 계실" 때의 그리스도의 조건의 국면입니다. 그가 육체로 계셨다는 것은 간단히 말해서 연약과 낮아짐의 상태에 처하셨음을 의미합니다.

셋째, 그의 처신 방식입니다. "심한 통곡과 눈물로 간구와 소원을 올렸고." 왜냐하면 이러한 것들은 '인성의 연약'에서 나오기 때문입니다. 천사들은 울지 않습니다.

넷째, 이스라엘의 대제사장은 "제사를 올리라."는 하나님의 지시를 받았습니다(1,2절). 여기서 그리스도가 바로 그 일을 하시는 것으로 표현되어 있습니다. "자기를 죽음에서 능히 구원하실 이에게." 곧 하나님께 소원을 올리셨습니다. "소원을 올렸다."는 것은 제사장적 행동입니다. 7절의 선언이 그리스도께서 제사장으로 부르심을 받았음을 언급한 6절 바로 뒤에 나왔다는 사실에서 그 점이 분명해 보입니다. 또 그 제사장 직무에 대해 다시 말하기 전에 그 부르심이 주어졌다는 사실로부터 그 점이 명백합니다. 우리는 이제 우리가 다룬 본문을 소절마다 나누어 끊어서 생각해 보기로 합시다.

"그는 육체에 계실 때." 존 오웬(John Owen)이 이에 대하여 주해한 것을 여기에 소개합니다.

"육체를 그리스도에게 적용시켜 말할 때에는 아직 영화롭게 되지 아니한 인성(人性) 본성을 의미한다. 그 인성은 모든 연약을 가지고 있다. 그 인성 속에서 그리스도는 주리고 목마르고 피곤하고 애쓰셨고, 질고와 슬픔과 두려움과 고통과 사망을 몸소 체험하셨다. 그리하여 사도는 율법에 따른 대제사장의 인격이 가졌던 조건적 전제를 여기 그리스도께도 적용하여 표현한다. 그 대제사장은 연약에 '휩싸여 있었다.'"

성경에서 '육체'는 가련하고 유약하고 죽을 피조물인 인간에게 자주 사용됩니다(시 78:39 ; 65:2 참조). 7절의 "그는 육체에 계실 때"라는 표현과 9절의 "온전하게 되셨다."는 표현이 서로 대칭되고 있습니다. "육체에 계실 때"라는 표현은 우리 주님의 '낮아지신 기간 전체'를 가리킵니다. 곧 구유에서 무덤까지의 기간을 말합니다(고후 5:16 참조). 그 때 그리스도께서는 '질고로 가득 찬' 슬픔의 사람이셨습니다. 그 슬픔에서 결코 자유롭지 않으셨습니다. 그분 곁을 떠난 적이 없는 동반자인 "슬픔"을 아셨습니다. 의심할 여지없이 "육체에 계실 때"라는 표현은 슬픔과 시련이 최절정에 이르렀을 때를 특별하게 지시하고 있습니다.

속죄(atonement)에 대한 스미톤 교수(Professor Smeaton)의 글을 여기에 소개하니 들어 보십시오.

"'육체에 계실 때'라는 말은 그의 낮아지심의 전 기간을 의미한다. 그 기간 동안 그는 사람들 중 하나로 사람들 가운데 계셨다. 여전히 하나님의 아들이셨지만 그 하나님의 아들의 위엄이 감추어 있었다. '육체'라는 말을 그리스도에게 적용시킬 때는 그가 참으로 인간이셨음을 암시한다. 그러나 그 인성은 전가된 죄책의 무게로 압박당하며, 죄책을 받은 자에게 따라오는 저주를 짊어진 인성이다. 그는 죄 없는 인성을 지니셨지만 여전히 죄의 영향으로 낮아진 인성이었다. 주께서는 대속(代贖)의 일을 감당하시는 동안 계속 육체의 연약을 느끼셨다. 비록 그분 자신으로는 아무런 흠도 없었지만, 우리 대신 우리가 받아야 할 모든 것을 다 당하셨다. 우리는 그분 안에서 그 분이 지은 죄의 흔적을 발견하지 못한다. 그분은 병든 적도 없고, 아픈 적도 없다.

그러나 죄 없는 대속자(代贖者)에게 틀림없이 떨어질 수 있었던 죄의 귀추들을 발견한다. 그는 결코 아담의 언약 안에 들어가지는 않으셨다. 그러나 친히 마지막 아담이 되셨다. 그는 하나의 직무적 목적을 위해서 육체를 취하셨다. 그러므로 죄를 담당한 자의 행렬 속에 따라오는 귀추들을 당하셨다. 굶주림과 목마름, 얼굴에 땀을 흘려야 하는 수고와 노력, 핍박과 억울함, 체포와 고난, 상처와 죽음 등을 맛보셨다."

"자기를 죽음에서 능히 구원하실 이에게 심한 통곡과 눈물로 간구와 소원을 올렸고." "올렸다"의 헬라어는 '누구를 향하여 드리다.'는 의미입니다. 그 말이 히브리서에서 16회나 나타납니다. 그리고 언제나 '제사장적' 행동을 위해서 사용됩니다(8:3 ; 9:7,14 ; 10:11,14,18 등 참조). 간구와 소원은 '인성'의 연약을 나타내는 말입니다. 왜냐하면 천사들이 기도한다는 말을 성경에서는 들어볼 수 없기 때문입니다. "간구"는 두 종류입니다. 선한 것을 위해서 간구하는 것과, 악에서 구원해 주십사는 요청입니다. 여기서는 그 두 가지를 다 말하고 있습니다. "소원"의 헬라어는 신약성경의 다른 곳에서는 나타나지 않습니다. 그 말이 헬라 고전문학에서 쓰일 때는 '평화를 위해' 간청하는 자들이 그 간청하는 대상에게 바쳐 올리는 감람나무 월계관을 의미합니다. 여기서는 그리스도께서 자신을 하나님께 '드린다.'는 뜻입니다(9:14). 그리스도께서 대제사장으로서 간구와 소원을 드리면서 자신을 드리고 계셨습니다. 이 말들이 쓰인 것은 '그리스도의 연약'을 확대 설명하고, 더 나아가 죄를 속(贖)하기 위해 행해진 그 일이 얼마나 위대한 일인지를 우리에게 인상 깊게 심어주기 위함입니다. 이 간구와 소원을 겟세마네의 고뇌어린 기도에만 국한시켜서는 안 됩니다. 또는 십자가에서 죽음의 고통을 당하던 시간에만 한정시켜 이해하려 해도 안 됩니다. 그리스도께서 낮아지신 전체 기간 동안 간구와 소원을 하나님께 드리셨습니다.

"사람의 죄책의 압박이 언제나 그를 떠나지 않고 마음을 눌러댔다. 그는 뛰어난 방식으로 슬픔의 사람뿐 아니라 기도의 사람도 되셨다."(John Brown)

"심한 통곡과 눈물로." 이 말은 우리의 대제사장이신 그리스도께서 겪으신 고통의 심도(探度)를 지시할 뿐 아니라, 그 고통을 느끼신 범위를 암시해 줍니다. 하나님이시요 사람이신 그분이 겪으신 무서운 체험은 스토아 철학자들이 말하는 체념의 무감각 상태와는 달랐습니다. 아니, 몸뿐 아니라 그의 영혼 속에서도 실로 예리한 고통을 느끼셨던 것입니다. 그분이 자원하여 스스로 율법의 저주 아래 들어가셨는데, 그 율법의 저주는 그 몸만 아니라 영혼에까지도 미치어졌습니다. 왜냐하면 우리는 몸과 영혼으로 범죄했고, 그분의 구속(救贖)도 몸과 영혼을 다 포함하기 때문입니다. 이 통곡과 눈물은 사람의 손에서 받으신 것 때문에 격발되었던 것이 아닙니다. 당신께 전가(轉嫁)된 죄책을 인하여 하나님의 손에서 받으신 것 때문에 격발된 것입니다. 그리스도께서는 죄에 대한 하나님의 분노로 야기된 공포와 고뇌의 압력으로 눌린바 되셨습니다.

"심한 통곡과 눈물로." 이 표현은 부분적으로 시편 22:1에 나오는 "내 신음하는 소리"의 예언의 말씀을 성취한 것이라 할 수 있습니다. 그 "심한 통곡"의 일부가 복음서들에 기록되어 있습니다. 주님께서는 제자들에게 "내 마음이 심히 고민하여 죽게 되었다." 라고 말씀하셨습니다(마 26:38). 그는 아버지께 이렇게 기도하셨습니다. "만일 아버지의 뜻이어든 이 잔을 내게서 옮기시옵소서."(눅 22:42) 우리는 누가복음 22장에서 "힘쓰고 애써 더욱 간절히 기도하신 나머지 땀이 땅에 떨어져 핏방울이 되신" 분에 대해서 읽습니다. "그 영혼의 고뇌"는 구원을 위한 심한 통곡으로 나타났습니다. 그는 자원하여 죄가 우리에게 가져 온 저주를 몸소 담당하시고, 곤고한 자의 자리로 들어가셨습니다. 어떤 사람의 마음도 우리의 복되신 대속주께서 겪으신 그 갈등의 무시무시함을 상상해 낼 수 조차 없습니다. "예수께서 크게 소리 질러 가라사대 엘리 엘리 라마 사박다니 하시니 이는 곧 나의 하나님, 나의 하나님 어찌하여 나를 버리셨나이까 하는 뜻이라."(마 27:46) 여기서 다시 우리는 그의 제사와 동반하고 있는 "심한 통곡"을 목격합니다. 우리는 이 사실을 우리에게 어떻게 적용시켜야겠습니까? 주께서 "심한 통곡과 눈물"로 자기의 제사를 올렸습니다. 우리 중 어떤 사람도 죄의 무서움에 대해 아무 감각이 없다면 구원과 아무 관련이 없다고 보는 것이 좋습니다. 우리의 마음이 회개하지 않고 불신앙의 태만에 빠져 있다면, 그리스도의 그 심한 통곡과 눈물을 머금은 제사를 구원 얻을만한 믿음으로 바라보고 있다고 상상하지 말아야합니다. 그리스도께 나아가는 자마다 그가 죄인들을 위해서 하나님께 어떻게 나아가셨는지를 잘 생각하도록 합시다.

"자기를 죽음에서 능히 구원하실 이에게 심한 통곡과 눈물로 간구와 소원을 올렸고." 우리 위해 고난 받으신 보증자께서 하나님을 여기서 어떤 차원으로 보고 계신가를 특별하게 주목하게 됩니다. 이 말씀은 그때에 그리스도께서 하나님을 어떻게 생각하셨는지를 밝혀줍니다. "능히 자기를 구원하실 이"로 보고 생각하고 계셨습니다. '능력이나 권능'은 본성적 하나님의 본질이기도 하고 도덕적이기도 합니다. 본질적 능력은 힘과 활동하는 효력입니다. 하나님 안에서 그 본질적 능력은 '전능성'입니다. 도덕적 능력은 옳음과 권위입니다. 하나님 안에서는 그 능력이 절대적인 주권으로 나타납니다. 그리스도께서는 둘 다 생각하셨습니다. 하나님의 전능성에 비추어 구원을 간구하셨고, 하나님의 주권에 비추어 온유하게 복종하셨습니다. 하나님의 전능성은 그리스도께서 성부 하나님을 믿는 믿음의 대상이었고, 하나님의 주권은 그의 두려움의 대상이었습니다. 우리가 하나님의 발등상에 나아갈 때 우리는 언제나 하나님의 그 두 속성을 생각해야 합니다. 하나님의 전능하심을 생각하면 우리 마음이 용기를 얻을 것이요, 우리의 믿음은 강해질 것입니다. 하나님의 높은 주권을 인식하면, 그것이 우리로 그 앞에 겸비한 자세를 취하여 주제넘지 않게 붙들어 줄 것입니다.

"자기를 죽음에서 능히 구원하실 이에게 심한 통곡과 눈물로 간구와 소원을 올렸고." 이는 역시 그분이 "심한 통곡과 눈물로 간구와 소원을 올린" 이유를 알게 합니다. 그렇게 심한 통곡과 눈물로 하나님께 아뢴 것은 죽음을 내다보셨기 때문입니다. 어떠한 '죽음'입니까? 그저 몸에서 영이 떠나는 죽음이 아니라 죄의 값으로서의 죽음이요, 하나님께서 의로운 재판장으로 죄책을 짊어진 사람에게 부과하는 율법의 저주로서의 죽음입니다. 언약의 보증이요, 자기 모든 백성의 죄를 스스로 자원하여 짊어 지신 분에게 거룩한 하나님의 진노가 임하지 않을 수 없었습니다. "내가 어릴 적부터 고난을 당하여 죽게 되었사오며 주께서 두렵게 하실 때에 당황하였나이다."(시 88:15) 이 말씀은 그리스도께서 하신 말씀이요, 바로 그 사실을 가리켜 하신 말씀입니다. 끝이 가까이 올수록 그의 갈등은 더 격렬해졌고, 구원을 위한 그의 울부짖음은 더욱 더 강해졌습니다. "사망의 줄이 나를 두르고 스올의 고통이 내게 이르므로 내가 환난과 슬픔을 만났을 때에 내가 여호와의 이름으로 기도하기를 여호와여 주께 구하오니 내 영혼을 건지소서 하였도다."(시 116:3,4)

그러나 그리스도가 행한 구원은 어떠한 것이었습니까? 죽음을 당하지 않게 해달라는 것이었습니까? 아닙니다. 왜냐하면 그리스도는 그 죽음을 당할 명령을 받았기 때문입니다(요 10:18 ; 빌 2:8). 그러면 무엇입니까? 그리스도가 '죽어가고 있는 데서 죽지 않게 구원해 달라'고 기도하지 않고 '죽음'에서 구원해 달라고 기도하셨음을 세심하게 주목해야 합니다. 그리스도께서 어떤 '구원'을 위해 기도하셨습니까? 그 질문에 대해 두 가지 해답을 얻을 수 있다고 믿습니다.

첫째, 그는 죽음을 당했을 때 지켜 주기를 간절히 바라셨습니다. 우리 죄 때문에 벌책적으로 하나님의 분노가 임하여 죽음이 왔습니다. 그 죽음이 자기 앞에 당도했을 때, 그분은 죽음을 이겨 내고 죽음을 대항할 능력이 연약한 인간 본성에는 전혀 없다는 것을 깊고 무섭게 인식하셨던 것입니다. 당신께 떨어진 말로 할 수 없는 무게를 능히 견뎌내게 하실 하나님의 도움과 지원을 받을 필요를 의식하였던 것입니다. 그래서 완전하시면서도 의존적인 사람답게 압도당하거나 위협당하지 않게 해주십사고 기도하는 것이 당신의 마땅한 의무임을 아셨습니다. 그분은 "능히 하실 이"에 대하여 확신을 가지셨습니다. 그리고 이렇게 선언하신 것입니다. "주 여호와께서 나를 도우시므로 내가 부끄러워 아니하고…"(사 50:7)

"그의 경건하심으로 말미암아 들으심을 얻었느니라." 가장 훌륭한 주석가들 사이에서도 이 말씀에 대한 이해가 서로 다릅니다. 우리가 믿기로 이 소절의 온전한 의미를 밝히기 위해서는 두 가지 해석을 종합할 필요가 있습니다. 칼빈(John Calvin)은 "그리스도께서 '경외'하는 대상은 우리 죄에 대한 하나님의 무서운 심판이었다."는 의미로 이 소절을 받았습니다. 그리스도께서 하나님의 공의의 칼로 자기를 치시는 것과, 하나님께 자신이 버림받으심을 무서워하셨다는 것입니다. 여기서 '경건하심으로'(두려워하심으로)라는 대목이 그리스도 자신의 경건을 가리키는 것이라 여기는 자들이 있습니다. 하나님께서 그리스도의 기도에 응답하신 것으로 보아 그러하다는 것입니다. 이 능란한 주석가 칼빈은 여기서 '경건하심'(fear)이 그리스도 자신의 경건을 가리키는 것이라는 주장을 배격합니다. 하나님께서 그리스도의 간구를 바로 그 경건하심 때문임은 사실이지만, 소유격으로 '그의 경건하심'(His fear)이 없음을 지적하고 있습니다.[1] 헬라어 전치사 '아포'('휘펠'이 아니라)는 '~을 근거로'(on account of)가 아니라 '~로부터'(from)라는 의미입니다. '경외하심'(fear)이라는 말은 거의 대부분 '염려'(anxiety)를 의미한다는 것을 칼빈은 지적하고 있습니다. 그 말은 70인경에서 '당황하여 놀람'(consternation)의 의미를 가지고 있습니다.

이에 대한 칼빈의 주장을 여기에 그대로 옮겨 놓습니다.

"나는 그리스도께서 경외하며 두려워했던 것으로부터 '들으심' 받으셨다는 의미라고 확신한다. 그래서 그리스도께서는 자기가 당한 불행(evils)에 압도당하거나 사망에 삼키움 당하지 않으셨다. 왜냐하면 하나님의 아들이 그런 틈바구니에 들어가야 했던 것은 그의 불신앙으로 말미암은 시련이 아니었기 때문이다(불신앙은 우리의 모든 무서움의 원천이다). 다만 육체를 입은 사람으로서 하나님의 심판을 받으셨고, 굉장한 노력이 아니면 극복될 수 없는 공포(terror)를 견디어 내셔야 했을 뿐이다."(우리 편에서 칼빈의 해석에다가 하나 더 부연한다면, '우리 주님께서는 하나님께서 힘주심이 없이 극복될 수 없었을 공포를 견디셔야' 했습니다.)

---

1) 우리말 개역한글이나 개역개정에서는 마치 소유격적으로 이해하게 되어 있으나 원어적으로는 그 지 않음을 칼빈은 지적하고 있다. - 역자 주

그리스도의 고난이 그의 영혼을 비틀었고, 슬픔을 지아냈고, 당황과 무시무시한 가공할 무서움을 자아냈습니다. 겟세마네 동산에서의 처신하시는 모습과 고통 속에서 우리는 그 국면을 엿볼 수 있습니다. 하나님을 '무서워 떠는 공포'를 겪으시는 동안 그는 '황망하셨습니다.' 시편 88:15의 말씀이 그 점을 묘사하고 있습니다. "내가 어릴 적부터 고난을 당하여 죽게 되었사오며 주께서 두렵게 하실 때에 당황하였나이다." 또한 이렇게 소리치셨습니다. "나는 물같이 쏟아졌으며 내 모든 뼈는 어그러졌으며 내 마음은 촛밀 같아서 내 속에서 녹았으며 내 힘이 말라 질그릇 조각 같고 내 혀가 잇틀에 붙었나이다 주께서 또 나를 사망의 진토에 두셨나이다."(시 22:14,15 - 개역한글). 다시 그는 울부짖으셨습니다. "하나님이여 나를 구원하소서 물들이 내 영혼에까지 흘러 들어왔나이다 나는 설 곳이 없는 깊은 수렁에 빠지며 깊은 물에 들어가니 큰 물이 내게 넘치나이다…큰 물이 나를 휩쓸거나 깊음이 나를 삼키지 못하게 하시며 웅덩이가 내 위에 덮쳐 그것의 입을 닫지 못하게 하소서."(시 69:1,2,15)

무서움과 고통과 육체의 고문과 영혼의 뒤틀림이 그분께 떨어졌던 것입니다. 하나님의 정죄를 받은 사람들은 마땅히 통곡하며 슬퍼하며 이를 갈게 될 것인데, 주님께서는 바로 그 고통을 당하셨던 것입니다. 진정 그리스도께서는 하나님께 버림을 받으셨습니다. 하나님과 가진 관계의 샘에서 나는 위로와 감동이 그분으로부터 떠났습니다. 하나님께서는 자신의 아버지시요 하나님이셨습니다. 바로 그 관계가 그의 모든 위로와 기쁨의 샘이었습니다. 그런데 그 관계의식(關係意識)이 멈추어 있었습니다. 그래서 그분은 말로 할 수 없는 무거움과 슬픔으로 가득했고 "심한 통곡과 눈물로" 거기서 구출해 주십사고 간구하셨습니다.

"들으심을 얻었느니라." 이 말은 무엇보다도 하나님께서 간구하는 그분을 인정하시고 받아들이셨음을 의미합니다. 여기서 그리스도의 기도는 바울이 자기 육체에 있던 가시를 제거해 주십사고 기도하여 얻은 것과 같은 방식으로 응답받으셨습니다. 바울은 그 기도에 대한 응답으로 가시가 제거된 것이 아니라, 그 시련을 참아낼 수 있도록 하나님의 도우심을 받았습니다. 겟세마네 동산에서 "천사가 하늘로부터 예수께 나타나 힘을 더하더라."(눅 22:43) 십자가 위에서도 마찬가지입니다.

"그의 마음과 생각은 그의 인성으로 느끼셨던 무서움과 공포를 이기도록 무장되었고 뒷받침 받으셨다. 그리하여 하나님의 뜻 안에 완전히 정착할 수 있게 되었던 것이다. 그는 응답받기를 소원하셨으되, 응답의 한도 내에서 응답을 받을 줄 아셨다. 그가 사람이시라 그 고통 전체로부터 구원받기를 소원하실 수밖에 없었지만, 그럼에도 불구하고 신인(神人)이신 그분은 아버지의 뜻에 전적으로 복종하셨다. 그래서 모든 고통에서 절대적으로 구출되기를 소원하지는 않으셨다."(John Owen)

"그의 경건하심을 인하여 들으심을 얻었느니라." 다른 주석가들은 '경건하심'이라는 말의 헬라어가 '경건한 경외심과 신앙'을 의미한다고 바르게 지적하였습니다. 히브리서 12:28에서는 그 말이 명사형으로 나타납니다. "그러므로 우리가 흔들리지 않는 나라를 받았은즉 은혜를 받자 이로 말미암아 경건함과 두려움으로 하나님을 기쁘시게 섬길지니." 그리스도께서는 '경건한 두려움'으로 소원과 간구를 아뢰셨기 때문에 들으심을 얻으셨습니다. 주님 자신의 개인적인 온전하심이 드린 간구대로 하나님께 응답받게 했던 것입니다. 그분은 고난을 승리로 끝마치시면서 이러한 확신을 가지셨습니다. "주께서 내게 응답하시고 들소의 뿔에서 구원하셨나이다."(시 22:21) 이 말씀은 죽은 자 가운데서 구원하여 달라는 구주의 간구의 두 번째이자 궁극적인 의미가 무엇인가를 밝혀 주고 있습니다. 아버지께서 그에 따라 두 번째로 응답한 것이 무엇인지도 밝혀 줍니다.

"'죽음에서 능히 구원하실 이에게…'라는 표현을 주목하라. '죽음에서 구원하다.'는 것은 '죽은 다음에 그 죽음에서 구원한다.'는 의미이다. 하나님께서는 자신을 '죽은 자 가운데서 능히 그를 구원할 자로 자신을' 나타내셨다. 곧 '평화의 하나님' - 만족하게 하시는 하나님으로서의 '자신을 나타내신 것이다.' '양들의 큰 목자이신 우리 주 예수를 영원한 언약의 피로 죽은 자 가운데서 이끌어 내신 평강의 하나님'(히13:20)으로 자신을 드러내신 것이다."(John Brown)

이리하여 이 매우 엄숙하고 놀라운 히브리서 5:7의 내용들을 요약해 봄으로써 다음과 같은 사실을 배울 수 있습니다.

첫째, 우리의 복되신 대속주(Substitute)께서는 제사장 직무를 감당하실 때에 하나님의 무서운 진노를 당하셨습니다. 곧 죄의 삯으로서의 '사망'을 당하셨습니다.

둘째, 주님께서 그 일을 연약에 휩싸여 있는 인성(人性)의 유약함 속에서 '육체로 계실 때에' 당하셨습니다. 우리가 인식하기 곤란할 정도로 죄를 대적하시는 하나님의 심판을 느끼셨습니다. "심한 통곡과 눈물"을 흘리셨다는 것으로 그 점이 판명됩니다.

셋째, 그는 구원을 위해서 울부짖으셨습니다. 그 고통을 견뎌낼 힘을 주십사고, 무덤에서 빠져 나오게 해주십사고 울부짖으셨던 것입니다.

넷째, 하나님께서는 필요로 하는 도움을 주셨고, 죽은 자 가운데서 그분을 살리심으로써 그분의 간구를 들으셨습니다.

우리가 숙고한 여러 내용들을 통해서 많은 교훈을 끌어낼 수 있습니다. 하나님의 아들이 얼마나 무한히 깊은 데까지 낮아지셨습니까! 그의 고뇌가 얼마나 말로 할 수 없이 무서운 것이었습니까! 죄를 속하기 위해서 그러한 제물이 요구되었다면 죄란 얼마나 극악한 것입니까! 하나님의 진노는 얼마나 무섭고 가공할 것입니까! 그로 하여금 우리를 위해서 그처럼 고난당하게 한 그 사랑은 어떤 것입니까! 그런 구주를 멸시하고 배척하는 자들에게 어떠한 것이 돌아가겠습니까? 그는 우리에게 필요할 때마다 하나님께 돌아서서 간구하시는 얼마나 선한 본을 보이셨습니까! 우리의 기도가 응답받으려면 어떠한 열정이 필요하나요? 무엇보다도, 하나님의 아들의 죽으심으로 말미암아 구원받은 사람들은 그분께 어떻게 은혜를 보답해야 하며, 어떠한 사랑과 헌신과 찬양을 올려 드려야 마땅하겠습니까!

21강

고난으로 순종을 배우신 아들

5:8 그가 아들이시면서도 받으신 고난으로 순종함을 배워서 5:9 온전하게 되셨은즉 자기에
게 순종하는 모든 자에게 영원한 구원의 근원이 되시고 5:10 하나님께 멜기세덱의 반차를
따른 대제사장이라 칭하심을 받으셨느니라

히브리서 5:1-10까지의 말씀은 너무나 광대하고 중요한 주제를 나타내고 있습니다. 그러므로 감히 그 말씀들을 서둘러 강해하고 넘어가지 않아야 합니다. 그 말씀들은 주 예수님의 인격과 대제사장으로서 행하신 직무를 보여줍니다. 또한 영예로우면서도 힘들기 짝이 없는 대제사장 직무의 여러 기능들을 감당하기에 충분하신 예수님을 드러내고 있습니다. 그러니 그러한 직무를 수행하기에 그분이 바르고 정당한 자격을 갖추고 있음을 나타내고 있는 셈입니다. 실로 주님은 그 제사장 직무에 속한 여러 역할들을 완전하게 감당할 자격을 갖추고 계십니다. 그리고 이 대목은 주님의 희생제사 사역(事役)의 본질과 값비싼 대가를 알려 줍니다. 아울러 그러한 직무들에 대한 승리의 개가를 선언합니다. 그러나 이렇게 명백한 말씀의 가르침에도 불구하고 오늘날 거의 대부분의 그리스도인들은 이 대목의 주제를 이해하는 데 너무 희미한 모습을 보이고 있습니다. 그러므로 그리스도의 제사장직에 속한 주요한 특징들을 밝히기 위해서 상세한 서론이 필요하다고 우리는 여

기는 것입니다.

우리는 이러한 질문부터 던져 봅니다. 하나님께서 어찌하여 제사장을 세우셨습니까? 그럴 '필연성'이 무엇인가요? 이 질문에 대한 자명한 아주 확실한 답은 '죄 때문이라.'입니다. 그래서 그런 직분이 필요하여 그런 직무를 도입한 것입니다. 죄는 거룩한 하나님과 죄악적인 피조물 사이를 크게 벌어지게 하였습니다. 만일 하나님께서는 본질적 성품 때문에 죄악된 피조물에 접근하면 대번에 심판을 시행할 수밖에 없습니다. 그 심판은 틀림없이 그 죄악된 존재들의 멸망을 반드시 수반합니다. 왜냐하면 "형벌 받을 자는 결단코 면죄하지 않으실" 것이기 때문입니다(출 34:7). 또한 죄인도 하나님 앞에 조금도 가까이 나아갈 수 없습니다. 왜냐하면 그는 "하나님의 생명에서 떠나 있기" 때문입니다(엡 4:18). 그럼으로써 "허물과 죄로 죽어 있기" 때문입니다(엡 2:1). 그와 같이 죄인은 영적 행동을 수행할 능력이 전혀 없을 뿐 아니라 신령한 열망도 가지고 있지 않습니다. 타락한 사람이 자신만 바라보면, 전적인 절망만 있을 뿐입니다.

그러나 하나님께서는 사람들에게 은혜 베푸실 계획을 가지고 계십니다. 모든 사람에게가 아니라, 타락한 인류 중에서 선택된 남은 자들에게 은혜 베푸실 계획을 가지고 계십니다. 만일 하나님께서 아담의 모든 후손들에게 은혜를 베푸셨다면, 그의 은혜의 영광은 흐려졌을 것입니다. 왜냐하면 그렇게 되면 은혜를 베푸시는 일이 하나님께서 마땅히 사람들에게 행해야 할 일처럼 보일 것이기 때문입니다. 다른 말로 해서, 하나님께서 인간들이 죄에 빠지는 것을 막지 못하여 인간들에게 그러한 은혜를 베푸시는 것처럼 보일 수 있다는 말입니다. 그러나 은혜란 '공로 없이 베푸시는 은총'입니다. 어떤 존재도 그 은혜를 자기의 권리로 가질 수 없습니다. 또한 하나님으로부터 그 은혜를 달라고 어느 누구도 요구할 수 없습니다. 그러므로 그 은혜는 그 은혜의 원조(元祖)되시는 하나님께서 '주권적' 방식으로 베푸시는 수밖에 없습니다. "나는 은혜 베풀 자에게 은혜를 베풀고 긍휼히 여길 자에게 긍휼을 베푸느리라."(출 33:19) 그래야 은혜가 은혜로 나타날 수 있습니다. "만일 은혜로 된 것이면 행위로 말미암지 않음이니 그렇지 않으면 은혜가 은혜되지 못하느니라."(롬 11:6)

그러나 창세전에 그리스도 안에서 하나님께서 택하신 사람들에게 은혜 베푸시기로 결정하셨을 때(엡 1:4; 딤후 1:9), 자신의 완전함과 조화를 이루어 행동하셔야 했습니다. 하나님께서는 백성들의 죄를 그냥 간과할 수 없으셨습니다. 하나님의 공의(公義)는 죄를 심판할 것을 강력히 요구했습니다. 만일 죄책과 그것의 벌책적 귀추에서 백성들을 구원하시려면, 그 죄에 대한 벌책적 귀추를 무마시킬 어떤 적당한 방도를 강구하셔야 했습니다. "피 흘림이 없은즉 사(赦)함이 없느니라."(히 9:22) 죄를 속(贖)하는 일이 근본적으로 필수사항이었습니다. 공의를 무시하고 은혜를 베풀 수 없었습니다. 아니 은혜는 "의로 말미암아 왕노릇 해야" 합니다(롬 5:21). 구속(救贖)을 성취한 근거 위에서만 은혜가 행사될 수 있습니다. "그리스도 예수 안에 있는 속량(贖良)[1]으로 말미암아 하나님의 은혜로 값없이 의롭다 하심을 얻은 자 되었느니라."(롬 3:24)

그러면 '누가' 하나님의 율법을 완전히 만족시킬 수 있었는가요? 죄인들이 하나님의 거룩함과 조화되는 차원에서 구속받아야 한다면, 그 거룩함의 요구 사항에 마땅한 자격을 갖춘 자가 누구입니까? 누가 그 백성들의 책임을 감당하여 지존하신 분을 온전히 만족시키기에 합당할까요? 전능자의 여러 정당한 권리들을 높여 주면서도 구원받을 자들의 연약과 궁핍에 동정심

---

1) 개역한글에서는 '구속(救贖)'이라고 한 것을 개역개정에서는 '속량(贖良)'으로 번역하였다. 둘 다 같은 개념이다. 노예제도가 시행되던 당시에 노예를 자유인으로 만들려면 그에 상당하는 값을 지불하여야 하였다. 그런데 쓰인 용어가 바로 '구속' 또는 '속량'이다. 우리말 사전에서는 속량을 '몸값'을 받고 종의 신분을 풀어 주어 양민이 되게 하던 일. '속신(贖身)'으로 규정하고 있다. - 역자 주

을 가지고 들어갈 자가 누구였습니까? 분명히, 이 난제에 대한 오직 유일한 해답이 '중보자' 안에 있습니다. 하나님을 대신하여 행동하실 능력과 자격을 지닌 중보자에게 그 모든 유일한 해결책이 있습니다. 이 때문에 하나님의 아들은 죄 있는 육체의 모양이 되도록 정해졌던 것입니다. 그렇게 해야만 그분이 신인(神人)으로서 "하나님의 일에 자비하고 신실한 대제사장"이 되실 수 있었습니다(히 2:17). 왜냐하면 제사장직에 있어서 가장 중요한 일은 '중보자의 직무'(mediatorship)이기 때문입니다.

이제 히브리서 5:1이 우리에게 말하는 바를 생각해 봅시다. 히브리서 5장에는 세 측면이 소개됩니다. 한 측면은 하나님이시고, 다른 측면은 백성들이고, 세 번째 측면은 그 양편을 연결하는 '고리'로서의 대제사장입니다. "대제사장마다 사람 가운데서 택한 자이므로 하나님께 속한 일에 사람을 위하여 예물과 속죄하는 제사를 드리게 하나니." 이 이중적인 관계와 이중적인 직무에 대한 의식이 없이는 제사장직에 대한 바른 개념도 있을 수 없습니다. 그리스도 안에서만이 그것이 완전하게 부합됩니다. 그는 하늘과 땅을 잇는 고리요, 하나님과 '사람들' 사이를 잇는 유일한 중보자십니다(딤전 2:5). 위에 계신 하나님의 측면에서 보면, 그는 아래 있는 사람들을 향한 중보자십니다. 아래 있는 사람들의 측면에서 보면 위로 하나님을 향하여 나아가시는 머리십니다. 제사장은 백성들이 거룩한 하나님과의 살아 있는 관계를 위한 '유일한 통로'입니다.

위에서 말한 바와 같이, 그리스도께서 하늘과 땅을 잇는 오직 유일한 연결이십니다. 그분은 하나님과 타락하고 파멸된 죄인들인 자기 백성들 사이를 연결하는 다리이십니다. 히브리서 1장과 2장을 그러한 진술로 요약할 수 있습니다. 1장과 2장에서는 그리스도 안에 있는 양성(兩性), 곧 신성(神性)과 인성(人性) 사이의 관계를 밝혀 주는 상세한 논증이 소개되었습니다. 주님께서 제사장직을 합당하게 감당하기 위하여 신성과 인성이 다 필요하다는 사실을 그 대목에서 길게 논증한 바 있습니다. 그는 인성을 취하신 하나님의 아들이셔야 합니다. 그는 "범사에 자기형제들과 같이 되어야" 합니다. "하나님의 일에 자비하고 충성된 대제사장"이실 수 있습니다. 또한 "백성들의 죄를 위한 화목제물"이 되기 위해서도 그러합니다. 시험받는 자들을 도우실 수 있기 위하여 인성을 취하신 하나님의 아들이셔야만 했습니다. 히브리서 2:17,18은 히브리서 1장과 2장에 나타난 사도의 논증의 절정을 이룹니다. "그러므로 그가 범사에 형제들과 같이 되심이 마땅하도다 이는 하나님의 일에 자비하고 신실한 대제사장이 되어 백성의 죄를 속량하려 하심이라 그가 시험을 받아 고난을 당하셨은즉 시험 받는 자들을 능히 도우실 수 있느니라."

그리스도의 제사장 직무는 "백성들의 죄를 위한 화목을 이루는" 것이었습니다. 그 일은 백성들의 모든 책임을 떠맡아 하나님을 만족시키는 일입니다. 또한 그 일은 "그 율법을 크게 하며 존귀하게" 하는 일입니다(사 42:21). 이러한 일을 위해서 율법을 지킬 필요가 있었으며, 생각과 말과 행동에 있어서 완전한 순종이 필요했습니다. 따라서 하나님의 아들이 "율법 아래" 오셨습니다(갈 4:4). 그리고 그 모든 율법의 요구를 "이루었습니다."(마 5:17) 이처럼 대속적(代贖的)이고 제사장적 직무의 차원에서 이루어진 그리스도의 완전한 순종이 그의 백성들에게 전가(轉嫁)됩니다. "한 사람의 순종하심으로 많은 사람이 의인이 되리라."(롬 5:19) 그러나 "율법을 존귀하게 하는 것"은 역시 백성들이 율법을 어긴 것에 대한 벌책을 수반했습니다. 그래서 주님께서는 그 일을 당하신 것입니다. "그리스도께서 우리를 위하여 저주를 받은바 되사 율법의 저주에서 우리를 속량하셨으니 나무에 달린 자마다 저주 아래에 있는 자라 하였음이라."(갈 3:13)

이제 우리가 생각해 왔던 것들을 요약해 보기로 합시다.

(1) 그리스도로 하여금 제사장 직무를 감당케 했던 것은 죄였다. 죄란 창조주로부터 피조물을 멀리 떨어지게 하는 것이다.

(2) 그리스도가 제사장이 된 원천이 은혜였다. 배역자들은 그리스도에게 제사장이 되어 달라고 요구할 권리가 없었다. 그것은 그렇게 놀라운 제도를 마련하신 하나님의 은혜였다.

(3) 그리스도의 제사장직의 기능은 중보적인 역할을 하는 것이다. 하나님과 사람 사이에 서서, 하나님을 향하여 사람들을 위해서 직무를 감당하신 것이다.

(4) 완전한 제사장 직무를 감당할 자격자는 신인(神人)이시다. 하나님이 아니고서는 하나님의 모든 요구들을 대응할 수 없으며, 사람이 아니고서는 사람들의 궁핍을 채울 수 없다.

(5) 제사장의 일은 죄를 위하여 화목(和睦)을 이루는 것이다. 여기에 다음의 몇 가지 사항을 더할 수 있다.

(6) 제사장직의 목적은 하나님의 요구사항들을 높이고, 그리스도의 인격이 영화롭게 되며, 그의 백성들로 구속받게 하는 것이다.

(7) 그리스도의 대제사장직의 열매는 자기 백성들로 하여금 하나님의 은총을 계속 받게 한 것이다.

앞으로 이어지는 여러 강론들을 통하여 그에 따르는 여러 요점들을 숙고해 나가려 합니다.

히브리서 5:8,9의 말씀은 이전 강론에서 숙고해 보았던 부분을 끝마치고 있습니다. 그 구절들의 의도와 의미를 더 잘 깨닫기 위하여 그 이전의 구절들의 교훈을 다시 상기할 필요가 있습니다. 히브리서 5장의 첫 번째 대목(5:1-10)에서는 그리스도가 아론을 통해서 모형적으로 나타냈던 것을 성취하신 모습을 보여 줍니다.

첫째, 그리스도는 하나님에 의해서 제사장으로 부르심 받고 세움 받았습니다(4-6절).

둘째, 자기가 대신하는 사람들을 향하여 체휼하기에 합당한 자가 되기 위하여 그는 "(죄 없는) 연약에 휩싸이셨습니다."(3-7절)

셋째, 그는 제사장으로서 자신뿐만 아니라 백성들을 위하여 "하나님께 심한 통곡과 눈물을 올렸습니다."(3-7절) 히브리서 5:8,9는 그리스도로 하여금 거룩한 제사장 직무를 수행하기에 합당한 자격을 갖게 하였던 그리스도의 완전하심들을 밝혀 줍니다. 그뿐만 아니라 그 완전함으로부터 나오는 복된 열매들을 알게 합니다.

히브리서 5:8

"그가 아들이시면서도 받으신 고난으로 순종함을 배워서."

7절에 묘사된 대제사장이신 그리스도의 낮아지심에 비추어 볼 때, 8절에서는 그의 영광을 변호하고 강화시키기 위하여 그의 신적 존영이 언급되고 있습니다. 여기서 존 오웬(John Owen)의 주해를 인용하겠습니다.

"5:7에서 논의된 것들이 히브리서 첫 부분에 나오는 예수 그리스도의 인격에 관한 진술들과 일치하지 않는 것처럼 보인다. 거기서는 예수 그리스도가 하나님의 아들로 선언되었고, 하늘에 있는 모든 천사들보다 뛰어난 자로서 묘사되었다. 그런데 여기서는 낮고 비참한 조건에 떨어져, 말하자면 자기 생명을 위해서 애걸하는 자로 묘사되었다. '심한 통곡과 눈물로' 자기를 구원하실 수 있는 자에게 탄원하고 있는 모습을 보이고 있다. 이러한 것들이 히브리 그리스도인들에게는 무언가 서로 모순되어 보일 수도 있었다. 실로 그것들은 오늘날에도 많은 사람들에게 '거치는 돌과 넘어지게 하는 반석'이 되고 있다. 그것들은 그들의 육신적인 사고와 이성의 논리로는 도저히 조화가 되지 않는다.

"이곳에서 사도가 목적하는 바는 불신자들의 반론을 끌어내려는 것이 아니다. 오직 진리를 믿는 자들의 믿음을 바로 세워주려고 할 뿐이다. 왜냐하면 사도는 혈육에 함께 속하심으로 말미암아 친히 하나님의 영원한 아들이신 분에게 그 일들이 가능하였음을 나타내려는 것만이 아니기 때문이다. 도리어 그리스도의 낮아짐과 재난 전체는 그의 직무의 차원에서 필요하다는 것을 나타내려한다. 다음에 계속되는 구절들에서 사도는 그 일을 하고 있다."(John Owen)

"그가 아들이시면서도 받으신 고난으로 순종함을 배워서." 이 진술은 몇 가지의 질문을 야기하여 그에 대한 답을 요구합니다. 첫째, 이 진술이 들어 있는 부분 속에서 어떤 관계입니까? 둘째, 여기서 언급된 "순종"은 무엇을 의미합니까? 셋째, 어떤 의미에서 아들이 순종함을 배우셨습니까? 넷째, 어떻게 "그가 받으신 고난"이 그로 하여금 순종을 배우게 했습니까? 다섯째, 여기서 우리에게 주는 실제적인 교훈은 무엇입니까? 이에 대하여 하나 하나 숙고하여 봅시다.

"그가 아들이시면서도." 이 말씀은 보다 직접적으로 시편 2:7을 인용한 5절 말씀을 뒤돌아보게 합니다. 스미튼(Smeaton) 교수가 이에 대하여 설명한 것을 인용해 보겠습니다.

"그 인용은 역시 그리스도로 하여금 영원한 제사장으로 설 자격을 구비하게 해 준 그의 신적 존영과 탁월함을 상기하게 한다. 예수님께서는 하나님의 주신 사명을 갖고 계셨다. 그는 아들이셨기 때문에 아버지의 지명을 받으셨다. 그래서 그는 그의 직무에 필요한 모든 조건들을 갖추게 되신 것이다. 그럼에도 불구하고 그 아들은 '순종함을 배워야 했다.' 그는 권위와 존영을 소유하셔야 할 뿐 아니라, 죄인들을 체휼(體恤)할 수 있는 마음을 가져야 한다. 그는 인간적 체험의 범주에 들어가심으로써 자비어린 충성된 대제사장이 되셨다. 고난을 통해서 우리를 대신하는 대리자의 역할을 감당하셨을 뿐 아니라, 우리의 최고 유익을 이끌어 가시고 우리의 대의(大義, casue)를 지휘하시기에 합당한 자가 되신 것이다. 같이 형제가 되시며 고난과 슬픔을 당하심으로써 그는 우리의 연약을 피부로 느끼게 되셨던 것이다. 그는 자기 형제들과 같이 되셨다(2:17). 그는 시험받는 자들을 돕기 위해서 고난을 받으셨다(2:18). 그는 개인적으로 죄가 없는 것을 제외하고는 모든 면에서 우리와 같이 되셨다(4:15). 그리고 그는 받으신 고난으로 말미암아 순종함을 배우셨다. 이 모든 것의 의도는 '자비하시고 체휼하시는 대제사장이 되시려 함이었다."

여기서 우리는 첫째 질문에 대한 해답을 얻습니다. 8절에서 성령께서는 모형 안에서 발견되었던 것(3절)이 어떻게 원형(原型) 안에서도 발견될 수 있는지를 보여주고 있습니다. 그리스도께서는 당하신 체험들의 고통을 예리하게 느끼셨다는 것과, 그 체험들을 통해서 "순종함을 배우셨다."는 것을 우리로 알게 하십니다. 우리의 대제사장이신 그분이 '연약에 휩싸여 있었다."는 사실을 이보다 더 뚜렷하게 실증할 수 있는 것이 무엇입니까?

우리는 진리의 성령께서 가시는 곳까지 가기를 주저해서는 안 됩니다. 또한 그분이 말씀하신 모든 것을 믿는 은혜를 구해야 합니다. 또한 주님의 영광에 대해서 성령님만큼 열심인 분이 없습니다. 아들이신 그리스도께서 그처럼 깊은 수치의 구렁으로 자원하여 내려가심으로 어떻게 그 영광이 드러났는지를 성령님만큼 더 잘 아는 이가 누구겠습니까? 우리는 그리스도의 절대적인 신성을 견고히 붙잡아야 합니다. 그러나 주님의 존영에 대해 거짓된 개념을 가져 우리를 위해서 낮아지신 골짜기로 주님을 따라 나아가기를 주저하지 말아야 합니다. 성경이 "그가 순종함을 배웠다."고 말할 때, 이 말씀을 감(減)하지 말고 그대로 받아야 합니다.

"받으신 고난으로 순종함을 배워서." '순종함을 배우셨다'는 것은 성자(聖子)께서 취하신 '인성(人性)'의 실체를 드러내고 있습니다. 성자께서 참사람이 되셨습니다. "예수는 그 지혜와 그 키가 자라가며 하나님과 사람에게 더 사랑스러워 가시더라."(눅 2:52) 이 말씀을 영감된 진술로 인정한다면, 어찌 그가 "순종함을 배우셨다."는 데 대하여는 그처럼 주저하는 태도를 보입니까? 많은 이들이 그러한 자세를 가지고 있습니다. 실로 이 말씀이 그리스도께 하나님의 율법을 거역하는 어떤 의지가 있어서 혹독한 훈련을 통해 복종시킬 필요가 있었음을 의미하는 것이 아닙니다. 그 점은 정말 복된 요점입니다.

존 칼빈(John Calvin)이 이에 대하여 잘 말했습니다. "그분께는 황소나 말을 길들이기 위해서 재갈 먹이는 것과 같은 일이 필요 없었다. 왜냐하면 그분은 본질적으로 그분이 인정하는 순종을 아버지께 마땅하게 드려야 한다는 마음이 있었기 때문이다." 아니, 그분은 "나의 하나님이여 내가 주의 뜻 행하기를 즐긴다."고 선언하셨습니다(시 40:8). "나의 양식은 나를 보내신 이의 뜻을 행하며 그의 일을 온전히 이루는 이것이니라."(요 4:34)

그러나 '순종'이란 무엇입니까? 그것은 다른 자의 뜻에 복종하는 것입니다. 다른 이의 권위를 인정한다는 말입니다. 또한 그분은 다른 자의 기뻐하는 일을 수행하는 것입니다. 그러한 일은 아들에게 있어서는 전혀 새로운 체험이었습니다. 성육신하기 이전에는 최상의 권위를 차지하고 계셨습니다. 그분이 앉으셨던 자리는 우주를 통치하는 보좌였습니다. 그 곳에서 만유를 향하여 명령을 하셨고 순종함을 요구하셨습니다. 그러나 이제 그분은 종의 자리를 차지하셨습니다. 그분이 피조물의 자리를 스스로 취하시어 사람이 되셨습니다. 이러한 새로운 자리와 새로운 역할로 다른 이에게 합당한 복종을 드려야 했습니다. 그는 "율법 아래" 들어오셨고, "율법의 교훈들을 높여야"만 했습니다. 그러나 더한 것이 있습니다. 그 취하신 자리는 직무를 수행하는 자리입니다. 자기 백성의 보증자로서 이 땅에 오신 것입니다. 자기 백성이 져야 할 죄책을 감당하기 위하여 오신 것입니다. 그들을 위한 완전한 의(義)를 위해서 오셨습니다. 그러므로 그들의 대표로서 하나님의 율법에 순종하셔야 했습니다. 하나님의 요구사항들을 준수해야 하는 자로서 "율법을 크게 하고 영예롭게" 하셔야 했습니다. 자원하고 완전하고 기쁨에 찬 심정으로 율법에 순종하심으로 말미암아 그렇게 하셨습니다.

다시, 그리스도의 '순종'은 제사장으로서 드린 헌물의 진수적인 부분이었습니다. 이 점이 옛적에 모형적으로 상징되었습니다. 물론 그것을 깨닫는 사람들이 적지만 제사를 위해 준비된 동물을 통해서 그것이 모형적으로 예표되었습니다. 그 짐승들은 "흠이나 점이 없어야" 했습니다. '흠이나 점이 없다'는 것은 그 짐승들의 뛰어남을 의미합니다. "양떼들 가운데 가장 좋은 것들"만 하나님께 드려져야 했습니다(겔 24:5). 이것의 원형은 그리스도의 죄 없음보다 훨씬 더 큰 것을 지적했습니다. 그것은 다만 소극적인 국면에 불과했습니다. 그의 능동적인 순종과 개인적인 탁월성을 암시한 것입니다. 그리스도께서 "흠 없는 자기를 하나님께 드리실 때"(히 9:14) 율법을 통해서 미리 요구된 모든 사항을 만족시키는 한 제물을 드리신 것과 같습니다. 자신을 하나님께 드려 아론을 통하여 모형적으로 나타냈던 것을 이루셨는데, 그것은 대제사장으로서의 역할을 감당하신 것입니다. 그러니 그리스도께서는 범사에 탁월하십니다. 왜냐하면 십자가 위에서 친히 자신이 제물을 드리시는 자가 되셨고, 친히 자신을 제물로 드리셨기 때문입니다. 그래서 8절의 내용과 7절이 긴밀하게 연결되는 것입니다.

"순종함을 배워서." 성육신하신 아들은 순종이 무엇인지를 직접 체험하셨습니다. 그분은 자신을 부인하고 자기 뜻을 버리며 "자기를 기쁘게 하지" 않으셨습니다(롬 15:3). 그분 속에는 하나님의 율법을 복종하고 싶지 않은 마음이나 하나님의 율법과 반대되는 방향으로 나갈 성향이 조금도 없었습니다. 오히려 그분의 순종은 자발적이고 마음에서 우러난 것이었습니다. 그러나 사람으로서는 "율법 아래" 들어오시어 하나님의 의(義)가 요구하시는 것이 무엇인지 "배우셨습니다." 자기 목숨을 내놓으라는 명령을 받아들이심으로써(요 10:18) 거룩이 요구하는 순종의 범주가 어떠함도 "배우셨습니다." 다른 말로 해서, 그리스도께서는 신인(神人)으로서 체험적으로 순종을 "배우신" 것입니다. 음식을 맛보아야 음식의 달고 쓴 것을 알게 되는 것과 같이, 아버지의 뜻에 복종하심으로써 복종이 무엇인지를 배우셨습니다. 이에 대하여 존 오웬(John Owen)의 주해를 참조합시다.

"그러나 더 나아가, 성자께서 고난을 통해서 배우셨다는 순종에는 무언가 특별한 요점이 있다. 곧 '죄 없는 인격'이 죄인들을 위해서 고난을 받으신 것이 무엇인가? '불의한 자를 위해서 의인이 고난을 받으신' 일이 하나님의 아들이 배운 순종에 있어서 특별한 요점이다. 고난을 통해서 배우신 순종은 그에게 있어서 특별한 것이었다. 우리는 그러한 순종에 이르는 길을 알 수도, 체험할 수도 없다."

"받으신 고난으로." 이 표현은 그리스도께서 어떤 것을 '방편' 삼아 순종을 배우셨는지를 선언합니다. 육체로 계실 때 처음부터 끝까지 당하신 모든 고난이 이 표현 속에 함축되어 있습니다. 그분 생애의 전 과정은 고난의 과정이었고, 모든 일에 있어서 순종을 체험하셨습니다. 그분이 겪어내신 모든 경로는 순종을 내용으로 하는 그 은혜의 행사를 나타낼 기회를 제공하였습니다. 온유와 겸손(마 11:29), 자기 부인(롬 15:3), 인내(계 1:9), 믿음(히 2:13) 등이 언제나 그분의 거룩한 성품이었습니다. 그러나 그런 것들은 고난 속에서만 행사될 수 있었습니다. 고난이 증가함에 따라서 순종도 그 범위와 깊이를 더해 갔습니다. 고난에 가해지는 압력이 되레 그 일을 더욱 더 부채질하였습니다. 내면적 갈등이 격렬해지면 격렬해질수록 그분의 복종은 더 뚜렷하게 드러났습니다(사 50:6,7 비교).[2] 수동적인 위치에서 당했던 고난이 있었지만, 고난 중에 보인 순종도 있었습니다. 그것은 정말 기이하여 그 어느 것과도 비교할 수 없는 순종이었습니다.

8절의 놀라운 가르침을 요약해 보기로 합니다. 개인적으로 모든 순종을 받으시기에 합당하신 분이 순종해야 할 자리로 내려 오셨습니다. 그 자리에서 고난을 통한 순종을 실제적으로 체험하고 배우셨습니다. 그분은 순종하셨습니다. 그렇게 하심으로써 보증자로서의 임무를 정당하게 감당하기 위해 요구되는 것이 무엇인지를 알게 되었습니다. 자기 백성들을 대신하여 능동적이고 수동적인 순종을 함께 드릴 필요가 있었습니다. "아들이시면서

2) '나를 때리는 자들에게 내 등을 맡기며 나의 수염을 뽑는 자들에게 나의 뺨을 맡기며 모욕과 침 뱉음을 당하여도 내 얼굴을 가리지 아니하였느니라 주 여호와께서 나를 도우시므로 내가 부끄러워하지 아니하고 내 얼굴을 부싯돌 같이 굳게 하였으므로 내가 수치를 당하지 아니할 줄 아노라.'(사 50:6,7)

도"(Though he were a Son, yet)라는 표현은 '놀라움의 절규'(exclamation)입니다. 우리를 위하여 그렇게 높으신 분이 그렇게 무한하게 낮아지심을 보고 기이하게 여기는 우리의 의식을 더욱 깊게 하는 절규적인 표현입니다. 왜냐하면 그리스도께서는 종의 자리에 처하여 계심에도 여전히 영광의 주되심을 멈추신 적이 없었기 때문입니다. "그분은 죽으셨을 때나, '죽은 자 가운데서 다시 살아나심으로써 능력으로 하나님의 아들로 인정되셨을 때'나 항상 동등하게 하나님이셨다(롬 1:4)."(John Owen)

여기서 우리에게 주는 실천적인 교훈은 무엇입니까? 첫째, 우리 구속주께서 우리로 그의 자취를 따라서 행하도록 본을 보이셨습니다. 주님께서는 어떻게 피조물된 인성(人性)을 입고 계셨는가를 보여주셨습니다. 우리에게 요구되는 것은 하나님께 완전하고 조금도 의심 없는 복종입니다. 둘째, 그리스도께서는 하나님께서 어느 정도로 복종을 요구하시는지 가르쳐 주셨습니다. 그분은 "죽기까지" 복종하셨습니다. 셋째, 하나님께 복종하는 것이 어떤 대가를 치러야 함도 가르쳐 주셨습니다. "무릇 그리스도 예수 안에서 경건하게 살고자 하는 자는 박해를 받으리라."(딤후 3:12) 넷째, 하나님의 뜻대로 당하는 고난을 높이어 배우게 하셨습니다. 그리스도께서는 친히 그의 받으신 고난으로 말미암아 배우셨습니다. 배울 것이 더 많은 우리가 그분보다 얼마나 더 배워야할까요(히 12:10,11)! 다섯째, 하나님께서 우리를 사랑하신다 하지만 그 사랑이 우리를 고난에서 면제시켜 주는 것은 아님을 보여주셨습니다. 그리스도께서 사랑하시는 하나님의 아들이시라도 큰 슬픔과 질고에서 제외되지 않으셨습니다. 제자가 그 선생과 같이 되면 족합니다.

히브리서 5:9

"온전하게 되셨은즉 자기에게 순종하는 모든 자에게
영원한 구원의 근원이 되시고."

이 구절에 대하여 존 오웬(John Owen)의 주해를 참조하는 것이 지혜롭습니다.

"우리의 대제사장이신 그리스도께서 자신을 드릴 필요가 있어 자신을 드리셨음을 사도는 선언한다. 그때 당하신 고난을 말하고 나서, 이제 그 고난으로 말미암아 얻은 효과와, 하나님께서 그 고난을 당하게 하신 특별한 의도가 무엇인지 함께 선언한다. 사도가 말하는 바를 일반적으로 말하면 이러하다. 주 예수 그리스도는 우리의 타락한 조건을 감안하시고 모든 방면에서 '자기를 순종하는 모든 자들에게 영원한 구원을 온전케 하기에' 합당하게 되셨다. 그러므로 이 9절에는 그리스도의 고난을 통해서 이루려 하신 목적 두 가지가 드러나 있다. 첫째로, 그리스도 자신 편에서 볼 때 '온전케 되시려는' 목적이다. 절대적인 의미에서 그리스도 자신을 위하여 '온전하게 되실' 필요는 없었다. 다만 죄인들을 대신하는 그의 직무를 수행하는 차원에서 그러하셨다. 둘째로, 신자들의 차원에서 볼 때 그는 '그들의 영원한 구원의 주'가 되려 하셨다."

이상의 존 오웬의 주해는 9절의 내용을 잘 요약한 것입니다. 그러나 9절 안에 들어 있는 여러 요점들을 보다 더 명료하게 밝힐 필요가 있습니다.

"온전하게 되셨은즉." '온전하게 되다'는 표현은 히브리서에서 자주 발견됩니다. 이 말은 '완성하다,' 또는 '마치다'는 의미를 가집니다. 또 '헌신하다', 또는 '온전히 드리다'는 의미로도 쓰입니다. 여기 9절에서는 두 번째 경우가 해당됩니다. 히브리서 2:10에서는 '마치다'(완성하다)는 의미로 쓰입니다. "그러므로 만물이 그를 위하고 또한 그로 말미암은 이가 많은 아들들을 이끌어 영광에 들어가게 하시는 일에 그들의 구원의 창시자를 고난을 통하여 '온전하게 하심'이 합당하도다." 이 2:10에서 그 동사는 아버지와 관계하신 차원에서 능동적으로 사용되었습니다. 거기서는 그리스도께서 그들 백성들의 구원의 주(대제사장)로 '온전케 되심'이 합당함을 진술하였습니다. 그러나 여기 5:9에서는 수동적으로 그리스도께 가하신 하나님의 행사의 '효력'을 말하는 의미로 사용되고 있습니다. 그분은 고난을 통해서 '온전하게' 되셨습니다. 그리스도를 '대제사장'으로 따로 떼어 말한 것입니다. 이에 대하여 존 오웬이 하는 말을 더 들어 보십시오.

"율법에서 말하는 대제사장들은 거룩하게 드려지는 제물인 짐승들의 고난과 죽음으로 말미암아 하나님께 구별된 대제사장직을 수행하였다(출 29장). 그러나 그리스도의 제사장직의 완전함은 그 자신의 고난으로 말미암아, 자신의 고난 속에서 하나님께 인정받았다."(John Owen)

여기서 언급하는 것이 "그의 육체로 계실 때"에 일어난 것임을 주목하는 것은 매우 중요합니다. 그분이 부활하실 때나 승천하셨을 때 일어난 일이 아니란 말입니다. 7-9절은 하나의 온전한 진술을 구성하고 있습니다. 헬라원문은 흠정역(KJV) 보다 더욱 강조적입니다. 원어의 원문을 그대로 옮겨보면 이러합니다. '온전하게 되셨으니 자기에게 순종하는 모든 자들에게 영원한 구원의 원조가 되셨도다.'(And having been perfected became to those that obey Him all, the Author of salvation eternal) 주님께서 "온전하게 되신 것"은 하늘에서가 아닙니다. "구원의 주"가 되시기 위해서 논리적으로 먼저 그리 되셔야 했습니다. 히브리서 10:14의 말씀은, 하나님께 인정받은 그리스도의 순종과 성취된 제사로 말미암아 우리가 그리스도와 하나 되었음을 확증합니다. "그가 거룩하게 된 자들을 한 번의 제사로 영원히 온전하게 하셨느니라.

"온전하게 되셨은즉." 이 말씀이 그리스도의 인격 자체에 일어난 어떤 변화를 가리키지 않습니다. 오히려 그리스도께서 제사장의 직무를 완전하게 감당할 자격을 갖추셨음을 말하고 있습니다. 곧 자기 백성들의 죄를 위한 완전한 희생제물로 하나님께 자신을 드리기에 온전한 자격을 갖추셨음을 말하고 있습니다. 주님께서 직무상 '온전하게 되심'은 고난으로 말미암아, 고난 속에서 된 일입니다. 그가 자신을 제물로 드림으로써 제사장 직무에 헌신하셨습니다. 능동적으로 자신을 제물로 하나님께 드림으로써 제사장 직무의 본질적인 기능을 감당하셨습니다. 우리가 숙고하고 있는 영감된 선언을 보고 천박한 주장을 하는 자들은 히브리서 2:17[3]을 보고 그랬던 것 같이 '모순'이라고 들고 나올 셈입니다. 그들은 그리스도는 부활하시기까지 대제사장이 되시지 않았고 대제사장으로 자신을 드리신 적도 없다고 억지를 부립니다. 물론 아직은 그리스도의 거룩한 직임에 속하여 드려야 할 또 다른 행위들과 의무들이 남아 있었습니다.[4] 그러나 그러한 것들은 그 이전에 당하신 고난을 기초하여 내는 효력에 의존된 것입니다. "온전케 되셨다."는 것과 십자가상에서 제사장 직무에 자신을 "드리신 것"은 병행을 이루는 것입니다. 우리 주님의 말씀 속에서 그 점이 발견됩니다. "또 저희를 위하여 내가 나를 거룩하게 하오니."(요 17:19). 존 칼빈(John Calvin)은 말합니다. "그것이 바로 그리스도가 고난당하신 궁극적인 목적이다. 그렇게 함으로써만 그

---

3) "그러므로 그가 범사에 형제들과 같이 되심이 마땅하도다 이는 하나님의 일에 자비하고 신실한 대제사장이 되어 백성의 죄를 속량하려 하심이라"(히 2:17)

4) 그리스도의 부활과 승천 이후에도 그리스도의 대제사장직은 끝난 것이 아니라 계속된다. 성령님을 통하여 복음의 영광을 위하여 계속 일하시는 것이다. 그럼에도 불구하고 그 모든 일은 십자가의 죽으심으로 자신이 대제사장으로서 자신을 제물로 하나님께 그린 그 일을 기초하여 그 모든 일들이 진행이 되는 것이다. 본서의 강해자는 바로 그 점을 여기서 지적하고 있다. - 역자 주

는 자기의 제사장직을 수행할 수 있게 되어 있었다."

"모든 자에게 영원한 구원의 근원이 되시고." 존 브라운(John Brown)은 이에 대하여 이렇게 주해합니다.

"순종과 경건한 고난으로 말미암아 온전하게 되신 구주께서 대제사장 직무를 감당하는데 필요한 모든 자격과 능력과 권위와 동정심을 다 확보하셨다. 그러나 그는 '영원한 구원의 주'가 되시기에 합당하시다. 이는 우리 주께서 제사장 직무의 여러 기능들을 성공적으로 감당하심으로써 하나님께서 세워 주신 그 직무에 합당한 자임을 스스로 증거하신 원리를 예증하는 두 번째 진술이다. 그리고 '그가 온전케 되셨다.'는 부수적인 소절은 이 두 번째 진술과 첫 번째 진술을 연관시키고 있다. 그리고 우리 주께서 '그가 육체에 계실 때 받으신 고난으로 말미암아 순종함을 배우셔서' 겸비해진 상태에서 - 지금 그의 처한 상태에서 - '그를 순종하는 모든 자들에게 구원의 주'가 되신 방식을 보여주고 있다. '온전하게 되셨다.'는 것은 그들을 진정으로 구원하기 위해서 필요한 모든 구비조건들을 '그렇게 하여 확보하셨다'는 말과 같은 뜻이다."

"구원의 근원이 되시고." 이 표현은 2:10의 "구원의 창시자"라는 말과 약간 다른 개념을 전달합니다. 2:10에서는 그리스도께서 그의 말씀과 성령의 강력한 역사(役事)를 통해서 많은 아들들을 영광으로 들어가게 하시는 일을 말했습니다. 여기서는 그들의 구원에 필요한 공로적이고 효력적인 원인을 제공하는 그리스도의 역사를 말합니다. 그들의 죄 때문에 받아야 할 벌책적 귀추로부터 그 백성들을 영원토록 구원한 것은 그가 하나님께 드린 완전한 만족, 곧 자신을 화목제물로 드린 일로 인한 것입니다. 주님은 속죄를 통해서 우리의 구원을 확보하시고 조달하시는 분이 되셨습니다. 그분의 대언의 기도와 성령님의 선물은 완전한 제사의 열매와 효과입니다.

"그는 자기 백성들의 구원이 하나님의 성품의 완전함과 통치의 원리들과 조화를 이룰 뿐 아니라, 그런 성품들과 통치를 실제로 보여주기 위하여 필요한 모든 일을 다 행하셨다. 그는 실제로 자기 백성들을 죄책과 부패와 비참에서 건지셨다. 그는 그들로 내세에 진실로 거룩하고 행복하게 하셨다."(J. Brown)

"영원한 구원…" 그리스도께서 자기 백성들을 위해 확보해 놓으신 구원을 '영원한 구원'이라고 지칭하고 있습니다. 이 문제에 대하여 지적한 첫 번째 요점은, 그 구원이 '영원한 구원'이 아니면 우리에게 합당치 못합니다. 우리가 하나님으로부터 받은 본질 때문에 우리는 영원토록 존재하게 지음 받았습니다. 그러나 죄로 말미암아 우리는 영원한 정죄에 자신을 빠뜨리고 말았습니다. 그리고 "다른 이들과 같이 본질상 진노의 자녀들"이 되었습니다(엡 2:3). 그러므로 영원한 구원이 우리에게 가장 필요한 것입니다. 두 번째 요점은, 우리 주님의 공로가 무한하며 구원에 필요한 공의(公義)를 완전하게 만족시켰기 때문에 그 구원은 가치와 지속성에 있어서 무한합니다(히 9:12 참조). 세 번째로, 우리의 대제사장이 확보해 놓으신 구원이 여기서는 레위 제사장에 의해서 얻어진 것과 대조되고 있습니다. 아론이 이룬 속죄는 일 년 동안만 유효하였습니다(레 16장). 그러나 그리스도께서 성취하신 것은 영원토록 견고합니다.

"자기에게 순종하는 모든 자에게…" 대제사장의 속죄의 은전을 받은 사람들을 묘사합니다. "이 표현은 강조적인 표현이다. '모든 자에게'라는 표현을 '모든 사람 각 자에게'라는 뜻이다. 그들 중 그 어떤 사람도 구원에 속한 은택에서 제외되지 않을 것이다. 그리고 그 부류에 속하지 않은 어떤 사람도 그 구원의 영광에 들어올 허락을 받지 못할 것이다."(J . Owen)

그리스도께서 확보하신 구원은 '보편적'으로 모든 사람들에게 해당되는 것이 아닙니다. 그리스도의 통치의 '왕홀(王笏)'에 머리를 숙이는 자들에게만 해당됩니다. 이 큰 구원을 얻은 자들이 여기서는 인간 책임의 차원에서 언급되고 있습니다. 복음은 그 복음을 듣는 모든 사람들에게 '믿으라'는 명령을 발합니다(요일 3:23). 모든 사람마다 복음을 믿을 책임이 있습니다. 이 구절의 "순종"은 율법적인 순종이 아니라 '복음적인 순종'입니다. 그 순종은 "믿음의 순종"입니다(롬 16:16). 그와 같이 사도행전 5:32에서도 성령님을 가리키면서 말하기를, "하나님께서 자기를 순종하는 자들에게 성령을 주신다."는 내용이 언급되어 있습니다. 그러나 이 '순종"은 어떤 주요한 행동에만 국한시켜 이해하지 말아야 합니다. 믿음생활 전반에 걸쳐서 그 순종이 나타나야 합니다. 그리스도인은 불신자와 상충하면서까지 그리스도를 순종하는 이들입니다(요 14:23). "그를 순종하는 모든 자들에게"라는 표현은 9절의 "순종함을 배우셨다."는 8절의 말씀과 대칭을 이룹니다. 그 표현은 머리되시는 그분의 지체가 되어 있는 이들을 구분지어 말하는 것입니다.

다음 구절로 나가기 전에, 우리가 생각해 왔던 대목이 레위 제사장에 의해 예표된 것의 실체를 그리스도께서 제공하셨음을 보여주는 방식임을 인식해야 합니다. 뿐만 아니라 모든 점에 있어서 레위 제사장들보다 그리스도의 제사직분이 탁월하다는 것도 가르치고 있는 본문의 의도를 명심해야 합니다. 그래서 그리스도는 아론보다 그 탁월함이 측량할 수 없습니다. 첫째, 아론은 사람에 불과하지만(1절) 그리스도는 하나님의 '아들'이십니다. 둘째, 아론은 "제사들"을 드렸지만(1절) 그리스도께서는 단번에 완전한 '한 제사'를 드리셨습니다. 셋째, 아론은 "연약에 휩싸여 있었지만"(2절) 그리스도는 그 본질에 있어서는 "위엄을 갖추신" 분이십니다(시 89:19). 넷째, 아론은 자신의 죄를 위해서 제사드릴 필요가 있었지만(3절), 그리스도는 죄가 없습니다. 다섯째, 아론은 자기 밖의 제물로 제사를 드렸지만 그리스도는 자신을 드렸습니다. 여섯째, 아론은 잠시 동안의 구원만 가져왔으나 그리스도는 '영원한 구원'을 확보하셨습니다. 일곱째, 아론의 속죄는 이스라엘만을 위한 것이었으나 그리스도의 속죄는 "그를 순종하는 모든 자들"을 위한 것입니다.

히브리서 5:10

"하나님께 멜기세덱의 반차를 따른 대제사장이라 칭하심을 받으셨느니라."

이 구절은 히브리서 5장의 첫 번째 부분과 5장 두 번째 부분 사이를 구분하는 분기점이라 할 수 있습니다. 5장의 두 번째 부분은 이 구절에서 시작하는데, 그것이 7장 마지막까지 줄기차게 뻗어 있습니다. 그런데 이 구절에서 시작하는 두 번째 부분은 긴 괄호구와 같습니다.

히브리서의 첫째 대목은 주님의 제사장직을 다루는데, 사도는 2:17,18의 진술을 확대 설명하고 있습니다. 그런데 그 내용은 그리스도께서 아론을 통해서 모형으로 예표한 것을 성취하셨다는 것을 증거합니다. 주님의 제사장직의 직무를 다루는 두 번째 대목에서 4:15에서 행한 선언을 확대 설명하고 있습니다. "우리에게 있는 대제사장은 우리의 연약함을 동정하지 못하실 이가 아니요 모든 일에 우리와 똑같이 시험을 받으신 이로되 죄는 없으시니라."(히 4:15) 그리스도께서는 우리의 대제사장이시되, "한 큰 대제사장"이십니다. 히브리서 5:1-9까지의 첫째 부분과 5:10-14까지의 두 번째 부분은 서로 각 각 다른 국면들을 다룹니다. 사도가 그 두 부분에서 다루고 있는 테마가 다르다는 것은 6절과 10절의 차이에서 드러납니다. 6절에서는 "내가 영원히 멜기세덱의 반차를 좇는 제사장이라."고 했고, 10절에서는 "멜기세덱의 반차를 좇은 대제사장이라 칭하심을 받았느니라."고 표현합니다.

"대제사장이라 칭하심을 받으셨느니라." 이 구절의 "칭하심을 받다."의 헬라어는 4절의 "하나님의 부르심을 입다."의 헬라어와 다릅니다. 4절의 경우에는 '세우심'(將立)을 의미합니다. 여기 10절의 경우에는 '환영하고 축하하다.'는 의미를 담고 있습니다. 10절의 의도를 바로 이해하기 위해서, 이 진술이 어떤 위치에서 나왔는지 그 지점을 관찰하는 것은 중요합니다. 하나님께서 그리스도를 향하여 "멜기세덱의 반차를 좇은 대제사장이라."고 인정하시며 선언하시는 말씀이 어디에 나옵니까? 그리스도께서 "올렸고"(7절), "순종함을 배우셨고"(7절), "온전케 되셨은즉…구원의 근원이 되셨다."는 사실을 선언한 다음에 그 말씀의 진술이 나왔습니다. 6절에서 발견되는 것은 어떠하든지 이 요점을 약화시키지 않습니다. 아니 6절에서 발견되는 것으로 인하여 여기서 말하는 것의 요점이 조금도 상쇄되지 않습니다. 5절과 6절에서 성령께서는 그리스도의 '대제사장이 어떤 반차(반열)에 속하였는지'의 문제를 다루지 않으셨습니다. 도리어 하나님 자신을 위하여 "그리스도께서 대제사장으로 부르심을 입었다."는 증거를 제시하고 있습니다.

지금 우리가 10절의 내용을 강해하자는 것은 아닙니다. 이 강론을 마치면서 다만 그리스도께서 '멜기세덱의 반차를 좇은 대제사장으로' 인정받으시고 칭송받으신 것을 지적하려고 할 뿐입니다. 그리스도께서는 제사장의 직무를 "온전하게 수행하시어" "영원한 구원의 근원"이 되신 사실을 강조하고 만족해야 합니다. 하나님께서 그리스도를 가리켜 "이는 멜기세덱의 반차를 좇은 대제사장이라."고 선언하신 것은 그리스도의 죽으심과 부활 뒤의 일입니다. 그것은 죄와 죽음을 영광스럽게 이기신 그리스도의 모습을 축하하는 하나님의 행동이셨습니다. 그렇게 하여 그리스도께서는 자신에게 붙여진 새로운 칭호가 타당하다는 것을 하나님으로부터 인정받으신 것입니다.

창세기 14장을 참고하면, 거기에 역사적으로 처음 나타난 멜기세덱을 만나게 됩니다. 그돌라오멜과 그 동맹자들을 혁혁하게 이기고 돌아오는 아브라함을 맞아들이는 멜기세덱의 모습을 거기 창세기 14장에서 만나게 됩니다. 멜기세덱이 나타나서 축복한 것은 아브라함이 "왕들을 살육하고 돌아올 때"였습니다. 그리하여 멕기세덱은 아브라함의 승리를 인정하며 칭송하였던 것입니다.

오, 하나님의 성령께서 우리 마음과 생각을 인도하시어 하나님의 살아 있는 말씀들을 더욱 깊이 통찰할 수 있게 하옵소서! 아멘.

22강

멜기세덱의 반차를 따른 대제사장

5:10 하나님께 멜기세덱의 반차를 따른 대제사장이라 칭하심을 받으셨느니라 5:11 멜기세
덱에 관하여는 우리가 할 말이 많으나 너희가 듣는 것이 둔하므로 설명하기 어려우니라
5:12 때가 오래되었으므로 너희가 마땅히 선생이 되었을 터인데 너희가 다시 하나님의 말씀
의 초보에 대하여 누구에게 가르침을 받아야 할 처지이니 단단한 음식은 못 먹고 젖이나 먹
어야 할 자가 되었도다 5:13 이는 젖을 먹는 자마다 어린 아이니 의의 말씀을 경험하지 못한
자요 5:14 단단한 음식은 장성한 자의 것이니 그들은 지각을 사용하므로 연단을 받아 선악
을 분별하는 자들이니라

우리는 앞의 강론을 끝내면서 히브리서 5:10의 말씀이 히브리서 5장을 둘로 나누는 분기점임을 지적한 바 있습니다. 히브리서 5:1-9의 대목은 레위의 반차(班次)를 좇은 대제사장들이 모형으로 보여주었던 것을 그리스도께서 어떻게 성취하셨는지에 관한 것입니다. 아울러 그리스도의 인격과 직무와 사역(事役)이 아론의 그것들보다 얼마나 뛰어난지를 보여주었습니다. 5:10에서 10장 마지막까지가 히브리서의 두 번째 대목이라 할 수 있습니다. 그 대목 전체는 계속하여 그리스도가 아론보다 어떤 점에서 탁월한지를 밝혀줍니다. 주 예수께서 아론의 반차보다 더 훌륭한 반차를 좇은 대제사장직을 수행하심으로써 나타내신 그 우월성을 그 대목에서 역설합니다.

사도는 5:10에서 그 점을 구체적으로 설명하기 위해 시편 110:4의 말씀을 인용합니다. 사도가 그렇게 하는 의도를 두 가지로 나누어 말할 수 있습니다.

첫째, 그리스도께서는 아론의 제사장직의 체제와 그 법과 반차를 좇은 대제사장이 아님을 인정하려는 의도입니다.

둘째, 사도는 히브리 그리스도인들로 하여금 아론보다 앞선 다른 제사장이 있었음을 상기시키려 합니다. 역시 그 제사장도 하나님께서 세우셨습니다. 우리의 대제사장이신 그리스도의 인격을 예표할 목적으로 하나님께서 그리 세우신 것입니다.

그러나 이 시점에서 하나의 난제가 나타나 많은 성경 연구가들을 곤란하게 하였습니다. 그것을 이렇게 진술할 수 있습니다. 이 서신이 거듭해서 그리스도가 "멜기세덱의 반차를 좇은 제사장"이라고 말하고 있는데, 그러면 멜기세덱과 다른 반차에 속한 아론이 그리스도의 제사장직과 그 사역을 예표한다는 것이 어떻게 진리일 수 있는가? 이 난제는 주로 성령께서 그리스도를 가리켜 '멜기세덱의 반차에 속한 대제사장'(an high priest of the order of Melchizedek)이라 하는 대신 '멜기세덱의 반차를 따른 대제사장'(an high priest after the order of Melchizedek)이라고 말씀하심을 주목하지 못하여 생긴 것입니다. '멜기세덱의 반차에 속한 대제사장'이라 표현하는 것과 '멜기세덱의 반차를 따른 대제사장'이라 표현하는 것 사이에는 근본적인 차이가 납니다. 만일 '~에 속한'(of)이라는 표현을 썼다면 그리스도의 제사장직이 바로 그 한 반차에만 한정되어 있음이 필연이 됩니다. 왜냐하면 비느하스와 엘리가 "아론의 반차에 속한 대제사장들"이라고 말할 때 그들은 아론이 가졌던 그 대제사장직을 가지고 있음을 의미합니다. 그러나 그리스도의 경우에는 그렇지가 않습니다. 그리스도의 제사장직은 인간의 어느 한 반차에 국한되지 않습니다. 왜냐하면 그리스도께서 단순한 사람에 불과하였다면 제사장직의 사역을 감당하거나 수행하는 것이 불가능하기 때문입니다.

우리가 앞의 여러 경우에서 지적한 바와 같이, 하나님의 아들의 제사장직을 분명히 이해하기 위해서 중요한 요점은 아론과 멜기세덱 둘 다 그리스도의 제사장직을 예표하는데 필요했다는 점입니다. 그 이유는 그리스도의 제사장직이 두 구별된 차원에서 수행될 것이기 때문입니다. 하나는 그의 낮아지셨을 때에 수행되고, 또 다른 하나는 그가 높아지셨을 때에 수행되어야 할 것입니다. 아론은 전자(前者)를, 멜기세덱은 후자(後者)를 예표하였습니다. 이 사실과 완전한 조화를 이루기 위해서 2:17과 3:1, 또는 4:15에서는 아직 그리스도를 "멜기세덱의 반차를 따른" 대제사장이라 말하지 않았습니다. 그리스도가 멜기세덱의 반차를 좇은 대제사장으로서 "하나님께 인정받으신 것"은 언제입니까? 사도가 5:5-9에서 말하는 바와 같이, 그리스도께서 아론이 예표한 바(5:1-4)를 성취하고 나서의 일입니다. 우리는 여기서 다시 한 번, 이 요점이 창세기 14장에서 기이하고 복되게 어렴풋이 암시되어 있음을 지적해야겠습니다. 창세기 14장에서 멜기세덱이 '승리하고 돌아오는' 아브라함을 영접하여 맞아들이는 모습을 보입니다.

멜기세덱에게는 아론의 것보다 뛰어나고 탁월한 특이하고 다양한 것들이 있습니다. 바로 그것이 멜기세덱으로 하여금 우리의 대제사장이신 그리스도의 놀라운 모형이 되게 한 것입니다. 그리스도가 "멜기세덱의 반차를 따른" 제사장이라 칭하심을 받을 때, 그 표현의 의미는 구약적 성격에서 성경에 계시된 것들을 따른 제사장이라는 뜻입니다. "멜기세덱과 그리스도의 모습 사이에는 특별한 유사점이 있기 때문에 하나님께서는 그리스도를 멜기세덱의 반차를 따른 대제사장이라 칭하셨다."(John Owen) "멜기세덱의 반차를 따른"은 그리스도의 제사장직이 멜기세덱의 반차에 한정되었다는 의미는 아닙니다. 만일 그러하다면 "멜기세덱의 반차에 속한 제사장"이라고 표현되어야 할 것입니다. 그러나 그 표현은 멜기세덱의 제사장직이 그리스도의 제사장직을 예표한 점을 지적하고 있습니다. 멜기세덱과 그리스도 사이의 유사점이 히브리서 7장에서 잘 밝혀져 있습니다. 우리가 지금은 다만 성경 어디에서도 멜기세덱이 제사를 드렸다고 말하는 대목이 없다는 점을 지적할 뿐입니다. 성경에는 멜기세덱이 "떡과 포도주를" 가지고 아브라함을 맞은 사실만 기록되어 있을 따름입니다(창 14:18). 그것들은 단번에 이미 드려진 위대한 제사를 '모형적으로 기념하는' 것들입니다.

그리스도께서 죽으심으로써 아론을 통해 모형으로 예표된 것을 성취하셨습니다. 자기 백성들의 죄를 위한 온전하고 완전한 속죄를 이루셨습니다. 부활하심으로써는 멜기세덱이 예표한대로 '왕 같은 제사장'의 차원에서 선 것입니다. 주 예수께서 "하늘과 땅에 있는 모든 권세를 아버지께서 내게 주셨다."고 공언하신 것은 제사장 직무를 "온전하게" 이루시고 "자기를 순종하는 모든 자들에게 영원한 구원의 근원이 되신" 다음의 일입니다(마 28:18). 처음에는 십자가요 그 다음은 면류관입니다. 처음에는 "자신을" 드리셨습니다."(히 7:27) 그런 다음에는 "참 하늘에 들어가사 이제 우리를 위하여 하나님 앞에" 나타나셨습니다(히 9:24). 그리고 그 하늘에서는 "보좌 위에 대제사장으로 앉아" 계십니다(슥 6:13).[1)]

히브리서 5:10

"하나님께 멜기세덱의 반차를 따른 대제사장이라 칭하심을 받으셨느니라."

여기서 우리는 사도의 논증의 가장 중요한 요점에 이르게 된 셈입니다. 기독교가 유대교보다 얼마나 우월한지를 드러내려는 사도의 핵심적인 의도를 접하게 된 것입니다. 유대교의 중심은 바로 그 성전과 제사장이었습니다. 그

---

1) "그가 여호와의 전을 건축하고 영광도 얻고 그 자리에 앉아서 다스릴 것이요 또 제사장이 자기 자리에 있으리니 이 둘 사이에 평화와 의논이 있으리라 하셨다 하고."(슥 6:13)

러므로 기독교의 뛰어난 영광도 하늘 성소(聖所)에서 멜기세덱의 모형을 성취하기 위한 직무를 감당하시는 기독교의 제사장이신 그리스도께 있습니다. 그러나 여기서 우리가 히브리서 중에서 가장 중요한 요점에 도달하기는 했지만, 이 서신을 처음 받아 읽었던 자들의 육신적인 선입견들 때문에 사도가 가장 섬세하게 다룰 필요가 있었음도 잊지 말아야 합니다. 그리스도께서 무덤에서 나오신 뒤에 "멜기세덱의 반차를 따른 대제사장이라 칭하심"을 하나님께 받은 사실을 사도는 선언하고 있습니다. 그 선언은 마치 이렇게 말하고 있는 것과 같습니다. '아론의 반차는 이제 하나님께 폐지되었으며, 모세의 율법이 규정하는 모든 규례와 의식들도 다 하나님께 철폐되었다.' 회심한 히브리인에게마저 이 점은 가장 인정하기 힘든 일이었습니다. 왜냐하면 그것은 보이는 모든 것은 다 버리고 전혀 눈에 보이지 않는 것을 주목해야 함을 가리키기 때문입니다. 또한 그들의 조상들이 1500년 동안 높여 왔던 것을 버리고, 육체를 따라 자기들 형제들 대다수가 사탄에 속하였다 판단하여 버린 것들을 좇아야 함을 의미하기도 했습니다. 이 선입견 때문에 야기된 난제를 감안한 사도는 논증을 계속 진행하여 나가는 것을 잠시 멈추고 괄호구적인 진술을 중간에 끼워 놓았습니다.

아돌프 사피어(Adolph Saphir)는 이에 대하여 다음과 같이 주해합니다.

"사도는 아들이 하늘에서 영원한 제사장이라는 교리를 히브리 그리스도인들에게 바로 설명해 주어도 알아듣기 힘들 것이라고 여겼기에 이 서신의 가장 중요한 부분으로 곧바로 들어가지 않았다. 히브리 그리스도인들이 그 주제를 어렵게 여긴 것은 주제의 장엄함 때문이 아니라 자신들의 영적 조건 때문이었다. 사도는 그들로 하여금 고난 받으신 후 승천하시어 대제사장으로 높아지심으로 온전하게 되신 주 예수님을 알게 했다. 그는 다시 시편

110편에서 말씀을 인용한다. 성부께서 성자를 향하여 '네가 영원히 멜기세덱의 반차를 따른 제사장이라.'라고 포괄적인 말씀을 선포하신 것이다. 사도는 이 서신을 쓸 때에 높아지시어 하늘에 계신 우리의 그리스도의 대제사장직에 감추인 지혜와 위로의 보배를 아는 지식을 가지고 있었다. 그에 대하여 너무나 생생하고 심오한 의식을 가지고 있던 나머지 영광스러운 신비를 펼쳐 보이고 싶어 견딜 수 없었다. 특별히 그것이 그들 히브리인들이 가장 긴박하게 필요로 했던 진리였기에 더 그러한 마음이었을 것이다. 그들이 여기 이 세상에 아직은 없으나 참 장막인 하늘 성소에서 경배할 자신들의 진정한 지위를 알기만 하였다면, 그들이 예루살렘 성전에서 축출 당할 때에 느끼는 박탈감을 이겨내기에 족한 위로를 거기서 얻었을 것이다. 한편 그리스도께서 하늘에서 섬기는 대제사장이심을 알게 될 때, 이 교활한 오류에서 벗어날 빛을 발견할 수 있었다. 그리고 그 참빛으로 말미암아 그들 앞에 가로 놓여 있는 난경(難境)을 극복하는 힘을 얻게 될 것이다."

사도는 괄호구적인 차원에서 진술할 때 두 가지의 요점을 두드러지게 나타내고 있습니다.

첫째, 사도는 엄숙한 경고를 발합니다.

둘째, 은혜로 말미암은 용기를 불어 넣어 줍니다. 5:11-6:8에서 엄숙하게 경고하고 있으며, 6:9-20에서는 용기를 북돋아 줍니다. 그리스도인들이 육체를 입고 지상에 있는 동안 마귀의 공략을 계속 받는데, 그동안에는 계속 끊임없는 주의를 필요로 합니다.

지상에 있는 그리스도인들은 내주(內住)하는 죄로 인하여 습격을 받고 있으니 항상 하늘의 격려를 필요로 합니다. 성도들에게 효과적인 목회 사역은 바로 이 두 노선, 곧 '경고'와 '격려'가 서로 보완적인 역할을 하게 됩니다. 설교자들은 이 사실을 주의 깊게 생각하는 것이 좋을 것입니다. 모든 사도들의 서신들에서 그 요점을 충분하게 실증하고 있습니다. 그러니 모든 그리스도인 독자들은 그런 차원에서 우리가 숙고하려는 이 엄숙한 대목을 항시 염두에 두는 것이 좋을 것입니다.

히브리서 5:11

"멜기세덱에 관하여는 우리가 할 말이 많으나
너희가 듣는 것이 둔하므로 설명하기 어려우니라."

"멜기세덱에 관하여는 우리가 할 말이 많으나." 멜기세덱의 모형을 성취하는 분으로서의 그리스도에 관해 사도는 자기 형제들에게 말하고 싶은 것이 많았습니다. 멜기세덱 제사장의 반차를 따른 제사장직에 대하여 중요하고 가치가 있는 요점들이 많았습니다. 그것들은 알 필요가 있는 것들입니다. 그리스도의 영광과, 그의 백성들의 기쁨과 위로에 관한 것들을 사도는 많이 알고 있었습니다. 그런데 이런 것들이 "입으로 발설하기가" 어려웠습니다. 영어 개정역(Revised Version)이 번역한 바와 같이 '해석하기 어려운'(hard of interpretation) 것들이었습니다. 물론 그 말이 사도가 이해하기가 어려웠다는 뜻이 아닙니다. 또한 사도가 그것들을 명백하게 표현할 적당한 말을 고르기가 힘들 정도로 어려운 성질을 가지고 있다는 의미도 아닙니다. 사도의 마음이 이 일과 관련하여 활동이 옹색해진 느낌을 가지는 것은 히브리인들이 그런 것들에 대해 구미(口味)를 상실하고 있었기 때문입니다. 그래서 바로 뒤이어 뒤의 소절에서 그 점을 지적합니다.

"너희가 듣는 것이 둔하므로 설명하기 어려우니라." 이에 대한 존 브라운

(John Brown) 박사의 주해를 참조해 봅시다.

" '듣는 것이 둔하다.'는 것은 무엇을 말할 때 그 진술들에 대하여 반응을 나타내지 못할 마음의 상태를 묘사한다. 또는 그런 진술들에 대하여 관심도 없고 이해하지도 못하는 상태를 가리킨다. 한 마디로 말하여, 이 어구는 '정신적인 냉담'을 묘사한다. 그런 상태의 사람에게 어떤 것을 설명한다 해도 어렵고 힘든 일이 된다. 왜냐하면 아무리 단순한 것이라 하더라도 관심을 두지 않으면 이해될 수가 없기 때문이다."

영어 개정역(Revised Version)은 이 부분을 더 잘 번역해 놓았습니다. "너희 듣는 것이 둔하게 되었다"(ye are became dull of hearing)로 번역하였습니다. 그들이 언제나 그런 것은 아니었습니다. 히브리 그리스도인들도 열심히 말씀을 듣고 그것을 부지런히 자신들에게 적용시킬 때가 있었습니다. "복음이 그들에게 처음 전파되었을 때 그들은 관심을 가지고 생각을 모았다. 그러나 그들 중 많은 사람들에게 복음은 그다지 중요한 것이 아니게 되었다. 또 그들은 복음에 대해서 모든 것을 다 알고 있노라고 경박하게 굴었다. 이제 그들에게 복음은 마치 오래 전부터 늘 귀에 익었던 소리처럼 생각되었다. 오래 귀에 익은 소리는 별로 의식하지 않고, 그 소리에 관심도 기울이지 않게 된다. 그들에게 있어서 복음이 그것처럼 되었다는 말이다."(John Brown)

"…듣는 것이 둔하므로…" '둔하다'의 헬라어는 6:12에서 '게으르다'로 옮겨집니다. 그 말은 무겁고 타성에 빠진 상태를 의미합니다. 이 히브리 그리스도인들은 정신적으로나 영적으로 세상에 있는 게으름뱅이들처럼 되었습니다. 자신들을 일깨우는 일이나 자기 개선을 위해 노력하는 일에 너무 게으르게 되었습니다. 그들은 영적으로 게으름뱅이가 되었습니다(잠 12:27 ; 19:24 ; 21:25 ; 24:30-34 ; 26:13-16 참조). 이 구절들이 다 영적인 방면에 적용됨을 생각하십시오. "듣기에 둔하고 게으르게 되는 것"은 베드로후서 1:5,10

에서 말하는 "열심을 내는 것"(부지런함)과는 정반대입니다. 그들 히브리인들의 영혼 상태가 그런 상태에 빠져 있으니 더 높은 진리를 이해하도록 인도하는 것이 어렵다는 것을 사도는 알았습니다. 그들에게 할 말이 많았습니다. 그러나 그들의 냉담과 게으름과 선입견이 그로 하여금 주저하게 만들었습니다. 이것이 기록된 것은 우리에게 교훈을 주려 함입니다. 우리를 위한 말씀의 교훈입니다. 성령께서 우리로 하여금 그 말씀의 소리를 들을 귀를 허락해 주시기 바라나이다.

"너희가 듣는 것이 둔하므로 설명하기 어려우니라." 오늘날 얼마나 많은 그리스도인들이 여기에 해당되는지요! "너희가 달음질을 잘 하더니 누가 너희를 막아 진리를 순종하지 못하게 하더냐."(갈 5:7) 이것이야말로 모든 참된 하나님의 종들이 슬퍼하는 이유입니다. 불의가 넘치기 때문에 많은 사람들의 사랑이 식었습니다. 사람들은 위엣 것보다 땅엣 것을 생각하고 있습니다. 많은 이들이 자기들의 영원한 구원이 보증되었다는 생각으로 기만당하고 있습니다. 그래서 현재 자기들과 하나님과의 관계에 대해서 아무런 관심을 보이지 않습니다. 이러한 생명 없는 신앙고백자들과 섞여 있는 그리스도인들은 해로운 영향을 받습니다. "악한 동무들은 선한 행실을 더럽히나니."(고전 15:33) "앞에 있는 것을 잡으려고 좇아가는 일"이 거의 없어졌습니다(빌 3:13). 그러므로 은혜 안에서와 주님을 아는 지식에서 "자라나는 것이" 거의 없습니다. 우리 체질의 법칙상 앞으로 나아가지 않으면 반드시 뒤로 미끄러지게 되어 있습니다.

진리를 "사야" 한다는 것을 인식하는 사람이 별로 없는 것 같습니다(잠 23:23). 영적인 유익을 위해서는 이 세상에 속한 유익을 포기해야 함을 아는 사람이 드뭅니다. 골로새서 1:10에서 말씀하듯이, 그리스도인이 "하나님을 아는 지식에서 자라가려면" 하나님께 속한 일에 전심하여 자신을 드려야 합니다. 하나님과 재물을 함께 섬기는 일은 불가능합니다. 신앙을 고백하는 그리스도인의 마음이 형식적인 신앙고백자의 마음처럼 세상적인 위안과 세상적인 번영과 일시적인 풍부에 집착되어 있다면 "참된 풍부"는 잃어버리고 맙니다. "팥죽 한 그릇을 위하여" 진리를 팔아 버리는 셈이 되는 것입니다(히 12:6). 그러나 하나님의 은혜로 새로운 성품을 소유함으로 신령한 일에 주리고 목마르다면, 그런 갈망은 우리 자신이 전적으로 하늘에 속한 것들을 구함으로써만 유지되고 채워집니다. "우리 마음의 허리를 동여야" 합니다(벧전 1:13). 말씀을 자세하게 연구하여 "진리의 말씀을 옳게 분별해야" 합니다(딤후 2:15). 부지런히 은혜의 방편을 사용해야 합니다(벧후 1:8). "부지런한 자의 마음은 풍족함을 얻느니라."(잠 13:4)

하나님의 참된 종의 목회 사역 아래 있으면서도 얼마나 많은 이들이 "듣기에 둔한" 상태에 있습니까! 그들은 하나님을 기다린 적도 없고, 마음을 기울인 적도 적고, 예배 전에 하나님의 메시지를 받으려고 간구하는 마음도 적습니다. 회중들은 보통 세상 관심으로 가득 찬 마음을 가지고 하나님의 집에 올라갑니다. 우리는 마음에 심기운 도(道)를 온유함으로 받으려 한다면, "모든 더러운 것과 넘치는 악을 내어 버려야" 합니다(약 1:21). 우리는 바른 동기를 가지고 하나님의 말씀을 청종해야 합니다. 말씀을 게으른 호기심에서나 의무감으로 들어서는 안 됩니다. 오직 우리가 "순전하고 신령한 젖," 곧 하나님의 말씀을 들어야 자랄 수 있습니다(벧전 2:2). 그래야 열매 있는 경건에서 자라날 수 있습니다. 만일 우리가 들은 것을 망각하지 않고 그것으로 우리 영혼의 유익을 얻으려면, 들은 것을 묵상해야 합니다. 우리로 하여금 들었던 것을 '삼가 떠내려 보내는 실수를 범하지 않게 삼가는' 은혜를 주십사고 열심히 기도해야 합니다.

히브리서 5:12

"때가 오래되었으므로 너희가 마땅히 선생이 되었을 터인데
너희가 다시 하나님의 말씀의 초보에 대하여
누구에게 가르침을 받아야 할 처지이니
단단한 음식은 못 먹고 젖이나 먹어야 할 자가 되었도다."

이 구절의 처음에 "왜냐하면"(For)이라는 이유 접속사는 사도가 11절 끝에서 히브리 그리스도인들을 향해 던진 구체적인 도전을 행하고 있음을 암시합니다. 이 사도의 책망은 나태함에 빠진 그들의 상태를 지적하기 위함입니다. 그들의 조건은 세 국면에서 자세하게 생각되어야 합니다.

첫째, 그들은 다른 사람들을 도울 수 있을 정도로 충분히 오래 전에 회심하였습니다.

둘째, 그런데도 지금 그들은 쓸모 있는 사람이 되어 있기는커녕 하나님의 진리의 초보부터 다시 시작할 필요가 있었습니다.

셋째, 그들의 현재 영적 상태는 굳은 식물(食物)을 소화할 수 있기는커녕 갓난 아기에게나 마땅한 젖이나 먹어야 할 판입니다.

"때가 오래되었으므로 마땅히 선생이 되었을 터인데." 이 표현은 '너희가 그리스도인이 된 지가 얼마나 오래 되었는지 생각하라.'는 말을 다르게 표현한 것에 불과합니다. '너희가 진리를 안 적이 얼마나 오래며, 그러니 그 진리를 아는 지식에서 얼마나 진보했어야 마땅했겠는지 생각하라.'는 말입니다. 이것은 그들이 "세월을 아끼지 못한 데" 대한 책망입니다. "세월을 아끼라 때가 악하니라."(엡 5:16) 이들 히브리 그리스도인들 대부분은 그리스도의 공생애(共生涯) 기간 동안에 부르심을 받았습니다. 그리고 나머지는 틀림없이 오순절 날

에 구원받은 삼천 명 속에 들어 있었던 자들이었습니다. 그러니 기간적으로 따져서 30년이라는 세월이 흘렀습니다. 그 기간 동안에 그들은 자기들이 그리스도에 대하여 배웠던 모든 것을 명백히 증거하는 구약성경을 가지고 있었습니다. 복음이 전파되고 그들에게 "확증"되었습니다(히 2:1-3). 더 나아가 사도행전이 보여주듯이, 사도들은 수고하며 그들 가운데 오래 있었습니다. 그리고 신약성경 중 많은 부분이 지금 그들의 손에 들려 있었습니다. 그래서 히브리서 6:7에서는 그들을 가리켜 "자주 내리는 비를 흡수한 땅"에 비유했던 것입니다. 그러니 그들은 모든 특권과 기회를 부여받은 사람들이었습니다.

"너희가 마땅히 선생이 되었을 터인데." 이는 그들이 받았던 가르침을 활용하여 유익하게 하고 실천에 옮겨 마땅하게 진보했어야 하였음을 말합니다. 하나님께서 그리스도인에게 복음을 주시는 목적은 자신만 덕을 쌓아 기쁨을 누리라 하신 것이 아닙니다. 그리스도의 영광을 위해서 장사할 '한 므나'처럼 주신 것입니다. 또 다른 사람들을 밝힐 '등불'로 주신 것입니다(마 5:15,16). "너희가 마땅히 선생이 되어야 했다."는 것은 그들에게 요구되는 의무가 무엇임을 보여줍니다. 오늘날 그리스도인들이 이 점을 깨닫는데 얼마나 모자랍니까! 자신들의 영혼의 유익만 아니라 다른 사람들을 도울 수 있는 힘을 갖추기 위해서 성경의 가르침을 청종하는 사람이 얼마나 적습니까! 반면에 습관적으로 그저 말씀을 듣고 자기들의 양심을 위안시키는 이들은 또 얼마나 많은지요! 모든 그리스도인마다 하나님의 말씀을 들을 때 두 가지 목적을 가지고 기도하며 들어야 합니다. 하나는 자신의 믿음의 덕을 위하여, 또 다른 하나는 다른 사람들에게 유익을 주기 위해서입니다.

"너희가 마땅히 '선생'이 되었을 터인데." '하나님께서 당신의 모든 백성들이 다 공적인 설교자가 되는 것은 원하지 않으신다.'고 말하면서 여기서 지적하고 있는 요점을 뭉개버리지는 말아야 합니다. 신약성경은 '가르침'을 강단에만 국한시키고 있지 않습니다. 가르침을 위한 가장 중요한 장소 중 하나는 '가정'입니다. 가정이 기독교 신학원(神學院)이어야 합니다. 하나님께서는 율법을 이스라엘 사람들에게 주시면서 '가정의 모든 권속들에게 그 말씀을 주라.'고 명령하셨습니다. "네 자녀에게 부지런히 가르치며 집에 앉았을 때에든지 길에 행할 때에든지 누웠을 때에든지 일어날 때에든지 이 말씀을 강론할 것이며."(신 6:7) 그렇다면 빛으로 충만한 세대 속에 살고 있는 우리들에게는 하나님께서 그 점을 덜 요구하실까요? 절대 그렇지 않습니다. 다시 디도서 2:3-5에서 나이 많은 자매들더러 "젊은 여자들을 가르치라."고 명하는 것을 주목하십시오. 오늘보다 이런 일이 더 필요한 시대는 없었습니다. 디모데후서 2:2에서 형제들에게 "다른 자들도 가르치라."고 말하고 있습니다. 그렇습니다. 모든 그리스도인마다 '마땅히' 선생이 되어야 합니다.

"너희가 다시 하나님의 말씀의 초보에 대하여 누구에게 가르침을 받아야 할 처지이니." 사도는 계속해서 냉담한 히브리 그리스도인들을 책망하고 있습니다. 그러면서 "듣기에 둔하게 되면 어떤 필연적인 결과를 맞게 될는지"를 강조하고 있습니다. 영적 게으름은 그리스도인의 삶에서 실제적인 성장을 방해할 뿐만 아니라 퇴보를 가져옵니다. 그것은 그들이 하나님의 진리를 아는 지식을 절대적으로 잃어버린다는 말은 아닙니다. 그러나 그 하나님의 진리를 마음에 두지 못하여 그 진리의 능력 속에서 살아가지 못한다는 말입니다. 베드로후서 1장에서 그리스도인들에게 당부하고 있습니다. "믿음에 덕을, 덕에 지식을, 지식에 절제를, 절제에 인내를, 인내에 경건을, 경건에 형제 우애를, 형제 우애에 사랑을 더하라." 그런 다음에 사도는 또 이렇게 부연하고 있습니다. "이런 것이 너희에게 있어 흡족한즉 너희로 우리 주 예수 그리스도를 알기에 게으르지 않고 열매 없는 자가 되지 않게 하려니와" - 반면에 우리는 엄숙한 경고를 듣습니다. - "이런 것이 없는 자는 맹인이라 멀리 보지 못하고 그의 옛 죄가 깨끗하게 된 것을 잊었느니라." 이것이 바로 히브리 그리스도인들의 영적인 상태였습니다.

"다시 하나님의 말씀의 초보에 대하여…" 그들의 냉랭한 마음 때문에 가장 초보에 속한 이들이나 차지할 자리까지 물러갔습니다. 그들은 ABC를 다시 배울 필요가 있었습니다. 그 점이 바로 그들의 둔함과 쓸모없음에 대한 명백한 증거입니다. "하나님의 말씀의 초보"는 믿음의 기초를 의미합니다. 이것은 우리가 배워야 할 첫 번째 교훈이요, 성경의 제일차적인 진리들입니다. 믿음으로 이러한 것들을 포착하고, 마음과 삶이 그것들에 의해서 영향을 받기 전에는 하나님께 속한 일들에 대해 더 배울 준비가 되지 않은 셈입니다. 히브리 그리스도인들의 경우에 있어서 그 '초보' 또는 '기본적인 교리들'은 무엇입니까? 구약성경에 나타난 경륜이 엄격하게 모형적인 것이었음과, 그 규례들과 의식들이 자기 백성들의 죄를 속하기 위해서 이 땅에 오신 하나님의 아들의 인격과 사역을 예표하는 이치입니다. 하나님의 아들은 그 일을 위해 오셨습니다. 그러므로 모형(type)이 위대한 원형(Antitype)에게 자리를 내주었습니다. 또한 그림자 대신 실체가 자리를 차지하였습니다. 하나님의 아들이 이 세상에서 떠나 하늘로 가시어 자기 백성들을 위해서 하나님의 면전에 나타나셨습니다. 그들의 믿음이 그리로 향하고, 그들의 정서가 하나님의 아들을 따랐어야 했습니다. 그러나 그들은 예루살렘의 성전의 여러 섬김의 규례들로 돌아가길 원하였습니다. 이제는 의미가 없어진 모형과 표상들에 마음을 두고 있는 것입니다. 사도가 서슴없이 "약하고 천박한 초등학문"이라 불렀던 것에 자기들의 마음을 두고 있었던 것입니다. "이제는 너희가 하나님을 알 뿐더러 하나님의 아신 바 되었거늘 어찌하여 다시 약하고 천박한 초등학문으로 돌아가서 다시 저희에게 종 노릇 하려 하느냐."(갈 4:9)

히브리 그리스도인들은 믿음으로 행하는 대신 눈에 보이는 것들에 영향을 받고 있었습니다. 승천하셔서 영화롭게 된 구주를 고대하는 대신, 구주의 낮아지실 일을 예표했던 체계에 사로잡혀 있는 것입니다. 그래서 그들은 다시 "하나님의 말씀의 초보"를 새롭게 배울 필요가 있었습니다. 완전한 것이 왔으니 부분적인 것은 사라졌다는 사실을 상기할 필요가 있었습니다.

이 말씀이 오늘날 그리스도인에게는 어떠한 의미를 가집니까? 이러합니다. 우리 믿음의 근본적인 요소들은 그리스도 예수께서 죄인을 구원하러 이 세상에 오셨다는 것입니다. 또 죄인으로부터 요구하는 오직 한 가지 마땅한 일은 성령을 통해서 죄인들이 '그리스도'가 필요하다는 사실을 발견하는 것입니다. 내가 죄인임을 알면 알수록, 그만큼 그리스도를 더욱 더 필요하다는 것을 인식하여 그에 합당한 사람이 될 것입니다. 왜냐하면 그리스도께서는 "경건치 않은 자"를 위하여 죽으셨기 때문입니다. "우리가 아직 연약할 때에 기약대로 그리스도께서 경건하지 않은 자를 위하여 죽으셨도다."(롬 5:6) 나를 처음 그에게로 이끌었던 것은 내 파멸과 곤고함을 인식한 것입니다. 만일 모든 궁핍과 가련함을 가지고 있는 내 자신을 그리스도께 의탁시키면 나를 받으실 것이다. 왜냐하면 그가 "내게 오는 자를 결코 내어 쫓지 아니하리라." 선언하셨기 때문이다. 나는 그 사실을 인식하고 믿어 기뻐하며, 그분께 감사하며 찬양을 드리며, 그분을 의지하고 살며, 그분을 위해서 살아야 합니다.

그러나 많은 사람들이 사랑하는 자 안에서 자기들이 받아들여졌다는 기쁨에 찬 확신으로 살아가기는커녕 의심하고 있습니다. 그들은 자신들이 그리스도 안에서 영광을 누리고 있다는 사실을 의심합니다. 그들은 "내가 그의 것인가 아닌가?"라고 의심을 품고 있습니다. 그들이 선한 자이든 악한 자이든 계속하여 자기들의 자아(自我)에 사로잡혀 있습니다. 그래서 그들의 평강이 깨어집니다. 그리스도께 생각을 집중시키는 대신 자기들의 관심을 자신들에게 믿음이 있느냐 없느냐는 문제로 집중시키고 있습니다. 마치 뚜렷한 하나님의 은총이라는 영광의 태양 아래서 행하는 대신, '의심의 성(城)' 안에 거주하거나 '절망의 늪'에서 허우적거리고 있습니다. 그래서 그들은 다른 사람들을 가르치는 선생이기는커녕 다시 누구에겐가 "하나님의 말씀의 초보적인 원리들이 무엇인지" 배워야 할 판입니다. 그들은 유치원에나 가야 마땅할 조건에 놓인 것입니다. 믿음을 가지고 죄로부터 벗어나 먼 곳을 바라보며 온전히 '다른 분'(그리스도)에게 사로잡히라는 교훈을 받을 필요가 있었습니다. 그리스도가 죄인의 구주시지 믿음 자체가 죄인의 구주가 아니라는 사실을 알려줄 필요가 있었습니다. 또한 그들은 믿음이란 그리스도로부터 받기 위해 빈 손 들고 나아가는 것임을 의미한다는 말도 들어야 했습니다.

"다시 하나님의 말씀의 초보에 대하여 누구에게 가르침을 받아야 할 처지이니." 이 소절은 여러 적용을 위해 좋은 소절입니다. 우리는 이 소절이 우리 독자들 중 다른 부류의 그리스도인들에게 미칠 영향을 생각해 보세요. 여러분은 "먼 나라에서 돼지가 먹는 쥐엄 열매로 배를 채우고자" 했던 때가 있었습니다(눅 15장). 그러나 여러분이 그럴 때에 아무리 그런 것들을 구해도 소용이 없음을 발견했습니다. 형편을 바꾸기 위해서 세상의 물통을 하나하나 맛보았습니다. 그러나 "이 물을 마시는 자마다 다시 목마르다."(요 4:13)는 것을 발견할 뿐이었습니다. 여러분은 세상에 속한 것들이 자신의 궁핍을 채워줄 수 없음을 발견했습니다. 그런 다음 지치고 무거운 짐 지고 그리스도께 인도받아 그분 안에서 '참으로 전체로 사랑스러움'을 발견하였습니다. 오, 그 기쁨이 얼마나 컸던가요! "오 그리스도여, 당신은 내가 원하는 모든 것이니이다."라고 고백했었습니다. 그러나 안타까운 것은 오늘도 여러분의 마음속에 여전히 그런 고백이 있느냐 하는 것입니다. 안타깝게도 "너는 처음 사랑을 버렸느니라."(계 2:4)는 말씀을 듣게 되었습니다. 그리스도께 있는 평강과 만족도 이제 과거의 일이 되어 버렸습니다. 토하였던 것을 다시 먹는 돼지처럼 많은 사람들이 '일락과 만족'을 위해 세상으로 돌아갑니다. 아, 이 책을 읽는 독자들이여! 여러분이 "하나님의 말씀의 도의 초보를" 다시 배워야 할 필요가 있는 사람은 아닌가요? 여러분에게 '이 세상에 있는 어떤 것도 하늘을 위해 지은바 된 새 성품에 아무런 도움을 주지 못한다.'고 상기시켜 줄 필요가 있지 않습니까? 그리스도만이 여러분의 마음을 만족시켜 줄 수 있음을 다시 배울 필요가 없습니까?

"하나님의 말씀의 초보에 대하여…" 여기서 '하나님의 말씀'(orac1es of God, 신탁의 말씀)은 성경에 붙여진 이름 가운데 하나입니다. 스데반이 성경을 "살아 있는 '신탁'의 말씀"(the lively oracles)으로 불렀습니다. 모세에 대하여 말하면서 "시내 산에서 말하던 그 천사와 우리 조상들과 함께 광야 교회에 있었고 또 '살아 있는 말씀'을 받아 우리에게 주던 자가 이 사람이라."(행 7:38)고 하였습니다.

"성경은 원저자(原著者)[2]의 입장에서 보면 그러하다. 성경은 '살아 계신 하나님의 맡기신' 말씀이다. 반면에 사탄이 세상을 미혹한 '말(oracles)'은 거의 대부분 죽은 사람들의 무덤이나 성채에 있다. 그 용도와 효력에 있어서도 그러하다. 그 성경이 '살아 있다' 함은, 그 성경이 순종하는 자들에게 생명을 주는 말씀이기 때문이다(신 32:47). 그 성경이 '하나님의 신탁의 말씀'이기 때

2) 성경을 기록한 선지자들과 사도들을 감동하신 성령님을 가리킨다. - 역자 주

문에 우리의 영혼과 양심에 최고의 권위를 가지고 있다. 그러므로 성경은 조금도 오류없는 진리이기도 하다."(John Owen)

"단단한 음식은 못 먹고 젖이나 먹어야 할 자가 되었도다." 여기서 사도는 계속 히브리 그리스도인들의 나태함을 꾸짖고 있습니다. 또한 그들로 겸비하도록 의도된 비유로 그들의 퇴보한 상태를 묘사하고 있습니다. 고린도전서 3:1,2에서 그와 유사한 방식이 채용됩니다. "형제들아 내가 신령한 자들을 대함과 같이 너희에게 말할 수 없어서 육신에 속한 자 곧 그리스도 안에서 어린 아이들을 대함과 같이 하노라 내가 너희를 젖으로 먹이고 밥으로 아니하였노니 이는 너희가 감당하지 못하였음이거니와 지금도 못하리라."(고전 3:1,2) 여기서 "젖"이란 말은 "하나님의 말씀의 초보"를 가리킵니다. "단단한 음식"은 그리스도의 직무들, 특히 그리스도의 대제사장직을 가리킵니다. "젖"은 어린 아기들에게 마땅합니다. 그러나 그리스도인들은 마땅히 주 안에서 자라 강해져야 합니다. 그리스도인들은 "지혜에는 아이가 되지 말라."는 권면을 받고 있습니다. "형제들아 지혜에는 아이가 되지 말고 악에는 어린 아이가 되라 지혜에는 장성한 사람이 되라."(고전 14:20) 그리스도인들은 "깨어 믿음에 굳게 서서 남자답게 강건하여라."(고전 16:13)는 강권함을 받습니다.

히브리서 5:13

"이는 젖을 먹는 자마다 어린 아이니 의의 말씀을 경험하지 못한 자요."

여기서 **"젖을 먹다"**는 것은 그 밖에 다른 것으로는 생존하지 못함을 의미합니다. **"의의 말씀"**이란 하나님의 은혜의 복음을 의미합니다. 고린도전서

1:18에서 하나님의 은혜의 복음을 '십자가의 도(道)'라고 한 것은 복음의 가장 주요한 주제가 십자가의 말씀이기 때문입니다. 로마서 10:8에서는 복음을 "믿음의 말씀"이라 칭하고 있습니다. 그것은 복음이 복음을 듣는 모든 사람들에게 가장 주요하게 요구하는 것이 '믿음'이기 때문입니다. 여기서 "의의 말씀"이라 부르는 것은 복음의 본질과 용도와 목적 때문입니다. 복음에는 "하나님의 의"가 나타납니다(롬 1:16,17). 왜냐하면 그리스도는 "믿는 모든 자에게 의를 이루기 위하여 율법의 마침"이 되시기 때문입니다(롬 10:4). 히브리인들더러 '너희는 의의 말씀을 전혀 모르고 있다.'고 말하는 것은 아닙니다. 다만 그 '의의 말씀'을 사용하는 데 있어서 '서툴고' '연단되지' 못했다는 말입니다. 그들은 '의(義)의 말씀'의 바른 목적을 위해서 그 말씀을 활용하는 법을 몰랐습니다. 만일 그들이 복음을 분명하게 이해했다면, 그들은 레위의 제사장 제도와 그에 따른 모든 규례들이 더 이상 계속 존속할 필요가 없음을 깨달았을 것입니다.

"의의 말씀을 경험하지 못한 자요." '의의 말씀으로 연단되지 못한 사람'은 "어린 아이"입니다. 여기서 '어린 아이'라는 어휘를 사용한 것은 그들을 책망하기 위함입니다. "어린 아이"는 약하고 무지합니다. 영적인 면에서 "어린 아이"는 그리스도에 대하여 부적당한 지식을 가지고 있는 사람입니다. 또한 그리스도에 대한 체험적인 지식을 그리 충분하게 갖고 있지 못한 사람입니다. 이 책을 읽고 있는 독자 여러분은 어린 아이의 상태가 옛적 유대교의 경륜 아래 있던 하나님의 백성들을 특징짓는 것임을 주목해야 합니다(갈 4:1-6). 그들은 오실 그리스도를 내다보고 있었습니다. 모형적인 상징과 인물들을 통해서 인격과 사역을 알게 된 바로 그 그리스도를 고대하고 있었습니다. 이 히브리 그리스도인들이 바로 그러한 문제에 거의 넘어졌던 것입니다. 지상적인 일이 그들의 관심을 크게 사로잡았던 것입니다. 지금도 그러합니다. 한 사람이 그리스도인이 된 지 이삼십 년이 되어도 뒤에 있는 것을 잊어버리고 앞에 있는 것을 잡으려고 부단히 나아가야 합니다. 그렇지 않으면 영적인 성숙도가 "어린 아이"의 상태에 머물러 있게 됩니다.

히브리서 5:14

"단단한 음식은 장성한 자의 것이니
그들은 지각을 사용하므로 연단을 받아 선악을 분별하는 자들이니라."

여기서 사도는 앞의 13절에서 시작한 대칭어법을 끝마치고 단단한 음식을 먹기에 합당한 사람의 특징을 묘사하고 있습니다. 사도의 진술이 분명하게 담고 있는 요점을 주목하여 보면, 그들 히브리인들이 어떻게 하여 그렇게 "듣기에 둔하게 되었는지" 그 경위를 알게 됩니다. 여기서 실제로 매우 중요한 문제가 등장합니다. "단단한 음식"은 "젖"이나 "하나님의 말씀의 초보"라는 말과 대조됩니다. 우리는 '하나님의 말씀의 초보'가 무엇인지 위에서 규정했습니다. 이 "단단한 음식"은 유아기를 떠난 사람들, 곧 어린 시절에 젖을 아주 잘 소화하여 믿음과 사랑에서 자라난 자들에게 합당한 몫입니다. 이러한 성장은 우리의 영적 지각이나 영적인 기능들을 사용함으로써 촉진되고 일어납니다. 어린 유아들은 감각(感覺)들을 가지고 있기는 하지만 그것들을 바르게 사용하는 방법을 알지 못합니다. 그처럼 영적 기능들을 바로 사용하면 선악(善惡) 간에 분별할 수 있는 능력을 갖추게 됩니다. 히브리인들이 슬프게도 바로 이 점에서 그렇게 실패하였던 것입니다.

"어린 아이는 먹는 것에 쉽게 동화된다. 어린 아이에게는 먹어서는 안 될 독(毒)이라도 쉽게 삼키게 할 수 있다. 그러나 어른은 '연단을 받아' 자기

지각을 사용하여 자기에게 해로운 것과 유익한 것을 구별하는 법을 배웠다."(John Brown)

영적인 체계에서도 같은 원리가 적용됩니다. 새 사람 속에는 육신적인 차원에서 오감(五感)에 준하는, 소위 이해와 양심과 감성이 있습니다. 그러나 이러한 것들은 훈련받고 발전되어야 합니다. 우리가 선과 악, 진리와 오류를 구분하는 가장 중요한 분별력을 얻는 길을 소개하자면 이러합니다. 쉬지 않고 꾸준하게 영적인 일에 대한 생각을 집중시키며, 부단히 말씀을 연구하며, 매일 말씀을 묵상하며, 말씀에 대한 믿음을 행사하고, 성령님의 조명을 간절하게 구함으로 그 분별력을 얻는 것이 가능합니다.

"그들은 지각을 사용하므로 연단을 받아…" '지각을 사용한다'는 것은 획득한 능력과 적확성을 사용함을 의미합니다. 훈련받은 군인은 자기의 맡은 일을 위해서 필요한 자격을 갖춥니다. 운동선수는 훈련을 통하여 자기의 일을 준비합니다. 그리스도인으로서 합당한 능력을 얻으려면 꾸준하고 정성을 들여서 하나님께 속한 일에 매진해야 합니다. "사용하므로"라는 말은 일시적이고 충동적으로 노력하는 것이 아니라, 정규적이고 일관성 있는 습관을 행사하는 것을 의미합니다. 그 결과 자기가 보는 모든 것을 바르게 판단할 신령한 능력을 얻게 됩니다.

히브리인들은 이 점에서 실패했던 것입니다. 오늘날 너무나 많은 그리스도인들이 그 점에서 실패하고 있습니다.

"연단되지 못한 그리스도인들이 너무 많다. 다시 말하면, 하나님과 가까이 하거나 주님을 따르지 못했으며, 주님의 말씀을 열심히 청종하지 못하였고, 받아들여야 마땅한 하나님의 선하시고 온전하신 뜻이 무엇인지를 헤아리는 데 실패했다. 그들은 자기들이 가진 지식을 분별 있게 적용하는 데 실패했다. 만일 그들이 젖을 잘 섭취했다면 어린 아이로 남아 있지 않았을 것이다."(Adolph Saphir)

그들은 게으름 때문에 선악을 분별할 수 없었습니다. 진리와 불의를 분별할 수도 없었고, 성령님의 촉진과 사탄의 유혹 사이를 분간하지 못했습니다. 새로운 본성의 소욕과 옛 본성의 탐욕 사이를 분변하지 못했습니다. 그들은 어린 아이들 같았고, 건전한 것과 해로운 것 사이를 분간해 낼 수 없었습니다. 그러므로 그들은 유대교의 경륜 아래서 옳았던 것이 어떻게 해서 지금의 기독교 안에서는 더 이상 그렇지 않게 되었는지, 기독교 안에서 이제 무엇이 합당한지 분간할 수 없었습니다.

"그들은 지각을 사용하므로 연단을 받아 선악을 분별하는 자들이니라." '선악'이란 자기의 영혼을 위한 '음식'으로 자기 앞에 놓인 것을 가리킵니다. '선(善)'은 자기의 영적 양식을 제공하는 좋은 것입니다. '악(惡)'은 자기의 덕을 고양시키지 못하고 파멸시키는 것입니다. 성경을 잘못 분별하고 잘못 적용시키면 그것도 악이 되는 것입니다. 사탄도 그리스도를 공략할 때 성경을 오용하였습니다(마 4:6). 진리란 하나님께서 정해 주신 분량에 합당하게 제시되지 못할 때 악이 됩니다. 히브리 그리스도인들의 원수들은 늘 구약성경에 호소하고 있었습니다. 마치 로마 가톨릭교도들이 오늘날 자기들의 이상한 예배의식과 사제주의(司祭主義)를 옹호하고 나서는 것과 같습니다. 오늘도 사탄은 하나님의 백성들 앞에 '선악'을 가져다 놓는 데 능동적입니다. 하나님의 백성들이 자기들의 영적 기능들을 부지런히 연단하지 않으면 하나님을 아무리 고대한다 할지라도 사탄의 거짓말에 쉽게 속아 넘어집니다.

“사람들이 흔히 부르기 좋아하는 대로 ‘단순한 복음’을 진정으로 ‘사랑하고 높였다면,’ 그들의 지식과 그리스도인의 성품은 깊어졌을 것이다. 더 나아가 십자가에 못 박히신 그리스도 안에 집약된 모든 진리들을 부지런히 탐구하였을 것이다. 그리하여 그들의 체험은 부요하고 높아졌을 것이다…그리스도의 구원이 선언될 때 선포되는 것들보다 더 심오한 교리는 없다. 우리의 모든 여정은 처음에 우리에게 전파된 교리를 보다 충분히 배우는 것을 내용으로 한다.”(A Saphir)

그 일은 우리가 이미 가지고 있는 빛을 사용하는 것이고, 우리가 이미 받은 진리를 실제 삶 속에서 나타내는 것입니다. 그 요점이 우리에게 중요합니다. 그런 연단의 과정이 없이는 퇴보하게 됩니다. 그리고 우리 안에 있는 빛은 어두워집니다. 만나를 쓰지 않고 그냥 두면 벌레가 생깁니다(출 16장)! 우리 몸의 소화기관으로 흡수되지 못한 젖은 뱃속에서 부패합니다. 뒤로 물러가 침륜에 빠진 상태는 우리에게서 건전한 판단력을 박탈해 갑니다. “연단을 받아 선악을 분변하는 지각”의 비밀이 호세아 6:3에서 밝혀지니 들어 보세요.

“그러므로 우리가 여호와를 알자 힘써 여호와를 알자 그의 나타나심은 새벽 빛 같이 어김없나니 비와 같이, 땅을 적시는 늦은 비와 같이 우리에게 임하시리라 하니라.”

주여, 은혜로 저희를 각성하시어 그렇게 주님을 힘써 알아가게 하옵소서. 아멘.

23강

영적 미숙과 성숙의 차이

6:1 그러므로 우리가 그리스도의 도의 초보를 버리고 죽은 행실을 회개함과 하나님께 대한
신앙과 6:2 세례들과 안수와 죽은 자의 부활과 영원한 심판에 관한 교훈의 터를 다시 닦지
말고 완전한 데로 나아갈지니라 6:3 하나님께서 허락하시면 우리가 이것을 하리라

이 구절들에 대한 우리의 해석이 옛 저자들의 주장과 아주 다를 수 있습니다. 칼빈(John Calvin)이나 오웬(John Owen)이나 가우지(Gouge)나, 보다 최근의 학자인 사피어(Adolph Saphir)나 브라운(John Brown) 박사의 주석들에서 발견되는 것과 상당하게 차이가 있을 수 있습니다. 우리는 그 주석가들을 존중하게 여깁니다. 또한 그들의 주석들과 저자들에서 적지 않은 도움과 빛을 얻었습니다. 그럼에도 불구하고 우리는 맹목적으로 그들의 말을 따라가지는 않습니다. '모든 것을 헤아리는 일'은 언제나 우리가 행할 마땅한 바입니다. "범사에 헤아려 좋은 것을 취하고."(살전 5:21) 그 여러 저작들이 제시하는 해석(약간의 차이를 가진 여러 해석)에서 떠나는 것이 우리 본성적인 성향에는 맞지 않습니다. 그럼에도 불구하고 하나님께서 후년에 그의 종들 몇을 일으켜 놀랍고 흠이 없는 하나님의 말씀에서 더 많은 빛을 얻게 허락하심에 대하여 감사합니다. 하나님께서 우리에게 그러한 은혜를 더 주시기를 원하나이다.

위에서 언급된 저자들은 "그리스도 도의 초보", 또는 개정역(Revised Version)의 난외주가 '그리스도의 시작의 말씀'(the word of beginning of Christ)이라 표현한 어구가 '기독교의 초급적인 진리들'(elementary truths of Christianity)을 가리키는 것으로 봅니다. 곧 여기 6장 1절 하반절과 2절 전체에서 열거하고 있는 여섯 항목의 용어를 통하여 진술된 것의 요약을 가리켜 "그리스도 도의 초보"라고 한다는 것입니다. 그러니 그들은 "완전한 데 나아갈지니라"는 말은 기독교 계시에 있어서 더 깊고 높은 차원들로 나아가라고 촉구하는 것으로 간주했습니다. 그러나 우리가 보기에, 이 부분을 그렇게 보는 것은 전적으로 타당치 않아 보입니다. 물론 그렇게 말하는 데는 결정적인 몇 가지 이유가 있습니다. 만일 그런 식으로 보면 이 서신의 중심 주제를 생각하지 못하게 합니다. 아울러 그리되면 이 서신을 쓰게 하신 성령님의 의도를 무시하게 되는 것입니다. 또 문맥 자체에 대해서도 정당하지 못하게 하는 일입니다. 상세한 국면들을 시험해 보면 그런 식의 관점은 전적으로 그릇됨이 드러납니다.

우리가 지금까지 해온 강론에서 반복하였듯이, 히브리서의 테마는 유대교보다 탁월한 기독교의 우월성입니다. 히브리서를 해석하는 사람이 이 점을 명심하지 않으면 틀림없이 실수하게 되어 있습니다. 이 서신의 주제가 유대교보다 기독교가 우월하다는 것을 나타내는 것임을 생각하면 모든 난제를 푸는 열쇠를 가진 셈입니다. 그 열쇠 없이 어떠한 부분을 열려고 하면 억지를 부리게 되는 결과를 낳습니다. 이 요점은 아무리 생각해도 지나치지 않습니다. 우리가 앞에서 다룬 여러 장의 연구에서 그에 대한 두드러진 실례를 여러 차례 발견했습니다. 여기서도 그 열쇠를 사용하기만 하면 대단히 좋은 위치에 서게 될 것입니다.

사도는 기독교의 두 다른 단계, 유아적인 단계와 성숙한 단계를 서로 대조하고 있는 것이 아닙니다. 오히려 그는 다시 한 번 그림자와 실체를 대비하고 있는 것입니다. 그는 계속해서 히브리 그리스도인들에게 눈에 보이지 않는 것을 위해서 눈에 보이는 것을 버릴 필요가 있음을 강조하고 있습니다. 또 원형이 왔으니 모형을 버리라고 강조하고 있습니다.

지금 우리가 다루는 본문을 취급함에 있어서도 그 본문이 문맥과 어떤 연관을 가지고 있는지 연구하는 것은 무엇보다 중요합니다. "그러므로"라는 이유 접속사로부터 그 요점이 선명하게 드러납니다. 사도는 여기서 이미 말한 것으로부터 하나의 결론을 끌어내고 있습니다. 그러므로 우리는 5:11-14에 기록된 것을 되돌아보아야 합니다. 왜냐하면 그 대목을 바로 이해하여 즉각 다음에 따라나오는 부분에 대해 건전한 해석을 해야 하기 때문입니다. 사도는 이 구절들에서 히브리 사람들의 영적인 나태함을 꾸짖었습니다. 또한 그들이 젖만 먹고 다른 것을 먹을 수 없는 어린 아이들과 같다고 비유했습니다. 그들은 다시 "하나님의 말씀의 초보가 무엇인지" 누구로부터 배워야 할 필요가 있음을 말했습니다. 그것은 그들이 유대교가 잠정적인 하나의 경륜에 불과했다는 사실을 아직도 포착하지 못했음을 지시합니다. 그 유대교는 모형으로서 그 모든 규례와 모든 의식들은 이 땅에 오셔서 자기 백성들의 죄를 속하신 그리스도를 미리 그림자로 보여준 것에 불과하기 때문입니다. 이제 그리스도께서 이 땅에 오셔서 모형을 통해서 예표된 사역을 마치셨으니 이제 그림자는 실체에 자리를 내어 주었습니다.

사도가 성령의 감동을 받아 이 서신을 히브리 성도들에게 보낼 때에 그들이 처했던 영적 조건은 히브리서 중 권면하는 대목을 이해하게 하는 중요한 열쇠입니다. 우리가 지난 강론에서 보여준 바와 같이, 5:11-14의 어투는 그들이 뒤로 물러갔음을 명백히 지시합니다. 그 원인은 10장에 나와 있습니다. 10장의 일부는 우리로 하여금 앞서 5장에 기록된 요점을 되돌아보게 합니다. 먼저 10:32에서 우리는 이러한 말씀을 읽습니다. "전날에 너희가 빛을 받은 후에 고난의 큰 싸움을 견디어 낸 것을 생각하라." 뒤이어 10:34에서는 그들이 "이 고난의 큰 싸움"을 "기쁨으로 감당했었다."는 것을 말합니다. 이런 일은 매우 괄목할 만하고 드문 일이었습니다. 그러한 경험을 어떻게 설명해야 할까요? 10:34의 나머지 부분은 우리에게 이렇게 말합니다. "기쁘게 당한 것은 더 낫고 영구한 산업이 있는 줄 앎이라."

그러나 '처음 사랑' 속에서 자라나던 히브리 성도들을 특정짓던 이 복되고 신령한 상태는 유지되지 못했습니다. 생각이 하나님 우편에 앉아 계신 그리스도를 향하고, 하늘 위엣 것에 집중되는 믿음을 행사할 때에는 자기들의 진정한 몫이 높은 곳에 있음을 인식했었습니다. 그러나 믿음은 연단 받아야 합니다. 그럼으로써 믿음의 인내가 시험당하기 마련입니다. 믿음이 유지되지 못하고, "더디 이루어지는 소망은 마음을 상하게 하느니라."(잠 13:12) 안타깝게 그들의 믿음이 흔들렸고, 그 결과 이 세상에서 아무것도 가지지 못한 것을 불만스럽게 생각했습니다. 그들은 "눈에 보이지 않는 장래에 속한" 기업을 기다리는 일을 참아내지 못했습니다. 사도가 그들에게 "그러므로 너희 담대함을 버리지 말라 이것이 큰 상을 얻느니라 너희에게 인내가 필요함은 너희가 하나님의 뜻을 행한 후에 약속을 받기 위함이라."(히 10:35,36)고 말한 것은 그 때문입니다.

우리가 숙고한대로 그들이 5:11,12의 상태로 빠져 들어간 것을 설명해 주는 것은 바로 이 영혼의 불만과 인내하지 못함이었습니다. 또한 그 점은 6장에 언급된 여러 가지 것들을 설명해 줍니다. 그렇기 때문에 사도는 6장 4-6절에서 정말 가장 엄숙한 경고를 하지 않으면 안되겠다는 마음을 먹은 것입니다. 6장 11,18,19절에서 '소망'을 그렇게 강조하는 이유도 바로 거기에 있는 것입니다. 12절에서 '오래 참음'을 언급한 것도 그런 이유 때문입니다. 13

절에서는 아브라함이 언급되고, 15절에서는 특별하게 아브라함의 '오래 참음'에 대해서 말하는 것도 다 그 이유에서입니다. 그러므로 우리가 다루는 이 본문에서 "완전한 데 나아가라."고 권면하고 있습니다. 그러면서 사도는 그 권면을 하면서 아울러 미심쩍은 마음을 드러냅니다. "하나님께서 허락하시면 우리가 이것을 하리라."(3절) 사도의 그런 어투는 그들의 지난 행실이 하나님을 격노케 했다고 믿을 만한 충분한 이유가 있음을 드러냅니다. 그처럼 우리는 여기서 성경이 얼마나 놀랍고 완벽하게 그 성경 그 자체를 해석하여 주는지를 발견합니다. 그러므로 신령한 것은 영적으로 분별해야 할 필요를 더 느끼게 되는 것입니다(고전 2:13).

히브리서 6장은 이 서신의 또 다른 대목의 시작이 아닙니다. 5:11에서 제기한 문제를 여전히 계속 다루고 있습니다. "멜기세덱에 관하여는 우리가 할 말이 많으나 너희가 듣는 것이 둔하므로 설명하기 어려우니라." 다만 여기서는 5:11에서 제기한 주제를 약간 다른 시각으로 접근하고 있습니다. 이 편지로 그들에게 진정 알려주길 간절하게 원하는 높고 영광스러운 신비들을 사도는 가지고 있었습니다. 그러나 그들이 그것들을 잘 받아 자기들의 믿음의 덕을 도모하고 고양시킬 능력이 없음을 사도는 알고 감안합니다. 그래서 사도는 계속해서 그들이 그런 것들에 대해 관심을 가져야 할 여러 이유들을 제시합니다.

첫째, 사도는 적극적으로 자기의 의도를 선언합니다. "완전한 데로 나아가라."(1,2절)

둘째, 사도는 자기의 의도를 구체적으로 설명합니다. 곧 "그리스도 도의 초보를 버리고" 나아가라고 합니다(1-3절).

셋째, 배도자(背道者)가 당할 확실한 운명을 알려 경고합니다(4-18절).

넷째, 회심한 히브리인들의 경우에는 그 경고의 날을 누그러뜨립니다(9-14절).

다섯째, 아브라함의 삶을 소개하면서 믿음을 가지라고 격려합니다(15-21절).

히브리서 6:1, 2

"그러므로 우리가 그리스도의 도의 초보를 버리고 죽은 행실을 회개함과 하나님께 대한 신앙과 세례들과 안수와 죽은 자의 부활과 영원한 심판에 관한 교훈의 터를 다시 닦지 말고 완전한 데로 나아갈지니라."

"그러므로 우리가 그리스도의 도의 초보를 버리고."(Therefore leaving the principles of the doctrine of Christ - KJV) 이미 지적한 바와 같이, 이 구절의 첫 번째 어휘인 "그러므로"는 바로 앞 5장에서 말한 것과 그 뒤로 나오는 말 사이에 긴밀한 연관이 있음을 지시합니다. 여기에서 사용된 어휘들의 정확한 뜻이 무엇인지를 세밀히 관찰해 보면 그 점은 더욱 선명하게 드러납니다. 여기 "초보"로 번역된 말이 5:12에서도 나옵니다. 이 어휘가 복수 형식으로 되어 있는데, 영어 흠정역(KJV)은 여기 6:1에서는 '교리의 원리들'(principles of the doctrine)로 번역하였습니다. 그런데 5:12에서는 'first'라는 수식을 앞에 붙이고 '교리의 원리들' 대신 "하나님의 말씀들의 첫 원리들"(the first principles of oracles of God)이라고 번역하였습니다. "완전함"이라는 말이 5:14에서는 "장성한"이란 말로 주어집니다. 그러니 사도가 앞 장에서 다루기 시작했던 주제를 계속 언급하고 있음이 명백합니다.

"그러므로 우리가 그리스도의 도의 초보를 버리고." 이 소절의 흠정역(KJV) 번역이 매우 잘못되었습니다. "Therefore leaving the principles of the doctrine of Christ, let us go on unto perfection"(그러므로 우리

가 그리스도의 교리의 원리들을 버리고 완전한 데 나아가자) 이 구절에 나타난 동사가 현재시제가 아니라 과거시제입니다. 백스터(Bagster)의 원어대조역성경(Interlinear)은 Wherefore having left(그러므로…를 버렸으니)로 잘 고쳐 번역하였습니다. 이 부분의 그런 번역상의 차이는 중요합니다. 왜냐하면 그것이 다음에 나오는 말씀의 의미를 보다 잘 이해하는 데 중요한 역할을 하기 때문입니다. 사도는 히브리 사람들더러 어떤 거취를 취하라고 요구하는 것이 아닙니다. 오히려 그들로 하여금 이미 그들이 취했던 거취를 생각하라고 촉구하는 것입니다. 그들은 "그리스도 도의 초보"를 떠났습니다. 그렇다고 사도가 그들더러 그리로 돌아가기를 원하지도 않습니다.

"그러므로 우리가 그리스도의 도의 초보를 버리고." 이 부분을 보다 더 정확하게 번역하자면 이러합니다. "그러므로 그리스도의 시작의 말씀을 버렸으니."(Wherefore having left the word of the beginning of Christ) 백스터의 원어대조역성경은 성경 원어인 헬라어의 단어의 어순에 맞추어 그대로 번역하고 있는데, 이 구절을 이렇게 번역하고 있습니다. Wherefore, having left of the beginning of the Christ discourse(그러므로, 그리스도 강화의 시작을 떠났으니) 이 표현이 히브리서 5:12의 "너희가 다시 '하나님의 말씀의 초보'에 대하여 누구에게 가르침을 받아야 할 처지이니."라는 표현과 걸맞습니다. 그 표현은 유대교를 통해서 하나님께서 자기 아들에 관해 알리신 것을 언급합니다. 구약에서 그리스도에 관하여 두 가지 요점이 두드러지게 드러납니다. 첫째로 그가 세상에 오실 것이라는 예언이고, 둘째로는 그가 이루셔야 할 일들의 모형과 상징들입니다. 이러한 예고들이 이제 이루어졌습니다. 하나님의 아들의 성육신과 그의 삶과 죽으심과 부활하심과 승천을 통하여 그 그림자들의 실체가 드러난 것입니다. 유대인들 가운데 "거룩한 형제들"(3:1)이 그 요점을 알아보았습니다. 그래서 그들은 '그리스도에 관한 교훈의

ABC'를 떠나 말씀 자체이신 그분을 받았습니다. 상징적인 그림들(pictures)을 떠나 그 실체(實體, Reality)를 취한 것입니다.

"완전한 데 나아갈지니라."(let us go on unto perfection) 헬라어에는 '완전한 데'(perfection)이란 말 앞에 정관사가 있습니다. "완전한 데"란 "그리스도의 도의 초보"라는 말과 동격으로 놓여져 있음이 분명합니다. "주 예수의 도의 초보"라 하지 않고 "그리스도" - 곧 메시야 - 의 "도의 초보"라고 한 것에 주목합니다. 그것은 다시 한 번 유대교와 기독교 사이를 대조하는 표현입니다. "완전한 데"라고 표현된 것은 하나님께서 자기의 성육신하신 아들의 인격 속에서 친히 나타내신 온전한 계시를 의미합니다. 하나님께서는 더 이상 그림자나 모형의 베일에 '완전한 것'을 감추지 않으십니다. 하나님의 영광을 예수 그리스도의 얼굴에서 온전하게 드러나게 하셨습니다(고후 4:6). 독생하신 아들이 지상에 내려와 하나님을 "선언"하셨습니다(요 1:18). 그러나 그는 자기에게 하라고 맡겨주신 일을 승리로 마치시고 "영광중에 영접을 받으셨습니다."(딤전 3:16) 이제 믿는 자는 높아지시어 보좌에 앉으신 그리스도께 자기 생각을 집중시켜야 합니다. "그러므로 너희가 그리스도와 함께 다시 살리심을 받았으면 위의 것을 찾으라 거기는 그리스도께서 하나님 우편에 앉아 계시느니라."(골 3:1)

"그러므로…버리고…. 완전한 데 나아갈지니라." "그러므로"는 사도가 앞에서 그 이전에 말한 모든 것을 되돌아보게 합니다. 그것은 히브리서 1-5장까지 말한 전체 내용으로부터 끌어낸 결론을 지시합니다. 그것을 이렇게 옮겨 볼 수 있습니다. 하나님께서 그 아들을 통해서 우리에게 말씀하셨습니다. "그는 만물의 후사로 세워진 자요, 세상을 지으신 이요, 하나님의 영광의 광채시요, 하나님의 본체의 형상이시며, 모든 만물을 자기의 능력의 말씀으로 붙잡고 계신 분입니다. 그분은 친히 "우리의 죄를 정결하게" 하신 분입니다. 따라서 그는 높은 데 계신 위엄의 우편에 앉아 계시고 천사들보다 훨씬 더 뛰어나십니다. 그것은 그분이 보다 더 탁월한 이름을 기업으로 얻으셨기 때문입니다. 더 나아가서 그는 범사에 형제들과 같이 되심으로써 하나님을 향한 일에 있어서 자비하시고 충성된 대제사장이 되셨습니다. 그리고 백성들의 죄를 위한 화목제물이 되셨으며, 이 엄청난 사역을 성공적으로 수행함으로써 "영광과 존귀로" 관 씌우심을 받으셨습니다. 그는 모세와 여호수아와 아론보다 측량할 수 없을 정도로 높으십니다. 이상의 모든 요점을 감안할 때 우리의 생각과 마음과 삶 속에서 그에게 얼마나 마땅한 자리를 드려야겠습니까!

"완전한 데 나아갈지니라." 이 말은 그리스도의 인격과 그 완전함과 지위를 통해서 자신의 충만한 영광을 드러내신 하나님의 계시를 이해하는 것을 가리킵니다. 실제적인 측면에서 말한다면, 성령님으로 말미암아 마음에 주신 영적총명과 '지식'의 '완전함'을 가리킵니다. 이것은 복음의 비밀과 고상한 교훈을 가리킵니다. 또한 계시된 진리 속에 있는 완전함입니다. 물론 그러함에도 그것은 상대적인 '완전함'에 불과합니다. 왜냐하면 하나님의 일들을 절대적으로 이해하는 것이 이 세상에서는 불가능하기 때문입니다. 지금은 "부분적으로 알" 뿐입니다(고전 13:10). "만일 누구든지 무엇을 아는 줄로 생각하면 아직도 마땅히 알 것을 알지 못하는 것이요."(고전 8:2) 사도 바울마저도 이렇게 말해야 했습니다. "형제들아 나는 아직 내가 잡은 줄로 여기지 아니하고 오직 한 일 즉 뒤에 있는 것은 잊어버리고 앞에 있는 것을 잡으려고 푯대를 향하여 그리스도 예수 안에서 하나님이 위에서 부르신 부름의 상을 위하여 달려 가노라."(빌 3:13,14)

"완전한 데 나아갈지니라." 성경을 연구하는 사람들마다 여기에 나타난

"우리"라는 복수 대명사의 정확한 의도에 대하여 일치를 보이지 않습니다. 어떤 이들은 사도가 현재 주어진 일에 관련하여 자신과 히브리 사람들을 연결하기 위하여 그 말을 사용했다고 생각합니다. 다른 사람들은 '우리'라는 말이 그렇게 완전한 데 나아갈 마땅한 바에 사도 자신도 그들과 은혜롭게 연합했음을 지시하는 것이라고 생각하기도 합니다. 개인적으로 우리는 이 두 개념을 서로 연합해야 할 것이라 봅니다. 첫째, "우리는 나아가자." 사도 자신도 그렇게 하겠다는 것입니다. 히브리서의 마지막 몇 장들에서 그 점이 드러납니다. 그러니 사도 바울을 따라서 그들 히브리 그리스도인들도 그렇게 하라는 말입니다. 그러니 히브리인들의 상태가 '둔하다' 할지라도 사도는 그들이 전혀 절망적인 것으로 보고 있지는 않음을 지시하고 있는 셈입니다. 사도는 이렇게 말하고 있는 셈입니다. '그러므로 나는 너희에게 그리스도에 관해서 가장 높고 가장 영광스러운 것들을 계속 드러내 보여줄 것이다.' 둘째, 사도는 앞으로 나아가야 하는 일에 대하여 자기도 그들과 함께 하겠다고 나선 셈입니다. '이러므로 우리가 그리스도인이 된 기간에 비추어 보고 우리 주 예수 그리스도의 은혜와 그를 아는 지식에서 자라나도록 열심을 내자.' 그것은 그들로 분발하게 촉구하고 있습니다.

"나아가자"(Let us go on)는 것은 수동적인 표현으로 '이끌려가라'(be carried on)는 의미입니다. 그 말은 배가 돛을 달고 바람을 받으며 나아가는 모습에서 파생하여 나온 말입니다. 우리는 우리의 영혼의 열심을 다하되, 뜻과 생각을 분발시켜 앞으로 나아가도록 하자는 것입니다. '우리는 해변 가까이에 너무 오래 머물러 있었으니, 이제 돛을 달고 성령님으로 속에서 강력으로 역사하시게 기도하자. 그리고 더 깊은 데를 향하여 출범하자.' 하나님의 종들의 마땅한 의무는 그리스도인 회중으로 하여금 하나님의 진리를 아는 지식에서 성장해 나가도록 촉구하는 것입니다. 문을 지나 거룩한 성소

(聖所)로 들어가게 강권하는 일입니다. 그리고 그 성소에서 하나님의 집의 거룩한 영광을 보도록 촉구해야 합니다. '우리는 이끌려가도록 하자.' 그럼에도 불구하고 그 동사는 이러한 효과를 발생시키는 방편을 능동적으로 사용할 것을 함축하고 있습니다. 그리스도인에게 있어서 "더욱 힘쓰는" 것이 요구됩니다. "그러므로 너희가 더욱 힘써 너희 믿음에 덕을, 덕에 지식을…"(벧후 1:5) 진리에 대하여는 값을 주고 "진리를 사는" 자세로 열심을 내야 마땅합니다. "진리를 사되 팔지는 말며 지혜와 훈계와 명철도 그리할지니라."(잠 23:23) 하나님께서 우리에게 주신 것을 실천으로 옮겨야 마땅합니다. "그러므로 너희가 어떻게 들을까 스스로 삼가라 누구든지 있는 자는 받겠고 없는 자는 그 있는 줄로 아는 것까지도 빼앗기리라 하시니라."(눅 8:18)

"완전한 데 나아갈지니라." 우리는 이렇게 물을 수 있습니다. 오늘날 그리스도인들에게 이 말씀은 어떤 의미를 가집니까? 히브리 그리스도인들에게는 유대교의 초보적이고 땅에 속한 체계를 포기하라는 말이었습니다. (그 체계는 그리스도를 하나님이 보내신 구주로 믿기 전에 그들의 관심을 사로잡았던 것이다). 또한 그 "완전한 데 나아가라"는 말은 히브리인들에게는 그리스도로 말미암아, 그리스도 안에서 이제 이루어진 그 하나님의 계시를 견고히 믿음으로 붙잡으라는 말이었습니다. 또한 그 말은, 너희를 위해서 하늘의 성소에서 섬기고 계신 이, 보이지 않으시나 승천하신 그리스도를 생각하라는 말입니다. 그리스도인들에게 있어서 그 말은 거듭나지 않았을 때 자기들을 사로잡았던 것들로부터 돌아서서 이젠 위에 있는 것들 속에서 기쁨을 발견하고 만족하라는 말입니다. 무거운 것과 쉽게 걸려 넘어지게 하는 죄를 벗어버리고 우리 앞에 당한 경주를 인내로써 달려가며, 예수님께 시선을 두고 나아가자는 말입니다. 그분은 이 땅에 계실 때 우리가 따를 모본을 보여주셨고, 지금 자기의 경주를 승리로 마치시고 보좌 위에 앉아 계신 분입니다.

히브리인들에게 있어서 히브리서 6:1-2는 참으로 많은 오해를 사는 권고의 말씀입니다. 그리스도께서 죽으시기 바로 직전에 열 한 제자에게 하신 말씀과 정확히 병행을 이룹니다. "너희는 하나님을 믿으니 또 나를 믿으라."(요 14:1) '눈에는 안 보이지만 너희는 오랜 동안 하나님을 믿어 오고 신뢰했다. 이제 나도 그렇게 믿으라. 나는 너희의 육신적인 눈으로는 볼 수 없게 곧 사라질 것이다. 나는 이제 아버지께 돌아가려는 시점에 놓여 있다. 그러나 나는 너희를 내 마음에 둘 것이다. 나는 너희를 위하여 처소를 예비하러 간다. 그러므로 반드시 나를 믿으라. 너희 마음을 높은 데 두고 나를 따르라. 믿음으로 행하라. 승천하신 구주만을 생각하고 따르라.'

오늘날 우리에게 이 중요한 말씀이 함축하는 바는 이러합니다. '하늘에 있는 너희의 대제사장에게 온전히 마음을 주고 매일 그분 안에 있는 너희의 몫을 생각하며 살아가라(엡 1:3). 믿음으로 하늘 성소에 계신 이, 너희의 의와 생명과 힘이 되신 그리스도를 믿음으로 바라보라. 하나님께서 그를 받으셨다. 이제 하나님께서 너희를 양자로 받아들이심으로써 너희가 하나님과 화해하였고, 그의 보배피로 가까워 졌다. 이 사실을 인식하고 영과 진리로 예배하고, 너희의 제사장의 특권들을 행사하라.'

그래서 히브리서 6:2의 "완전한 데 나아가라."라는 말은 교리적이거나 체험적인 것 중 하나가 아니라 둘 다를 포함하는 말입니다. "율법은 아무것도 온전하게 못할지라 이에 더 좋은 소망이 생기니 이것으로 우리가 하나님께 가까이 가느니라."(히 7:19) "완전한 것"을 가져오신 이는 그리스도이십니다. 우리는 그 안에서 하나님의 영원한 목적과 은혜의 충만한 계시와 나타남을 봅니다. 그리스도는 자기 마음을 온전히 다 알리셨습니다(히 1:2). 그리고 그는 한 번의 충분한 제사인 자신을 드리심으로써 하나님의 영원한 뜻 가운데서 하나님께서 구별하여 놓으신 자들을 "영원히 온전케 하셨습니다."(히

10:14). 그리스도께서는 하나님의 뜻을 이루기 위해서 이 땅에 오셨습니다(히 10:9). 아, 이제 그 하나님의 뜻은 이루어졌으며, 하나님께서 하라고 맡기신 일을 모두 마치셨습니다(요 17:4). 따라서 그는 영광스럽게 상(賞)을 받으셨으며, 그의 모든 백성들은 그리스도의 그 상급에 함께 참여합니다. 이 모든 것을 우리에게 알게 하신 것은 "듣고 믿게" 하려 함입니다.

"죽은 행실을 회개함과 하나님께 대한 신앙과 세례들과 안수와 죽은 자의 부활과 영원한 심판에 관한 교훈의 터를 다시 닦지 말고." 1,2절 전체의 내용이 괄호구적인 구절임을 아는 것은 매우 중요합니다. "완전한 데 나아가자."는 것은 3절의 "하나님께서 허락하시면 우리가 이것을 하리라."는 말씀으로 완성됩니다. 그 사이에 있는 내용은 "그리스도 도의 초보를 버리고"라는 말을 통해서 사도가 무엇을 의도하는지 설명합니다. 여섯 가지 항목이 나열되었습니다. "죽은 행실을 회개함"으로부터 "영원한 심판에 관한 교훈의 터까지" 여섯 가지 항목은 "기독교의 기초들"과는 아무런 연관이 없습니다. 또한 그 열거된 항목들이 그리스도인의 체험의 초보들을 묘사한 것도 아닙니다. 오히려 그것들은 유대교에 속한 것을 다루고 있습니다. 하나님께서 그의 사랑하시는 아들 안에서 이루신 보다 더 충만하고 최종적인 계시를 위한 길을 예비하는 초보적인 체계인 유대교에 속한 것들입니다. 이 구절들의 '괄호구적인' 본질을 명백히 깨닫지 못하면 해석자들이 그 내용의 상세한 국면을 해석할 때 틀림없이 실수하게 되어 있습니다.

"터를 다시 닦지 말고." 헬라어 원문에는 정관사가 없음을 주목해야 할 것입니다, 그래서 '터'라는 말을 '하나의 터'(하나의 기초)로 읽어야합니다. 그 말은 여기서 '기독교의 근본적인 진리들'을 다루고 있지 않음을 암시하는 여러 조짐들 중 하나입니다. 만일 이 구절이 하나님의 새롭고 더 높은 계시의 특징들을 열거하는 것이라면, 성령께서는 분명히 '그 터'라고 말씀하셨을 것입니다. 그런데 그가 그렇게 하지 않으신 것은 성령께서 '덜 중요한 것'을 생각하고 있음을 보여줍니다. 위에서 말한 바와 같이 이 '터'는 유대교에 관한 것입니다. '터'에는 두 가지 성질이 있습니다. 그 하나는 건물을 지을 때 처음 놓는 것인데, 이는 전체 건물구조를 지탱해 줍니다. 또 하나 첨가할 수 있는 것은 '터'는 바닥을 발라 버린 후에 보이지 않는 특성이 있다는 것입니다. 기독교에 대하여 유대교가 그러한 관계를 가지고 있습니다. '터'가 건물을 짓는 데 있어서 우선적인 일이듯이 기독교가 오기 전에 유대교가 '터'와 같은 역할을 하였습니다. '터'가 건물을 지탱하듯이 기독교의 진리는 구약성경의 약속과 예언 위에 세워져 있습니다. 신약의 계시는 구약의 언약과 예언이 성취된 것을 기록합니다. 터가 건물이 세워져 있을 때 눈에 보이지 않듯이, 하나님께서 주셨던 계시의 모형들과 그림자들도 본체와 실제보다 먼저 일찍 놓여졌던 것입니다.

"터를 다시 닦지 말고." 히브리 그리스도인들이 시험을 받고 있는 요점이 바로 그것입니다. 이 터를 "다시 닦는" 것은 실체를 버리는 것입니다. 그것은 기독교를 등지고 다시 유대교로 돌아가는 것입니다. 사도 바울이 유대교의 거짓 선생들의 유혹으로 걸려 넘어지던 갈라디아 사람들에게 쓴 것과 같습니다. "이같이 율법이 우리를 그리스도에게로 인도하는 몽학선생이 되어 우리로 하여금 믿음으로 말미암아 의롭다 함을 얻게 하려 함이니라."(갈 3:24) 사도 바울은 그 말을 한 다음에 즉각적으로 다음과 같은 말을 덧붙입니다. "믿음이 온 후로는 우리가 몽학선생 아래 있지 아니하도다." 그와 같이 사도 바울은 다른 상징적인 표현을 통해서 히브리서 6:1에서 사실 다음과 같이 말하고 있는 셈입니다. '우리는 성숙한 데로 나아가자. 우리의 어린 시절을 특징지었던 것으로 다시 되돌아가지 말자.'

"터를 다시 닦지 말라." 사도가 여기서 육체에 속한 사람의 수로 나타나는 '여섯' 가지 사항을 열거하고 있음을 주목해야 할 것입니다. 그것들은 유대교를 특징짓는 것들이었습니다. 그 유대교의 체계는 육체에 속한 사람에게만 속해 있는 체계입니다. 그 의식과 규례들은 "육체를 정결하게 하여 거룩하게 하는" 것에 불과합니다(히 9:13). 기독교의 기본적인 진리들을 여기서 말하고 있다면, 사도는 분명히 에베소서 4:3-6에서와 같이 일곱 가지 요점들을 지적했을 것입니다.

"죽은 행실을 회개함과." 그가 제일 처음 언급했던 것은 "죽은 행실에서 회개"입니다. 그것이 "죄악들로부터 회개"가 아님을 주목해야 합니다. 죄악들로부터 회개하는 것이 여기에서는 전혀 생각되지 않고 있습니다. "죽은 행실"이란 히브리서 9:14에서 다시 발견됩니다(신약의 다른 곳에서는 발견되지 않는다). 거기에서 13절에서 말한 것으로부터 하나의 대조를 끌어내고 있습니다. 염소와 송아지의 피는 육체를 정결하게 하며 거룩하게 합니다. 반면에 그리스도의 피는 그들의 양심을 죽은 행실로부터 깨끗하게 합니다. 신약이 "죄들"을 거론할 때 그 죄들을 "악한 행실"(딛 1:16), 또는 "추악한 행실"로 말합니다. 여기서 언급하는 것은 무익하고 효과 없는 레위 의식의 일입니다(히 10:1,4 참조). 의식법(儀式法)을 "죽은 행실"로 칭한 것은 그것들이 육체에 속한 사람들을 통해서 수행되며, 그것들이 성령님에 의하여 생명력이 주어지는 것이 아니며, 살아 계신 하나님의 요구들을 만족시키지 못하기 때문입니다.

"하나님께 대한 신앙과…" 여기서 열거되는 유대교의 여섯 가지 특징들 가운데서 확실하게 규정하기 어려운 것이 바로 이 문제입니다. 그럼에도 불구하고 사도가 이 편지를 누구에게 쓰고 있는지를 주목한다면 모든 난제는 단번에 사라질 것입니다. 유대인들의 경우는 이방인들의 경우와는 크게 달랐습니다. 이방인들에게 있어서 유일하신 참 하나님이 전혀 "알려지지" 않았었습니다(행 17:23). 그들은 수많은 거짓 신들을 숭배했습니다. 그러나 이스라엘에게는 달랐습니다. 여호와께서는 이스라엘의 조상들에게 자신을 계시해 주셨으며, 하나님의 뜻에 대한 기록된 계시를 주셨습니다. 그래서 "하나님께 대한 신앙"은 그들에게 있어서는 국가적인 일이었습니다. 비록 그들의 초기 역사(歷史)에서 우상을 섬기는 데로 거듭 떨어졌지만, 바벨론 포로시대를 통해서 이러한 죄악을 청산하였던 것입니다. 그러나 여전히 그들의 믿음은 실상보다 형식이 더 많았습니다. 그들은 조상들로부터 받은 유전(遺傳, tradition)을 하나님과의 생명어린 친교보다 더 많이 가지고 있었습니다(마 15:8,9). 기독교 계시로 말미암아 이스라엘의 "하나님께 대한" 민족적인 신앙은 주 예수 그리스도를 믿는 신앙에 자리를 내주게 되었습니다.

신약 서신들로부터 몇 개의 구절만 참고하여도 이 점을 결론적으로 확증할 수 있습니다. 우리는 "그리스도 예수를 믿음, 하나님의 아들을 믿음"에 대한 성경의 진술을 읽습니다(갈 2:16,20). 또한 "주 예수 안에 있는 너희 믿음"(골 2:5), "그리스도 예수 안에 있는 너희 믿음"(딤전 3:13) 등에 대해서 읽을 수 있습니다. 다른 사람이 말한 바와 같습니다.

"복음의 모든 복락들은 '믿음'과 연관되어 있다. 그러나 그 믿음은 '그리스도 안에 있는' 믿음이다. 칭의나 부활의 생명, 약속들, 아들의 지위, 구원 등 그 모든 것들은 그리스도를 의뢰하는 믿음으로부터 결과된 것으로 언급되고 있다. '히브리서'는 그리스도를 '하나님과 사람 사이의 오직 유일한 중보자'로 계시한다. 또한 그리스도를 '멜기세덱 반차를 따른 제사장'으로 계시한다. 또한 히브리서는 하나님의 아들의 신적 권리를 강조한다. 사도는 그의 편지를 받는 독자들로 하여금 자신을 버리고 그리스도를 바라보라고 지시한다. 그 그리스도는 모든 복락의 중심이요 요약이다. 그런 일은 '하나님께 대한 신앙'만이 아니라, 하나님의 아들의 중보와 공로를 통하여 하나님께 나오는 믿음이다.”

“세례들과.”(of the doctrine of baptisms) 만일 흠정역(KJV) 번역자들이 이 구절의 의도를 이해했다면 바로 이런 식으로 번역했을까 의심스럽습니다. “세례”가 복수 명사로 되어 있음을 주목해야 할 것입니다. 성경이 성경을 해석하도록 하면 여기에서 언급되는 것이 무엇인지 이해하기 어렵지 않습니다. 여기서 말하는 세례는 기독교의 세례가 아닙니다(마 28:19). 성령의 세례도 아니고(행 1:5), 고난의 세례도 아닙니다(마 20:23). 여기서 언급되는 세례는 모세의 경륜 아래서 육신적 사면(赦免, carnal absolutions)을 위하여 행해지던 것을 가리킵니다. 채용된 헬라어는 ‘밥티스모스’입니다. 신약성경에는 그 말이 네 번 밖에 나오지 않습니다. 마가복음 7:4,5과 히브리서 6:2과 9:10에서입니다. 세 번의 다른 경우마다 그 말을 ‘씻음’으로 번역합니다. 마가복음 7장에서 그것은 “잔과 대접을 씻는 것”으로 되어 있습니다. 히브리서 9:10에서는 “먹고 마시는 것과 여러 가지 씻는 것과 함께 육체의 예법만 되어”라는 표현 속에서 나타납니다. 그것을 말하면서, “그것들은 개혁할 때까지 맡겨둔 것이라.”고 말합니다.

우리가 다루는 이 본문에서 “세례들의 교리”[1]에 대해서 말하고 있음을 주목해야 합니다. 유대교의 몸을 씻는 의식(儀式)과 연관된 분명한 가르침이 있었습니다. 그것들은 이스라엘 사람들로 하여금 여호와는 거룩한 하나님이심을 깊이 인식하고, 더러운 자들은 아무도 그 앞에 나아갈 수 없음을 인상 깊게 부각시키려고 의도된 규례들입니다. 히브리서 6:2과 9:10에서 언급되는 그 예법들은 출애굽기 30:18,19과 레위기 16:4과 민수기 19:19의 진술들을 되돌아 보게 합니다. 모형적으로 이 “깨끗하게 함”(씻음)은 죄가 제거된

1) 우리말 성경에는 그냥 '세례'라고 되어 있고 뒤에 가서 '에 대한 교훈'이라는 말이 나옴. - 역자 주

다음에야 예배자가 주께 나아갈 수 있음을 지시했습니다. 그 예법들은 그리스도의 속죄 피가 그의 백성들을 위해서 주어짐으로 죄로부터 완전하고 영원히 깨끗하게 됨을 예표했던 것입니다. 그것들은 그 자체로는 아무런 효력을 갖고 있지 못했습니다. 그것들은 모양에 불과했습니다. 그래서 그것들이 "육체를 정결케 하여 거룩하게" 하라는 데만 소용된다고 말하고 있는 것입니다(히 9:13). 그러한 "깨끗하게 함"(씻음)은 외적이고 의식적인 정결 외에 아무런 효과도 없었습니다. 그것들은 "섬기는 자를 그 양심상 온전하게 할 수 없나니."(히 9:9)

"안수(按手)함과." 더 오래된 주석가들은 여기에서 말하는 의도가 무엇인지에 대해 아주 그릇되었습니다. 그들은 앞에서 언급한 소절을 사도행전에 기록된 기독교 세례들과 관련 있다고 보았습니다. 사도행전 8:17과 19:6과 같은 구절들에 호소했습니다. 그러나 그 구절들은 우리가 다루는 본문의 말씀과 전혀 상관없습니다. 그것들은 성령의 초자연적인 '은사들'이 사도들의 교통을 통해서 분여(分與)되는 예외적인 경우들을 이름입니다. 사도행전 2:41과 8:38과 16:33 등에 이 "안수함"이 없는 것을 보아 정상적으로는 하나님께서 하나님의 종들을 도구로 하지 않고도 성령님을 주셨음을 분명히 알 수 있습니다. '안수'는 독특한 기독교의 규례도 아니었고 옛날에 속한 독특한 것도 아니었습니다. 사도행전 6:6과 9:17과 13:3과 같은 구절들에서 '그 안수하는 행동'은 동질성을 표시하는 표지에 불과하였습니다. 바로 앞에서 "하나님께 대한 신앙"의 문제를 다루면서 그 요점이 명백하게 드러났습니다.

"안수함과." 이 표현의 진정한 의미를 알아내는 열쇠는 구약에서 찾아야 합니다. 사도는 여기서 열거한 여섯 가지 사항들을 다 하나같이 구약을 되돌아 보면서 언급하고 있는 것입니다. 틀림없이 그럴 것이, 사도가 여기서 히브리인들이 개인적으로 그리스도를 믿는 신앙고백을 하면서 '떠났던' 유대교의 특징적인 것들을 언급하고 있기 때문입니다. 사도가 여기서 언급하는 '안수'는 레위기 16:21에 묘사되어 있습니다. "아론은 그의 두 손으로 살아 있는 염소의 머리에 안수하여 이스라엘 자손의 모든 불의와 그 범한 모든 죄를 아뢰고 그 죄를 염소의 머리에 두어 미리 정한 사람에게 맡겨 광야로 보낼지니." 이는 매년 연례적으로 속죄일에 행하는 의식의 진수적인 부분이었습니다. 히브리인들은 사도가 여기서 "안수함의 교훈"에 대해서 언급할 때 자연스럽게 그것을 생각했을 것입니다.

"죽은 자의 부활과." 이 어구 때문에 우리가 취해 온 해석 노선을 포기해야 할 것 같은 느낌을 가질 수 있습니다. 아마 독자는 이렇게 소리칠지 모릅니다. '당신은 이 히브리인들이 죽은 자의 부활의 교리를 떠났음을 믿으라고 요구하지는 않겠지요!' 그러나 우리는 바로 그 점을 확언하는 바입니다. 얼른 보기에는 어려워 보이나 사실은 그렇지 않습니다. "진리의 말씀을 옳게 분변하는 능력"이 부족하면 그런 일을 하지 못하니 어려워 보이는 것입니다. 죽은 자의 부활은 분명히 유대교를 통해서 계시된 교훈입니다. 그러나 그것은 하나님께서 기독교를 통하여 주신 보다 더 충만한 계시 아래서는 훨씬 더 복되고 위로 충만한 것으로 대치되었습니다. 만일 독자가 이탤릭체로 쓴 전치사를 면밀하게 주목한다면[2] 이 여러 구절을 푸는 열쇠를 발견할 것입니다. "바리새인들이 가르친 부활과, 유대인들이 믿은 부활과, 제자들이 믿었던 부활과, 사도들이 선포한 부활이 다 하나라고 생각하는 것은 큰 실수이다."(C. H. W) 사도들이 선언한 부활과 나머지 사람들이 선언한 부활 교리 사이에 큰 차이가 있음을 다음 열거되는 성경 구절들을 비교해 보면 알 수

2) 우리말 개역성경에는 없음. - 역자 주

있을 것입니다.

"그러나 이것을 당신께 고백하리이다 나는 그들이 이단이라 하는 도를 따라 조상의 하나님을 섬기고 율법과 및 선지자들의 글에 기록된 것을 다 믿으며 그들의 기다리는바 하나님께 향한 소망을 나도 가졌으니 곧 의인과 악인의 부활이 있으리라 함이니이다."(행 24:14,15) 바로 그것이 유대인의 소망이었습니다. "마르다가 가로되 마지막 날 부활에는 다시 살아날 줄을 내가 아나이다."(요 11:24) 자, 이제 그와 대조하여 다음의 말씀을 주목하세요. "그들이 산에서 내려올 때에 예수께서 경고하시되 인자가 죽은 자 가운데서 살아날 때까지는 본 것을 아무에게도 이르지 말라 하시니 그들이 이 말씀을 마음에 두며 서로 문의하되 죽은 자 가운데서 살아나는 것이 무엇일까 하고."(막 9:9,10) 그것이 바로 신약 서신이 강조하는 부활의 국면은 선택자들의 부활, 곧 악한 자의 부활보다 앞선 구속(救贖)받은 자의 부활입니다(계 20:5,6 ; 고전 15:12,23 ; 살전 4:16).

"영원한 심판에 관한 교훈." 우리가 생각한 모든 것에 비추어 보면 이 어구는 전혀 어려움이 없습니다. 유대인의 교회와 기독교회의 대부분이 보편적으로 심판을 믿었습니다. 하나님께서 각 사람의 삶을 시험할 마지막 때에 큰 심판 보좌가 베풀어질 것을 둘 다 믿었습니다. "하나님은 모든 행위와 모든 은밀한 일을 선악간에 심판하시리라."(전 12:14) 요한계시록 마지막 몇 절 가운데서 이 점에 대한 가장 상세한 묘사가 주어져 있습니다. "크고 흰 심판 보좌"가 묘사되어 있습니다.

이제 우리는 우리가 관심을 집중시켜 온 것을 매우 간단하게 요약해 보겠습니다. 히브리인들은 그리스도를 믿는 믿음을 고백했습니다. 그렇게 함으로써 그림자를 버리고 실체를 좇았습니다. 그러나 소망이 더디 이루어지자 믿음이 약해지고, 박해들로 인하여 그들의 열심이 식어졌습니다. 그들은 기독교 신앙을 버리고 유대교로 돌아갈 시험을 받고 있었습니다. - 사도는 그렇게 하면 떠났던 것들의 "터를 다시 닦는 것"이라고 말합니다. 오히려 이보다도 "완전한 데," 또는 "장성한 데"로 나아가라고 종용합니다. 그 말은 "죽은 행실을 회개하는 것을 버리고 생명에 이르는 회개를 취하라."는 말입니다(행 11:18). "하나님께 대한 국가적 신앙" 대신 영화롭게 된 구주를 신뢰하라는 말입니다. 율법의 효력 없는 "깨끗하게 하는 정결 의식(儀式)" 대신 '어린 양의 정결케 하는 피'를 택하라. 또한 더 나아가서 유대교의 제사장이 '안수'하는 것 대신 하나님께서 우리 무리의 모든 죄악들을 그리스도께 지우게 하신 '대속'(代贖)을 택하라. 또한 "죽은 자의 부활" 대신 "죽은 자 가운데서" 부활하는 것을 택하라는 것입니다. 크고 흰 보좌의 "영원한 심판" 대신 그리스도의 심판 보좌를 바라보라. 그래서 그리스도가 나타나기 전의 경륜에 속한 여섯 가지 사항들을 언급한 것입니다.

히브리서 6:3

"하나님께서 허락하시면 우리가 이것을 하리라."

우리는 여기서 사도가 자기에게 주어진 기회를 통해서 어떤 결심을 하는지 배우게 됩니다. 또한 그 기회를 하나님의 기쁘신 뜻에 분명하게 복종시킴으로써 자기의 결심을 설정하고도 있음을 배웁니다.

"우리가 이것을 하리라." "완전한 데 나아가라."한 앞의 권고를 가리키며 말하고 있습니다. 여기서 "우리가"라는 복수 대명사를 사용한 것은 매우 복된 모습입니다. 비록 동료 그리스도인들에 비하여 사도 바울은 영적 거인이었지만 자기가 "이미 얻은 것으로" 여기지 않았습니다(빌 3:12). "우리가 이것을 하리라."는 '가르치는 나와 배우는 너희가 다 이것을 하리라.'는 뜻입니다. 다음에 나오는 장(章)들에서 사도가 그 결심을 이행해 나가는 모습을 보게 될 것입니다. 5:10에서 그는 "멜기세덱에 관하여는 우리가 할 말이 많다."고 하였습니다. 6:3과 5:11,12도 함께 비교해 볼 때 하나님의 종은 어떠한 좌절을 만나도 그리스도의 비밀을 선포하는 일을 꺼리지 않아야 함을 우리는 배우게 됩니다. 그리스도의 비밀을 선포해도 듣는 일에 둔한 사람들 앞에서도 여전히 마찬가지입니다.

"하나님께서 허락하시면 우리가 이것을 하리라." "하나님께서 허락하시면"은 한계를 나타내는 표현입니다. 이는 하나님의 기뻐하시는 주권적인 뜻이 무엇인지 알지 못한다는 자신의 입장을 가리킬 수 있습니다. 우리는 그 하나님의 기뻐하시는 뜻에 우리의 모든 결심을 복종시켜야 합니다. "주께서 만일 허락하시면 얼마 동안 너희와 함께 유하기를 바람이라."(고전 16:7 ; 약 4:13-15 참조). 아마 사도는 히브리인들이 떨어져 들어간 서글픈 상태를 염두에 두고 있는 것으로 보입니다(5:11-14). 이 점에 비추어 볼 때, 이 말씀은 그들의 양심에 대하여 엄숙하고 탐사적인 말씀입니다. 게으름과 나태함 때문에 하나님께서 더 이상 빛을 비추어 주지 않을 정도로 격노하셨을 수도 있다는 두려운 생각이 들만한 이유가 있었습니다. "그러므로 너희가 어떻게 들을까 스스로 삼가라 누구든지 있는 자는 받겠고 없는 자는 그 있는 줄로 아는 것까지도 빼앗기리라 하시니라."(눅 8:18) 사도는 자신을 능케 하시는 하나님의 능력을 바라보고 있었다고 우리는 믿어야 합니다. 하나님께서 돕지 않으시면 가르치는 자의 수고가 소용없을 것입니다. "우리가 무슨 일이든지 우리에게서 난 것 같이 생각하여 스스로 만족할 것이 아니니 우리의 만족은 오직 하나님께로부터 나느니라."(고후 3:5)

요약하건대, 범사에 우리는 하나님의 영광을 구해야 합니다. 하나님의 뜻에 복종하고, 진리 안에서 진보하는 모든 것이 다 하나님께서 부여하신 특별한 선물임을 인정해야 합니다. "요한이 대답하여 이르되 만일 하늘에서 주신 바 아니면 사람이 아무 것도 받을 수 없느니라."(요 3:27) 아멘.

24강

배도(背道)의 본질

6:4 한 번 빛을 받고 하늘의 은사를 맛보고 성령에 참여한 바 되고 6:5 하나님의 선한 말씀과
내세의 능력을 맛보고도 6:6 타락한 자들은 다시 새롭게 하여 회개하게 할 수 없나니 이는
그들이 하나님의 아들을 다시 십자가에 못 박아 드러내놓고 욕되게 함이라

우리가 이제 관심을 기울이려는 대목은 히브리서뿐 아니라 성경 전체에서 가장 엄숙한 말씀 중 하나입니다. 아마 중생(重生)한 사람치고 이 대목을 읽으면서 두렵고 떨리지 않을 사람은 거의 없을 것입니다. 무분별하게 신앙을 고백하는 자들이 이 대목의 무서운 느낌을 주는 언어를 대할 때 통상 양심의 불안을 느끼기 마련입니다. 이 대목은 높은 특권, 독특한 은총을 입었으나 그러한 기회들을 선용하지 못하고 부패시킨 사람들에 대해 말하고 있습니다. 그들은 그리스도의 영예에 누(累)를 끼치고 모독한 자들입니다. 그들은 정말 절망적인 상태에 있습니다. "다시 새롭게 하여 회개케 할 수 없는" 자들입니다. 우리 각자는 열심히 우리 마음을 하나님께 드러내 보이며 그처럼 믿음의 파선을 하지 않도록 지켜 달라고 간구해야 합니다.

아마 독자들 대부분이 아시다시피, 우리가 다루려는 구절들은 수세기 동안 가장 맹렬한 신학적인 논쟁을 불러일으켰던 대목입니다. 칼빈주의자들과 알미니안들이 가장 격렬한 싸움을 벌인 곳도 바로 이곳입니다. 진실된 그리스도인들도 죄를 짓고 은혜에서 떨어져 영원토록 구원을 잃어버리는 것이 가능하다고 믿는 자들은 그들의 주장을 증거하는 구절로 이 부분을 확신 있게 소개합니다. 자기들의 이론에 너무나 선입견을 가진 나머지 이 대목에 나타나 있는 여러 어휘들을 세심하고 주의 깊게 점검해 볼 수 없게 되는 일은 두렵기 짝이 없습니다. 배도(背道)에 대한 자기들의 선입관으로 '이 대목이 하나님의 참된 자녀를 묘사하는 것임에 틀림없다.'고 생각했습니다. 참된 하나님의 자녀도 그리스도에게 등을 돌림으로 말미암아 궁극적으로는 멸망할 수 있다는 것입니다. 그러나 성경은 "범사를 헤아려" 보라고 명합니다(살전 5:21). 그리고 헤아리려면 문제가 되는 대목을 피상적이고 성급하게 살펴보아서는 안 됩니다.

알미니안들이 그리스도인의 배도에 대한 비성경적인 교의(敎義)로 이 대목을 읽어내려고 덤빕니다. 반면 칼빈주의자들 중에 많은 이들이 이 대목이 내포하는 가장 난해한 요점들을 성공적으로 해석하여 만족하게 매듭짓지 못했다고 솔직히 고백해야 할 것입니다. 많은 칼빈주의자들은 하나님의 신적 보전(保全)과 성도의 인간적 견인(堅忍)을 가장 강조하며 가르친다고 확언하는 일은 잘하는 일입니다. 정말 그 주장은 옳습니다. 하나님의 말씀은 스스로 모순되지 않고 그럴 수도 없음을 지적한 것은 잘한 일입니다. 만일 우리 주께서 자기 양들을 가리켜 "내가 그들에게 영생을 주노니 영원히 멸망치 않을 것이요"(요 10:28)라고 역설하셨다면, 틀림없이 히브리서 6장은 주님의 '양들 중 얼마'는 멸망하게 될 것을 가르칠 리가 없습니다. 만일 성령께서 사도 바울을 통해서 어떤 것도 아버지의 사랑에서 자녀들을 끊을 수 없다고 확증하셨다면(롬 8:35-39), 의심할 여지없이 우리가 지금 살펴보려는 부분이 하나님의 사랑에서 자녀들을 끊을 수 있는 것이 있기는 하다고 선언할 리가 없습니다. 그 점은 너무나 명백합니다. 성경의 이 구절과 저 구절을 완벽하게 조화시키는 것이 언제나 쉬운 일만은 아닙니다. 그러나 하나님의 진리는 틀림없이 조화를 이루며 총체적 통일성을 갖추고 있음을 명심해야 합니다.

우리가 다루는 이 부분의 말씀과 관련하여 야기되는 가장 큰 난제는 여기에서 말하는 사람들이 누구냐는 것입니다. 성령께서는 여기서 묘사하는 사람이 중생한 사람인가 아닌가? 그 다음 문제는 '타락한 자들'이라는 말이 무엇을 뜻하는가? 그리고 마지막으로 "다시 회개케 하여 새롭게 할 수 없다."는 말씀이 무엇을 지시하는가? 하는 것입니다. 우리가 강해해 나갈 일을 내다보면서 확신하는 것이 있습니다. 그것은 여기서 말하는 "타락"이 의도적이고 철저하고 최종적으로 그리스도를 부인하는 것을 의미한다는 것입니다. 그런 죄에 대해서는 어떤 죄 사함도 없습니다. 그러므로 "다시 새롭게 하여 회개케 할 수 없다."는 것입니다. 그 말씀은 그들의 조건과 경우가 회복될 가망이 전혀 없음을 선언하고 있습니다. 이 때문에, 칼빈주의자들은 보편적으로 이 대목이 외면적으로 신앙을 고백하는 자들을 다루고 있다고 확언했습니다. 그러나 이 주장에 대하여 두 가지의 극복하기 힘든 반대 이론이 제기됩니다. 첫째로 그저 단순한 외면적인 신앙고백자는 '타락하여 떨어질' 데가 없다는 것입니다. 둘째로는 그저 외면적 신앙고백자는 '결코' "새롭게 되어" 회개하게 된 적이 없었다는 것입니다.

이 구절 때문에 일어난 논쟁에 덧붙여, 적지 아니한 사항들이 이 대목을 정당치 못하게 사용해 버리기도 했습니다. 존 브라운(John Brown) 박사의 주해를 들어 봅시다.

"내가 믿기로는 많은 경우에서 이 부분에 대한 오해가 두 부류의 사람들의 마음에 극한 상처를 주었다고 본다. 큰 죄에 빠지고 난 다음에 자기들이 큰 죄에 빠진 것을 깨닫고 심각하게 반성하고 있는 형식적인 신앙고백자들에게 상처를 주었다. 또 정신적 질병의 세력 아래로 떨어져 영적 나태함에 빠져 들었던 사람들이 상처를 받았다. 다윗이나 베드로가 범했던 것 같은 식으로 하나님의 법을 어겨 은혜를 크게 모독한 참된 그리스도인들에게 극심한 마음의 상처를 준다. 그렇게 되면 '피할 길을 찾거나 복음 안에서 그들 앞에 세워진 소망을 붙잡으려는' 자들 앞에 극복할 수 없는 장애물들을 다 설치해 놓은 셈이 된다. 그러므로 이 모든 것에 비추어 볼 때 이 부분의 의미가 무엇인가를 세심하게 탐구할 필요성을 더욱 느낀다. 이 부분을 바르게 이해하면, 이 부분에 비추어 유추(類推)하여 내린 어떤 거짓된 결론도 만나지 않을 것이다. 오히려 영감된 성경의 다른 모든 부분과 같이 '교훈과 책망과 바르게 함과 의로 교육하기에 유익하게' 될 것이다. - 경계를 주기에는 좋을지언정 절망감을 일으키는 일은 절대로 하지 않을 것이다."

위에서 언급된 난제들을 소상히 설명하거나 이 구절을 해석할 길을 예비하거나 그처럼 많은 사람들을 지독하게 혼란시켰던 이 부분을 해석하기 전에 해야 할 일이 있습니다. 히브리 그리스도인들이 떨어졌던 영혼의 상태가 어떠한지 다시 한 번 회상하는 일입니다. 그들은 "듣기에 둔하게 되었고,"(5:11) "의의 말씀을 경험하지 못한 자들입니다."(5:13) 또한 "단단한 식물을" 섭취할 수 없었습니다(5:14). 이 상태는 참으로 위험한 귀추들을 내포하고 있었습니다. 이에 대한 사피어(Adolph Saphir)의 지적을 들어 봅시다.

"히브리인들은 냉담하고 게으르고 나태해졌다. 그들이 전에 분명히 알았고 사랑했던 복음이 이제는 별로 중요하지 않게 되었다. 그들의 동족들의 핍박과 멸시가 큰 짐이 되었다. 그들은 그 짐 아래서 신음하였고 주 예수님과의 교제를 누리지 못했다. 어둠과 의심과 음울함과, 그에 따른 그리스도의 사랑의 능력이 나타나지 않는 행함, 이러한 것들이 그들의 특징이 되었다. 이제, 이러한 상태에 그들이 계속 머물러 있다면 배도하는 일 외에 어떤 일을 만날 수 있겠는가? 망각이 계속되면 거부감을 불러오고, 거부감이 계속되면 비위에 거슬려 냉담한 태도를 보이게 되고, 그 냉담함이 계속되게 되면 불신앙에 빠지게 된다."

"바로 그들이 그러한 위험에 처해 있었다. 만일 그들이 그 위험에 지고 말면 상태는 절망적이었다. 그들에게 전파될 복음도 없고 그들을 일으켜 세울 어떤 능력도 없다. 그들은 '내게 오라 그리하면 너를 쉬게 하리라.'고 말씀하시는 음성을 들었고 알았다. 그들은 죄인들을 위해서 죽으신 주님을 믿는다고 고백하였으며, 그 주님을 자기들의 구주와 선생으로 선택하노라고 고백했다. 이제 그들은 자기들의 구원의 반석을 망각하고, 버리고 있었던 것이다. 만일 그들이 의도적으로 이러한 상태에 계속 머무른다면, 그들은 끝내 회개하지 않는 위험에 처하게 된다."

"히브리서에 나오는 권면은 히브리인들의 특별한 처지와 연결해서 보아야 한다. 이스라엘 사람들이 메시야를 배척한 뒤에, 사도들이 그 유대인들에게 복음을 전파하였다. 성령의 은사와 권능이 그들 가운데 나타났다. 히브리인들은 십자가에 못 박혔다가 이제는 영화롭게 된 구속주의 복음을 받아들였다. 그 구속주께서는 성령을 보내사 자기의 높아지심을 보여주셨으며 장래 기업의 보증을 보여주셨다. 어떠한 사람이라도 '새 언약이 나타나는 영역으로 들어간 다음에' 고의적으로 그것을 포기하면 주 예수를 십자가에 못박은 유대교의 악행으로 다시 되돌아가는 것에 불과하다. 그런 이들에게 어떤 다른 대안(代案)도 없다. 하늘의 그리스도의 제사장직을 충만하게 아는 지식을 견지하며, 하늘 성소에서 중보자로 말미암아 믿는 자를 하나님께서 받으셨음을 인식하고 그 중보자를 통해서 계속 예배드려야 한다. 그렇지 않으면 오순절 이전의 경건한 이스라엘 사람들의 태도가 아닌 자세로 되돌아가야 할 판이다. 둘 중 하나밖에 다른 대안이 없다. 오순절 이전의 경건한 이스라엘 사람들이라 함은 세례 요한이나 약속된 구속을 기다렸던 사람들을 말한다. 그러한 처지로 되돌아가면 구주께서 위하여 기도하는 자들의 조건으로 들어가는 것이 아니다. '저희는 자기가 하는 일을 알지 못하니이다.' 오히려 그리스도를 고의적으로 대적하는 상태로 빠져 들어가 그를 부인하고, 공공연히 그를 모독하는 자리로 들어가게 되는 것이다."(A Saphir)

"이 영적 나태함 때문에 히브리 그리스도인들이 빠져들어간 위험이 얼마나 컸던지 아무리 강하게 질책하는 말을 퍼부어도 자기들의 잘못이 전혀 없다고 생각할 정도였다. 배도하는 것은 이방인 신자보다는 유대인 신자에게 더 쉽고 자연스러운 것이었다. 왜냐하면 한때 여호와의 이름으로 외면적인 거룩함을 주었던 교제로 다시 돌아오라고 촉구하는 이들이 있었기 때문이며, 그리로 돌아갈 길이 여전히 열려 있었기 때문이다. 은혜의 능력만이 그들로 하여금 그러한 청을 거절하게 할 수 있었다. 하늘에 속한 실체들이 그들의 영혼 속에서 작용하지 않을 때, 자기들 앞의 눈에 보이는 형상에 자기들 영혼을 집착시키는 위험에 노출되어 있었다. 만일 그들이 자기들의 영적 지각을 습관적으로 행사하지 않으면 분별력은 그대로 남아 있을 수 없다. 그리하여 악을 선이라 하고, 선을 악이라 부를 것이다. 영적 게으름으로 야기되는 무지 자체로 인하여 전에 깨끗해진 마음을 냉담하고 무감각하게 만드는 징벌의 시작이다. 그리고 자기의 사악한 방식들을 간파하는 능력을 빼앗기고 만다. 그리스도인이 하나님의 면전에 있을 때만이 자기의 영적 에너지를 효과적으로 행사하는 것이다. 그리스도 안에 거하는 것이 그 하나님의 임재 가운데 있게 한다. 신자에게 있어서 습관을 통해서 획득된 지식을 살아 계신 그리스도로부터 분리시키는 것보다 더 불행한 오류는 없다. 믿음은 그 대상에서 분리될 때 즉각 죽어 버린다. 지식은 진실로 가치 있다. 하나님을 아는 지식은 자라나는 것이다(골 1:10). 하나님의 지식은 자랑함으로써 그 목적을 이룰 수 없다(고전 8:2). 진보하는 그리스도인의 극한 체험은 언제나 자신이 계속 초보단계에 머물러 있다는 느낌을 갖게 한다. 그는 매일 더욱 더 넓어지는 전망을 통하여 자기가 서 있는 은혜에 대한 이해를 더 깊게 한다. 그리고 그 속에서 그는 더욱 더 의의 말씀으로 견고하게 된다."

"'하늘에 속한' 것들을 분명하고 더욱 더 확고하게 믿으려면 유대인 그리스도인들이 본래의 위치로 돌아가지 못하게 막아줄 필요가 있었다. 유대교로 돌아가는 것은 그리스도를 포기하는 것이요, 그런 이들은 자기 집을 '황폐케'한 사람들이다(마 23:38). 또한 그것은 은혜로부터 떨어지는 것이고, 율법의 보편적인 저주 아래 자신들을 끌어들이는 것일 뿐이다. 그뿐 아니라, 예수님의 피를 흘렸던 죄에 자기를 몰아넣고 그리스도를 죽인 그 특별한 방자함에 자신을 처 넣는 셈이다. 그 방자함이 그 배역무도하고 눈먼 나라로 자기들의 시선을 돌리게 하였던 것이다."(M. Pridham)

그러나 다음과 같은 것을 지적해야 합니다. 유대 그리스도인이 유대교로 다시 돌아가는 것만큼 이방 그리스도인도 세상으로 돌아가기가 쉽습니다. 세상이 끄는 힘이 유대교가 히브리 그리스도인들을 유대교로 돌아가게 끄는 힘만큼 강력합니다. 그리스도인이 매일 하나님과 동행하는 일에 실패하면, 그에 비례하여 세상은 그리스도인의 마음과 생각과 삶을 지배할 능력을 갖게 되는 것입니다. 세상에 계속 거하면 참으로 끔찍하고 치명적인 귀추를 만나게 됩니다.

히브리서 6:4,5

"한 번 빛을 받고 하늘의 은사를 맛보고 성령에 참여한바 하나님의 선한 말씀과 내세의 능력을 맛보고도 타락한 자들은…"

사도는 계속해서 5:11에서 시작했던 주제에서 벗어났으면서도 여전히 주제와 관련 있는 문제를 다루고 있습니다. 이 괄호구적인 부분은 둘로 나누어집니다. 첫째는 5 :11-14로서 질책하는 내용입니다. 둘째로는 6:1-20로서 격려하는 내용입니다. 6장에서 사도는 히브리인들에게 두 의무를 권고하고 있습니다. 그리스도인이 나아가야 할 길로 "진보해야 한다"는 것과(6:1-11), 그런 경로에서 벗어나지 말고 거기서 "계속 자신의 위치를 지켜야 한다"는 것입니다(6:12-20).

사도는 첫 번째 권고를 1,2절에서 제안하고 3절에서 그것을 구체적으로 수식합니다. 4-6절에서는 순종해야 할 동기(動機)를 제시함으로써 배도의 위험에서 끌어내고 있습니다. 4절의 "왜냐하면"[1)]이라는 말은 우리가 다루는 현재의 부분이 바로 앞에 나왔던 것과 긴밀하게 관련되어 있음을 지시합니다. 그것은 5:11-14에서 사도가 말한 것에서 끌어낸 결론입니다. 또한 3절에서 "만일…허락하시면"이라는 가정을 확대시켜 설명합니다. 또한 그들이 계속해서 현재의 나태함을 버리지 않으면 찾아올 엄청난 결과를 엄숙하게 경고합니다. 그것은 3절의 가능성과 무서운 대조를 이룹니다. "사도는 히브리인들이 뒤로 물러가는 것을 아주 역겹게 생각하고 있다. 그는 그들의 그런

1) 우리말 개역개정이나 개역한글 모두에서 그 이유 접속사가 보이지 않는다. - 역자 주

태도 속에서 다시 새롭게 할 수 없는 배도의 위험이 분명하게 존재하고 있음을 본다. 말하자면 그들이 벼랑의 난간에 서 있는 위험을 사도는 보고 있다는 말이다. 그래서 간절하고 사랑에 넘치는 마음으로 목소리를 높여 그 무서운 악에 빠지지 말라고 경고한다."(A Saphir)

우리가 다루는 이 본문을 보다 더 가까이 접근해 나가 보면 세 가지 사항이 우리의 특별한 관심을 끌고 있음을 보게 됩니다. 첫째는 여기서 언급되는 이들이 누구인가? 둘째는 그들이 지은 죄는 무엇인가? 셋째로 그 죄를 지은 그들에게 선고된 운명이 무엇인가?

여기서 언급되는 이들이 누구인지 숙고할 때 정말 중요하게 구분해야 하는 것이 있습니다. 사도가 여기서 "한번 비췸을 받은 우리"라고 하지 않고 도리어 "한번 비췸을 받은 자들(그들)"이라고 말하는 점입니다. "너희"라고도 하지 않고 "자들"(그들)이라 말하고 있습니다. 그는 그들을 부를 때와 히브리 그리스도인들을 부를 때 현저한 대조를 보이고 있습니다. 히브리 그리스도인들을 가리킬 때에는 "사랑하는 자들아"라고 말합니다. "사랑하는 자들아 우리가 이같이 말하나 너희에게는 이보다 더 좋은 것 곧 구원에 속한 것이 있음을 확신하노라."(6:9)

존 오웬(John Owen)이 이에 대하여 주해한 것을 참조합니다.

"사도는 6:9 이하에서 이 서신을 받는 히브리 그리스도인들이 앞에서 묘사된 자들과 달리 멸망하지 않으리라는 확신과 소망을 피력하고 있다. 그런 후에 그 근거를 세 가지로 제시한다. (1) 이들 히브리 사람들은 '구원에 수반된 여러 요점들을 가지고 있다.'는 것이다. 구원이 함축하는 것들을 그들이 가지고 있다는 말이다. 4-6절에서 묘사한 사람들 속에는 히브리인들이 가지고 있는 그 좋은 요점들 중 하나도 없다. 만일 그들이 그런 요점들 중 어느 것 하나라도 수반하고 있다고 했다면, 히브리 그리스도인들이 그렇게 타락하거나 멸망하지는 않을 것이라는 논증을 위한 반증적 자료로 그들을 제시하는 것이 무익했을 것이다. 그래서 사도는 '구원받은 이들에게서 보이는 요점들 중 어느 것 하나라도' 4-6절에서 묘사하는 이들에게 돌리지 않고 있다. (2) 그는 그 요점들을 '순종의 의무'와 '믿음의 열매'로 묘사한다. 이는 하나님의 이름을 위한 '사랑의 역사와 수고'이다(10절). 그럼으로써 사도는 이 히브리 사람들과 4-6절에서 묘사되는 사람들을 차이나게 설명한다. 4-6절에서 묘사되는 사람들에 관하여는 영원히 멸망할 수도 있음을 상정한다. 그러나 구원 얻는 믿음의 열매와 진지한 사랑의 열매를 가진 이들에겐 그런 일이 있을 수 없다. (3) 사도는 부연하여 9절 이하에서 언급되는 히브리 사람들의 견인(堅忍)을 '하나님의 신실하심'과 연관시킨다. '하나님이 불의하지 아니하사 너희 행위와 그의 이름을 위하여 나타낸 사랑으로 이미 성도를 섬긴 것과 이제도 섬기고 있는 것을 잊어버리지 아니하시느니라.'(10절) 왜냐하면 그들은 사도가 의도하는 바대로 은혜언약에 참여한 자들이었기 때문이다. 그 은혜언약 안에 있는 어떤 조항도 하나님의 미쁘심이나 의(義)로우심에 기초한 것이다. 그래서 그 언약 안에 있는 사람들은 배도와 파멸에 빠지지 않게 보전하심을 받는다. 그와 같이 그 언약에 참여한 모든 자들에게 그 요점이 동등하게 적용된다. 그러나 우리가 다루는 본문(4-6절)에서 묘사되는 사람들에 대하여는 그러한 것을 전혀 상정하지 않고 있다. 그 사람들에 대하여는 그들을 보전하기 위하여 필요한 하나님의 의나 미쁘심 중 어느 것도 관련되어 있지 않다. 오히려 그 정반대임이 시사되어 있다."

4절과 5절에 묘사된 자들이 바로 '형식적 신앙 고백자들이라.' 단정하는 것은 정확하지 못한 것 같습니다. 그들은 큰 특권을 누렸던 사람들이었으며, 지금 복음설교(preaching of Gospel)를 수반하는 어떤 특권보다 더 탁월한 특권을 누렸던 자들이었습니다. 여기에 언급된 자들은 '다섯 가지 이점(利點)을 누렸던 자들'입니다. 그 다섯 가지 이점은 1절과 2절에서 열거된 여섯 가지 사항들, 이른바 유대교를 믿는 육체 가운데 있는 사람에게 속한 것들과 대조를 이룹니다. 다섯은 '은혜'의 수입니다. 그러니 이 4,5절에 언급된 복락들은 기독교 시대에 속한 것들입니다. 그럼에도 불구하고 그 특권들을 누린 이들은 참된 그리스도인들은 아니었습니다. 여기에 '언급되지' 않은 것들 때문에 그 점은 명백합니다. 곧 그들이 하나님의 택한 백성들이라든지, 그리스도께서 위하여 죽으신 자들이라든지, 성령님으로 말미암아 거듭난 자들이라고 말한 적이 없습니다. 또한 그들을 가리켜 '의롭다 하심을 입은 이들'이라고 말하지도 않았고, 죄사함을 받았다든지, 사랑하시는 자로 말미암아 하나님이 받으신 자들이라는 말이 없습니다. 또한 그들의 믿음과 사랑과 순종에 대해서도 전혀 말하고 있지 않습니다.

여기 4-6절 본문에서 언급되는 자들을 하나님의 참된 자녀들과 구별시키는 몇 가지 국면들을 생각하면 그 점이 확연하게 드러날 것입니다.

"한 번 빛을 받고" 첫째로 그들은 '비췸을 받았다' 하였습니다. '의(義)의 태양'이신 분이 당신의 날개 그늘 아래서 치료하는 광선을 비추십니다. 마태복음 4:16이 말하는 바와 같습니다. "흑암에 앉은 백성이 큰 빛을 보았고 사망의 땅과 그늘에 앉은 자들에게 빛이 비취었도다." 그리스도께서 육체로 계실 때에 그리스도를 만나지 못했던 이방 사람들과는 달리 그 음성을 들었던 자들은 기이하고 영광스럽게 비췸을 받은 자들입니다. "비췸을 받았다"는 말의 헬라어는 '가르침으로 빛이나 지식을 받았다.'는 의미입니다. 70인역 성경(Septuagint)의 사사기 13:8과 열왕기하 12:2과 17:27은 그 말을 그런 식으로 번역하고 있습니다. 사도 바울은 고린도전서 4:5과 디모데후서 1:10에서 '드러내다'나 '밝히다'는 의미로 그 말을 사용합니다. 사탄은 믿지 않는 자들의 마음을 어둡게 하여 "복음의 빛이 그들에게 비취지 못하게" 합니다(고후 4:4). 곧 복음을 아는 지식을 갖지 못하게 한다는 말입니다. 그래서 여기에서 "비췸을 받다"는 말은 '복음의 교훈으로 가르침을 받는다.'는 의미입니다. 복음에 대한 명백한 이해를 가질 정도의 가르침을 받는다는 의미입니다. 10:26에 있는 병행 구절에서 여기에서 언급되는 바로 그들을 향한 호소를 하면서 "진리를 아는 지식을 받았다"고 말하고 있습니다(벧후 2:20,21도 참조).[2] 그러나 그 지식은 외적인 들음이나 독서를 통해서 얻어지는 것과 같은, 이른바 영적인 것들을 '본성의' 차원에서 아는 지식일 뿐입니다. 마치 어느 과학을 특별하게 연구함으로써 사람이 비췸을 받는 것과 같과 마찬가지입니다. 그것은 '변하게' 하는 차원의 '신령한 비췸'에는 미치지 못합니다. "우리가 다 수건을 벗은 얼굴로 거울을 보는 것 같이 주의 영광을 보매 그와 같은 형상으로 변화하여 영광에서 영광에 이르니 곧 주의 영으로 말미암음이니라."(고후 3:18) 여기에서와 같이 중생치 못한 사람이 "비췸을 받은" 실례가 민수기 24:4에 나옵니다. 바로 발람의 경우입니다.

"하늘의 은사를 맛보고." 둘째로 그들은 하늘의 은사를 "맛보았습니다." '맛보았다'는 것은 단순한 정보를 얻는 것과는 달리 개인적으로 체험하였다는 의미입니다. 존 오웬(John Owen)의 설명을 들어 보십시오.

"'맛봄'은 반드시 '먹는 것'을 함축하지는 않는다. 그렇게 맛본 것을 씹어

---

2) "만일 그들이 우리 주 되신 구주 예수 그리스도를 앎으로 세상의 더러움을 피한 후에 다시 그 중에 얽매이고 지면 그 나중 형편이 처음보다 더 심하리니 의의 도를 안 후에 받은 거룩한 명령을 저버리는 것보다 알지 못하는 것이 도리어 그들에게 나으니라." (벧후 2:20,21)

영양이 되게 하는 것과는 더욱 거리가 멀다. 우리가 그 냄새와 향기가 좋아도 그 성질을 분변해 내려면 먹어 소화시켜 영양가를 발휘시켜 보아야 한다. 그러고 나서는 다른 생각이 들어 그 음식을 거부할 수 있다. 여기에 묘사된 사람들은 어느 정도로 하나님의 자비(긍휼)의 계시를 이해했고, 그 향기도 맡았던 이들이다. 마치 돌밭과 같은 마음을 가지고 하나님의 말씀을 들은 자들처럼 그들은 말씀을 잠시 기쁨으로 받았다."

"맛보았다"는 것은 요한복음 6:50-56의 '먹는 것'과는 대조됩니다.

"하늘의 은사." 여기서 말하는 '은사'가 주 예수님을 가리키는지 아니면 성령님의 인격을 가리키는지에 대하여 주석가들마다 의견이 분분합니다. 우리는 이에 대하여 교의적(敎義的)일 수는 없습니다. 우리가 어떤 해석을 취한다 할지라도 차이는 없습니다. 왜냐하면 이 땅에서 성령께서는 그리스도를 영화롭게 하시기 때문입니다. 성령께서 아버지께서 백성들에게 주신 것은 그리스도의 승천 '선물'로 주신 것입니다. 여기서 주 예수님을 가리켜 "하늘의 은사"라 하였다면 요한복음 3:15과 4:10 등이 적절한 참고 구절이 될 것입니다. 만일 성령님을 가리킨다면, 사도행전 2:38 ; 8:20 ; 10:45 ; 11:17 등이 좋은 참고 구절이 될 것입니다. 개인적으로, 우리는 후자의 경우를 택하고 싶습니다. 하나님의 은사를 여기서 "하늘의"(하늘에 속한, heavenly)라고 한 것은 그 선물이 하늘로부터 왔고, 또 그 은사가 사람들을 하늘로 향하게 하기 때문입니다. 그런 점에서 유대교와는 차이가 있습니다(행 2:2 ; 벧전 1:11 참조). 이 배도자들은 이 "은사를 맛보고" 또는 체험했습니다. 마태복음 27:34에는 우리 주님께서 쓸개 탄 포도주를 억지로 맛보시는 장면이 나옵니다. "쓸개 탄 포도주를 예수께 주어 마시게 하려 하였더니 예수께서 맛보시고 마시고자 하지 아니하시더라." 우리 주님의 "맛보심"이 실제적으로 마시는 것과는 대조를 이루고 있습니다. 여기에서 언급된 사람들은 복음과 친밀하여 자기들의 죄와 자기들의 비참한 운명을 크게 완화시킬 정도로 그 복음의 복락을 얻었던 사람들입니다. 마태복음 13:21에 그에 대한 한 예증이 있습니다. "돌밭에 뿌려졌다는 것은 말씀을 듣고 즉시 기쁨으로 받되 그 속에 뿌리가 없어 잠시 견디다가 말씀으로 말미암아 환난이나 박해가 일어날 때에는 곧 넘어지는 자요."

"성령에 참여한 바 되고." 셋째, 그들은 "성령에 참예하였던" 자들이었습니다. 여기서 "참예한 자들"(partakers)의 헬라어가 골로새서 1:12과 베드로후서 1:4의 경우와는 다릅니다.[3] 거기서는 참된 그리스도인들을 언급합니다. 여기서 사용된 어휘는 단순히 '동반자들'(companions)을 의미합니다. '내적'이라기보다 '외적인 동반자들'을 가리키는 말입니다. 이 어휘가 이들의 특성을 가리키는 다섯 항목의 중심 위치에 놓여 있음을 주목할 필요가 있습니다. 왜냐하면 이 어휘는 다른 넷의 활동원리를 묘사하고 있기 때문입니다. 다른 넷은 사실 이 어휘가 말하는 바의 결과들입니다. 이 배도자들은 결코 "성령으로 난 자들"이 아닙니다(요 3:6). 또한 그들의 몸이 하나님의 '전'(殿)이 된 적도 없음은 더욱 말할 필요도 없습니다(고전 6:19). 또한 우리가 믿기로, 이 구절이 어느 때에 성령께서 그들 '속에서' 역사한 적이 있음을 가르치지도 않습니다. 만일 그렇지 않다면 빌립보서 1:6은 중대한 모순을 범하는 진술이 될 것이기 때문입니다. "너희 안에서 착한 일을 시작하신 이가 그리스도 예수의 날까지 이루실 줄을 우리는 확신하노라." "성령에 참예한바 되었다."는

---

3) 골로새서 1:12 - "우리로 하여금 빛 가운데서 성도의 기업의 부분을 얻기에 합당하게 하신 아버지께 감사하게 하시기를 원하노라." (Giving thanks unto the Father, which hath made us meet to be partakers of the inheritance of the saints in light)
베드로후서 1:4 - "이로써 그 보배롭고 지극히 큰 약속을 우리에게 주사 이 약속으로 말미암아 너희가 정욕 때문에 세상에서 썩어질 것을 피하여 신성한 성품에 참여하는 자가 되게 하려 하셨느니라."(Whereby are given unto us exceeding great and precious promises: that by these ye might be partakers of the divine nature, having escaped the corruption that is in the world through lust.)

것은 그들이 하나님의 성령의 초자연적인 작용과 나타남들의 유익에 참여했음을 의미합니다. "그곳이 진동되었다."(행 4:31)는 말씀은 그것을 예증합니다.

여기서 우리는 브라운(John Brown) 박사의 주해를 인용하여 보려고 합니다.

"영감 받은 히브리서 기자는 기독교의 초기 시대에 나타나 그 시대를 이끌어갔던 성령의 이적적인 은사와 작용들을 일차적으로 언급할 가능성이 극히 높다. 이 은사들은 결코 '마음을 새롭게 함으로 변화 받은' 사람들에게만 국한된 것은 아니었다. 마태복음 7:22,23에 기록된 우리 주님의 말씀과, 고린도전서 13:1,2의 말씀은 새롭게 되지 아니한 사람들도 이런 것들을 가지는 것이 그 시대에는 그렇게 비상한 일은 아니었음을 암시한다. 어쨌든 그 말씀들은 그러한 것들을 소유하고도 중생(重生)하지 않은 상태에 머무는 것이 절대적으로 불가능한 일이 아니었음을 보여준다."

"하나님의 선한 말씀과 내세의 능력을 맛보고도." 이 넷째 항목에 대하여도 브라운(John Brown) 박사의 주해를 인용합니다.

"내가 이해하기로는, '하나님의 선한 말씀을…맛보다.'란 표현이 메시야에 대한 하나님의 약속, 다시 말하면 메시야 약속의 본질과 요지이다. 이 약속이 예레미야가 '선한 말씀'이라고 칭한 탁월한 방식으로 주어졌음을 주목할 가치가 있다. '여호와의 말씀이니라 보라 내가 이스라엘 집과 유다 집에 대하여 일러 준 선한 말을 성취할 날이 이르리라.'(렘 33:14) 그런데 '이 선한 하나님의 말씀을 맛보았다.'는 것은 약속을 신실하게 이행하시는 하나님을 체험하였다는 의미이다. 그러니 진정으로 회심하지 않은 이들이라도 그 약속이 이루어지는 것을 통해서 나타나는 복락들과 이점들을 누릴 수 있는 한도 내에서 그것을 즐긴다. '하나님의 선한 말씀을 맛보다.'는 말은 새 시대의 이점들을 즐기는 것을 의미하는 것으로 보인다."

여기서 하나님의 약속이 이루어지는 것을 배도자들도 목격하였음을 사도가 언급하고 있다는 사실은 예레미야 29:10의 말씀을 비교해 보면 더 확실해집니다. "나 여호와가 이같이 말하노라 바벨론에서 칠십 년이 차면 내가 너희를 권고하고 나의 '선한 말'을 너희에게 성취하여 너희를 이곳으로 돌아오게 하리라." 우리로 하여금 여기에서 사도가 묘사하고 있는 사람들이 누구인지를 더 잘 알게 하려고 사도가 얼마나 면밀하게 "맛보다"는 말을 고수하고 있는지 유념할 필요가 있습니다. 그 사람들은 예레미야처럼 "내가 주의 말씀을 얻어먹었사오니"라고는 말할 수 없었습니다(렘 15:16).

"사도는 마치 이렇게 말하고 있는 것 같다. '내가 영양분을 공급받은 사람에 대해서 말하고 있는 것이 아니라, 마땅히 '신령한 젖'을 간절히 사모하며 그것을 통해서 마땅히 자라났어야 할 것을 그저 맛보기만 한 자들에 대해서 말하고 있다."(John Owen) 단지 하나님의 선한 말씀을 "맛보기만" 한 사람들에 대한 엄숙한 실례가 마가복음 6:20에서 발견됩니다. "헤롯이 요한을 의롭고 거룩한 사람으로 알고 두려워하여 보호하며 또 그의 말을 들을 때에 크게 번민을 느끼면서도 '달게' 들음이러라."

"내세의 능력을 맛보고." 이 다섯째 항목에 대하여는 구약의 예언대로 오신 이스라엘의 메시야로 인해 도래하게 될 신약의 새 시대(new dispensation)를 가리킵니다. 그 말은 히브리서 1:2의 "이 마지막 날"이라는 말과 상응됩니다. 그리고 "지난 세대" 또는 모세의 경륜과 대조되는 말입니다. 그 메시야는 다름 아닌 "전능하신 하나님"으로 오실 분입니다(사 9장). 그리고 그의 이적적인 사역은 놀랍고 영광스럽고 엄청나고 독특합니다. 새 시대의 이런 '능력들'이 히브리서 2:4에서도 언급됩니다. 히브리서 2:4에 대한 우리의 주석을 독자들에게 상기시켜 드리고 싶을 정도입니다. 이 배도자들은 그 권능의 "능력들"을 "맛보았거나" 체험했습니다. 그들은 그리스도의 이적들을 스스로 목격하였으며 승천 후 일어나는 기사(奇事)들도 보았습니다. 성령의 영광스러운 나타남이 주어졌을 때 그러한 것을 목격했던 것입니다. 그래서 그들은 핑계댈 수 없었습니다. 확증적이고 결론적인 증거들이 그들 앞에 제시되었습니다. 그러나 그들의 마음속에는 그에 부응하는 믿음이 없었습니다. 요한복음 11:47과 48에 그 점에 대한 엄숙한 실례가 나타나 있습니다.

히브리서 6:6

"타락한 자들은 다시 새롭게 하여 회개하게 할 수 없나니
이는 그들이 하나님의 아들을 다시 십자가에 못 박아 드러내 놓고 욕되게 함이라."

"타락한 자들은." 여기서 쓰인 헬라어는 매우 강하고 강조적입니다. 마태복음 7:27에서 사용된 것보다 더 강합니다. 마태복음 7:27에서는 모래 위에 지은 집에 대해서 말하며 "그 무너짐이 심하니라."고 하였습니다. 여기서 말하는 것은 '아주 넘어짐'입니다. 곧 기독교신앙 전체를 포기하는 것을 의미합니다. 그것은 고의적으로 하나님의 계시된 진리에 등을 돌리며 복음을 철저하게 모독하는 것을 의미합니다. 또한 그것은 "믿음의 파선(破船)"입니다(딤전 1:9). 이 무서운 죄는 그저 단순한 형식적인 신앙고백자가 짓는 죄가 아닙니다. 왜냐하면 그런 이는 사실상 텅 빈 이름 외에는 넘어질 것이 없기 때문입니다.

여기에 묘사된 사람들은 자기 마음에 비췸을 받고, 양심이 요동되며, 생각이 상당하게 영향을 받았으나 결단코 사망에서 생명으로 옮겨지지 않은 자들입니다. 여기서 말하고 있는 것이 실족하여 넘어진 그리스도인들을 말하고 있는 것도 아닙니다. 여기서 말하고 있는 것이 '이런 저런 죄에 떨어지는' 것을 가리키지도 않습니다. 거듭난 사람이 저지를 수 있는 가장 큰 죄는 '개인적으로 그리스도를 부인하는' 것입니다. 베드로가 이 죄를 저질렀습니다. 그러나 그가 "다시 새롭게 되어" 회개하였습니다. 그러나 여기 이 본문에서 사도가 묘사하는 사람들은 '기독교의 모든 특징적인 진리와 원리들을 전적으로 버리는' 자들입니다. 그것도 은밀하게 버리는 것이 아니라 '배도를 특징짓는 방식'을 따라 곧 공공연하게 버립니다. 존 브라운(John Brown)의 말을 들어 봅니다.

"여기서 흠정역이 '만일'이라는 가정문 투로 표현한 것은 좋은 번역이라 하기가 어렵다.[4] 흠정역의 번역대로라면, 사도가 그러한 사람들이 '타락'하였다거나 타락한다고 역설하지 않는 것으로 이해된다. 오히려 실현될 수 없는 가정이 현실이 되었다면 그 결과로 '다시 새롭게 하여 회개케 할 수 없게 된다.'는 식으로 말하는 셈이 되니 앞뒤가 맞지 않는다. 여기 기록된 말을 문자 그대로 옮겨 본다면, '그리고 (실제로) 타락하였다면'(and have fallen away)이다. 사도는 그러한 사람들이 '타락'할 수 있고, 또 '타락했다'고 분명하게 암시하고 있다. 우리는 '타락하다'(fall away)는 말이 보통 배도(背道)를 나타낸다고 분명하게 이해해야 한다. 이 배도는 아무리 크고 과격한 죄라도 간헐적으로 경우에 따라 실제의 죄에 빠지는 경우를 가리키는 것이 아니다. 또한 기독교의 원리들 가운데 어떠한 것을 기각시키는 것도 아니다. 물론 그렇게 하는 것은 아주 중대한 일로 고려되어야 한다. 그러나 이 배도의 죄는 공공연하게, 그리고 전적으로 기독교의 모든 요소적인 원리들을 결정적으로 기각하며 거짓된 종교로 돌아서는 것을 의미한다. 마치 불신 유대인들이나 이방인들의 종교로 돌아가 공공연한 불신과 불경건에 빠지는 것을 의미한다."(John Brown)

---

4) If they shall fall away

"다시 새롭게 하여 회개하게 할 수 없나니." 여기서 네 가지 의문에 대한 답변이 필요합니다. "새롭게 하여 회개케 한다."는 말은 무슨 의미인가? 그리고 "'다시' 새롭게 하여 회개케 한다."는 말이 무엇을 의미하는가? 또한 '어째서' 그러한 일이 '불가능한가'? '어떤 사람을' 다시 새롭게 하여 회개케 하는 일이 불가능한가?

회개는 마음의 변화를 의미합니다. 마태복음 21:29과 로마서 11:29은 이 점을 확증합니다. 그것은 정신적인 활동보다 더한 것입니다. 그것은 양심이 능동적으로 움직여져야 하며 자기를 정죄하는 지점에까지 이르는 일입니다(욥 42:6). 거듭나지 않은 사람에게는 그런 일이 본성의 작용에 불과합니다. 하나님의 자녀들에게는 그런 일이 성령에 의해서 일어납니다. 하나님의 자녀들의 경우에는 그런 일이 복음적이고 '구원을 가져오는' 일들 중 하나입니다. 중생하지 않은 이들의 경우는 그렇지 않습니다. 그들은 "사망에 이르는 세상의 염려"로 그럴 수가 없습니다. "세상 근심은 사망을 이루는 것이니라."(고후 7:10) 마태복음 27:3,5에 나타나는 가룟 유다의 경우야말로 거듭난 이들에게 있는 회개와는 다른 차원의 뉘우침에 대한 정말 가장 엄숙한 실례입니다. 배도자(背道者)들의 회개는 그런 가룟 유다의 수준을 넘어가지 못합니다. 여기서 "새롭게 하여"라는 말의 헬라어는 신약의 다른 곳에서는 발견되지 않습니다. 아마 여기에 쓰인 말을 '회복하다'(restore)라는 말로 번역하면 더 좋았을 뻔 하였습니다. 왜냐하면 70인경에서는 그렇게 쓰고 있기 때문입니다. 또한 이 동사에 해당하는 히브리어는 '회복의 의미'로 새롭게 되는 것을 나타내기 때문입니다(시 103:5 ; 104:30 ; 애 5:21 참조). 요세푸스 (Josephus)는 그 말을 성전을 새롭게 수리하는 것(renovation)에 쓰고 있습니다!

"새롭게 하여 회개하게…" 여기서 "새롭게 하여 회개케 하다"는 말이 어떤 뜻입니까? 이에 대해 브라운 박사(John Brown)의 말을 인용하겠습니다.

"'다시 새롭게 되다'(renewed)[5]는 것은 더 선하게 변화하되 크게 변하는 것을 지시하는 상징적인 표현이다. 사람의 생각을 바꿀 정도로 '새롭게 된다'는 것은, 견해와 성격과 직무가 중요하고 유리하게 달라지는 것을 나타내는 표현이다. 여기서 언급된 사람들이 전에 어느 정도의 기간 동안에는 그런 변화를 보여 왔었다. 한때 그들은 기독교 교리와 기독교의 증거들에 대하여 무지한 상태에 있었다. 그런데 '비췸을 받았다.' 그들은 기독교 진리의 탁월성과 아름다움에 대해 전혀 알지 못할 때도 있었는데, '하늘의 은사를 맛보게' 되었다. 전에 그들은 메시야에 관한 예언들을 오해했었고, 그 예언들이 이루어지는 것에 대해 알지 못했었다. 물론 그들은 신약 계시가 발산하고 있는 권능있는 영향에 대해서 외인들이었다. 그런데 그들이 '선한 말씀'이 이루어졌음을 알게 되었고, 영원한 특권들에 참여하는 자가 되었고 새로운 질서에 속한 특이한 힘에 굴복했다. 그들의 관점과 느낌과 처지들이 물리적으로 변화를 가져왔다. 고집불통이요 무지했던 유대인이 앞에서 묘사한 사람으로 변하다니 얼마나 큰 변화인가? 그는 전혀 다른 사람처럼 되었다. 그러나 실상 사도가 말하는 의미대로 '새 피조물'이 된 것은 아니었다. 그의 마음은 '예수님 안에 있는 진리를' 진실히 믿을 정도로 변화된 것은 아니었다. 그 지경에 이르려면 크고 철저한 변화가 있어야 했었다."

기독교의 계시를 전적으로 포기한 사람들을 "다시 새롭게 하여 회개케 할 수" 없습니다. 어떤 일은 하나님의 본질적 성품 때문에 불가능합니다. 거짓말하실 수 없고 공의에 만족하지 않고는 죄를 용서하실 수 없는 하나님의 본성 때문에 불가능한 일이 있습니다. 하나님의 본성에 가능할 수 있는 다른 일들도 하나님의 '경륜'(decrees)이나 '목적'(purpose) 때문에 '불가능한' 일

---

5) 우리말 개역개정이나 개역한글에서는 "다시 새롭게 하여"라는 식의 능동형적 표현이지만, 흠정역은 원어를 따라서 수동형을 쓰고 있다. - 역자 주

도 있습니다(삼상 15:28,29). 그러나 어떤 일들은 하나님께서 정하신 만물의 법칙이나 질서 때문에 가능하기도 하고 또는 불가능하기도 합니다. 예를 들어서 말씀을 듣지 않고는 믿음이 생겨날 수 없습니다(롬 10:13-17).

"어떤 일들은 마땅하게 행할 의무의 일인데 그에 대한 명령을 발하지 않으셨거나, 그 일을 수행하는 데 필요한 방편도 지정하지 않으셨을 때에는, 그런 일들이 불가능하다고 보아야 한다. 예를 들어서 회개가 없이는 전혀 구원이 없는 것과 같은 경우이다. '너희에게 이르노니 아니라 너희도 만일 회개하지 아니하면 다 이와 같이 망하리라.'(눅 13:3)"(A. W. Pink의 다른 저작에서) 그리고 우리에 대하여 그러한 일들은 절대적으로 그러하며, 그 점을 귀하게 여겨져야 합니다. 여기서 '불가능'이라는 말이 주도적으로 그 점을 의미합니다. 하나님께서 그 일은 우리에게 하라고 강권하지도 않으시고, 그 일을 성취할 방편도 지정해 주지 않으시고, 그 일에 우리를 돕겠다고 약속하지도 않으셨습니다. 그러니 하나님의 어떤 법칙이나 원리나 하나님의 성품 등으로 말미암아 그런 일은 가능한 것이 아닙니다. 그런 경우 살펴보거나 시도하거나 기대할 만한 것이 전혀 없습니다.

"사도는 우리 자신이 마땅히 행해야 할 바 이상으로 장차 일어나는 일들에 대해 무엇을 행하라고 가르치지 않는다. 그러한 사람들이 새롭게 되어 회개케 되는 일을 소망하고 위하여 기도하고 힘쓰는 것은 우리에게 맡겨진 일이 아니다. 하나님께서는 이러한 일들에 있어서 하나님 자신에게가 아니라 '우리'에게 하나의 법을 주신다. 우리가 알기로는 그러한 일에 하나님의 본성의 거룩한 성향 중 어느 것에든지 모순되지 않는다면 그러하실 것이다. 다만 하나님께서는 우리로 그러한 일을 하나님께 기대하도록 하지 않으실 것이고, 우리로 그러한 일을 힘쓰게 어떤 방편들을 지정해 주지도 않으셨다. 하나님께서 하신 일이라면 마땅히 믿음을 가지고 받아들여야 한다. 그러나 그러한 사람들에 대한 우리 자신의 일은 완전히 끝이 났다. 실로 그들은 우리의 손이 미치는 범위 밖으로 벗어난 것이다."(John Owen)

5:11 이후 사도가 계속되는 전체 대목에서 '자기의 사역'을 말하고 있음을 주목할 필요가 있습니다. 하나님의 종들은 하나님의 손에 들린 도구들입니다. 하나님께서는 그 도구들을 통하여 그의 복음적인 목적을 성취하십니다. 그래서 바울이 "그리스도 예수 안에서 복음으로써 내가 너희를 낳았다."고 말할 수 있었던 것입니다(고전 4:15). 다시 바울은 이렇게 말하였습니다. "나의 자녀들아 너희 속에 그리스도의 형상이 이루기까지 다시 너희를 위하여 해산하는 수고를 하노니."(갈 4:19) 그러므로 하나님의 종들은 복음전도를 통해서 히브리서 6:4에서 언급되는 사람들을 "새롭게 하여 회개케" 하였습니다. 그러나 그들이 배도했습니다. 그들은 복음을 전적으로 부인해 버렸습니다. 그러므로 하나님의 종들이 "그들을 다시 새롭게 하는 일"은 불가능하였습니다. 왜냐하면 하나님의 종들이 그들에게 선포할 다른 메시지를 전혀 가지고 있지 않다는 충분한 이유 때문입니다. 바꾸어 말하면 그들에게는 다른 복음은 전혀 없었습니다. 십자가에 못 박힌 그리스도께서 그들 앞에 '있었습니다.' 그런데 이제 그들은 그 그리스도를 대 협잡꾼으로 몰아세우며 비난하였습니다. 그들로 구원받을 수 있게 하는 "다른 이름이 전혀" 없었습니다. 그런데 그들이 공적으로 그리스도를 부인함으로 말미암아 하나님의 종들의 입장에서 볼 때 그들은 절망적인 처지가 되었습니다. 그래서 "그냥 두어라"(마 15:19)고 하나님의 종들은 명하게 되었습니다. 유다서 1:22를 참조하십시오. "어떤 의심하는 자들을 긍휼히 여기라." 그러나 하나님께서 당신의 거룩하심을 견지하시면서 배도한 자들을 수치스럽게 하는 것이 가능하신지

아닌지에 대하여는 우리가 다루는 본문이 결정적으로 말하지 않습니다.

"이는 그들이 하나님의 아들을 다시 십자가에 못 박아 드러내 놓고 욕되게 함이라." 사도가 이렇게 표현한 것은, 그들의 무서운 범죄의 과격성과 그들을 다시 새롭게 하여 회개케 할 수 없음을 보여주기 위한 것입니다. 그들은 기독교 신앙고백을 버림으로써 그리스도를 '협잡꾼'이라고 선언했습니다. 그래서 그들은 돌이킬 수 없는 사람들이 되었습니다. 더 이상 그들과 논증하며 그들을 바로 세워 주려는 것은 돼지 앞에 진주를 던지는 격이 될 것입니다. 이 구절과 히브리서 10:26-29에 나오는 병행구절을 면밀하게 비교해 보아야 합니다. 이 배도자들은 "진리를 아는 지식을" 받았습니다. 비록 구원을 얻을 정도로 진리를 아는 지식을 받지는 못했지만 말입니다. 그런데 그러고 난 후에 그들은 고의적으로 범죄했습니다. 진리를 의도적이고 공공연하게 부인하였습니다. 그들이 지은 죄의 성질을 "하나님 아들을 밟고(참된 그리스도인은 절대로 할 수 없는 일) 자기를 거룩하게 한 언약의 피를 부정한 것으로 여기고(평가하고)."라고 묘사하였습니다. 다시 말하면 십자가에 달린 분을 흉악범으로 보았다는 말입니다. 그런 경우에는 '죄를 속(贖)하는 다른 제사가' 없습니다. 그런 경우에 처한 사람은 사람이 볼 때에도 절망적입니다. 본 강해자가 믿기로는, 그런 이들은 하나님께도 버림받았습니다.

"이는 그들이 하나님의 아들을 다시 십자가에 못 박아 드러내 놓고 욕되게 함이라."

"그렇게 함으로써 그들은 자기들을 하나님의 아들을 십자가에 못박은 자들과 동등한 자리에 놓았다. 하나님의 아들을 십자가에 못박은 자들은 하나님의 아들이 지상에 계실 때 자기들의 수중에 두고 십자가에 못박으며 재미를 느꼈던 사람들이다. 이 배도자들은 그런 사람들과 같이 된 것이다. 그들은 그리스도를 모욕하며 사람들 앞에 내세워 욕되게 하였다. 그들은 예수 그리스도를 죽인 자들보다도 더 그리스도를 욕되게 하였다. 예수 그리스도를 직접 죽인 자들은 그리스도가 하나님께 보내심을 받은 분이라는 사실을 인정한다고 고백하지 않았다. 그러나 이 배도자들은 그러한 고백을 하였다. 그들은 기독교를 시험한 것이다. 시험한 다음에 기독교를 버렸다."(John Brown)

그러한 경고는 게으른 히브리 성도들의 마음을 깨우치기 위해서 필요하였습니다. 또 그러한 효과를 바라고 주어진 것이기도 합니다. 그들은 모형과 방편을 통해서 구약의 경륜 아래 나타난 그리스도에 관한 진리를 희미하게 보았던 것입니다. 곧 "그리스도 도의 초보"를 보았던 것입니다. 그들은 그러한 희미한 그림자를 보면서 자랐습니다. "온전한 것"이라고 불려지는 복음의 충만한 빛으로 복을 받기까지 그 그림자들의 요점을 알지 못했습니다. 그들이 빠질 위험은 기독교로 말미암아 들어갔던 터에서 물러나 유대교로 다시 돌아가는 일이었습니다. 그렇게 하는 것은 그리스도께서 "황폐케 한" 집으로 다시 돌아가는 것을 의미합니다(마 23:38). 그리하여 그리스도를 죽인 자들과 합세하는 것이고, 그렇게 하여 스스로 하나님의 아들을 다시 십자가에 못 박게 되는 것입니다. 그들의 배도로 말미암아 "그리스도를 현저히" 욕보였습니다. 여기서 "십자가에 못 박다."는 말의 헬라어는 보편적으로 사용된 말보다 더 강한 것이라고 덧붙일 수 있습니다. 그 말은 '높이 들어 십자가에 못 박다'(crucify up)는 의미입니다. 그리하여 구세주가 많은 사람들의 조롱을 받도록 십자가를 높이 세우는 일을 하고 있었던 것입니다.

이 부분을 전체로 취급해 보면, 복음을 받았다고 고백하는 모든 사람이 다 하나님께로부터 난 자들이 아님을 기억할 필요가 있습니다. 씨 뿌리는 비유가 보여주듯이 말입니다. 이지적으로 깨우침을 받을 수도 있고, 양심이 가책을 받을 수도 있고, 천성적인 양심의 깨우침을 받을 수 있습니다. 그러면서도 그러한 일에 아무런 뿌리가 없을 수도 있습니다. 번쩍거린다고 해서 다 금은 아닙니다. 언제나 하나님의 백성들과 함께 하는 "중다(衆多)한 잡족(雜族)"이 있기 마련입니다(출 12:38). 더 나아가 참된 그리스도인에게도 "만물보다 부패하고 심히 악한" 옛 마음이 있습니다. 그러므로 참된 그리스도인도 부단히 믿음의 경고를 필요로 하는 것입니다. 하나님께서는 모든 세대에 그러한 경고를 주셨습니다(창 2:17 ; 레 26:15,16 ; 마3: 8 ; 롬 11:21 ; 고전 10:12 참조).

끝으로 지적하고자 하는 바는 성경이 성도의 견인(堅忍)에 대하여 분명하고 적극적으로 말한다는 것입니다. 그러나 그것이 성도들의 견인이지 중생하지 않은 신앙고백자들의 견인이 아님을 말해 두어야 할 것입니다. 성도들을 지키시는 하나님의 보호는 안전한 상태에서 시행될 뿐 아니라, 거룩한 마음의 뜻과 행실의 길에서 시행됩니다. 우리는 "'믿음으로 말미암아' 하나님의 능력으로 보호하심을 입는다."는 사실을 알고 있습니다(벧전 1:5). 우리는 우리 속에서 역사하사 자신의 지혜와 힘을 버리고 전적으로 하나님을 의존하게 하시는 성령님에 의해서 보존함을 입습니다. 우리가 넘어질 수 없는 오직 유일한 경우는 흙(dust) 속에 내려앉아 있는 경우입니다. 주께서 그의 백성들을 인도하여 육체를 신뢰하는 모든 신뢰를 버리게 하실 때에 그곳으로 내려앉게 하시는 것입니다. 바로 그곳에서 주님께서 그들이 약하여 있을 때에 강하다는 것을 체험하게 하십니다. 그러한 자들만이 구원 받고 영원히 안전합니다. 아멘.

25강

성령의 이중적 사역

6:4 한 번 빛을 받고 하늘의 은사를 맛보고 성령에 참여한 바 되고 6:5 하나님의 선한 말씀과
내세의 능력을 맛보고도 6:6 타락한 자들은 다시 새롭게 하여 회개하게 할 수 없나니 이는
그들이 하나님의 아들을 다시 십자가에 못 박아 드러내 놓고 욕되게 함이라

우리는 지난 강론에서는 이 히브리서 6:4-6에 사용된 어휘들을 설명하는 일에서 조금 더 나아간 것뿐입니다. 지면이 허락지 않아 이 부분의 이해를 위하여 성경의 다른 말씀들이 제공하는 빛을 더 많이 알아보지 못하였습니다. 이 부분의 말씀이 묘사하는 사람들이 누구인지에 대하여 정당한 개념을 형성하기 위하여 성경의 다른 말씀의 빛에 비추어 보는 것이 필요합니다. 성경을 연구하는 사람들이 어느 구절의 의미가 무엇인지 정확히 지적하는 것이 어렵다는 경험을 할 것입니다. 그런 경우를 설명하는 한 가지 중요한 이유는 기도와 인내로써 '신령한 일은 신령한 것으로 비교해야 하는 일'에 실패하기 때문입니다. "우리가 이것을 말하거니와 사람의 지혜가 가르친 말로 아니하고 오직 성령께서 가르치신 것으로 하니 영적인 일은 영적인 것으로 분별하느니라."(고전 2:13) 우리는 너무나 서두르는 잘못을 범합니다. 그러니 하나님께서 주신 것 중에서 가장 좋은 것을 놓치고 맙니다. 영적인 면에서나 이 세상에서 필요한 것들 모두 다 해당되는 가장 선한 요점을 놓쳐

버리고 맙니다. 아마 우리 독자들가운데에서도 이 엄숙한 부분이 제기하는 모든 문제들을 성공적으로 깨끗하게 씻어냈다고 생각하는 사람들이 아주 적을 것입니다. 그러므로 이 대목에 대한 또 한 번의 강론이 필요합니다.

이번에는 우리가 다루는 이 부분을 강해자적인 관점에서보다는 요점을 지적하는 관점에서 거론하려고 합니다. (하나님께서 그렇게 하시도록 은혜로 허락하시는 한에서) 이 부분에서 가장 큰 난제를 야기하는 것을 더욱 뚜렷하게 풀어내려고 하면서 말입니다. 다시 말하면 성령님과 여기에 언급된 사람들과 정확하게 어떤 관계인지 더욱 밝히려고 합니다. “타락한 자들은 다시 새롭게 하여 회개하게 할 수 없나니.” 여기서 언급된 이들이 전에 “성령에 참예한바 되었다”고 말하고 있습니다. 그러면 그들에 대하여 성령께서 어떤 일을 하시는가? 그러한 사람들을 향한 성령님의 역사는 무엇인가? 어떻게 그들이 성령의 참예자들이 되었는가? 또 어느 정도로 참예하였는가? 이러한 문제들을 풀려면, 하나님의 성령께서 사람들을 향하여 하시는 ‘이중적인 사역(事役)’이 성경에 계시되어 있음을 지적해야 합니다. 선택한 사람들에 대한 성령님의 사역과, 선택받지 못한 사람들에 대한 성령의 사역에 관해서 성경이 무엇을 보여주는가? 이 강론에서는 선택받지 못한 사람들을 다루게 될 것입니다.

선택받지 못한 사람들에 대한 성령님의 사역에 관해 먼저 이런 질문을 던져 봅니다. 성령께서는 어디에 역사하시는가? 우리는 사람들의 영혼에 역사하신다고 대답합니다. 첫째로 성령께서는 이해(총명)를 향하여 역사하십니다. 모든 사람들 속에는 총명(understanding)과 의지(will)와 정서(affection)라는 본성적인 기능들이 있습니다. 사람이 자기 속에 그런 정서(affection)의 기능을 갖고 있지 못하면 하나님을 사랑할 수 없습니다. 돌들이 하나님을 사랑한다는 것은 있을 수 없습니다! 그러므로 사람이 이해의 기능을 갖지 못하면 영적인 일들을 결코 이해할 수 없습니다. 성령께서는 선택한 사람들의 총명을 '새롭게' 하십니다. "너희는 이 세대를 본받지 말고 오직 마음을 '새롭게' 함으로 변화를 받아 하나님의 선하시고 기뻐하시고 온전하신 뜻이 무엇인지 분별하도록 하라."(롬 12:2) "우리를 구원하시되 우리의 행한 바 의로운 행위로 말미암지 아니하고 오직 그의 긍휼하심을 따라 중생의 씻음과 성령의 '새롭게 하심'으로 하셨나니."(딛 3:5) 그러나 선택받지 못한 사람들에 대하여는 그들의 총명을 새롭게 하시는 것이 아니라 오직 '밝게 조명하기만'(enlighten or educate) 하십니다. 타락하고 거듭나지 못한 상태의 사람들의 총명을 성령께서 밝게 조명하여 주시면 신성(神性, Godhead)이나 하나님의 율법을 어느 정도까지는 알 수 있게 됩니다. 이에 대한 성경적인 증거를 제시하려고 합니다.

로마서 1:18에는 "불의로 진리를 막는" 사람들에 대해 기록되어 있습니다. 로마서 1:18에 언급된 것이 19절에서 설명됩니다. "이는 하나님을 알 만한 것이 그들 속에 보임이라 하나님께서 이를 그들에게 보이셨느니라 창세로부터 그의 보이지 아니하는 것들 곧 그의 영원하신 능력과 신성이 그 만드신 만물에 분명히 보여 알려졌나니 그러므로 저희가 핑계치 못할지니라."(롬 1:19,20) 그 뒤에 나오는 구절들이 보여주듯이 로마서 1장에서는 이방인들을 언급하고 있습니다. 지금 우리가 독자들로 주목하게 하려는 바가 이것입니다. 하나님께서는 가련하고 타락한 본성에 더하여 하나님 자신을 알리시는 증거를 허락하셨다는 것입니다. 그리고 하나님께서 "하나님을 알 만한 것을 분명하게 보여 알게 하셨다."는 것입니다. 피조물이 창조주를 계시하는 것만 아니고, 창조주께서 친히 자신을 계시하셨다는 것입니다. "(그들이) 하나님을 알았다."(롬 1:21)고 한 것을 보면 그러합니다. 그러니 그 '하나님을 알았다'는 것은 성령께서 그들의 본성적인 총명을 밝게 하셨음에 분명함을 드러내는 것입니다.

다시, 로마서 2:14,15에는 이런 말씀이 있습니다. "율법 없는 이방인이 본성으로 율법의 일을 행할 때에는 이 사람은 율법이 없어도 자기가 자기에게 율법이 되나니 이런 이들은 그 양심이 증거가 되어 그 생각들이 서로 혹은 고발하며 혹은 변명하여 그 마음에 새긴 율법의 행위를 나타내느니라." 이 경우 성령께서는 여기서 은혜를 따라서가 아니라 본성을 따라 사람들에 대하여 말씀하십니다. 그 인간의 마음의 본성에 율법의 일이 기록되어 있습니다. 하나님의 손가락이 그것을 쓰지 않으셨다면 누가 썼겠습니까! 만일 이것이 없다면 사람은 도덕적인 빛이 전혀 없는 상태에 있었을 것입니다. 왜냐하면 타락은 사람으로부터 모든 빛을 빼앗아갔기 때문입니다. 사람 안에 있는 총명이나 이성(理性)의 원리는 교육이나 다른 사람들과의 접촉을 통해서 어느 정도까지 발전될 수 있습니다. 그리하여 사람이 지극히 지혜로워질 수도 있습니다. 그럼에도 불구하고 이 지식과 지혜는 본성적인 것에 불과합니다. 비록 그의 총명이 초자연적인 대상들을 향하여 행사된다 할지라도 그러합니다. 그러나 이성의 빛이나 양심의 빛을 가지고 교훈을 받기 위해 성경으로 나아가 보십시오. 그러면 사람의 지식은 훨씬 더 증가될 것입니다. 그런데도 불구하고 그의 빛은 본성적인 것에 불과합니다. 그것이 은혜가 산출하는 수준까지는 미치지 못합니다. 유대인들의 경우에서 그 점에 대한 증거가 엿보입니다. "유대인이라 불리는 네가 율법을 의지하며 하나님을 자랑하며 율법의 교훈을 받아 하나님의 뜻을 알고 지극히 선한 것을 분간하며 맹인의 길을 인도하는 자요 어둠에 있는 자의 빛이요."(롬 2:17-19) 오늘날 기독교회 내에서도 그와 같은 중생치 못한 상태에 있는 영혼들이 얼마나 많습니까!

방금 인용된 대목에서 우리가 배우는 것은, '본성의 빛'(이성)이 하나님의 율법을 알게 되면 나타나는 효과에 대한 것입니다. 그 본성의 빛은 하나님의 율법을 알면 더 증가되어 밝아집니다. 우리는 위에서 알았듯이 사람은 본성적으로 하나님의 존재에 대한 약간의 빛을 가지고 있습니다. 사람이 본성적으로 하나님께서 자기에게 요구하는 도리들에 대하여 약간의 빛을 가지고 있습니다. 그 빛을 가지고 성경을 배우게 하면 사람은 율법 안에 있는 조직화된 지식과 진리의 형식을 가지게 될 것입니다. "율법에 있는 지식과 진리의 모본을 가진 자로서 어리석은 자의 교사요 어린 아이의 선생이라고 스스로 믿으니."(롬 2:20) 거듭나지 않고 사람의 본성의 총명이 성경을 통해 조명을 받게 되면, 그 사람은 자기 속에 있는 빛의 존재를 실증(實證) 받게 되고, 또 빛의 분량이 증가되기도 합니다. 그럼에도 불구하고 그것은 그가 가지고 있는 본성의 빛에 불과합니다. 본성적인 이성을 교육한 것에 지나지 않습니다.

둘째로, 성령께서는 본성적인 사람의 '정서(affections)'에 역사하십니다. 타락한 사람 속에도 신(神)의 존재에 대한 본성적인 열의가 있습니다. 그것은 실제로 이방 사람들 모두가 신을 숭배한다는 사실로 확증됩니다. 사도행전 13:50에서 우리는 바울과 바나바를 따르는 '경건한 귀부인들'에 대한 이야기를 읽습니다. 그들은 인류에게 공통되는 경건을 가지고 있었습니다. 사람들로 하여금 자기들의 본성적인 열심으로 성경을 공부하게 해 보십시오. 그러면 그들은 참되신 하나님을 알게 될 것이고, 또한 하나님께 대하여 경이로운 마음을 가지기도 할 것입니다. 그럼에도 불구하고 그것은 다만 본성적인 측면의 개선에 불과입니다. 성령께서는 말씀을 통해서 그 성경을 읽는 독자로 하여금 천지만물을 지으신 분이 참 하나님이심을 알게 하시고, 그 하나님이야 말로 영광과 충성을 받으시기에 합당하시다는 확신을 갖게 하실 수 있습니다(통상적으로 그렇게 하십니다). 사실 그 점을 진실로 인지(認知)하는 사람은 매우 적지만, 인도 사람으로 하여금 부처를 숭배하도록 하는 원리가 앵글로

색은으로 하여금 예수 그리스도의 아버지를 숭배하도록 합니다.

다시, 모든 죄인들은 자기의 죄가 영원한 사망 선고를 받기에 합당하다는 것을 인지하고 있습니다. 또 하나님의 진노가 가라앉지 않는 한 하나님께서 자기를 심판하실 것이라는 사실도 본성적으로 인지하고 있습니다. 의심할 여지없이 이 책을 읽는 독자들 가운데 많은 사람들이 방금 말한 것에 대하여 의문을 제기할 줄 압니다. 우리는 진리의 말씀 속에서, "저희가 이 같은 일을 행하는 자는 사형에 해당한다고 하나님의 정하심을 안다."는 말씀을 읽습니다(롬 1:32). 그것은 이방 사람들에 대해 말하는 것을 유념해야 할 것입니다. 어떤 사람을 인도하여 하나님의 율법에 대하여 그런 지식을 가지게 해보십시오. 그러면 어떤 결과가 따라오겠습니까? "이런 일을 행하는 자에게 하나님의 심판이 진리대로 되는 줄 우리가 아노라."(롬 2:2) 이 말씀은 유대인들에 대해 하는 진술입니다. 거듭나지 않은 자연인이 말씀을 통하여 비췸을 받게 되면 그의 죄에 대한 깨달음도 깊어집니다.

다시, 만일 사람이 자기의 죄를 의식하고 하나님의 심판이 있을 것을 인식한다면, '중보자'를 생각하고 어떤 사람이 자기를 위해서 하나님께 중보의 기도를 드려 주었으면 좋겠다고 바라는 것이 자연스러운 일이 아닙니까? 그러한 개념이 중생의 확실한 증거는 되지 못합니다. 이것은 역시 자연인 속에서도 발견됩니다. 모든 이방 종교들에게는 그들의 신을 위하여 화목제물을 드리는데, 바로 그 점이 그것을 예증합니다. 로마 가톨릭 사람들이 중보적인 사제들을 두고 있는데 그 점이 바로 그 사실을 확증하고 있는 것입니다. 성경에도 여러 실례들이 발견됩니다. 바로가 자기 죄를 깨닫게 되었을 때 모세를 불러 자기를 위해서 중보 기도를 드려 달라고 탄원합니다(출 10:16,17). 역시 악한 시몬도 베드로더러 자기를 위해 기도해 달라고 소원합니다(행 8:24).

다시 한 번, 모든 자연인의 마음속에는 행복해지고 싶은 소원이 있습니다. 또한 이 불쌍한 세상이 자기에게 제공하는 행복보다 더 큰 행복을 원하는 것입니다. 사람이 이 땅 아래 있는 어떤 것에서도 안식을 찾지 못한다는 것은 너무나 명백합니다. 이 꽃에서 저 꽃으로 날아다니는 벌처럼 사람의 마음도 이 땅에 있는 그 어떤 것으로든지 만족함을 얻을 수 없습니다. 발람이 하나님의 백성들의 복락을 보았을 때 그는 이렇게 외쳤습니다. "나는 의인의 죽음같이 죽기를 원하며."(민 23:10) 가장 곤고하게 버림받은 사람이라도 지옥에 가기는 원하지 않습니다. 끝까지 그는 자신이 하늘로 가기를 바라는 것입니다.

사람이 하나님의 자녀라고 믿는 문제도 그와 같습니다. 타락한 사람의 마음 속에도 자기를 사랑하고 스스로 아첨하는 마음이 있습니다. 그래서 중생치 않은 사람이라도 하나님의 말씀 속에서 예수 그리스도가 죄인을 구원하려 이 세상에 오셨다는 좋은 소식을 듣는다면, 그는 대번에 자기를 하나님께서 높이실 것이라는 결론을 내리게 됩니다. 마치 악한 하만이 자기는 아하수에로 왕의 각별한 총애를 받고 있다고 상상했던 것과 같습니다. 성령께서 하나님 앞에서 죄를 보게 하시어 양심을 두려워 떨게 한다고 합시다. 그리하여 그가 그리스도로 말미암아 죄를 용서해 주시는 하나님의 은혜에 대해서 배우게 되었다 합시다. 그러면 대번에 자기 자신의 죄가 용서받았다고 생각하기를 좋아합니다. 안타깝게도 대다수의 경우가 "너의 마음의 교만이 너를 속였도다."는 말씀을 들어야 할 판입니다(옵 1:3).

성령께서 이러한 사람들의 영혼의 '본성적' 원리들에 작용하여 사람들을 능력 있게 일으켜 세우면서도 사람의 마음을 변화시키지 않으실 수 있음을 주목합시다. 마치 태양빛이 정원에 있는 식물들에 비춘다고 해서 그들에게 새로운 성질을 더하는 것이 전혀 아닌 것과 같습니다. 오히려 그 햇빛이 그들의 본성적 성질을 최선의 방향으로 발전시킵니다. 그와 같이 성령께서도 버린 사람들을 다루실 때 그들에게 '새로운 것'을 전달해 주시지는 않습니다. 그럼에도 그들의 본성적인 기능들을 최고로 높이실 수는 있습니다. 사람의 영혼의 원리들이나 기능들은 중생하는 은혜를 나누어 갖지 않고도 역사할 수 있습니다. 우리가 본 바와 같이 인간의 이해는 양심의 빛으로 비춤 받습니다. 그러나 성령께서 새로운 안목을 나누어 주지 않으신 채 여전히 그 양심을 밝게 하십니다. 그리고 그 양심 앞에 거룩한 성삼위 하나님의 높은 요구를 드러내 보이시기도 합니다. 그렇게 되면 그 양심의 지식은 크게 증가될 것입니다. 그럼에도 불구하고 이렇게 교육받은 양심이 사망에서 생명으로 옮겨진 사람이 지닌 영적 분별력의 수준에는 훨씬 미치지 못합니다. 우리는 그 점을 구체적으로 설명해 보기로 합니다.

1. 사람들의 부패를 제어하시는 성령님의 행사

창세기 20:6에 사라가 아비멜렉의 수중에 있을 때 아비멜렉의 정욕을 묶어 놓으신 일이 기록되어 있습니다. "하나님이 꿈에 또 그에게 이르시되 네가 온전한 마음으로 이렇게 한 줄을 나도 알았으므로 너를 막아 내게 범죄하지 아니하게 하였나니 여인에게 가까이 하지 못하게 함이 이 때문이니라." 베드로후서 2:20에서도 "우리 주 되신 구주 예수 그리스도를 앎으로 세상의 더러움을 피한 후에 다시 그 중에 얽매인" 사람들에 대해서 말합니다. 거기서 사도는 그런 사람들은 더러움을 씻은 후에 다시 그 더러움에 빠지는 돼지와 유사하다고 말하고 있습니다. 씻은 다음에 잠시 깨끗한 상태로 있다가 다시 그 시궁창으로 들어가 버리는 것입니다. 이와 같이 돼지의 본성에는 새롭게 된 것이나 변화가 전혀 없습니다.

베드로후서 1:3,4에서 주의 백성들에 대해 말한 것과 대조해 보십시오. "그의 신기한 능력으로 생명과 경건에 속한 모든 것을 우리에게 주셨으니 이는 자기의 영광과 덕으로써 우리를 부르신 이를 앎으로 말미암음이라 이로써 그 보배롭고 지극히 큰 약속을 우리에게 주사 이 약속으로 말미암아 너희가 정욕 때문에 세상에서 썩어질 것을 피하여 신성한 성품에 참여하는 자가 되게 하려 하셨느니라."(벧후 1:3,4) 베드로후서 2:20에서 세상의 "더러움"의 헬라어는 신앙을 갖지 않은 이들이 치달아 들어가는 과격하고 외적인 더러움을 의미합니다. 베드로후서 1:4에서는 중생한 사람들을 가리켜 "정욕으로 말미암아 세상에 있는 '더러움'에서 피한 자들이라."고 말합니다. 다시 말하면 악을 향한 내적인 성향에서 벗어났다는 것입니다. 더 나아가 주의 백성들은 "신의 성품"에 참예한 자들이 되었습니다. 그 말은 그들에게 하나님의 형상이 찍혀졌다는 것입니다. 그 속에 "생명과 경건이 들어 있다."는 말입니다.

베드로후서 2:20에 사용된 비유에서 사도는 "의의 길을" 안 다음에 다시 옛날의 상태로 돌아간 사람들을 병든 개에 비유하고 있습니다. 그 상징적인 표현은 매우 두드러지고 강력합니다. 성령께서 하나님의 말씀을 중생치 않은 사람의 양심에 들이대실 때, 그는 마음의 아픔을 가집니다. 그리스도인들에 대해서는 "너희는 다시 무서워하는 종의 영을 받지 아니하였다."(롬 8:15)고 말하였습니다. 그러나 선택받지 못한 사람들에 대하여 성령님은 "종의 영"이 되는 경우가 흔합니다. 그들의 죄가 양심을 눌러댐으로 말미암아 그리되는 것입니다. 반면에 그들은 하나님의 심판이 죄인들에게 떨어진다는 희미한 빛을 전에도 가지고 있었지만 이제는 양심이 불 붙어 잠시 동안 죄를 싫어하고 역겨워 토해내게 됩니다. 그러나 그런 자들은 개처럼 여전히 죄를 사랑하여 궁극적으로는 죄로 돌아갑니다.

2. 본성적으로만 구속주를 향하게 하시는 성령님의 행사

양심이 하나님의 진노를 보고 깨달음을 가질 때 영혼은 그 다음에 무엇을 말합니까? 이것을 해결할 의사를 불러 달라고 말하겠지요! 우리가 위에서 지적하였듯이 사람들 속에는 하나님께 대한 중보자를 이용할 마음을 가지게 하는 본성이 있습니다. 어떤 경우에는 마술사나 사제(司祭)나 설교자가 그렇게 해주기를 바라기도 합니다. 복음의 소리를 듣고 사는 사람이 그리스도가 한 중보자임을 배우게 됩니다. 성경적인 교육은 이 점을 가르칩니다. 이방의 교육을 받은 터키 사람이 모하멧을 유일한 중보자로 배우는 것과 같이 말입니다. 아그립바가 모세와 선지자를 믿은 바로 그 원리로 중생치 못한 '그리스도인(?)'이 그리스도를 믿을 수도 있습니다. 아니 더 나아가, 식물(植物)들을 비취는 태양처럼 성령께서 그런 사람에게 빛을 비추심으로 그의 본성적인 총명이 계발될 수도 있습니다. 또 그로 하여금 전에는 자기가 알지 못했던 구속주를 기억하게 할 수 있습니다.

방금 언급한 요점을 분명히 지적하는 성경 말씀은 시편 78:34,35입니다. "하나님이 그들을 죽이실 때에 그들이 그에게 구하며 돌이켜 하나님을 간절히 찾았고 하나님이 그들의 반석이시요 지존하신 하나님이 그들의 구속자이심을 기억하였도다." 그럼에도 불구하고 그 다음에 즉각적으로 무엇이 따라옵니까? "그러나 그들이 입으로 그에게 아첨하며 자기 혀로 그에게 거짓을 말하였으니."(78:36) 이 '아첨'이 무엇을 의미합니까? 그들이 자기 사랑에서만 하나님을 찾는다는 말입니다. 왜냐하면 그들은 자기들의 생명이 참으로 위태로운 지점에 있다는 것을 느끼기 때문입니다. 우정이나 사랑에서 상대방을 구하는 경우가 있습니다. 그러나 만일 어떤 사람이 원수가 자기에게 필요하다 여겨 원수를 얻으려 하면, 그것은 자기 사랑에서 난 '아첨'에 불과합니다. 그와 같이 죄인이 자기가 극도의 위험에 처해 있음을 알고, 자기 양심이 상한 채 있다면 그 본성만으로도 의원(醫員)을 요청할 것입니다.

자기 사랑은 거듭나지 않은 자연인을 지배하는 최고의 원리입니다. 그는 자기가 하나님을 사랑하는 것보다 자신을 더 사랑합니다. 이것이 바로 부패와 죄의 뿌리에 놓여 있는 요점입니다. 사람의 양심이 의원을 필요로 한다는 사실을 인식할 정도로 죄를 깨닫게 되고, 행복이 그리스도로부터 온다는 것을 인식할 정도로 깨달음을 갖게 될 수 있습니다. 그 경우 그런 좋은 소식이 그 사람의 자기 사랑에 큰 호소력을 가질 수 있습니다. 인간 본성을 잘 아는 사탄은 "가죽으로 가죽을 바꾸오니 사람이 그 모든 소유물로 자기의 생명을 바꿀 것이라."(욥 2:4)고 말한 것입니다. 그 때 사탄의 말 자체는 인간의 본성에 대하여 옳은 말입니다. 자기 사랑의 원리로 움직이는 자연인으로 하여금 하나님의 진노를 깨닫게 한다면 그는 기꺼이 '그리스도를 받을' 것입니다. 또 설교자가 명하는 다른 것도 행할 것입니다. 그러나 그것은 본성의 작용에 지나지 않습니다. 그는 여전히 중생하지 못한 상태에 있는 것입니다.

폭풍이 일어나 요나가 타고 있던 배를 가라앉힐 정도로 위협했습니다. 그 때 어떤 일이 있었습니까? "사공들이 두려워하여 각각 자기의 신을 부르고 또 배를 가볍게 하려고 그 가운데 물건들을 바다에 던지니라 그러나 요나는 배 밑층에 내려가서 누워 깊이 잠이 든지라." 그런 다음에 선장이 무어라 말했습니까? "선장이 가서 이르되 자는 자여 어찌함이냐 일어나서 네 하나님께 구하라 혹시 하나님이 우리를 생각하사 망하지 아니하게 하시리라 하니라."(욘 1:5,6) 그처럼 지옥을 보고 무서워진 양심이 본성적으로 그리스도를 찾을 수도 있습니다. 그러나 그것은 자신을 보존하려는 본능에 불과합니다. 이에 더하여 '자기 사랑'이 추구하는 행복을 탐하고, 그것이 그리스도 안에서만 발견된다는 소리를 듣고 그리스도께 많은 사람들이 그것을 구하고 있음은 이상한 일이 아닙니다. 마치 옛적에 사람들이 보리떡과 물고기를 보고 그를 따라다닌 것과 같습니다. 요한복음 6:33에서 그리스도께서는 이렇게 선언하셨습니다. "하나님의 떡은 하늘에서 내려 세상에게 생명을 주는 것이니라." 그런데 그 말을 들은 사람들의 반응은 어떠하였던가? "주여 이 떡을 우리에게 항상 주소서." 그럼에도 불구하고 그들의 간절한 간청은 새로워진 마음에서 우러나온 것이 아닌 자기를 사랑하는 부패의 샘에서 나온 것입니다. 이 점에 대한 증거가 그 다음에 즉각 따라옵니다. 36절에서 주님께서는 그들에게 명백하게 "너희는 믿지 아니 하는도다."라고 하셨습니다. 41절에는 그들의 "수군거리는" 모습을 볼 수 있습니다. 그런데도 바로 그 사람들이 주님께 대하여 "우리에게 이 떡을 항상 주옵소서."라고 말했던 것입니다! 번쩍거린다고 해서 다 금은 아닙니다.

자기 사랑의 동기에서 비추임을 받은 총명이 전에는 전혀 해보지도 않았던 일, 곧 하나님께서 명하신 의무들을 거론할 만반의 준비를 갖추고 있습니다. 곧 하나님의 계명 행하는 문제를 거론할 준비가 되어 있다는 말입니다. 이 점이 시내산에서 명백하게 확증되었습니다. 여호와께서 그의 경외로운 위엄으로 이스라엘 앞에 나타나셨고, 그 하나님의 거룩하심에 그들의 양심이 크게 찔림을 받았습니다. 그때 그들은 모세에게 이렇게 말했습니다. "당신은 가까이 나아가서 우리 하나님 여호와께서 하시는 말씀을 다 듣고 우리 하나님 여호와께서 당신에게 이르시는 것을 다 우리에게 전하소서 우리가 듣고 행하겠나이다 하였느니라."(신 5:27) 그들은 주의 규례를 받고 순종할 채비가 되어 있었습니다. 그러나 하나님께서 그들에게 무어라 말씀하셨습니까? "다만 그들이 항상 이 같은 마음을 품어 나를 경외하며 나의 모든 명령을 지켜서 그들과 그 자손이 영원히 복 받기를 원하노라."(신 5:29) 그들은 아직도 중생의 원리가 없었습니다.

3. 사람의 본성적인 기능을 높이시는 성령님

태양빛이 식물들로 더 크게 자라게 합니다. 그래서 그늘진 나무의 열매 보다 태양빛에 강하게 노출된 열매가 더 답니다. 성령께서 중생하지 않은 사람들에 작용하는 경우도 그와 같습니다. 그들을 그냥 내버려 두었더라면 할 수 없는 것을 성령님의 역사로 산출할 수 있습니다. 불이 물의 온도를 높이고 그 물이 끓어 수증기가 올라가게 하는 것을 생각해 보십시오. 열의 원리가 불속에 있는 것이지 물속에 있는 것은 아닙니다. 불을 그 물에서 떼어 버리면 원래의 차가운 상태로 돌아갑니다. 그와 같이 성령께서도 선택받지 못한 사람들의 총명을 밝히시고, 그들의 정서를 불러일으키시며, 그들의 의지를 감동하여 행동하게 하십니다. 그들에게 새로운 원리를 전달해 주거나 중생시키는 은혜를 주지 않고도 그렇게 하실 수 있습니다.

성령께서는 '총명'(이해력)을 높이십니다. 민수기 24:2에 보면, 하나님의 영이 발람에게 임하여 그는 이렇게 말했습니다. "그가 노래를 지어 가로되 브올의 아들 발람이 말하며 눈을 감았던 자가 말하며 하나님의 말씀을 듣는 자, 전능자의 이상을 보는 자, 엎드려서 눈을 뜬 자가 말하기를 야곱이여 네 장막들이, 이스라엘이여 네 거처가 어찌 그리 아름다운고."(민 24:3-5) 그처럼 발람이 전능자의 환상을 보고 자기 백성들의 복된 상태를 깨달았습니다. 그럼에도 불구하고 그는 여전히 중생하지 않은 상태에 있었습니다!

성령께서는 '정서'(affections)를 고양시키십니다. 사무엘상 11:1-3을 보면 여호와의 원수가 그의 백성을 모독하는 모습이 나타납니다. 그 다음에 우리는 이러한 말씀을 듣습니다. "사울이 이 말을 들을 때 하나님의 신에게 크게 감동되매 그 노가 크게 일어나서."(6절) 그 노는 거룩한 분노였습니다. 그럼에도 불구하고 그 노는 버림받은 자로부터 나온 것입니다! 바람이 바다에서 물결을 크게 일으키는 것같이, 성령께서도 신실한 한 편의 설교를 통해 중생치 않은 사람의 정서를 불러일으키며, 그 정서로 하여금 보다 더 고상한 대상을 향하여 눈뜨도록 높이실 것입니다. 그럼에도 불구하고 그들로 하여금 그리스도 예수 안에서 새로운 피조물이 되게 하시는 데까지는 나가지 않으십니다.

우리가 보았듯이 사람 속에는 참으로 행복하고 싶은 소원이 있습니다. 그리스도께서 복음을 통해 나타나셨을 때 많은 이들이 그를 '기쁨으로' 받았습니다. 그럼에도 불구하고 그들은 대부분이 돌짝밭 같은 마음을 가진 사람들입니다. 그들에게는 생명의 경건의 뿌리가 없습니다(마 13:20,21). 성령께서 본성에 빛을 비추시면 그 본성이 일으킴을 받아 중생하지 않은 사람이라도 하늘의 은사인 그리스도를 맛볼 수 있습니다(요 4:10). 그와 같이 그들은 '내세의 능력'을 맛볼 수 있게 됩니다. 그들의 양심에서와 같이, 지옥을 맛보기도 합니다. 지옥의 존재를 확실히 알고 이 세상을 떠난 후의 행복을 추구하는 원리는 내세에 속한 것을 '맛보는' 것으로 위로받고 '확증 받는' 것입니다.

성령께서는 '의지'(will)를 고양시키시어 의지로 하여금 하나님께 순종하도록 하십니다. 성령께서는 이 세상에 존재하는 모든 도덕적이고 사회적인 의를 내시는 분입니다. 주께서는 고레스의 영을 격동시켜 하나님의 집 건축하는 일을 선포하게 하셨습니다(스 1:2). 또한 성령께서는 가야바를 감동하여 그리스도에 대해 예언하게 하셨습니다(요 11:51). 우리는 악한 헤롯에 대하여 이러한 말을 읽습니다. 그가 요한의 말을 들을 때 "크게 번민을 느끼면서도 달게 들음이러라."(막 6:20) 하나님께서는 어떤 사람에게도 빚을 지신 분이 아닙니다. 하나님의 말씀에 순종한 그 모든 순종의 행위는 상을 받을 것입니다. 이 세상에서 받는 기쁨은 그러한 사람들의 몫입니다. 비극적인 일은, 아주 많은 사람들이 그런 종류의 체험을 은혜를 누리고 있는 증거로 받고 그렇게 결론을 내리고 있다는 것입니다. 그러므로 그들은 자기들이 구원의 확신을 소유하였다고 큰 소리를 칩니다. 그리고 자기들은 거듭난 사람임에 틀림없다고 확신하는 것입니다. 그것이 큰 문제입니다.

이상에서 말한 것이 히브리서 6:4-6의 말씀을 보다 더 이해하는데 도움을 주었을 것이라고 믿습니다. 어떤 뛰어난 주석가는 이 구절들이 중생한 사람과 그렇지 않은 중간 지대에 있는 이들을 묘사한다고 주장하였습니다. 그들이 단순한 본성과 초자연적인 은혜 사이의 상태에 있을 것이라고 여기기 때문입니다. 그런 결론을 내리는 것을 놀랍게 여겨지는 말아야 합니다. 고린도전서 12:6의 말씀, "또 역사(役事)는 여러 가지나 모든 것을 모든 사람 가운데서 역사하시는 하나님은 같으니."의 요지를 깨닫는 사람이 실로 적습니다.

사람들의 본성을 넘어서서 사람들의 마음에 작용하시는 성령님의 역사가 있습니다. 그 작용들은 신적 능력의 역사입니다. 그것을 보고 중생하지 않은 수많은 사람들이 '나는 틀림없이 거듭났다.'고 상상하기를 좋아합니다. 그러나 이 성령의 역사는 "그의 힘의 위력으로 역사하심을 따라 믿는 우리에게 베푸신 능력의 지극히 크심"에는 미치지 못하는 것입니다(엡 1:19). 히브리서 6:4-6은 이 점에 대한 가장 두드러진 실례를 제공합니다. 왜냐하면 우리는 "성령에 참예한 자들을" 알고 있기 때문입니다. 우리는 그 사람들에게서 본성보다 더 높은 역사를 봅니다. 왜냐하면 그들은 "하늘의 은사"를 맛보기 때문입니다. 그것은 능력의 사역입니다. 왜냐하면 그들은 "내세의 능력"을 맛보기 때문입니다. 고린도전서 12:4이 말하는 바와 같습니다. "은사는 여러 가지나 성령은 같고." 어째서 그러합니까? 고린도전서 12:11이 대답해 줍니다. "이 모든 일은 같은 한 성령이 행하사 그 뜻대로 각 사람에게 나누어 주시느니라." 성령께서는 자기의 기뻐하심에 따라 그의 능력을 나누어 주십니다. 열등한 일에는 그에 비례하여 적은 능력을, 큰일에는 큰 능력을 나눠

주십니다. "온전한 은사"뿐 아니라 위로부터 오는 "선한 은사"도 있음을 유심히 주목하십시오(약 1:17).

옛적에 여호와께서 말씀하셨습니다. "나의 신이 영원히 사람과 함께 하지 아니하리니."(창 6:3) 거기서 우리는 사람에게 능력을 주시는 성령님의 역사를 발견합니다. 왜냐하면 성령께서 사람과 '함께' 하시기 때문입니다. 그럼에도 불구하고 사람이 그의 능력의 충만함 속에 있는 것은 아닙니다. 또 성령님의 그 능력이 제한받지도 않으십니다. 다른 경우에 성령께서는 능력을 발하시면 사람들은 그 능력에 굴복합니다(발람의 경우와 같이). 그럼에도 불구하고 그 능력은 사람의 본성적인 기능들을 가장 높은 차원에 이르도록 주어진 것들입니다. 그 기능들을 새롭게 하는 데는 미치지 못합니다. 씨 뿌리는 자의 비유에서 그 점이 명백하게 예증됩니다. 돌짝밭과 같은 마음을 가진 사람들이 있습니다. 그들은 말씀을 기쁨으로 받습니다. 그러나 그런 이들은 핍박을 받으면 언제나 넘어집니다. 또 가시덤불과 같은 사람들이 있습니다. 그들은 핍박도 견디고 열매도 내기는 합니다. 그러나 '온전하게' 결실하지 못합니다. 이러한 사람들이 다 중생치 못한 영혼을 나타내는 것입니다.

하나님께서는 어째서 버림받은 사람들에게 "그의 능력의 지극히 크심"을 부어 주시지 않습니까? 하나님께서는 여러 가지 방식으로 사람들을 시험하여 볼 방도를 잘 아십니다. 먼저 하나님께서 사람들에게 본성의 빛을 주셨습니다. 그들의 마음에 기록된 율법의 작용을 주신 것입니다. 그리하여 양심의 빛으로 옳고 그른 것을 마음으로 따져 보게 하셨습니다. 그 빛은 사람들로 하여금 하나님이 계심과 자기들이 하나님께 의무를 갖고 있음을 알게 합니다. 소크라테스는 성경에 대해서 아무 것도 몰랐지만 하나님이 계시다는 진리를 위해 죽기까지 하였습니다. 그러나 이 본성의 빛이 사람을 거듭나게 하지는 못하였습니다. 또한 성령의 열매를 내게 하지도 못하였습니다.

다시, 성령께서는 그 말씀으로 유대인들을 시험해 보셨습니다. 성령께서는 그의 율법의 빛으로 증험해 보아 본성의 빛이 얼마나 멀리까지 갈 수 있는지를 명백하게 보여주셨습니다. 율법 아래 있던 이스라엘에 대하여 무슨 말씀을 하셨는지 우리는 잊지 말아야 합니다. "또 주의 선한 영을 주사" 그들을 가르치셨습니다(느 9:20). 그럼에도 불구하고 율법은 "육체로 말미암아 연약했습니다."(롬 8:3) 율법은 진정한 의미에서 영적인 것을 낼 수가 없었습니다. 하나님께서 소크라테스에게 본성의 빛이 낼 수 있는 가장 고차원적인 열매를 내게 하셨듯이, 다소 사람 사울에게 - 율법을 따라 흠 없이 행하던 사람(빌 3:6) - 율법 아래서 가장 고차원적인 산물이 무엇인가를 경험케 하셨습니다.

그러나 하나님께서는 지금도 사람들을 시험하고 계십니다. 그리하여 인간 본성이 어디까지 갈 수 있는지 보여주십니다. 성령께서는 복음과 함께 가십니다. 히브리서 6:4-6의 말씀은 복음을 통해서 육체의 사람이 도달할 수 있는 가장 높은 차원이 무엇인지 보여줍니다. 사람이 '비췸을 받을 수 있고, 새롭게 하여 회개하는 모습을 보일 수도' 있습니다. 또 하나님의 말씀을 누릴 수도 있습니다. 그럼에도 불구하고 배도하여 영원히 멸망당할 수도 있습니다. 히브리서 10:29에는 그 동일한 성격을 가진 이들을 가리켜 "은혜의 성령을 욕되게 한 자들"로 묘사하고 있습니다. 기독교국에 있는 대다수의 사람들이 성령님의 보다 열등한 사역을 성령의 은혜의 증거로 착각합니다.

우리는 이러한 의문을 제기할 수 있습니다. 이러한 성령의 부차적인 작용을 통해서 의도하시는 '하나님의 목적'이 무엇인가? 그 질문에 대한 여러 가지 답이 나옵니다. 주도적인 계획들만 언급하겠습니다.

첫째, 은혜의 탁월성을 드러내기 위하심입니다. 자연 속에 있는 모든 것은 다 그것을 본 딴 일종의 모조품과 같은 것을 지니고 있습니다. 항성(恒星)이 있는가하면 유성(流星)도 있습니다. 보석들이 있는가 하면 비슷해 보이지만 그것과는 전혀 다른 수정(水晶)들이 있습니다. 그 수정은 보석을 돋보이게 합니다. 그와 같이 중생하지 않은 채 본성적인 차원의 믿음을 가질 수도 있습니다. "많은 사람이 그의 행하시는 표적을 보고 그의 이름을 믿었으나 예수는 그의 몸을 그들에게 의탁하지 아니하셨으니 이는 친히 모든 사람을 아심이요."(요 2:23,24) "귀신들도 믿고 떠느니라."(약 2:19)

반면에 초자연적이고 "하나님의 선택받은 사람들의 믿음"이 있습니다(딛 1:1). 그 믿음을 "보배로운 믿음"이라 부릅니다(벧후 1:1). 성령님의 보통 역사(役事)가 있는 반면 특별한 역사가 있습니다. 육체에 임하는 열등한 성령님의 역사가 있는가 하면, "영을 낳으시는" 우월한 역사가 있습니다(요 3:6). 이러한 대조를 통해서 하나님은 자기의 선택받은 백성들 각자에게 말씀하십니다. "본성 속에 버려둔 사람들의 본성에 대하여도 얼마나 많은 일을 했는가 보라! 그러나 그것이 은혜가 아니었다. 나는 너희를 위해서 그 이상 더 많은 일을 할 수가 없었다. 오직 나는 너희를 향하여 '내 능력의 지극히 큼'을 보여 주었다(엡 1:19)."

둘째, 인간 본성의 부패를 보여주기 위한 하나님의 의도가 있습니다. 하나님께서 사람을 어떻게 연단한다 할지라도 육으로 난 것은 여전히 육으로 남아있습니다. 율법은 육체로 말미암아 연약합니다. 하나님의 성령께서 사람들에게 빛을 비추어 주심에도 불구하고 복음도 역시 육체로 말미암아서는 연약합니다. 양심이 가책을 받을 수 있습니다. 총명이 비췸 받을 수도 있습니다. 정서가 고양될 수도 있고, 의지가 격동될 수도 있습니다. 그러면서도 "사람마다 그 든든히 선 때에도 진실로 허사뿐이니이다."(시 39:5)라고 한 말씀이 여전히 진리입니다. 사람들이 진리로 교육받을 수도 있습니다. 그리고 살아계신 하나님을 믿을 수도 있습니다. 그리스도를 자기들의 개인의 구주로 영접할 수도 있고, 한때 그런 믿음의 모습 때문에 성도의 반열에 들었다고 스스로 주장할 수도 있습니다. 그리하여 사람들 가운데서 경건한 그리스도인들로 행세할 수도 있습니다. 그럼에도 불구하고 "죽은 사람의 뼈로 가득한 회칠한 무덤"보다 나을 것이 없을 수 있다는 것입니다.

셋째, 죄가 드러나는 것을 제한하시려는 하나님의 의도를 주목해야 합니다. 하나님의 성령께서 버리운 자들에게 일반적으로 역사하심으로써 사람의 부패한 본성의 작동을 제어하십니다. 하나님의 성령께서 지상에 임재하심으로써 적그리스도가 나타날 때에 불법의 비밀이 온전히 드러나지 못하게 하는 것처럼 말입니다(살후 2장). 하나님의 성령께서 선택받지 못한 사람들에게 작용하심으로써 악독이 겉으로 많이 드러나지 못하게 하십니다. 이스라엘이 배도할 때 '그 영광의 성령께서' 점차 단계적으로 물러나셨습니다(겔 11장). 그와 같이 기독교회가 배도하는 일이 증가할 때, 성령님의 제어하시는 작용은 점점 약화되고 무율법의 파도가 높아갑니다.

넷째, 우리는 선택받은 사람들을 보호하시려는 성령님의 의도를 주목해야 합니다. 하나님의 양떼는 "적은 무리"입니다(눅 12:32). 사람들이 일반적으로 생각하는 것보다 훨씬 더 적습니다. 그리스도께서 친히 "생명으로" 인도하는 "좁은 문"으로 들어가는 자가 적다고 선언하셨습니다(마 7:14). 요한계시록 7:9과 다음에 열거하는 구절들과 충돌시켜서는 안 됩니다. 오히려 거기에 있는 "사람이 능히 헤아릴 수 없는 큰 무리"와 사사기 6:5,7,12, 역대하 12:3, 요엘 1:6의 표현을 비교 해석해야 합니다.[1)]

---

1) "이는 그들이 그들의 짐승과 장막을 가지고 올라와 메뚜기 떼 같이 많이 들어오니 그 사람과 낙타가 무수함이라 그들이 그 땅에 들어와 멸하려 하니… 이스라엘 자손이 미디안으로 말미암아 여호와께 부르짖었으므로…여호와의 사자가 기드온에게 나타나 이르되 큰 용사여 여호와께서 너와 함께 계시도다 하매."(사 6:5,7,12)
"그에게 병거가 천이백 대요 마병이 육만 명이며 애굽에서 그와 함께 온 백성 곧 리비아와 숙과 구스 사람이 헤아릴 수 없이 많더라."(대하 12:3)
"다른 한 민족이 내 땅에 올라왔음이로다 그들은 강하고 수가 많으며…"(욜 1:6)

선택받은 사람들만이 복음으로 개혁되고, 세상의 모든 사람들은 복음을 전적으로 대적하는 입장에 머물러 있다고 생각해 봅시다. 그러면 복음의 열매가 마치 잎이 없이 뎅그러니 열려 있는 나무 열매 같을 것입니다. 나뭇잎이 식탁에 오르기에는 합당치 않지만 식탁에 오르는 열매를 맺는 데는 도움을 줍니다. 또한 그 잎사귀가 나무를 그럴듯하게 보이게 합니다. 그 잎사귀가 없이 열매만 있으면 앙상한 작은 가지에서 열매를 따는 것처럼 보여 그 모양이 우습게 보일 것입니다. 복음의 교리를 인정하면서도 마음은 중생(重生)의 은혜를 받지 못하는 경우가 있습니다. 그러한 찬동은 열매를 감추어 주고 보호하는 나뭇잎과 비교하면 좋을 것입니다. 그들은 하나님의 계산에 있어서 가치가 없는 것이라 할지라도 기여는 합니다. 포도나무의 잎이 따가운 태양을 막아 다른 열매의 나무의 잎보다 포도를 더 유익하게 합니다. - 우리가 볼 수 있는 눈만 있다면 하나님의 피조 세계 가운데 얼마나 많은 것을 배울 수 있을까요! 그처럼 하나님의 선택한 백성들은 외적으로 수많은 형식적인 그리스도인들에게 둘러싸여 가려져 있습니다. 이 때문에 우리는 주님의 선하신 섭리에 감사할 수 있습니다. 더 나아가 하나님께서는 참으로 수많은 중생치 않은 신앙고백자들의 교리적인 믿음에 대하여 공적인 자유를 누리게 함으로써 보상합니다. 인간적으로 말해서 적은 수의 중생한 사람들이 그 모양만 믿음인 형식적 신앙고백자들이 없이는 그런 공적인 자유를 결코 누릴 수 없습니다.

다시 성령께서 영적으로 버림받은 자들에게 역사하시는 것은 악한 자들을 부끄럽게 하시고, 진지함을 증가시키시고, 도덕성을 촉진시키시고, 형식적인 신앙고백자들로 하여금 복음 설교를 외적으로 돕게 하시고, 목회사역을 수행하는 데 도움을 주게 하시려 함입니다. 이러한 일은 적당한 때에 다 유익합니다. 그러나 영원토록 상급을 거두지는 못합니다. 본 강해자는 참으로 심각하게 이러한 생각을 해 봅니다. 만일 지상에 있는 교회에서 중생치 못한 사람들을 다 내쫓는다면 설교자의 생활비를 공급할 만큼의 하나님의 택한 사람들의 수를 이루는 교회가 하나라도 있을까 의문이 갑니다. 아니 거의 확실하게, 만일 하나님의 종들에게 살았다는 이름은 가졌으나 죽어 있는 사람들의 마음을 꿰뚫어 볼 능력이 있다면, 그들은 정말 낙담하고 절망할 것입니다. 그러나 우리가 신앙고백자들의 마음을 꿰뚫어 볼 수 없어도 그들 속에 들어 있는 것이 무엇인지 정확한 개념은 형성할 수 있습니다. 왜냐하면 "마음에 가득한 것을 입으로 내기" 때문입니다. 많은 사람들의 대화에서 나타나는 세상적이고 허무한 생각이 그들의 마음에 주님께서 계시지 않음을 명백하게 보여줍니다.

우리들은 진지한 태도와 믿음을 가지고 기도합니다. 이 강론을 읽는 독자들의 마음을 우리 하나님께서 두렵게 하시어 자기들의 신앙고백의 허식을 노출시켜 주시기를 위하여 기도합니다. 보다 더 사려 깊은 사람들이 사도들처럼 "그러면 누가 구원 받겠습니까?"라고 외친다면 우리는 주님의 말씀으로 답변을 대신해야 합니다. "사람으로서는 할 수 없으나."(마 19:26) 이것이야말로 어떠한 죄인도 자신의 행위를 통해서 구원받을 수 없다는 분명하고 결정적인 증거입니다. 신실한 믿음은 우리로 하여금 여러분에게 솔직하게 말하라 요구합니다. 만일 하늘에 대한 여러분의 소망이 "그리스도를 받아들인" 여러분 행위에 의존되어 있다면, 여러분의 집은 모래 위에 서 있다고 말입니다.

그러나 주님의 이름을 찬미합시다. 구속주께서는 "그러나 하나님께는 모든 것이 가능하다."고 말씀하셨습니다. "구원은 여호와께 속하였나이다."(욘 2:9) 구원은 피조물에게 속한 것이 아닙니다(롬 9:16). 그러니 그리스도께서 "사람이 거듭나지 아니하면 하나님 나라에 들어갈 수 없다."고 말씀하신 것을 이상하게 생각하지 마십시오(요 3:3). 아멘.

26강

두 종류의 신앙고백자들

[6:7] 땅이 그 위에 자주 내리는 비를 흡수하여 밭가는 자들이 쓰기에 합당한 채소를 내면 하
나님께 복을 받고 [6:8] 만일 가시와 엉겅퀴를 내면 버림을 당하고 저주함에 가까워 그 마지
막은 불사름이 되리라

우리가 앞 강의 제목을 '성령의 이중적 사역'이라 하였습니다. 그것은 히브리서 6장 처음 여섯 절의 내용을 보고 정한 것입니다. 히브리서 6장 처음 여섯 절에서는 전적으로 다른 두 부류의 사람들이 언급되었습니다. 첫 번째 부류는 하나님의 은혜의 역사로 말미암아 "하나님의 큰 구원"을 효과적으로 자기에게 적용시킨 사람들이요, 다른 두 번째 부류는 하나님의 은혜의 역사를 힘입어 상당한 정도까지는 자신들을 변화시켰지만 거듭나지는 못한 이들입니다. "여호와께서는 만유를 선대하시며 모든 것을 선대하시며 그 지으신 모든 것에 긍휼을 베푸시는도다."(시 145:9) 그러나 하나님의 긍휼의 풍성함은 하나님의 큰 사랑을 받은 사람들만 위하여 예비된 것입니다. "긍휼이 풍성하신 하나님이 우리를 사랑하신 그 큰 사랑을 인하여 허물로 죽은 우리를 그리스도와 함께 살리셨고."(엡 2:4) 그와 같이 하나님께서는 다양한 정도로 당신의 능력을 발휘하시되, 당신 앞에 있는 일에 비례하여 발휘하십니다. 그래서 그리스도께서는 귀신을 쫓아내시는 일을 "하나님의 손을 힘입어" 하

시는 일로 말씀하셨습니다(눅 11:20). 모세는 이스라엘 사람들에게 이렇게 말하였습니다. "여호와께서 능하신 손으로 너를 애굽에서 인도하여 내셨음이니."(출 13:9) 마리아는 하나님의 성육신(成肉身)의 놀라운 이적을 언급하면서 "그의 팔로 힘을 보이셨다."고 말하였습니다(눅 1:51). 그러나 바울은 하나님께서 성도들을 구원하신 능력의 엄청난 은혜의 이적을 이해할 수 있게 해 주십사는 기도를 드렸습니다. "그의 힘의 위력으로 역사하심을 따라 믿는 우리에게 베푸신 능력의 지극히 크심이 어떠한 것을 너희로 알게 하시기를 구하노라."(엡 1:19)

자연 세계 속에 발휘된 하나님의 능력이 나타나 있습니다(롬 1:20). 멸망받기로 예비된 진노의 그릇들을 향하여 지옥에서 그 하나님의 능력이 나타날 것입니다(롬 9:22). 영적으로 버리운 자들이 이 세상에 살 때에도 그들의 부패를 막아주는 면에서 하나님의 능력이 행사됩니다. 그리고 그들의 죄를 제어하고 그들의 성품을 고치고, 그들로 하여금 복음의 교훈을 받도록 하는데도 하나님의 능력이 사용됩니다. 버리운 자들의 삶의 부패와 죄악을 제어하시는 하나님의 능력은 하나님의 주권적인 뜻을 따라서 사람들마다 다소간 차이있게 나타납니다. 그러나 하나님의 능력의 탁월성과 효능은 자기의 사랑하는 사람들을 위해서 베풀어집니다. 그 사랑하는 사람들을 향한 하나님의 능력은 우리의 모든 생각을 훨씬 초월하는 분량으로 행사됩니다. "우리 가운데서 역사하시는 능력대로 우리의 온갖 구하는 것이나 생각하는 것에 더 넘치도록 능히 하실 이에게 교회 안에서와 그리스도 예수 안에서 영광이 대대로 영원무궁하기를 원하노라 아멘."(엡 3:20)

사람들에게 역사하는 하나님의 성령의 두 작용들 중 하나만 인정하느냐 아니냐에 따라서 신학자들이 둘로 갈라집니다. 성경이 모든 사람들에 대한 '보편적인 은혜'(common grace)를 가르친다고 주장하는 알미니안 신학자들이 있습니다. 그 은혜는 사람들의 의지에 따라서 멸시될 수 있다는 것입니다. 그들은 정말 그런 점에서는 옳았습니다. 왜냐하면 유다서 4절은 "하나님의 은혜를 색욕거리로 삼는" 사람들에 대해 명백히 말하고 있기 때문입니다. 그러나 언제나 효력적인 결과를 가져오는 특별한 은혜가 없다고 가르치는 것은 잘못된 것입니다. 반면에, 모든 사람들에게 베풀어지는 하나님의 '보편적인 은혜'를 부인하는 대다수의 현대 칼빈주의자들은 택한 사람들에게만 주어지는 '특별한 은혜'만을 강조하기도 합니다. 이런 점에서 그들은 잘못되었습니다. 그래서 그들은 히브리서 6:4-6과 10:26을 만족하게 해석하지 못합니다.

우리가 지난 25강에서 보여준 바와 같이, 야고보서 1:17은 "각양 좋은 은사와 온전한 선물이 다 위로부터 빛들의 아버지께로부터 내려온다."고 말합니다. 여기 야고보서의 본문은 두 가지 구별되는 '은사'가 언급되고 있습니다. 성경은 하나님께서 '좋은'이라고 부르는 것과 '온전한'이라고 부르는 것을 엄격하게 구별하고 있습니다. 그 둘 사이의 주요한 차이는 이러합니다. 통상적으로 '좋은'것은 일시적인 것에 적용되고, '온전한' 것은 영적인 것에 적용된다는 점입니다. 선택받지 못한 사람들의 성령의 작용들은 '좋은 것'을 냅니다. 이 세상에서 유용한 목적을 동반하는 것은 하나님의 선택한 백성들에게도 도움을 주는 '좋은 것'입니다. 그러나 하나님의 자녀들에 대한 성령의 역사는 '온전한 것'을 냅니다. 영적이고 초자연적이고 영원한 것을 낸다는 말입니다.

구약성경에서 그 부류 사이의 차이가 구분되어 있습니다. 그리고 이 세상에서 그것들이 각각 하나님과 어떤 관계를 가지고 운용되는지도 구약에서 예표적으로 배울 수 있습니다. 이스라엘 나라는 기독교회의 모형입니다. 이스라엘 중에 "은혜로 택하심을 따라 남은 자들"(롬 11:5)은 지금 중생한 하나님의 백성들을 상징합니다. 성막과 성전 예배에 있어서 언제나 이 두 부류가 등장합니다. 오늘날도 마찬가지입니다. 다만 '형식적 그리스도인'에 불과한 사람들은 바깥뜰에서 예배하는 자들입니다. 중생한 그리스도인들, 곧 "하나님께 대하여 왕 같은 제사장들"이 된 이들(계 1:6)은 성소에서 예배합니다(히 10:19). 그 두 부류가 히브리서 6장에 다 등장합니다.

사도는 지금 우리가 생각하려는 짧은 몇 구절로 앞에서 말하여 왔던 것을 요약하고 적용하고 있습니다. 그러면서 그것을 비유나 유사어법으로 나타내고 있습니다. 문맥에서 다른 두 부류의 사람들이 나타납니다. 언뜻 보기에는 그들을 구분하기가 그리 쉽지 않습니다. 왜냐하면 그들이 많은 면에서 공통점을 가지고 있기 때문입니다. 그들은 둘 다 외적인 특권들을 함께 누리고 있습니다. 또한 같은 복음의 역사(役事)로 비췸을 받았습니다. 그리고 "성령에 참예한" 면에서도 같습니다. 그리고 모두 다 훌륭한 신앙고백을 했습니다. 그런데도 불구하고 두 번째 부류에 대해서는 그리스도께서 젊은 관원에게 하신 말씀대로 "한 가지 부족한 것이 있다."고 말해야 합니다(막 10:21). 곧 모든 것을 버리고 그리스도를 따름으로써만 확증되는 것이 없습니다. 이른바 마음속에 하나님의 사랑이 없습니다.

히브리서 6장 처음 몇 구절은 첫 번째 부류의 사람들에게 한 말입니다. 사도는 중생한 사람들에게 "온전한 데 나아가라"고 말합니다. 곧 일시적인 그림자를 버리고 그 그림자들이 나타내는 실체를 이해하도록 노력하라는 것입니다. 능력 안에서 신령하고 초자연적이고 영원한 것을 누리며 살라는 것입니다. 사도는 "하나님께서 허락하시면 우리가 이것을 하리라."고 말했습니다(3절). 만일 그들이 "자기들의 가져야 할 바를 가지려 한다면" 하나님의 능하게 하심이 필요합니다(욥 1:17). 왜냐하면 중생한 사람들이라고 중생하지 않은 이들과 똑같이 하나님을 의존해야 하기 때문입니다.

두 번째 부류의 사람들이 6:4-6에 묘사되어 있습니다. 거기서는 성령님의 일반적인 작용이 인간 영혼의 본성적인 기능에 어떤 효과를 내는지가 지적되어 있습니다. 비록 그 기능들이 최고의 상태로 끌어 올려져도 그 기능들이 산출하는 음악은 세상적인 것이지 하늘에 속한 것은 아닙니다. 또한 육신적인 것이지 영적인 것은 아니고, 일시적인 것이지 영원한 것은 아닙니다. 따라서 그들은 여전히 쉽게 배도하게 됩니다. 비록 그들이 그러지 않았으면 좋겠지만 영원히 멸망할 것이 틀림없습니다.

이 6장에서 사도가 의도하는 바는 히브리 그리스도인들을 다그쳐 '마땅하게 나아갈 길로 계속 전진하라.' 권면하는데 있습니다(1-3절). 그리고 그 길을 '떠나지 말고 견지하라.'고 권면하려 합니다(12-20절). 첫 번째 권면이 1절에 나타납니다. 그리고 3절에 그 권면의 한계가 주어져 있습니다. 또 순종해야 할 동기가 배도의 위험의 측면에서 묘사됩니다(4-6절). 처음 나오는 "왜냐하면"이라는 말을 주목하십시오. 사도가 이 두 번째 부류를 언급하는 목적은 게으름의 상태에서 계속 거하면 어떠한 결과를 만나게 될는지 경고하여 경계시키고자 함입니다. 여기 6,7절에서 발견되는 유사어법을 통하여 같은 엄숙한 사상노선을 견지하며 마무리 짓고 있습니다. 곧 중생시키는 은혜의 역사를 받지 못한 사람들이 빠질 운명이 무엇인가를 보여줍니다. 그러나 먼저 하나님의 참된 사람들의 복락을 묘사합니다.

히브리서 6:7

"땅이 그 위에 자주 내리는 비를 흡수하여

밭가는 자들이 쓰기에 합당한 채소를 내면 하나님께 복을 받고."

먼저 이 강론의 본문으로 잡은 히브리서 6:7,8의 말씀의 뜻을 해석하려고 합니다. 그런 다음에 그것을 적용하려고 합니다. 이 본문의 뜻이 직접적으로는 당시 이 서신을 처음 받았던 유대인들에 관한 것이었습니다. 아니, 두 부류의 유대인들에 관한 것이었습니다. 그러나 그 내용은 복음을 듣는 모든 사람들에게 적용되는 것입니다.

히브리서 6:7,8은 이전의 처음 여섯 구절들에서 발견되는 엄숙한 권면을 확증하기 위해서 주어진 것입니다. 그래서 이 두 구절들이 "왜냐하면"이라는 이유 접속사로 시작하는 것입니다. 문맥에서 두 부류의 사람들이 나타났습니다. 두 부류 사람들 모두 육체적 혈통으로는 유대인들이었습니다. 우리는 이 점을 앞의 강론들을 통해서 확증하려고 노력하였습니다. 사도는 첫 번째 부류의 사람들 속에 자신을 포함시키고 있습니다. 3절에서 "우리"라는 대명사가 사용된 이유가 거기에 있습니다. 두 번째 부류의 사람들에게 자신을 가담시키지 않고 있습니다. 4절에 "그들"(those)이라고 하였고, 6절의 "그들이"(they)라는 말을 주목하십시오.[1] 그래서 여기서 두 종류의 다른 밭이 묘사되어 있는 것입니다.

첫째는 '열매를 내'는 밭입니다. 그것은 참으로 중생한 사람들의 모습입니다. 그래서 그들은 하나님의 말씀을 선하고 정직한 마음으로 받습니다. 둘째로는 '열매를 내지 못하는' 밭입니다. 그 밭은 사도가 정죄하고 있는 사람

1) 우리말 개정개역이나 개역한글에서는 분명하게 드러나지 않지만 문맥 속에서 암시되고 있다. - 역자 주

들의 모습입니다. 사도는 히브리 그리스도인들에게 그러한 죄와 그런 자들이 빠져들 운명에 처하지 않도록 조심하라고 경고합니다. 곧 그들은 큰 특권을 누리고 있으며, 또한 훌륭한 신앙고백을 하고 있습니다. 그러나 엉겅퀴만을 내는 사람들입니다. 그들은 하나님께 버림받았으며 빠르게 갈아엎음을 당하고 무서운 멸망으로 들어가게 될 것입니다.

"땅이 그 위에 자주 내리는 비를 흡수하여." 가장 우선적으로 유대 나라를 말하고 있습니다. 그들은 하나님의 포도원이었습니다(사 5:7,8 ; 렘 2:21 등 참조). 하나님께서는 모든 종들과 선지자들과 마지막으로 자기 아들을 그들에게 보내셨습니다(마 21:35-37 참조). 여기서 "비"는 말씀을 의미합니다. 또는 주 하나님께서 이스라엘 사람에게 주신 교훈을 의미하기도 합니다. "나의 교훈은 내리는 비요 나의 말은 맺히는 이슬이요."(신 32:2 ; 사 55:10,11 참조) 에스겔이 예언하거나 설교할 때 그의 메시지가 비처럼 "떨어졌을" 것을 주목하십시오. "인자야 너는 얼굴을 예루살렘으로 향하며 성소를 향하여 소리내어 이스라엘 땅에게 예언하라."(Son of man, set thy face toward Jerusalem, and drop [thy word] toward the holy places, and prophesy against the land of Israel)(겔 21:2 ; 암 7:16 참조). 그 형용은 매우 아름답습니다. 비는 어떠한 사람도 만들어 낼 수 없는 것입니다. 말씀은 인간으로부터 기원한 것이 아닙니다. 비는 위로부터 내립니다. 그처럼 복음도 하늘에서 온 선물입니다. 비는 채소를 새롭게 하고 자라게 합니다. 그처럼 하나님의 교훈은 그의 백성들을 살리고 그들로 열매를 맺게 합니다. 비가 죽은 자에게 생명을 주지는 못하지만 땅의 종자로 싹이 나게 합니다. 그와 같이 말씀도 성령의 도구가 되어 하나님의 선택한 사람들을 살립니다(요 3:5 ; 약 1:18). 그 하나님의 택한 사람들은 그 이전에 그리스도 안에서 동일한 생명의 연대로 묶이어 있었습니다.

하나님께서는 자연 속에서 비를 주시는 것보다 당신의 특권을 더 크게 드러내시는 것이 없습니다. 성경에서 그 점에 대해 첫 번째로 언급하는 말씀은 "여호와 하나님이 땅에 비를 내리지 아니하셨고."라는 말씀입니다(창 2:5). 모든 비는 하나님께로부터 옵니다. 하나님께서는 자기의 기뻐하심을 따라 비를 주기도 하시고 주지 않기도 하십니다. 하나님께서 자기의 약속들과 선하심의 위대한 서약을 보여주실 때 비를 보내주십니다. "너희에게 하늘로서 비를 내리시며 결실기를 주시는 선한 일을 하사 음식과 기쁨으로 여러분의 마음에 만족하게 하셨느니라."(행 14:17) 사람들이 비를 일반으로 다 같이 받는 것으로부터 어떤 결론을 끌어내든지, 또한 그 비가 내리는 원인에 대해서 익숙하게 파악하였다고 스스로 상상하더라도, 비를 내리시는 면에서 하나님께서 당신 자신을 세상의 모든 우상과 구별시키십니다. 세상의 어떤 우상도 비를 내릴 수 없습니다. "열방의 허무한 것 중에 능히 비를 내리 게 할 자가 있나이까."(렘 14:22) 그래서 선지자는 말했습니다. "또 너희 마음으로 우리에게 이른 비와 늦은 비를 때를 따라 주시며 우리를 위하여 추수 기한을 정하시는 우리 하나님 여호와를 경외하자."(렘 5:24)

비를 주시고 주시지 않는 방식을 통해서도 하나님의 높은 특권이 드러납니다. "또 추수하기 석 달 전에 내가 너희에게 비를 멈추어 어떤 성읍에는 내리고 어떤 성읍에는 내리지 않게 하였더니 땅 한 부분은 비를 얻고 한 부분은 비를 얻지 못하여 말랐으매."(암 4:7) 복음을 어떤 성읍이나 개인들에게 보내기도 하고 보내지 않기도 하시는 하나님의 주권적인 섭리도 절대적입니다. 그것은 하나님 뜻에 달려 있는 것입니다. 하나님께서는 그 점에 대하여 특별한 권위를 행사하십니다. "성령이 아시아에서 말씀을 전하지 못하게 하시거늘 부르기아와 갈라디아 땅으로 다녀가 무시아 앞에 이르러 비두니아로 가고자 애쓰되 예수의 영이 허락하지 아니하시는지라 무시아를 지나 드로아로 내려 갔는데."(행 16:6,7) 하나님께서는 당신의 복음을 어떤 나라에는 보내고 어떤 나라에는 보내지 않으십니다. 어떤 성읍에는 복음을 보내기도 하시고, 다른 성읍에는 보내지 않으십니다. 영국과 미국에 많고 큰 성읍들이 있습니다. 그런데 오늘날에도 복음이 전파되지 않은 성읍들이 많습니다. 어떤 때에는 복음이 전파되기도 하고 어떤 때에는 복음이 전파되지 않기도 합니다.

자연은 진정 신령한 것을 나타내는 그림자입니다. 애굽(세상의 모형)과 가나안(교회의 모형) 사이에는 얼마나 큰 대조가 이루어지는지요! "너희가 건너가서 얻을 땅은 산과 골짜기가 있어서 하늘에서 내리는 비를 흡수하는 땅이요 네 하나님 여호와께서 권고하시는 땅이라 세초부터 세말까지 네 하나님 여호와의 눈이 항상 그 위에 있느니라…여호와께서 너희 땅에 이른비, 늦은 비를 적당한 때에 내리시리니 너희가 곡식과 포도주와 기름을 얻을 것이요."(신 11:11,12,14) 그처럼 특별한 우기(雨期)가 두 번 있습니다. 첫 번째 우기는 10월에 있습니다.[2] 그때에 땅에 파종합니다. 두 번째 우기는 3월인데 알곡이 거의 여물어 갈 때입니다. 그래서 우리는 "요단이 곡식 거두는 시기에는 항상 언덕에 넘치더라."는 말씀을 읽습니다(수 3:15 ; 대상 12:15 참조). 이 외에도 많은 "비"가 있습니다(시 65:10).

"땅이 그 위에 자주 내리는." 이 말은 하나님께서 이스라엘에 대해 반복해서 자주 필요한 비를 주셨음을 언급합니다. 하나님께서는 그들에 대하여 이렇게 부르셨습니다. "땅이여, 땅이여, 땅이여, 여호와의 말을 들을지니라". (렘 22:29) 그리스도께서는 여호와께서 자기의 옛 백성들에게 보낸 그 수많은 종들을 생각하면서 이렇게 말씀하셨습니다. "예루살렘아 예루살렘아 선지자들을 죽이고 네게 파송된 자들을 돌로 치는 자여 암탉이 그 새끼를

2) 이스라엘 달력으로 한 해가 시작되는 첫 달, 정월이 바로 오늘의 10월이다.

날개 아래에 모음같이 내가 네 자녀를 모으려 한 일이 몇 번이더냐 그러나 너희가 원하지 아니하였도다."(마 23:37) 예루살렘은 하나님께서 지으신 식물(植物)이 심겨 있는 '땅'이었습니다.

사도는 이 대목의 끝에서 두 종류의 식물, 즉 "채소"(7절)와 "가시와 엉겅퀴"(8절)를 구분하고 있습니다. 채소는 복음을 믿고 순종하여 경건의 열매를 맺은 사람들을 나타냅니다. 이들은 "은혜로 택하심을 따라 남은 자들"(롬 11:5)로 이루어집니다. 그 '남은 자들'은 육체의 혈통으로 형제인 다른 이들이 눈멀어 있을 때 긍휼을 얻은 사람들입니다. 이들은 주께서 돌보시는 포도원과 밭에 계속 존재했습니다. 그들은 첫 번째 복음적 교회를 형성했습니다. 그리고 히브리 사람들로부터 나와 한 무리를 지었고, 열매를 맺어 하나님께 영광을 돌렸으며 하나님께 복을 받은 사람들입니다. 그러나 '가시와 엉겅퀴'는 완고한 불신자들을 말하는데, 그들은 그리스도를 고집스럽게 배척하며 복음을 받아들이지 않았습니다. 반면에 그들 가운데는 복음을 기쁨으로 영접하지만 잠시 동안 견디다가 다시 유대교로 돌아가는 사람들이 있었습니다. 이들은 하나님께 물리치심을 받고 하나님의 저주 아래 떨어져 멸망당합니다.

"합당한 채소를 내면." 이 부분과 복음서에 기록된 씨 뿌리는 자의 비유 사이에 긴밀한 유사점들이 있습니다. 그 둘 사이에 주목할 만한 몇 가지 병행이 보입니다. 그 중에서 가장 중요한 것 중 하나는 두 경우 모두 하나님의 영원한 경륜의 차원에서 사람들을 보는 것이 아니란 말입니다. 에베소서 1:3-11의 말씀이 하나님의 영원한 경륜의 차원에서 사람들을 보는 것이겠지요. 여기서는 '인간적 책임'의 차원에서 사람들의 행사를 주목하고 있습니다. 비를 받은 땅은 유대인들의 마음과 생각을 그려주고 있습니다. 하나님의 말씀이 그리스도와 사도를 통하여 들려졌습니다. 곧 복음이 그들에게 전파되었습니다. 그러므로 우리 주님께서는 당신의 말씀을 듣는 자들을 '씨가 뿌려진 땅'에 비교하셨습니다. "밭을 갈다"는 말은 씨 뿌림을 전제합니다. 그러면 땅은 자주 내리는 비에 대해서 어떠한 반응을 할까요? 또는 그 상징적인 표현을 해석하기 위해서 이런 질문을 던져 봅니다. 복음을 들은 사람들이 어떠한 열매를 맺습니까? 바로 그 점이 여기서 성령께서 지목하고 있는 특별한 진리의 국면입니다.

"채소를 내면." 이 '채소를 내다'는 동사는 어린이를 잉태한 여인의 출산을 가리키는 말입니다(눅 1:31 참조). 그러므로 여기서 땅은 태를 가리킵니다. 땅은 뿌려진 종자로 하여금 열매를 맺도록 합니다. "채소"의 헬라어는 신약의 다른 곳에서는 발견되지 않습니다. 그 말은 채소들이나 푸성귀들을 가리키는 보편적인 용어인 것 같습니다. 히브리어 구약성경을 헬라어로 번역한 70인경에서는 그 말이 자주 등장합니다. 히브리어 '에셉'과 동의어입니다. 그 말도 역시 강한 의미를 가지고 있습니다. 땅을 개간하는 사람이 채소를 기대하는 것이 마땅합니다. 하나님의 섭리적인 축복 속에서 자기의 수고가 결실을 맺기를 바라는 것입니다. 그가 뿌린 씨앗과 자기가 갈아 준비한 밭이 많은 소출 내기를 바랍니다. 그와 같이 여호와께서도 이스라엘로부터 열매를 기대할 당연한 권리를 가지셨습니다. "내가 좋은 포도 맺기를 기다렸거늘."(사 5:4)

"밭가는 자들이 쓰기에 합당한 채소를 내면." 그런 식으로 번역하여도 무방합니다. 난외주에 있는 "밭가는 자들을 위하여"라고 해도 뜻은 역시 마찬가지입니다. 둘 다 뜻은 옳습니다. "밭가는 자들"이란 경작하는 사람들입니다. "밭가는 자들을 위하여"란 그 밭을 소유한 사람을 가리킵니다. 사도가 여기서 하나님의 말씀을 바로 활용하는 것이 중요함을 보여주려는 의도를 가지고 있습니다. 하나님의 말씀을 받으면 그에 합당한 반응이 나와야 합니다. 복음 사역은 그 복음 사역을 받는 사람의 마음 상태를 시험합니다. 마치 비가 내리면 그 비를 받는 땅을 시험하듯이 말입니다. 비를 받아 그 땅이 무엇을 내느냐에 따라서 그 땅의 성격을 알 수 있습니다. 자연에서와 같이 은혜에서도 마찬가집니다. 비가 자주 내리면 내릴수록 땅은 더 잘 경작됩니다. 그리고 더 많고 좋은 수확을 냅니다. 하나님의 택한 백성들에게도 마찬가집니다. 그들이 하나님의 말씀을 받으면 받을수록, 들었던 것을 계발하기 위해서 더 큰 은혜를 추구합니다. 또한 그들은 더욱 더 많은 열매를 맺을 것입니다. 이스라엘의 경건한 사람들에게도 그러하였습니다.

"하나님께 복을 받고." 여기서 "복"이라는 말은 긍휼보다 앞선 것이 아닙니다. 오히려 그것은 열매의 결과라고 할 수 있습니다. 우리가 여기서 대하는 것은 하나님께서 받아주시고 인정하여주시는 것입니다. 또한 보다 더 많은 열매를 맺도록 돌보신다는 확증입니다. "그 날에 너희는 아름다운 포도원을 두고 노래를 부를지어다 나 여호와는 포도원지기가 됨이여 때때로 물을 주며 밤낮으로 간수하여 아무든지 이를 해치지 못하게 하리로다."(사 27:2,3) 하나님께서 이 열매 맺는 밭에 복을 주실 때에 거기에 세 가지 요점이 함축되어 있습니다. 첫째는 하나님께서 그 밭을 인정하신다는 점입니다. 하나님께서는 그 밭을 자기의 밭으로 인정하기를 부끄러워하지 않으십니다. 둘째는 그 밭을 돌보신다는 것입니다. 더 많은 열매를 맺게 하시려고 가지를 다듬어 주십니다(요 15:2). 셋째로 그 밭이 다른 것이 상해(傷害)하지 못하게 끝까지 지켜 주십니다. 쓸모없는 땅을 내버려 두시는 것과는 다릅니다. 이 모든 것이 로마서 11:5에서 언급된 이스라엘의 '남은 자손들'에게 해당되었습니다.

히브리서 6:8

"만일 가시와 엉겅퀴를 내면 버림을 당하고 저주함에 가까워 그 마지막은 불사름이 되리라."

이 유사법(類似法)에는 전체로 공통되는 주제가 있음을 주목하는 것이 중요합니다. 전체는 두 부분으로 되어 있습니다. 그 부분 각각 다른 사건들이 일어납니다. 그러나 둘에 공통되는 주제는 '땅'입니다. 둘 다 자연에 속해 있습니다. 원천적으로 그 '땅' 자체는 다르지 않습니다. 둘 다 공통되는 요소를 누립니다. 똑같이 비를 받기도 합니다. 또 농부가 둘 다 갈아 주는 수고를 아끼지 않습니다. 그런데 두 땅 사이의 첫 번째 차이가 나타났습니다. 곧 처음 '땅'인 이스라엘이 무엇을 내었느냐가 그 첫 번째 차이입니다. 그 다음으로 나타난 차이는 하나님께서 그 땅을 어떻게 다루신 방식에서입니다. 우리가 보았듯이, 채소를 내는 밭은 밭을 경작하는 사람이나 그 밭의 소유주에게 다 합당합니다. 그 밭은 비를 받아서 마땅한 반응을 보였습니다. 그래서 그 땅은 갈수록 더 많은 보살핌을 받게 됩니다. 그러나 우리가 이제 살펴보려는 '다른 땅'은 그와 정반대입니다.

"만일 가시와 엉겅퀴를 내면 버림을 당하고." 이 문장에 동원된 어휘들은 앞 절에서 동원된 것들과 정반대입니다. 앞 절에서는 '좋은 땅'이 '채소를 내다'는 식이었습니다. 그 헬라어는 시절을 따라 열매를 맺는 '자연스런' 과정을 나타내는 말이었습니다. 그러나 나쁜 땅은 가시와 엉겅퀴를 냅니다. 여기 쓰인 헬라어 동사는 자연스럽지 못하고 괴상한 산물을 낸다는 의미입니다. 그래서 쓸모없을 뿐 아니라 오히려 땅만 버리게 하는 것들로 내버려 두게 됩니다. 하나님께서 자기의 이스라엘 포도원에 대해서 말씀하신 바와 같습니다. "좋은 포도 맺기를 바랐더니 들포도를 맺혔도다."(사 5:2) "가시와 엉겅퀴"라는 말의 헬라어는 70인경에서는 창세기 3:18의 번역문에 나오는 말과 같습니다.[3] 이 악한 땅이 내는 산물을 나타내는 어휘 속에 세 가지 개념이 들어 있어 보입니다. 첫째, 그 땅을 소유하고 있는 사람에게 아무 소용없다는 개념입니다. 그 땅은 하나님의 영광을 전혀 도모하지 않습니다. 둘째, "가시덤불과 엉겅퀴"는 오히려 해로워 자연을 훼손시킨다는 개념입니다(겔 28:2 참조). 셋째, 이 어휘들은 거듭나지 않은 자연인이 내는 모든 것이 하나님의 저주 아래 있음을 함축합니다(창 3:18 ; 4:11,12).

"만일 가시와 엉겅퀴를 내면 버림을 당하고." 개간한 땅이 가시와 엉겅퀴만을 낸다면 농부는 그 땅을 쓸모없는 땅으로 알고 내버려 둡니다. 여기에서 '버림당하다.'의 헬라어는 노력하여 어떤 일을 해본 다음에 쓸모없이 제쳐둔 것을 의미합니다. 유대 사람들 대부분이 바로 여기에 해당합니다. 하나님께서 버려두시는 방식은 다음과 같이 몇 가지로 나누어 생각할 수 있습니다. 첫째, 그리스도께서 그들에게 "하나님의 나라를 너희는 빼앗기고 그 나라의 열매 맺는 백성이 받으리라"고 경고하셨습니다(마 21:43). 둘째, 그들이 그리스도와 그리스도의 복음을 공공연하고 철저하게 버리는 것을 보시고 그리스도께서 말씀하셨습니다. "보라 너희 집이 황폐하여 버린바 되리라."(마 23:38). 셋째, 그 나라 전체가 하나님께 버림을 당하였다는 증거가 사도행전 2:40에서 발견됩니다. 오순절 날에 베드로는 믿는 남은 사람들에게 "이 패역한 세대에서 구원을 받으라."고 명했습니다.

"저주함에 가까워 그 마지막은 불사름이 되리라." 이 말은 좋은 땅에 대해서 말한 것과는 날카로운 대조를 이루는 표현입니다. 좋은 땅은 "하나님께 복을" 받습니다. 그러나 여기서는 그 정반대입니다. "저주함"이란 '증오함으

---

3) 개역한글이나 개역개정에서는 "가시덤불과 엉겅퀴"로 번역되어 있다. - 역자 주

로 버림받음,' 또는 '멸망당하게 내버려 둠'을 의미합니다. 그것은 불사르게 "내어 준바" 됩니다. 그것은 믿음의 유추를 따라서 하나님의 심판이 임할 것을 의미합니다. 이스라엘은 버려진 나무가 되었습니다. 또한 불모의 땅이 되었습니다. 우리 주님께서 주인이 열매 없는 무화과나무를 삼년이나 참았다가 그래도 없으면 "찍어버리라" 명할 것이라고 경고하셨습니다(눅 13:7). 이스라엘 전체가 "저주함"에 넘겨지게 되었다는 증표는 무화과나무를 저주하신 그리스도의 행사 속에서 드러났습니다(마 21:19). 주님께서는 유대인을 무화과나무로 상징하셨습니다(마 24:32). 그들에게 아직은 참으로 짧은 기간, 한 '해'가 허락된 것입니다(눅 12:8). 그래서 "저주함에 '가까운'" 처지에 있게 된 것입니다.

"불사름이 되리라." 동방에서는 밭이 쓸모가 없으면 그 땅을 돌보지 않고 내버려 둡니다. 그런 다음 울타리도 헐어 버려 그 밭이 자기 소유가 아님을 알립니다. 결국 그 밭에 난 잡초에 불을 놓아서 그 가라지의 씨가 좋은 땅에까지 영향을 미치지 못하게 합니다. 하나님께서 이스라엘에게도 그와 같이 행하셨습니다. 사도행전 마지막 28장에 보면, 사도 바울이 유대인들이 하나님께 버림받은 사실을 경고합니다. "서로 맞지 아니하여 흩어질 때에 바울이 한 말로 이르되 성령이 선지자 이사야를 통하여 너희 조상들에게 말씀하신 것이 옳도다 일렀으되 이 백성에게 가서 말하기를 너희가 듣기는 들어도 도무지 깨닫지 못하며 보기는 보아도 도무지 알지 못하는도다 이 백성들의 마음이 우둔하여져서 그 귀로는 둔하게 듣고 그 눈은 감았으니 이는 눈으로 보고 귀로 듣고 마음으로 깨달아 돌아오면 내가 고쳐 줄까 함이라 하였으니 그런즉 하나님의 이 구원이 이방인에게로 보내어진 줄 알라 그들은 그것을 들으리라 하더라."(행 28:25-28) 마태복음 22:7에 나오는 그리스도의 엄숙한 말씀이 이루어진 것입니다. "임금이 노하여 군대를 보내어 그 살인한 자들을 진멸하고 그 동네를 불사를 것이다."

히브리서 6:7,8의 내용을 중생하였거나 중생하지 않았거나 유대인들에게만 국한시키지 말아야 합니다. 왜냐하면 "물에 비취이면 얼굴이 서로 같은 것같이 사람의 마음도 서로 비취기" 때문입니다(잠 27:19). 이에 대하여 존 칼빈(John Calvin)의 주석을 참조하는 것이 좋습니다.

"이는 때에 맞게 진보해 나아가고 싶은 소원을 일으키기에 합당한 유추이다. 땅이 씨가 뿌려지자마자 움을 돋게 하지 않으면 추수기에 좋은 곡식을 낼 수 없다. 그같이 주께서 자기의 말씀을 뿌리실 때 선한 열매를 내고 싶은 소원을 갖고 계시면, 그 말씀이 지체 없이 우리 속에 뿌리를 내리는 것이 마땅하다. 만일 씨가 움이 돋지 못하고 질식당하고 썩어 버리고 말면 열매를 기대할 수 없다. 그 유추가 매우 합당하다. 그것은 사도의 의도에 광범위하게 적용되어야 마땅하다.

"사도는 이렇게 말하고 있다. 비에 젖은 땅이 뿌린 씨앗에 합당한 떡잎을 내고 결국 하나님께 복을 받아 곡식을 낸다. 그렇듯이 복음의 씨앗을 마음으로 받아 아름다운 싹을 내는 자들은 익은 열매를 거두기까지 진보하기 마련이다. 반대로, 갈아주고 물을 대준 땅이 가시밖에 내지 않으면 그 땅은 추수할 가망이 없다. 심지 않은 가시가 자라나면 자라날수록 더 절망적이 된다. 농부가 취할 오직 유일한 조치는 그 쓸모없는 가라지들을 모아서 불태우는 것이다. 냉담함이나 부패한 생각으로 복음의 씨앗을 멸하여 삶의 선한 진보를 조금도 보이지 않는 사람들은 분명히 버리운 자들임에 틀림없다. 그러한 사람을 통해서는 아무런 열매도 기대할 수 없다. 그러니 사도는 여기서 복음의 열매에 대해서 말할 뿐 아니라, 그 복음을 신속하게 마음으로 받으라고 권면하고 있다. 또한 사도는 더 나아가 이렇게 말한다. 씨가 뿌려진 후에 이내 떡잎이 나면, 그것이 매일 가꾸어줌을 따라서 알곡을 얻는다고 말이다."(John Calvin)

주 예수님께서는 씨 뿌리는 비유를 마치실 때 이렇게 말씀하셨습니다. "그러므로 너희가 어떻게 듣는가 스스로 삼가라."(눅 8:18) 그 말씀은 그 들은 것이 어떻게 너희에게 유익이 되는가, 또 그 말씀을 어떻게 활용해야 하는지를 삼가 유념하라는 말입니다. 또한 우리 자신이 좋은 땅과 같은 자세로 하나님의 말씀을 듣고 있는지 확인하라는 말씀입니다. 바로 그러한 사람들에게 "선하고 착한마음"에 말씀이 떨어지는 것과 같은 결과가 나타납니다(눅 8:15). 그들은 말씀의 권위에 복종하고 그 말씀으로 자신들을 판단합니다. 그럼으로써 그것을 자신들의 실수에 신실하게 적용시켜 봅니다. 둘째, 그들은 말씀을 '받습니다.'(막 4:20) 그들은 그 말씀을 개인적으로 활용합니다. 그리고 그 말씀을 자신들에게 적용합니다. 그리고 자기들의 필요에 합당하게 활용합니다. 셋째, 그들은 말씀을 '이해합니다.'(마 13:23) 그들은 영적이고 체험적으로 그 말씀과 친숙하게 됩니다. 넷째, 그들은 그 말씀을 '지킵니다.'(눅 8:15) 그들은 그 말씀을 마음에 두고 삼가 순종하며 실천합니다. 다섯째, 그들은 "인내로 열매를" 냅니다(눅 8:15). 그들은 참아내고, 모든 좌절케 하는 요소들을 극복합니다. 그리고 시험을 이기고, 순종의 길에서 행합니다. 그러한 사람들에게 하나님의 복이 임합니다.

좋은 땅과 같은 마음으로 말씀을 듣는 자들과, 길가나 돌짝밭이나 가시덤불 같은 마음으로 말씀을 듣는 자들이 대조됩니다. 이 사람들은 성령님의 일반적이거나 보다 열등한 역사를 받은 사람들이라고 봅니다. 우리가 지난 강론에서 말했던 사람들입니다. 먼저, 길가에 해당하는 사람들(모든 땅 중에서 가장 낮은 땅임)의 마음에도 "씨가 뿌려졌다."고 그리스도께서 말씀하신 것을 유념해야 합니다(마 13:19). 둘째, 돌짝밭 같은 마음에 대해서 "말씀을 듣고 즉시 기쁨으로 받는다."고 말씀하셨습니다(마 13:20). 또한 그들을 가리켜 "잠간 믿다가 시험을 받을 때 배반하는 자라."고 말씀하셨습니다(눅 8:13). 셋째, 그리스도께서는 가시떨기 같은 마음의 사람들은 "이생의 염려와 재리와 일락에 기운이 막혀 온전히 결실치 못하는 자들이라."고 말씀하셨습니다(눅 8:14). 그럼에도 불구하고 이들 가운데 어느 한 경우도 하나님의 성령님으로 거듭난 자들이 아닙니다. 성령님의 은혜로운 작용을 받기는 하였지만, 그들이 낸 것은 고작해야 육체의 행위에 불과했습니다. - 곧 "가시와 엉겅퀴"에 지나지 않았습니다.

위의 해석에서, 7절의 "채소를 낸다"는 것과 8절의 "가시와 엉겅퀴를 낸다"는 말 사이의 차이에 대해 주목했었습니다. 내는 것에서는 같습니다. 그러나 방식과 척도에 있어서는 다릅니다.

"전자(前者)는 자기들이 마음속에서 생각하고 기른 것들을 삶을 통해서 낸다. 그들은 그 열매에 상응하는 뿌리를 스스로 가지고 있다. 그처럼 여기에 사용된 말씀은 내적으로 잉태된 것을 열매로 낸다는 의미다. 마음에 심겨진 복음의 교훈이 비뿐 아니라 씨로도 상징된다. 그것이 은혜로 말미암아 자라나게 된다. 마치 보배로운 씨와, 그들 마음속에 있는 영적인 뿌리나 원리로부터 보배로운 열매가 맺히듯이 말이다. 참된 신자가 열매 맺는 것과, 외식자나 거짓된 신앙고백자의 행위 사이의 차이가 비로소 나타난다. 거짓된 신앙고백자는 '버섯 같은' 열매를 낸다. 그것은 갑자기 나타나 굉장하게 큰 덩치를 보이고 또 훌륭하게도 보인다. 그러나 그것들은 쓸모없다. 그것들은 땅에 뿌리를 박거나 씨를 가지고 있는 것이 아니다. 그것들은 살아 있는 원리로부터 나오지 않는다."(John Owen)

그러니, 8절의 "가시와 엉겅퀴"가 사람들이 생각하듯이 죄나 악함을 가리키는 것이 아님을 명심해야 합니다. 오히려 그 말은 '종교'에 의해서 계발된 육체의 '가장 좋은' 산물들입니다. 성경교육을 받고 성령에 의해서 '비춰 받아' 나타내는 것들입니다. 가시와 엉겅퀴가 '채소'와 동등하게 땅에 자주 내리는 '비'를 통해서 발생한다는 사실로 그 점이 명백합니다. 중생치 못한 사람들이 자기 동료들의 눈에 보기에 대단히 훌륭한 것을 가지고 있을 수 있습니다. 또한 그들이 성경의 문자적인 의미에 대해서 탁월한 이해력을 보일 수도 있습니다. 또 그들이 믿음을 위해서 투쟁하는 데 큰 열심을 가질 수도 있습니다. 그리고 교회를 지성껏 섬기고 헌신적일 수도 있습니다. 그러하다 할지라도 마음을 감찰하시고 그것들이 나오는 뿌리를 주목하시는 하나님이 보실 때는 아무것도 아닙니다. 진정한 마음의 뿌리에서 나지 않은 이런 산물들이나 행위들은 거룩한 하나님의 저주 아래 있는 육신의 열매에 불과합니다.

"만일 가시와 엉겅퀴를 내면 버림을 당하고." 바울이 그 말씀을 기록할 때 유대인들은 이 점을 거의 믿지 않았습니다. 하나님께서 자기들을 백성으로 삼으셨다는 것을 크게 자랑하면서, 하나님께서 자신들을 다른 이들보다 더 사랑하신다고 확신했습니다. 하나님께서 그들에 대한 진노를 잠시 뒤로 미루고 계셨지만 그들을 인정하지 않으셨습니다. 오늘날 기독교국 어느 곳에서든지 이에 대한 서글픈 동류를 발견합니다. 그리스도의 이름을 지니고 있는 셀 수 없는 수천의 사람들이 자기들이 하나님의 백성들 중에 들어 있다는 확신을 가지고 있습니다. 그럼에도 결국 하나님께 '버림을' 당하고 맙니다.

이 책을 읽는 사랑하는 독자들이여, 여러분은 그렇지 않습니까? 베드로후서 1:10의 말씀에 얼마나 귀를 귀울여야겠습니까! "그러므로 형제들아 더욱 힘써 너의 부르심과 택하심을 굳게 하라." 이 말씀은 신앙고백자들이 정말 각별하게 유념해야 할 말씀입니다! 하나님의 말씀을 듣는 사람들이 시련을 받고 있습니다. 바로 이때야말로 그처럼 오랫동안 특권을 누려온 우리 모두가 그 점에서 얼마나 진보했는지를 엄격하게 계산해 보아야 할 때입니다.

우리는 '무엇'을 내고 있는가? 우리는 "예수 그리스도로 말미암아 의의 열매가 가득하여 하나님의 영광과 찬송이" 되고 있는가?(빌 1:11) 그렇다면 우리로 열매를 맺게 하시는 하나님께 찬송을 드려야 할 것입니다. 아니면 우리가 나쁜 사람이라는 평판을 받고 있지는 않지만 하나님을 위해서 열매를 맺는 일에 있어서 '버림받은 땅'과 같지는 않는가? 만일 우리가 이러한 질문에 직면하여 우리가 어떤 종류의 땅에 속하였는지 확인해 보고 당황하였다 합시다. 그런데 그 당황이 죄의 기만성으로 인한 마음의 강퍅함 때문이 아니라 우리 자신의 열매 없음과 빈곤 때문이라 합시다. 그러면 우리가 신령한 열매를 냈다는 더 확실한 증거를 가지기 전에는 쉬지 말아야 합니다. 이 엄숙한 말씀으로 우리의 마음을 탐사해 보아야 합니다. "만일 가시와 엉겅퀴를 내면 버림을 당하고 저주함에 가까워 그 마지막은 불사름이 되리라."

오늘날 교회에 속하여 있으면서도 경건한 삶의 열매를 맺으라는 모든 권면을 외면하는 수많은 신앙고백자들이 그러한 운명을 당할 것입니다. 버려진 땅 위의 엉겅퀴와 가시처럼 그들의 삶 속에 부패한 소원과 교만과 세상적인 정신과 탐심이 명백하게 드러나 있습니다. 그것을 생각하면 얼마나 무섭습니까! 신앙을 고백한다는 그리스도인들 중에 저주함에 가까운 사람들이 있다니요! 그들은 곧 마지막 설교를 듣게 될 것이고 산 자의 땅에서 끊겨질 것입니다. 그 후에 그리스도의 입술로부터 나오는 무서운 선고를 듣게 될 것입니다. "저주를 받은 자들아 나를 떠나 마귀와 그 사자들을 위하여 예비된 영영한 불에 들어가라."(마 25:41)

27강

두 부류의 그리스도인

6:9 사랑하는 자들아 우리가 이같이 말하나 너희에게는 이보다 더 좋은 것 곧 구원에 속한
것이 있음을 확신하노라 6:10 하나님이 불의하지 아니하사 너희 행위와 그의 이름을 위하여
나타낸 사랑으로 이미 성도를 섬긴 것과 이제도 섬기고 있는 것을 잊어버리지 아니하시느
니라 6:11 우리가 간절히 원하는 것은 너희 각 사람이 동일한 부지런함을 나타내어 끝까지
소망의 풍성함에 이르러 6:12 게으르지 아니하고 믿음과 오래 참음으로 말미암아 약속들을
기업으로 받는 자들을 본받는 자 되게 하려는 것이니라

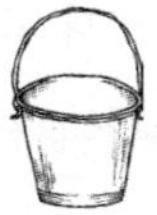

우리가 살펴보려는 부분은 4-6절과 대조를 이룹니다. 4-6절에서는 크게 은총을 입은 사람들의 부류가 발견됩니다. 그들은 큰 체험과 은사와 성령의 역사를 체험한 사람들입니다. 거기서 우리는 거듭나지 않은 자연인이 가진 기능들이 최고도에 오른 모습을 발견하였습니다. 양심이 비췸을 받고, 총명이 밝아졌으며, 정서가 크게 힘을 내었으며, 의지가 격동되어 행동을 낳았습니다. 거기서 우리는 그리스도의 이름을 고백하는 이들 중 많은 비중의 사람들이 가진 성품을 보았습니다. 그들이 거듭나지 않았고 구원받지는 않았고, 또한 그들의 결국은 멸망입니다. 그러나 하나님의 참된 자녀가 그러한 사람들을 가려내는 것은 그렇게 쉬운 일이 아닙니다. 그들이 진리를 알고 종교에 열심을 가지고 도덕적인 자질을 갖춘 것을 보고 하나님의 참된 자녀는 부끄러움을 느낄 때가 있습니다. 그럼에도 불구하고 성소(聖所)의 저울로 잘 달아 보면 그들에게 뭔가 부족함이 있음을 발견하게 될 것입니다.

네 복음서들을 주의 깊게 읽는 독자는 주께서 육체로 계실 때에 믿음의 조짐이 전혀 없는 사람들의 병도 치료하신 일을 발견할 것입니다. 예수님께서 그때 베푸신 복이 제자들에게만 국한된 것이 아니었습니다. 영적인 사람들만 아니라 육신적인 사람들에게도 세상에서 잠시 베풀어지는 긍휼은 부여되었습니다. 그리고 아담의 모든 자손들에게까지 하나님의 선함이 베풀어진다는 또 다른 요점을 주의 깊게 생각해야 합니다. "하나님이 그 해를 악인과 선인에게 비취게 하시며 비를 의로운 자와 불의한 자에게 내리우심이니라."(마 5:45) 그리스도께서 믿지 아니하는 사람들을 은혜롭게 대하심은 우리가 앞 강론에서 규정했던 것을 그림자로 보여주는 것입니다. 곧 성령님의 열등한 작용을 그려 주고 있습니다. 그리스도께서는 신령한 복과 구원에 이르는 긍휼을 많은 사람들에게 베풀어 주지는 않으십니다. 그리스도께서는 구원에 이르는 은혜에 미치지는 못하지만 일시적인 복락을 많은 사람들에게 나누어 주십니다.

지난 강론에서 우리는 야고보서 1:17을 언급한바 있습니다. "각양 좋은 은사와 온전한 선물이 다 위로부터 빛들의 아버지께로부터 내려오나니." 야고보서의 성격과 주제와 서신을 쓰게 된 목적에 비추어 그 말들이 둘로 구별되는 선물들을 가리킨다고 우리는 믿습니다. 아니 두 종류의 다른 부류의 사람들을 가리킵니다. "좋은"은 복음 사역을 통해서 선택받지 못한 사람들에게 부여된 은사들을 수식하고, "온전한"은 하나님의 백성들에게 나눠준 은사들을 가리킵니다. 시편 68:18이 그 점에 대해 묘사하고 있습니다. 거기서 그리스도의 승천에 관한 메시야의 예언을 대하게 됩니다. "주께서 높은 곳으로 오르시며 사로잡은 자들을 취하시고 선물들을 사람들에게서 받으시며 반역자들로부터도 받으시니." 두 구별되는 부류의 사람들에게 각각 다른 은사들이 그리스도에 의해서 주어집니다. 이 구절의 일부가 에베소서 4:8에서 성령님께 채용됨을 특히 주목해야 합니다. 그 에베소서 4:8의 부분을 보면 마지막 말인 "반역자들로부터도 "가 생략되어 있습니다. 어째서 그러셨을까요? 에베소서에서 생각하고 있는 것은 하나님의 선택한 백성들에 관한 것이기 때문입니다(1:3,4). 그러나 그에 더하여 그리스도께서는 '반역자들에게서도' 선물을 받으셨습니다. 곧 선택받지 않은 이들에게서도 선물을 받으셨습니다.

복음 사역을 통해 하나님의 이중적 사역(事役)이 시행됨을 깨닫는 사람은 참으로 적습니다. 마태복음 22:14에 있는 그리스도의 말씀 속에서 이 점에 대한 분명한 암시가 엿보입니다. "청함을 받은 자는 많되 택함을 입은 자는 적으니라."(마 22:14) 인류의 절반이 복음을 전혀 듣지 못했습니다. 복음을 들은 사람들은 '씨 뿌리는 자의 비유'를 통해서 그리스도께서 가르치시듯이 네 등급으로 나누어집니다. '길가에 뿌리운 자'와 같은 이들은 복음을 들으나 하등의 효과를 얻지 못한 사람들입니다. 교회에 출석하는 이들 중에 '돌짝밭'이나 '가시덤불'과 같은 사람들이 아주 큰 비중을 차지하고 있습니다. 그들은 '형제들'로 알려진 자들과 교제를 나누고 있습니다. 이들에 대하여 "잠시 믿다가"라는 표현이 주어졌습니다(눅 8:13). 그들은 열매를 산출하지 못합니다. 하더라도 "온전함에 이르는 열매"는 전혀 없습니다(눅 8:14). 또한 그들 속에 있는 육신의 생각, 곧 '하나님을 대적하는 마음'이 상당하게 제어를 받고 있습니다. 그러나 하나님께 대한 적의가 사라진 것은 아닙니다. 그들에게 성령께서 역사하시기는 하였습니다. 그러나 그들을 '새로운 피조물 되게 하시는 창조의 역사'는 없었습니다. 그들은 '청함을 받았으나' '택하심을 입은 자들'은 아닙니다. 그들은 "온전함에 이르는 열매를 전혀" 내지 못합니다(눅 8:14). 그들의 육신의 생각에 속한 '하나님을 대적하는 적대감'이 상당하게 제어됩니다. 그러나 그 적의가 사라진 것은 아닙니다. 그들에게도 성령의 역사가 있습니다. 그러나 여전히 그 역사는 그들을 '새로운 피조물로 만드시는' 역사는 아닙니다. 그들은 "청함을 받았으나" "택하심을 받은 것"은 아닙니다.

하나님의 선택한 백성들을 구원하시는 유효한 부르심을 묘사하기 위해 성령께서 채용하시는 어법의 의미를 진정으로 이해해야 합니다. 그러기 위해 방금 지적된 구분을 유의해야만 합니다. 예를 들어서 로마서 8:28에 지적된 이들을 "하나님의 뜻대로" 부르심을 받은 자들로 말하고 있습니다. 복음의 보편적 선포를 통해서 하나님의 섭리로 보다 열등한 성령님의 역사를 받는 다른 이들이 받은 것과는 다른 '부르심'입니다. 디모데후서 1:9에서도 역시 우리는 "하나님께서 주신 은혜대로 거룩하신 부르심으로 부름을 받은" 사람들에 대해서 말하고 있습니다. 그 말은 '일반적인 부르심'과 구별되는 "거룩한 부르심"을 받은 이들이 있다는 것입니다. 베드로전서 5:10에는 다시 이런 말씀이 있습니다. "모든 은혜의 하나님 곧 그리스도 안에서 너희를 부르사 자기의 영원한 영광에 들어가게 하신 이가…" 이 말씀은 이 세상에서 일시적인 의(義)를 위해 부르심 받은 많은 사람들과 대칭되는 이들을 가리켜 말하고 있습니다.

서신들에서 '우리'라는 말이 세상의 모든 다른 사람들과 구별하기 위해서 사용되고 있습니다. 다시 말하면 더 협소한 구별을 위해서 그 말이 자주 채용됨을 주목할 필요가 있습니다. 흔히 '우리'라는 말이 하나님의 참 백성의 적은 무리들을 둘러싸고 있는 생명 없는 큰 무리의 신앙고백자들과 대조하기 위해 쓰입니다. 그 신앙고백자들은 영적으로는 생명이 없습니다. 그럼에도 불구하고 신앙을 고백하지 않고 있는 대다수의 사람들과는 구별됩니다. 그들 대다수를 위해서 성령께서 역사하시는 것이 사실이지만, 그럼에도 그 역사(役事)는 결국 부족한 역사입니다. 야고보서는 이 부류에 속한 사람들에 대해서 많은 것을 말합니다. 요한은 요한일서에서 그들에 대해서 이렇게 선언합니다. "그들이 우리에게서 나갔으나 우리에게 속하지 아니하였나니 만일 우리에게 속하였더면 우리와 함께 거하였으려니와 그들이 나간 것은 다 우리에게 속하지 아니함을 나타내려 함이니라."(요일 2:19) '부르심'의 역사가 그들에게 임했음에 틀림없습니다. 왜냐하면 그들이 한때 세상으로부터 구별되어 참된 하나님의 백성들과 연합했었기 때문입니다. 더구나 '부르심'의 역사가 그들 속에서 변화를 일으켜 참된 그리스도인들로 여겨진 사람들입니다. 그렇지 않았다면 그들은 그러한 참 하나님의 백성들의 부류에 가입되지 못했을 것입니다.

그리스도께서 "청함 받은 사람들은 많되 택함 받은 사람은 적다."고 말씀하실 때는 지극히 엄숙하고 탐사적인 때였습니다. 그 문맥은 '왕의 아들의 혼인잔치 비유'를 기록하고 있다. 첫째, 혼인잔치에 오라는 초대장이 유대인들에게 보내졌습니다. 그러나 그들은 그것을 멸시했습니다. 또 하나님의 종들을 악하게 대접했습니다. 그래서 그들의 성(城)이 파괴되었습니다. 그런 다음에 하나님의 종들이 다른 사람들에게 초대장을 보내기 위해서 이방(異邦)의 첩경으로 달려갔습니다. 그러나 왕이 손님들을 조사해 보니 '혼인 예복'을 입지 않은 사람이 있는 것을 보았습니다. 그때 무서운 선고가 내려졌습니다. "그 손발을 묶어 바깥 어두운 데에 내던지라 거기서 슬피 울며 이를 갈게 되리라." 그리스도께서는 그 말씀을 하시고 나서 즉시로 "청함을 받은 자는 많되 택함을 입은 자는 적으니라."고 하셨습니다.

그리스도의 이름을 믿는다고 고백하는 많은 사람들 중 복음을 통해서 하나님의 부르심을 받은 사람들이 있습니다. 그들이 받은 부르심으로 말미암아 하나님의 말씀을 인정하게 되었습니다. 그 부르심이 그들로 하여금 이 세상에서 그리스도를 위해 외적으로 힘을 내게 했던 것입니다. 또한 그것은 그들의 삶에 실질적인 개선을 가져와서 그들로 사회에서 쓸모 있는 사람들이 되게 하였습니다. 그뿐 아니라 뻔뻔스럽게 대적하는 세상으로부터 하나님의 '선택하신' 적은 무리의 백성을 보호하는 방책을 제공하기도 합니다. 이 대목은 이런 많은 사람들과 날카로운 대조를 이루면서 "은혜로 택하심을 따라 남은 자"를 다루고 있습니다(롬 11:5). 6:9의 말씀은 그 점을 분명하게 드러내고 있습니다.

여기서 "그러나"[1]라는 접속사가 9절의 "사랑하는 자들아"라고 칭하는 이들이 8절에서 언급된 자들과 정반대 편에 있음을 나타내고 있습니다. "더 나은 것과"란 말 역시 8절에서 묘사된 자들과 그들이 반대됨을 지적하고 있습니다. "더 좋은"은 비교 형용사입니다. 단순히 '좋은' 것보다 더 좋은 것을 의미합니다. 4,5절에서 묘사된 사람들은 좋은 것을 가지고 있습니다. 그러나 이 사람들은 그들보다 훨씬 더 좋은 것을 가지고 있습니다. 야고보서 1:17에 대해 우리가 말한 바를 이 점이 얼마나 명확하게 확증하고 있는가를 주목하십시오.

9-12절에서, 사도가 세 가지 일을 하고 있음을 발견합니다. 첫째, 사도는 히브리 성도들을 향한 자기의 선한 의지를 나타냅니다. 둘째, 사도는 그들의 상태에 대한 자기의 판단을 선언합니다. 셋째, 그 판단이 어떠한 근거에서 나온 것인지를 보여줍니다. 사도의 의도는 그들이 6:1-8까지에서 말한 것을 바르게 활용하게 하려는 것입니다. 그리하여 그들이 낙담하지 않으면서도 부주의하지 않도록 하려는 것입니다. 우리는 존 브라운(John Brown)이 이 대목에서 말하는 사도의 심정을 어떻게 지적하고 있는 지 알아 봅시다.

---

1) 우리말 개역개정에서는 나타나지 않음. - 역자 주

"이 문단의 보편적인 의미, 곧 이 문단에 나오는 모든 부분이 서로 긴밀하게 연결되어 사도가 다음과 같은 의미로 말하는 의도를 드러내고 있다. 내가 배도자들에 대해 이 무서운 진술을 하는 이유는 당신들을 배도자로 생각하고 있기 때문이 아니다. 왜냐하면 당신들의 행동을 보면 그렇지 않다는 것을 알 수 있다. 하나님의 약속은 당신들이 그러한 사람들의 운명에 빠지지 않을 것을 확증하셨다. 그러나 내가 이 엄숙한 진술을 당신들에게 소개하는 것은 당신들로 믿음에 견고히 서서 분발하고, 소망과 진리를 순종하는 일에 조금도 게으르지 말고 초지일관으로 나아가게 하려 함이다. 그래야만 당신들을 앞서 갔던 사람들처럼 그리스도인의 구원의 약속된 복락을 온전하게 얻을 수 있다."

히브리서 6:9

"사랑하는 자들아 우리가 이같이 말하나 너희에게는
이보다 더 좋은 것 곧 구원에 속한 것이 있음을 확신하노라."

"(그러나) 사랑하는 자들아" 이 어구는 히브리 성도들을 향한 사도의 선한 의도와 애정을 보여줍니다. 그러한 표현은 형식상 정중한 예의를 갖추려고 한 말과는 다릅니다. 그 이상입니다. 그 표현은 하나님의 백성들을 향한 바울의 따뜻한 마음을 나타냅니다. 비록 5:11-14에서 그들에게 냉혹하게 한 말이 그들에 대한 냉정한 마음에서 난 것이 아닙니다. 사랑은 신실한 것입니다. 왜냐하면 사랑은 그 사랑받는 대상이 가장 잘 되기를 바라기 때문입니다. 또한 사랑은 필요할 때에 책망도 하고 질책도 하고 권면도 할 것입니다. 영적인 사랑은 충동으로 나오는 것이 아니고 원리에서 나옵니다. 이로써 그 영적인 사랑은 '뼈 없이 호감만 주려고 노력하는 것이나 육체의 상냥함이나 감상적인 것'과 다릅니다.

"그래서 우리는 이렇게 결론을 내린다. 버리운 자들은 마땅히 냉혹하고 신랄하게 책망받아야 한다. 뿐만 아니라 우리가 하나님의 자녀들로 인정하는 사람들, 곧 선택받은 사람들에게 그렇게 책망해야 한다."(John Calvin)

"사도가 재빨리 위안과 격려의 말을 하는 것은, 히브리 사람들로 두려움과 슬픔으로 위압당하지 않게 하려 함이다. 또한 사도의 말을 듣고 자기들의 상태가 절망적이라고 생각하지 못하게 하려고 그렇게 한 것이다. 이 히브리서 기자의 생각은 그들에게 사랑을 고취시켜, 사랑의 끈으로 그들을 이끌어 내려는 간절한 마음을 먹고 있다. '사랑하는 자들아'라는 말이 여기에 도입된 것은 다른 서신들에서 흔히 나타나는 그 사랑어린 칭호인데, 가장 힘있는 격려의 방식으로 쓰인 데는 바로 이곳이다. 이 히브리서에서 그 말이 딱 한 번 나온다. 그것은 히브리 그리스도인들에 대한 사도의 참되고 열렬한 사랑이 없기 때문이 아니다. 그들이 사도 자신에 대하여 적대적인 선입관을 가질 수 있음을 염려하여 자기의 느낌을 절제하는 것이 좋겠다고 생각했기 때문이다. 그러나 여기서 그 표현이 튀어나온다. 마치 큰 위험과 걱정스럽기 짝이 없는 순간에도 속마음이 부드러운 말로 그 실체를 드러낸 것과 같다."(A. Saphir)

"(그러나) 사랑하는 자들아 우리가 이같이 말하나 너희에게는 이보다 더 좋은 것…확신하노라" 사도는 이 말을 통해서 히브리 그리스도인들의 영적인 상태에 관한 자기의 판단을 보이고 있습니다(히 3:1 참조). "확신한다"는 틀림없는 확실성을 말하기보다는 좋은 근거를 기초한 강한 확신을 표명하는 말입니다. 로마서 15:14에서 발견되는 것과 유사한 말입니다. "내 형제들아 너희가 스스로 선함이 가득하고 모든 지식이 차서 능히 서로 권하는 자임을 나도 확신하노라." 디모데후서 1:5에 다시 이러한 말씀이 나타납니다. "이는 네 속에 거짓이 없는 믿음을 생각함이라 이 믿음은 먼저 네 외조모 로이스와 네 어머니 유니게 속에 있더니 네 속에도 있는 줄을 확신하노라." 이 히브리 사람들의 영적인 조건이 참으로 낮은 위치에 있지만(5:11-14), 그들 속에는 중생한 영혼임을 나타내는 열매가 있었고 아직도 그 열매들이 발견됩니다. 나무의 성질은 그 열매로 알아보기 마련입니다. 나의 신앙고백의 순전성은 내가 맺는 열매를 통해서 증거됩니다. 또한 내 신앙고백이 가치 없다면 그것은 내가 열매를 내지 못하는 것에서 나타납니다. "경건의 모양"은 있을 수 있습니다(딤후 3:5). 그러나 만일 내 행실로 그 능력이 "부인당하면"(딛 1:16), 그것은 소용없고 쓸모없습니다.

"사랑하는 자들아 우리가 이같이 말하나 너희에게는 이보다 더 좋은 것… 있음을 확신하노라." 모든 목회자마다 자기에게 맡겨진 사람들의 영적인 조건을 가늠해 보는 것이 마땅한 의무입니다. "네 양떼의 형편을 부지런히 살피며 네 소떼에 마음을 두라."(잠 27:23) 하나님의 종이 바르고 때에 맞게 사역을 하려면 이 일은 매우 필요합니다. 그가 그들의 상태를 모르면 언제 어떻게 책망하고 위로하고, 언제 경고를 하고, 언제 격려해야 할는지 알지 못합니다. 일반적으로 싸잡아 설교하는 것은 그렇게 큰 소용이 되기보다는 형식적이 되기 쉽습니다. 몸을 고치는 의사는 그 환자의 상태를 잘 가늠해야 합니다. 그렇지 않으면 효과적으로 처방할 수 없습니다. 영혼의 의사들에게도 역시 그 점은 마찬가지입니다. 그리스도인들이 교제하는 데서도 역시 같은 원리가 적용됩니다. 만일 네가 그 사람이 형제라는 확신을 가지고 있지 않다면, 네게서 요구되는 복음적인 사랑으로 형제를 사랑할 도리가 없는 것입니다.

"곧 구원에 속한 것이 있음을 확신하노라." 여기서 "구원에 속한 것"에서 "속하다"(accompany)란 '함께 수반되어 있는'(conjoined with), 또는 '떼려야 뗄 수 없는' '구원과 확실한 관계를 가진 것'을 가리키는 말입니다. "구원에 속한" 주요한 일들은 죄에 대한 슬픔이나 미움, 또 겸손과 자기 비하(卑下), 양심을 위로하는 하나님의 평안, 거룩한 두려움과 순종의 원리, 하나님께서 지정해 주신 은혜의 방편을 부단하게 사용하는 것, 우리 앞에 당한 경주를 경주하는 것, 기도의 심령, 그리스도의 형상을 닮으려는 기대감, 그리스도와 함께 영원토록 산다는 기대감 등입니다. 참된 복음신앙과 진지한 순종은 중생치 못한 신앙고백자들에게 부여되는 가장 현란한 은사들보다 훨씬 "더 좋은 것들"입니다.

그리스도를 믿는다는 것은 나의 이해로 찬동하고 내 의지로 그 사실, 곧 그리스도가 죄인의 구주로서 당신께 나오는 모든 자들을 영접하실 의향이 있음을 승낙하는 것 보다 훨씬 더한 무엇입니다. 그리스도께 영접받기 위해서, 나는 내 모든 의(義)를 버리고 그리스도께 나와야 합니다(롬 10:3). 마치 빈손 들고 나온 거지처럼 말입니다(마 19:21). 그러나 더 급한 것이 있습니다. 내가 그리스도께 영접되기 위해서, 자기 뜻(self-will)과 그리스도를 배역하는 마음을 버리고 그리스도께 나와야 합니다(사 1:11,12 ; 잠 28:13). 반역자나 선동자가 왕에게 나와 그의 주권적인 은총과 용서를 구한다고 합시다. 바로 그런 경우에는 왕에게 용서를 구하기 위해 무릎을 꿇고 왕께 대한 자기의 마음의 적대감을 다 버릴 것이 요구됩니다. 용서를 구하며 그리스도께 나오는 경우도 마찬가지입니다. 그렇게 하지 않으면 믿음의 법에 위배됩니다.

그리스도 안에 있는 "거짓 없는 믿음"(딤후 1:5)은 그의 명에에 복종하고 그의 권위에 머리를 숙이는 믿음입니다. 성경에는 그리스도를 '주(主)'로 영접하지 않으면서도 그리스도를 '구주(救主)'로 받아들이는 일과 같은 것은 없다고 합니다. "그러므로 너희가 그리스도 예수를 주로 받았으니 그 안에서 행하되."(골 2:6) 만일 그 믿음이 정직하고 순전한 믿음이라면, 그 믿음은 순종의 정신과, 그를 기쁘시게 해드리려는 소원과, 자신을 위해서 더 이상 살지 않겠다는 결심을 수반할 것입니다. 오직 나를 위해서 죽으신 그분만을 위해서 살아가겠다는 결심을 내포하고 있을 것입니다(고후 5:15). 진정으로 구원받은 믿음을 가졌다는 사람이 하나님의 영광에 대해 아무 관심도 두지 아니하고 그의 계명에 대해 마음을 쓰지 않으면, 그는 사탄에 의해 눈먼 사람입니다. "구원에 속한," 구원과 확실한 연관을 가지고 있는 것들이 있습니다. 태양이 비추면 반드시 빛이 있습니다. 또한 열은 불과 떼려야 뗄 수 없습니다. 그와 같이 선한 행실은 구원받은 믿음과 불가분의 관계를 가지고 있습니다.

"우리가 이같이 말하나." 사도는 6절과 8절에서 배도자들에 관해 말한 것을 의식하면서 이 말을 한 것입니다. 그렇게 말한 것은 이 히브리 그리스도인들로 하여금 엄숙한 경고를 명심하게 하려 함이었습니다.

"눈에 보이게 신앙고백을 하는 교회 안에 있는 이들이 다 겉으로는 같아 보인다. 같은 규례들을 지킨다. 그리고 모든 사람들이 동일한 신앙고백을 한다. 그리고 모든 사람들과 같은 의무가 지워지며, 또 누구나 다 누추한 범죄를 피한다. 그러나 내적으로는 동일하지 않다. 큰 집에는 나무그릇도 돌그릇도 있다. 뿐만 아니라 금이나 은으로 된 그릇도 있다. 외적으로 생명의 떡을 먹는 모든 사람들이 다 '감추인 만나'를 먹는 것은 아니다. 또한 교회의 장부에 이름이 기록되었다고 해서 모두 다 어린 양의 생명책에 이름이 기록된 것은 아니다. 은사나 외적인 신앙고백이나 어떤 규례에 참예한다고 다 같은 성질을 가진 것도 아니다. 거기서 더 나아가 더 '좋은 것'이 있다. 한 마디로 하여 사도가 그들에게 배도자들에 관해 이야기 한 것은 모든 부류의 사람들로 경계를 삼게 하려 함이다. 모든 이들에게 교회의 특권에 안연하게 빠져 있지 말라는 것이다. 또한 그 특권들에 관심을 가지거나 참여하는 것 자체에서 만족을 찾지 말라는 것이다. 또한 보통의 신앙고백으로 만족하지도 말라. 그런 외양적 신앙고백이 그들에게 '살았다'는 이름을 부여할 수 있다. 그러나 그런 것을 의지하여 자기가 죽어 있는지 살아 있는지 잠시 멈추어 확인해 보라는 것이다."(John Owen)

히브리서 6:10

"하나님이 불의하지 아니하사 너희 행위와 그의 이름을 위하여 나타낸 사랑으로 이미 성도를 섬긴 것과 이제도 섬기고 있는 것을 잊어버리지 아니하시느니라."

여기서 사도는 어떤 근거로 그러한 확신을 하고 있는지 밝히고 있습니다. 그 근거는 바로 자기 백성들에게 언약으로 약속하신 것을 지키시는 하나님의 변치 않으시는 신실함입니다. 그런 근거로 이 서신을 받고 있는 히브리 사람들이 그 백성의 부류에 들어갈 것이라고 사도는 믿었습니다. 내 동료 그리스도인들이 영원한 영광에 들어갈 구원의 안전성이나, 내 자신이 영원한 영광에 들어갈 구원의 안전성을 확신하는 근거는 피조물 안에 있지 않습니다. "여호와의 인자와 긍휼이 무궁하시므로 우리가 진멸되지 아니함이니이다."(애 3:22) 신자의 견인(堅忍)은 원인이 아니라 하나님께서 우리를 보전하신 결과입니다.

"하나님이 불의하지 아니하사 너희 행위와…잊어버리지 아니하시느니라."

우리로 하여금 이 말씀의 요지를 이해하게 하는 성경 구절은 요한일서 1:9입니다. “만일 우리가 우리 죄를 자백하면 그는 미쁘시고 의로우사 우리 죄를 사하시며 우리를 모든 불의에서 깨끗하게 하실 것이요.” 하나님께서는 자기 아들의 인격 안에서 우리와 약조하신 언약을 ‘신실하게’ 지키십니다. 또한 하나님께서는 하나님의 아들이신 예수님께서 드리신 완전한 만족에 대하여 ‘공정하십니다.’ 하나님의 공의는 그리스도께서 구속(救贖)하신 자들을 위해서 만족되었습니다. 하나님께서 우리를 향하여 진실하시다는 것이 증거되었습니다. “영생의 소망을 인함이라 이 영생은 거짓이 없으신 하나님이 영원한 때 전부터 약속하신 것인데.”(딛 1:2) 하나님께서는 변하지 않으시고 회전하는 그림자도 없으십니다. 또 조금도 뜻을 바꾸지 않으십니다. 그래서 하나님께서 하신 맹세를 뒤집어엎으실 수 없습니다. “나 여호와는 변하지 아니하나니 그러므로 야곱의 자손들아 너희가 소멸되지 아니하느니라.”(말 3:6) “너희 안에서 착한 일을 시작하신 이가 그리스도 예수의 날까지 이루실 줄을 우리는 확신하노라.”(빌 1:6) 그러므로 우리는 하나님께 대한 절대적인 확신을 가지는 것입니다.

“하나님이 불의하지 아니하사 너희 행위와…잊어버리지 아니하시느니라.” 어떤 사람들은 여기서 하나의 난제를 생각합니다. 왜냐하면 이 말씀이 선한 행실로 벌어들인 하늘의 상급이라고 가르치는 것처럼 보이기 때문입니다. 그러나 난제는 그렇게 대단한 것은 아닙니다. 하나님의 상(賞) 주시는 대상은 그 자신이 우리 속에서 이루신 일뿐입니다. 그것은 아버지께서 성령의 열매를 인정하심입니다.

“은혜 베푸신 자가 은혜 받을 자와 조약을 맺는 행위는 전적으로 무상(無償) 조약일 수 있다. 그럼에도 불구하고 은혜 베푸시는 하나님의 행사로부터 권리가 은혜 받은 자의 것이 되어 자랄 수 있다. 그렇게 해서 얻어진 이점들은 권리가 되었기 때문에 결코 더 적은 은혜가 아니다. 그 권리들은 값없는 은혜로부터 기원한 것이기 때문이다."(1857년. Dr. Sampson)

이 세상에서 자신을 위해서 사는 사람이 그리스도를 위해서 사는 사람보다 더 많은 것을 얻는 것을 보면 하나님께서 자기에게 진지하게 순종하는 사람을 별로 크게 생각지 않는 것처럼 보일 수 있습니다. 그러나 조금만 지나면 그 양상은 훨씬 다르게 나타날 것입니다.

"하나님이 불의치 아니하사 너희 행위와… 잊지 아니하시느니라." 이에 대하여 칼빈(John Calvin)의 주석을 참조합니다.

"하나님께서 우리에게 빚을 청산하시는 것이 아니다. 하나님께서 값없이 약속하신 것을 이루시는 것이다. 그것도 우리의 행위를 따라서가 아니다. 우리 행위 속에 나타난 하나님 자신의 은혜를 따라 그 일을 행하시는 것이다. 아니, 하나님께서는 우리의 행위 자체보다도 우리의 행위 속에 있는 하나님 자신의 은혜를 보신다. 이런 일이 '의로워야' 한다. 왜냐하면 하나님께서는 자신을 부인하실 수 없기 때문이다. 하나님께서는 행위를 보상해 주시는 데 있어서 은혜로우시다. 왜냐하면 하나님께서는 참되고 신실하시기 때문이다. 우리에게서 아무것도 받지 않으신다. 어거스틴이 말한 바와 같이 '모든 것을 값없이 약속하셨다.' 그러므로 하나님은 우리에게 채권자가 되신 것이다."

하나님께서 은혜로 자기 백성들에게 '상'주시는 일에 무언가 일치되지 못하는 모순이 있다고 상상하는 사람들이 있습니다. 그들은 종교개혁자 칼빈의 말을 유심히 숙고하는 것이 좋을 것입니다.

"너희 행위와." 우리는 이 말이 그들의 믿음을 가리킨다고 믿습니다. 첫째,

히브리서 기자는 여기서 "구원에 속한 것들"을 말하고 있기 때문입니다. 또한 믿음은 그 구원과 함께 수반하는 것들을 가지고 있습니다. 둘째, 믿음은 "사랑으로 역사하기" 때문입니다(갈 5:6). 그리고 여기 10절에서 언급하는 두 번째 요점은 그들의 "사랑의 수고"이기 때문입니다. 셋째, 데살로니가전서 1:3에서 우리는 "믿음의 역사와 사랑의 수고와 소망의 인내"를 듣게 되기 때문입니다. 그리고 히브리서 6:11에서 역시 "소망"이 언급됩니다. 어째서 사도가 여기서 '믿음'이라는 표현을 생략하고 있느냐고 누가 묻는다면, 우리는 이렇게 대답할 것입니다. 그들의 믿음은 너무나 약하고 적었기 때문이라고 말입니다. 그들의 믿음을 여기서 바로 언급한다면 3:12; 4:1,2; 6:12; 12:1의 반복되는 권면을 약화시켰을 것입니다. "너희 행위"는 행위를 의미하기보다는 행함의 과정을 의미하는 것입니다. 또는 하나님께 순종하는 전체 과정을 가리킵니다. 그 하나님께 순종하는 전체 과정에 있어서 믿음은 동력적인 원리입니다. 복음적인 순종을 "너희 행위"로 묘사하는 것은 중생하였다는 증표가 되기 때문입니다. "우리는 그가 만드신 바라 그리스도 예수 안에서 선한 일을 위하여 지으심을 받은 자니 이 일은 하나님이 전에 예비하사 우리로 그 가운데서 행하게 하려 하심이니라."(엡 2:10 참조) 또한 그러한 과정은 행동과 고통과 수고를 요구하기 때문입니다. 베드로후서 1:5의 "더욱 힘쓰라"는 권면의 말씀을 참조하십시오.

살아 있는 믿음은 "역사(役事)하는 믿음"입니다(약 2:17). 신약 전체를 통해서 두 가지 요점이 명백하고 일관성 있게 가르쳐지고 있습니다. 의롭다 하심을 받는 것이 믿음으로 말미암고 행위로 말미암지 않습니다(롬 4장 참조). 그럼에도 불구하고 '의롭다 하심을 얻는 믿음'은 살아 있고, 역사하고, 열매 있는 믿음입니다. 하나님의 명령에 복종함으로써 그 자체를 드러내는 믿음입니다(요일 2 :4 참조). 그리스도께서는 우리를 위해서 자신을 주신 이유가 무엇입니까? "그가 우리를 대신하여 자신을 주심은 모든 불법에서 우리를 속량하시고 우리를 깨끗하게 하사 선한 일을 열심히 하는 자기 백성이 되게 하려 하심이라."(딛 2:14) 이 점은 오늘날 주 예수를 믿는다고 고백하는 모든 사람들에게 거듭 강조할 필요가 있습니다. 왜냐하면 이 사람들 중 많은 사람들은 살았다는 이름을 가졌으나 실상은 "죽은 자들"이기 때문입니다(계 3:1). 그들의 믿음은 하나님의 선택한 백성의 믿음이 아닙니다(딛 1:1). 오히려 귀신들이 가진 믿음보다 더 나을 바가 없습니다(약 2:19).

"너희 행위와 그의 이름을 위하여 나타낸 사랑으로 이미 성도를 섬긴 것과 이제도 섬기고 있는 것을 잊어버리지 아니하시느니라." 여기서 헬라어는 "너희 믿음과 사랑의 수고"를 먼저 말하고 나서 그것을 설명하는 투로 "이미 성도들 섬긴 것과…"라는 식으로 되어 있습니다. 이것들은 사도가 그 히브리 성도들을 향하여 가진 확신의 증거들입니다.

여기서 이들이 보인 "행위와 사랑의 수고"를 다섯 가지 요점으로 나누어 생각해 볼 필요가 있습니다.

첫째, 다른 사람들과 구별되게 하는 은혜, 곧 그들의 "사랑의 수고"입니다. 독자들은 요한일서 3:16-19과 4:7-11의 말씀을 주의하여 읽어보십시오. 이 점에 대하여 존 오웬(John Owen)은 다음과 같이 주해하고 있습니다.

"신자들 안에서 존재하는 서로 간의 사랑은 거룩한 성령의 열매이다. 그리고 믿음의 결과이다. 그럼으로써 서로 영적인 사랑의 띠로서 그들이 묶여지는 것이다. 그들이 그리스도 안에서 가진 연합된 관심 때문이다. 또한 하나님으로부터 동일하고 새롭게 신적인 영적 성품에 참여하게 된다. 그들은 서로를 귀하게 여기고 즐거워하고 기쁘게 생각한다. 그들은 서로 간에 자기들의 영원한 선과 영적인 선과 이 세상에 살아 있을 동안에 선을 촉진할 모든 의무들을 꾸준하게 감당하도록 서로 도와준다."(John Owen)

이 본문에 등장하는 "사랑의 수고"라는 말을 주목해야 합니다. 야고보서 2:15,16의 행위는 구원받는 믿음의 증거가 아닙니다. 참된 사랑은 역사하고 부지런하며 지치지 않습니다.

"그의 이름을 위하여 나타낸…" 그들의 사랑의 두 번째 특징을 보여줍니다. 그것은 은밀하게 숨어 있고 나타나지는 않는 그런 사랑이 아니었습니다. 오히려 명백히 드러난 사랑이었습니다. 야고보서 2:18에서 사도는 믿음을 고백하는 사람들에게 "너희의 믿음을 보이라."고 도전하고 있습니다. 오늘날도 그리스도의 이름을 가졌다고 하는 많은 사람들에게 그들의 사랑을 "보이라"고 촉구할 필요가 있습니다. 특별히 요한일서 5:2의 노선을 따라서 그리해야 합니다. "그의 이름을 위하여 나타낸"이란 표현은 그들이 성도들을 열심히 사랑한 행위 속에서 '그들이 가졌던 목적'을 규정해 줍니다. 방금 인용된 말씀은 상징적인 국면을 가지고 있습니다. 목적에 있어서 나타난 요지입니다. 왜냐하면 하나님의 이름이 그의 백성들에게 주어졌기 때문입니다(엡 3:15).

어떠한 일이든지 하나님의 백성들에게 행하면 그것이 선하든지 악하든지 그리스도의 이름을 위해 행하는 일이 됨을 아는 것은 복되고 엄숙한 일입니다(마 25:34,35). 공식적인 의미에서 그러합니다. 그들은 하나님의 백성들로 알고 다른 성도들을 섬긴 것입니다. 영적인 사랑의 독특한 성격은 바로 그런 점에서 나타납니다. 하나님의 이름이 그들에게 주어졌기 때문에, 그 사랑을 영혼들에게 행사하면 그러한 의미로 행사되는 것입니다. 효과적인 면에서 그러합니다. "하나님의 이름"은 하나님의 권위를 대표합니다. 하나님께서는 그의 백성들이 서로 사랑할 것을 요구하십니다. 그들이 그를 순종함으로써 서로 사랑하면, 그 일은 필연적으로 "그의 이름을 위하여" 행하는 것이 되고 그의 뜻을 준행하는 것이 됩니다.

"이미 성도를 섬긴 것과 이제도 섬기고 있는 것을 잊어버리지 아니하시느니라." 이 점은 우리에게 네 번째로 그들의 사랑이 행사된 방식을 보여줍니다. 곧 그들은 "지치지 않는 섬김으로" 사랑을 행했다는 것입니다. 다섯째로 그 말은 그들의 사랑의 대상들이 누구인가를 선언합니다. 그들이 섬긴 대상은 곧 "하나님의 '성도들'"이었습니다. 하나님의 백성들 중 많은 사람들이 세상에서 여러 가지 재난을 맞고 있습니다. 그들의 사랑하는 아버지께서 이것을 허락하신 한 가지 이유는 그리스도 안에 있는 그들의 형제자매들로 그를 거룩하게 섬길 특권을 갖게 하려는 것입니다(롬 15:25-27 ; 고후 8:21; 9:11-15 참조). 그러나 그러한 섬김들이 감성적인 생각에서 우러나오지 않게 하십시오. 또한 불편한 양심을 만족시키기 위해서 하는 일이 되지 말게 하십시오. 하물며 헛된 영광을 추구하며 그런 일을 하는 것이야말로 말해 무엇 하겠습니까. 또한 자비하다는 평판을 듣기 위해서 하는 일도 되지 말게 하십시오. 오히려 "하나님의 이름을 위해서 나타낸" 것이 되게 하십시오. 그러한 일은 하나님의 권위를 인정하는 것이고, 그의 모든 뜻을 의식적으로 수행하는 것입니다. 그것만이 우리가 다른 사람에게 수행할 수 있는 사랑의 모든 의무들에게 생명과 영성과 하나님의 받으심직한 가치를 부여하는 것입니다.

우리가 9,10절의 가르침을 요약하면서 사도가 마태복음 7:15-20에 나타난 원칙을 따라 히브리인들을 정당하게 평가한 방식을 관찰해 보도록 합니다. 진정한 그리스도인은 복음적인 신앙고백이 가져 오는 변화를 수반하여 그 명백한 증거를 나타냅니다. 믿음의 순종과 성도들을 향한 사랑의 수고는 인간적인 본능에서 나타난 것이 아니라 계시된 하나님의 뜻에 복종하는 가운데 나타납니다. 사도 바울이 그들에 관하여 가진 선한 확신의 근거는 과거나 지금 현재에도 눈에 보이게 나타나 있습니다. 여기서 사도가 지적한 특별한 은혜들이 어떠한 것들인가를 주목하는 것은 중요합니다. 사도는 그들이 진리에 대하여 가진 분명한 관점에 대해서 아무 것도 말하지 않았습니다. 또한 그들의 선교적 행동도 말하지 않았으며, 교회에 대한 그들의 열심도 말하지 않았습니다. 그런 것들은 많은 형식적인 신앙고백자들이 떠벌이고 자랑하는 일들입니다.

히브리서 6:11

"우리가 간절히 원하는 것은 너희 각 사람이 동일한 부지런함을 나타내어 끝까지 소망의 풍성함에 이르러."

사도는 1절의 권면을 되돌아보고 있습니다. 그러면서 4-8절에 지적한 엄숙한 경고도 생각하고 있습니다. 사도의 목적은 그들에게 자극을 주어 믿음과 사랑에 있어서 초지일관하며 그 열매를 내는 일에도 열심을 내게 하려는데 있습니다. 사도의 말은 모두 바로 그 목적을 위한 것입니다. 이 구절을 앞에 있는 구절과 연결시켜 보면 이러합니다. 사도는 그들의 영적인 상태에 대한 자기의 확신을 표현하였고, 하나님의 신실하심을 믿는 그들의 믿음에서 난 복된 열매를 확신하였습니다. 그런 다음에 지금은 끝까지 부지런함을 나타내어 사도가 그들에 대하여 내린 판단이 정당함을 보여줄 책임이 그들에게 있음을 말하고 있습니다.

이 11절에서 사도는 하늘의 지혜를 가지고 복음적 경고(6-8절)의 바른 용도와 목적을 알리고 있습니다. 또한 복음의 약속들(9,10절)의 목적과 바른 용도를 말하고 있습니다. 그러한 복음적인 경고들과 복음적인 약속들이 남용될 수 있고 사실상 그러한 일이 자주 있습니다. 많은 사람들은 위협적인 경고를 사람들의 마음을 무섭게 하는 데만 소용되는 것으로 생각합니다. 그 경고로 사람들로 절망하게만 합니다. 위협적으로 경고가 자기들에게 발해지는 것이 자기들이 바로 그러한 위치에 있어서 주어진 것이라고 여기고 절망하는 것입니다. 그러한 위협적인 경고들을 양심에 바르게 적용하는 법을 아는 사람들은 정말 드뭅니다. 반면에, 정반대로 복음의 약속을 남용하는 이들이 많습니다. 그런 복음의 약속들을 주장할 하등의 자격이 없는 사람들이 스스로를 기만하기도 했습니다. 또한 그 복음의 약속들을 통해서 거짓된 위안을 받고 육신적인 안일함 속에서, 어떠한 악도 자기들을 넘어뜨리지 않을 것이라고 상상합니다.

그러나 여기서 사도는 복음적인 위협들과 복음적인 약속들의 바른 용도를 나타내 주고 있습니다. 신자들과 불신자들 모두에게 그것을 말하고 있습니다. 복음적인 위협은 우리의 소망의 기초를 점검해 보도록 우리를 자극합니다. 또한 복음적인 약속은 용기를 북돋아 주어서 우리들이 행하고 있는 모든 순종의 의무를 부단하게 인내하면서 행하도록 합니다. 복음사역자가 이 두 가지, 곧 복음적인 위협과 복음적인 약속을 때에 맞게 사용하는 법을 안다는 것은 얼마나 필요합니까!

"우리가 간절히 원하는 것은…" 9,10절에서 사도는 4-8절의 진술을 적용시키려고 그렇게 말한 것은 아님을 알려 주었습니다. 이제 그는 자기가 진정으로 가지고 있는 목적이 무엇인가를 그들에게 말해 줍니다. "간절히 원한다."는 말은 강한 갈망을 나타냅니다. 이러한 일이 없이는 설교는 차갑고 형식적이고 생명이 없게 됩니다.

"너희 각 사람이…" 목회자의 사랑어린 돌봄과 지치지 않는 수고는 그의 양떼들 각자에게 미쳐야 합니다. 가장 어린 자로부터 가장 늙은 자까지 부단한 권면이 필요합니다.

"동일한 부지런함을 나타내어 끝까지 소망의 풍성함에 이르러." 이러한 일이 행해지지 않으면 우리의 신앙고백은 보전될 수 없을 것이며, 하나님을 영화롭게 하지도 못할 것입니다. 그저 마음을 반밖에 쓰지 않거나, 오늘날 그리스도의 이름을 지니고 있는 것으로 만족해 버리고 은혜의 방편들은 사용하는 일을 게을리 하거나 무시해 버리는 일에 대해서 바울은 생각할 수조차 없는 일로 여겼습니다. "이 모든 일에 전심전력하여 너의 성숙함을 모든 사람에게 나타나게 하라."(딤전 4:15)

세상적인 사업에 매우 분주한 모습을 보이는 이들이 많습니다. 또한 즐거움과 육신적인 만족을 얻기 위한 일에는 가장 큰 힘을 내기도 합니다. 그러나 자기들의 영혼에 대한 경건한 관심을 가지고 있는 사람들은 아주 드뭅니다. 신앙을 고백하는 대다수의 사람들이 자기 개인적인 거룩을 위해서 열심히 추구하는 것이나, 믿음의 역사나 사랑의 수고 같은 것에 대해서는 외인들입니다. 또한 그러한 것들이 자기들에게 필요하다는 것과, 바로 그것들을 하나님께서 기대하신다는 것을 확신하지도 못합니다. 그들은 습관적으로 그저 교회를 정규적으로 참석할 뿐입니다. 그들은 자기들의 평판을 위해서 어떤 사랑의 행동을 나타내 보일 수도 있습니다.

그러나 자기들의 삶의 세부적인 국면에서 하나님을 기쁘시게 하고 영화롭게 하려는 마음으로 그런 사랑의 행위를 나타내지는 못합니다. 그들은 그런 일들에 대해서 전혀 알지 못하고 있으며, 관심을 기울이는 면에서는 더욱 더 미약합니다. 그러한 사람들은 "구원에 속한 것들"이 거의 없습니다. 그들은 기만당하고 버림받은 영혼들입니다.

이 책을 읽는 독자 여러분,

여러분 속에 하나님의 계명을 지키는 믿음의 역사가 없는 한 스스로 기만당하고 있는 것입니다. 또한 하나님의 성도들에 대한 사랑의 수고가 없으면 문제되는 나쁜 "뿌리"가 여러분 안에 있음을 알아야 합니다(욥 19:28). 이것이 신앙고백의 시금석입니다. 또한 그것은 우리 각자가 자신을 재어볼 수 있는 원리입니다. 이러한 믿음의 역사나 사랑의 수고는 부지런하게 연구하고 노력하지 않고는 지속될 수 없습니다. 매일 성경을 연구하되 지적(知的) 만족을 위해서 연구하는 것이 아니라, 나를 향하신 하나님의 뜻을 배우기 위해서 연구하는 것이어야 합니다. 또한 깨어서 날마다 그리스도를 따르지 못하게 하는 모든 시험에 빠지지 않도록 기도해야 합니다. 그 일은 영혼을 거스르고 싸우는 "육체의 정욕"을 바르게 제어하기 위해서 필요한 일입니다(벧전 2:11). 또한 나 자신을, 사망에서 생명으로 옮겨진 사람으로 드리도록 해야 하며 내 지체를 "의의 병기로 드려야" 합니다(롬 6:13). 또 그런 일을 위해서는 "모든 무거운 것"(생명 있는 경건을 방해하는 것이면 무엇이든)과 얽매이기 쉬운 죄(자기를 사랑하는 것)를 벗어 버리고 인내로써 우리 앞에 당한 경주를 경주해야" 합니다(우리의 있는 힘을 다해서 달려가야 합니다.)(히 12:2). 또한 그 경주는 장차 멸망할 이 세상에서 도망쳐 나가기 위한 것입니다. 그리고 우리의 얼굴을 하나님께 향하고 부단히 나아가야 합니다. 그러한 일들을 멸시하는 사람들이나 게으른 자들은 형식적인 그리스도인에 불과합니다.

"동일한 부지런함을 나타내어 끝까지 소망의 풍성함에 이르러." 이 "부지런함"은 "소망의 풍성함에 이르는" 것으로 나타나야 합니다. 여기서 '풍성하다' 함은 견고한 확신과 적극적인 확신을 의미합니다. 신약에서 '소망'이라는 말은 목적하는 것을 이루려는 강한 기대감이나 열렬한 소원을 의미합니다. 믿음은 약속하신 이를 바라보는 것입니다. 그리고 약속된 것을 소망합니다. 믿음은 소망을 낳습니다. 하나님께서는 자기 백성들을 죄와 그 모든 고통에서 완전하게 구원하겠다고 약속하셨습니다. 또한 자기와 영원토록 함께 영광을 누릴 것도 약속해 주셨습니다. '믿음'은 하나님의 능력과 신실하심을 의지하고 있습니다. 그것들이 장차 이루어질 것으로 내다봅니다. '소망'은 그것들의 가치를 바라보며, 그것들이 이루어지기를 고대합니다. 믿음처럼 '소망'도 정도의 차이가 있습니다.

"끝까지 소망의 풍성함"(Full assurance of hope)은 풍성하게 넘치는 확신을 의미합니다. "장차 좋은 것이" 올 것이라는 약속을 믿는 믿음에서 그런 소망이 나옵니다. 앞에서 언급된 "부지런함"은 이 풍성한 소망의 확신을 얻도록 하나님께서 지정해 주신 방편입니다(벧후 1:10,11 참조). 내 자신을 즐겁게 하는 삶을 영위하면서 하늘에 대한 소망을 기르고 있다는 억측은 통하지 않습니다. "끝까지" "믿음의 선한 싸움"을 싸우는 부르심을 받은 선한 사람들에게는 한 순간의 휴식도 허락되지 않습니다(딤전 6:12). 우리는 전쟁터에 남아 있는 동안 그 전투로부터 벗어날 때가 없는 것과 같습니다. 이 세상에 사는 동안에는 "앞에 있는 것을 잡으려고 달려 나아가는"(빌 3:13) 일 밖에 무엇이 있겠습니까! 아멘.

28강

믿음을 끝까지 견지하는 그리스도인

6:12 게으르지 아니하고 믿음과 오래 참음으로 말미암아 약속들을 기업으로 받는 자들을
본받는 자 되게 하려는 것이니라 6:13 하나님이 아브라함에게 약속하실 때에 가리켜 맹세할
자가 자기보다 더 큰 이가 없으므로 자기를 가리켜 맹세하여 6:14 이르시되 내가 반드시 너
에게 복 주고 복 주며 너를 번성하게 하고 번성하게 하리라 하셨더니 6:15 그가 이같이 오래
참아 약속을 받았느니라

히브리서 6장은 히브리 그리스도인들에게 준 두 가지 권면이 소개되어 있습니다. 첫째는 유대교에서 떠나 기독교를 온전히 받아들이라는 권면입니다(1절).

이 권면에 포함된 원리를 오늘날 하나님의 백성들에게 적용시키면 이러합니다. '거듭나지 아니하던 때에 여러분의 마음을 사로잡았던 모든 것을 버리고 그리스도 안에서 평화와 기쁨과 만족을 발견하십시오.' 그리스도인의 지위를 버리고 유대교로 다시 돌아가려는 히브리인들의 특별한 시험을 생각할 때, 오늘날 믿는 사람에게 실질적으로 부딪치는 한 가지 위험이 있다는 것을 간과하지 말아야 합니다. 여전히 신자 속에 육체가 머물러 있습니다. 과거 사단이 그의 마음을 사로잡기 위하여 사용했던 모든 것이 여전히 존재하고 있습니다. 비록 이스라엘 사람들이 애굽을 떠나 홍해를 건너 약속된 땅을 향해서 즐거운 출발을 했지만(출 15:1), 그들의 마음은 오래지 않아 애굽으로 되돌아가고 있었고 애굽의 고기 가마를 연연하게 되었습니다(출 16:3).

이상에서 지적된 위험에 대하여 위에서 지적된 것에 대하여 대응하기를, '참된 그리스도인들'에게는 어떠한 '위험'도 없을 것이라 한다 합시다. 그 이유로 하나님께서 그들을 지키신다 약속하셨기 때문이라고 둘러댄다 합시다. 그 위험에 대해 그런 식으로 대응하는 것은 게으름보다 더 악한 처사입니다. 하나님께서 참된 그리스도인들을 지키신다는 약속을 하신 것은 사실입니다. 그러나 하나님께서는 '거룩한 길 안에서' 자기 백성들을 지키신다고 약속하신 것이지, 죄악적으로 자기 뜻을 따라 자기만족의 길에 빠진 백성들을 지킨다 약속하신 것은 아닙니다. "너희는 결코 멸망하지 않을 것이라."는 말씀을 들었던 이들은 "그의 목소리를 청종하고 그를 따르는 자들"이었습니다(요 10:27,28).

사도들은 운명론자가 아니었습니다. 또한 어떤 기계적인 구원을 믿고 있지도 않았습니다. 오히려 "두렵고 떨림으로 이룰 필요가 있는 구원"을 믿는 자들이었습니다. "항상 복종하여 두렵고 떨림으로 너희 구원을 이루라."(빌 2:12) 그러므로 바울은 성령의 감동을 받아서 서슴없이 광야에서 엎드러진 이스라엘 사람들을 말하였던 것입니다. "그런 일은 우리의 본보기가 되어 우리로 하여금 그들이 악을 즐겨한 것같이 즐겨하는 자가 되지 않게 하려 함이니 그들 가운데 어떤 사람들과 같이 너희는 우상 숭배하는 자가 되지 말라… 어떤 사람들이 주를 시험하다가 뱀에게 멸망하였나니 우리는 그들과 같이 시험하지 말자 그들 가운데 어떤 사람들이 원망하다가 멸망시키는 자에게 멸망하였나니 너희는 그들과 같이 원망하지 말라 그들에게 일어난 이러한 일이 본보기가 되어 거울이 되고 또한 말세를 만난 우리를 깨우치기 위하여 기록하였느니라 그런즉 선줄로 생각하는 자는 넘어질까 조심하라."(고전 10:6-12)

히브리서 6장에 나타난 두 번째 권면은 11,12절의 말씀입니다. 그 권면의 첫 부분은 우리가 지난 강론의 마지막 부분에서 다루었습니다. 거기에서 사도는 "우리가 간절히 원하는 것은 너희 각 사람이 동일한 부지런을 나타내어 끝까지 소망의 풍성함에 이르는 것이라."고 말하였습니다. 이는 다음에 나오는 구절들과 함께 경건의 길을 계속 지켜나가라는 촉구의 말씀입니다. 그리스도께서는 "처음 사랑"을 잃어버린 교회를 향해서 "회개하여 처음 행위를 가지라."고 말씀하셨습니다(계 2:4,5). "처음 행위"는 무엇입니까? 우리 자신을 하나님께 복종시키고, 하나님 앞에서 겸비하게 처신하며, 하나님을 대적하는 우리의 모든 무기들을 내던지는 것을 의미합니다. 그리스도를 오직 유일한 소망으로 삼아 자신을 그분께 내맡기며, 그분의 보배로운 피의 공로를 신뢰하는 것이기도 합니다. 또한 그리스도의 멍에 아래서 그 주권에 머리를 숙여 그 권위를 인정하며, 열심히 그의 계명을 행할 수 있는 은혜를 구하는 것입니다.

그와 같이 그리스도인은 시작할 때와 같이 계속해야 합니다. 그는 매일 하나님 앞에서 자기의 죄를 인정해야 합니다. 또한 매일 처음 그리스도를 믿었을 때의 믿음과 신뢰의 행동을 새롭게 해야 합니다. 과거의 어떤 체험을 계산하지 말고 그리스도를 위해서 살아가는 삶을 계속 견지해야 합니다. 만일 계속 자신을 구속주께 던지고, 자기의 구원을 온전히 그분의 손에 맡기면 결코 버림받지 않을 것이고, 그럴 수도 없습니다. 그러나 내 자신을 그리스도께 내맡기기 위해서는 그리스도께 '가까이' 있어야 합니다. 그리스도와 멀리 떨어져 있다면 그분과 가까이 할 수가 없습니다. 그리스도와 가까이 하기 위해서 우리는 그분과 반대되는 모든 것으로부터 떨어져야 합니다. 교제는 순종하는 행위에 기초하고 있습니다. 교제와 순종은 서로 떼려야 뗄 수 없는 것입니다. 이러한 것을 유지하기 위해서 "같은 부지런함을 나타내 보여야" 합니다. 다시 말하면, 내 자신의 타락된 상태를 깨닫고 내 발 밑에서 입을 벌리고 있는 지옥을 보며 그리스도께 피하여 달려들던 바로 그 처음의 '부지런함'을 보여야 합니다.

처음 그리스도를 찾을 때의 마음 상태를 특징지우고 그때의 행동을 규제하던 바로 이 "동일한 부지런함을 '끝까지' 유지시켜야" 합니다. 바로 이것이 거룩한 삶을 계속 견지하는 것이며, 하나님의 종들은 말씀을 듣는 사람들에게 꾸준히 이 점을 강조해야 합니다.

존 오웬(John Owen)이 이 부분에 대하여 말하는 것을 청종할 필요가 있습니다.

"마땅한 도리를 다하라는 목회적 권면은 도리를 진지하게 실천하고 있는 자들에게마저 필요하다. 그렇게 해야만 그들이 계속해서 그 도리를 행하는 자리에서 떠나지 않는다. 하나님의 세우신 제도들이 어떤 사람들에게는 멸시를 받고 어떤 사람들에게는 무시를 당한다. 아주 소수의 사람들만 그 제도를 신중하게 여기고 지켜나가고 있다. 그 사실을 가늠해 내기란 그리 쉽지 않다. 그들을 가늠할만한 바른 척도가 부족하기 때문이다. 어떤 사람들은 자기들이 모른다는 것을 크게 자랑하듯이 표명하면서도 여전히 이렇게 말할 준비가 되어 있다. '우리는 목회자가 자기들에게 가르쳐 줄 수 있는 것만큼은 알고 있다. 그러니 설교를 듣기 위해서 참석할 필요가 없다.' 이런 생각들을 하는 이들은 기독교에 대해서 거의 알지 못하고 있으며, 또한 기독교의 실천적인 국면을 하나도 행하지 못한다. 이들은 하나님을 모독하는 불안한 사람들이다. 그러면서도 그들의 입에서 그런 말이 자주 튀어나온다. 어떤 사람들은 또 이렇게 생각한다. '마땅한 일을 행하라는 권면은 자기들의 행할 일에 게으르고 무분별한 사람들에게나 해당된다.' 물론 그런 이들이 마땅히 그러한 권면을 받아야 한다. 그러나 그런 사람들에게만 해당되는 것은 아니다. 전체 성경이 그 점을 증거하고 있다. 어떤 사람들에게 그들의 행함에 대해 권면하는 것이 유익할 수 있다. 또한 그 행하는 일에서 만족하는 사람들에게 그 일을 계속하라고 권면하는 것이 좋다. 그러나 하나님께서는 그것을 통해서 그들을 능하게 하시며, 계속 그들의 의무를 지켜 나가게 하시며, 그러한 권면 속에서 그들의 유익과 은혜를 베풀어 주신다. 그런데 이를 아는 사람이 '얼마나 적은가!'[1] 권면은 마땅히 행할 의무를 지시할 뿐만 아니라, 하나님의 정하심을 통해서 마땅한 의무들을 수행할 은혜를 전달하는 방편이기도 하다."(John Owen, 1680)

11절의 "동일한 부지런함을 나타내어 끝까지 소망의 풍성함에 이르라."는 말씀은 소망이 믿음이나 사랑과는 구별되는 영적인 은혜임을 보여줍니다. 믿음은 자신을 하나님께 의탁시키는 것입니다. 사랑은 우리로 하여금 하나님을 꼭 붙잡고 하나님을 즐거워하며 기뻐하는 것입니다. 소망은 어려움과 낙담케 하는 것들을 뚫고 나갑니다. 소망은 고통의 파도가 영혼을 덮으려 할 때 영혼을 지탱해 줍니다. 또한 우리가 절망하고 싸움을 포기하고 싶은 시험을 받을 때, 그 영혼을 지탱해 줍니다. 그렇기 때문에 그리스도인이 입어야 하는 '하나님의 전신갑주'에서 소망을 '투구'라고 부른 것입니다(살전 5:8). 왜냐하면 '소망의 투구'는 시련과 고통 속에 있는 성도에게 떨어지는 날카로운 매나 큰 부딪힘을 막아 주기 때문입니다. 소망은 약속된 것들을 아주 귀하게 여깁니다. 그리고 그 약속들이 이루어질 날을 고대합니다. 그래서 소망은 새로운 열심을 불러일으킵니다. 소망은 약속된 땅을 바

1) 필자가 보기에 히브리서를 쓸 그 당시에도 정말 그러하였다.

라봅니다. 소망은 지친 순례자로 하여금 앞으로 계속 정진하도록 활기를 불어 넣어 줍니다. 소망은 하늘에서 우리를 기다리고 있는 영광스러운 환영과 영접을 예기합니다. 그럼으로써 이것은 거센 바람과 파도를 이겨 계속해서 싸울 용기를 주는 것입니다. 여기에 시금석이 있습니다.

많은 사람들은 믿음을 갖지 않았으면서도 좋은 소망을 가진 체합니다. 또 어떤 이들은 참된 소망을 가지고 있지 않으면서도 믿음을 가졌다고 고백합니다. 그러나 참된 믿음과 참된 소망은 불가분의 관계입니다. 영적인 믿음은 약속한 분을 바라보는 눈을 가지고 있습니다. 또한 그 약속하신 분이 거짓말하실 수 없음을 확신합니다. 영적인 소망은 약속을 환영하고, 금이나 은보다 그것을 더 귀하게 여기고, 그 약속이 이루어질 것을 계속 고대합니다. 현재와 우리의 소망이 실제로 이루어질 미래 사이에는 험난한 시험이 놓여 있습니다. 그 길 가운데서 우리로 지치고 낙담케 하며 가는 길을 지연시키는 어려움들을 만나게 됩니다. 만일 우리가 하나님께서 정하신 길을 계속 걸어가고 있다면, 거기에는 우리를 반대하는 것들이 있을 것입니다. 또 우리가 참아내야 할 격렬한 환난이 있을 것이며, 짊어져야 할 무거운 고통이 있을 것입니다. 그럼에도 불구하고 우리가 하나님의 약속을 진정으로 귀하게 여기고, 그 약속이 이루어질 것을 내다보는 우리의 마음이 참되다면, 그것들은 우리가 당한 시련보다도 훨씬 더 큰 기쁨과 위안을 줄 것입니다. 소망을 행사하는 것만이 계속되는 고통으로 말미암은 낙담과 연약을 이겨낼 수 있는 것입니다.

이제 "끝까지 소망의 풍성함"을 누리기 위해서 그리스도인은 처음 시작할 때 가졌던 "바로 그 동일한 부지런함"으로 하나님의 일과 자기 영혼의 필요를 위해 정진해야 합니다. 하나님을 두려워함으로 처음 그는 사망의 잠에서 깨어났습니다. 또한 자신이 영원한 불속에 던져질 위험하고 무서운 상태를 느끼게 되었습니다. 그리고 그리스도만이 오직 유일한 피난처임을 배우게 되었습니다. 바로 그때에 그는 결코 마음을 반밖에 기울이지 않는 사람이 아니라 '전심전력'하여 구원받기를 원하였습니다. 그는 얼마나 열심히 말씀을 탐구했던가요! 또한 하나님께 얼마나 열심히 부르짖었던가요! 그의 회개는 얼마나 진지하였습니까! 또한 그는 복음을 얼마나 기쁘게 받았던가요! 또한 그의 삶 속에서 일어나는 변화는 얼마나 근본적이었던가요! 그때에 그의 '소망'은 얼마나 밝았던가요! 그런데 안타깝게도 이제는 그만 정금(正金)이 찌끼가 되어 버린 형국입니다. 만나가 그 단맛을 잃어버렸습니다. 또한 그는 "멀리는 볼 수 없는" 자가 되어 버렸습니다(벧후 1:9). 어째서 그러한 일이 일어났습니까? 아, 이 책의 독자는 자기체험을 생각하고 그 대답을 발견할 수 없나요?

그러나 우리는 바로 앞 문단 끝에서 이른 요점에만 머물러 하지 않겠습니다. 뒤로 물러가는 일은 참으로 위험한 일입니다. 그것이 얼마나 위험하던지 그러한 일을 계속 한다면 틀림없이 치명적입니다. 만일 내가 영적인 힘과 영적인 지탱을 위해서 하나님이 세우신 은혜의 방편을 게을리 사용한다면, 내가 다시 세상으로 돌아가 세상의 쾌락과 관심 속에서 기쁨을 누리려 한다면, 또한 내가 이 슬픈 상태로부터 회복되지 않는다면, 그 점은 내가 하나님의 성령의 '보다 열등한' 작용을 받는 사람에 불과함을 드러낼 것입니다. 또한 진정으로 성령에 의해 중생하지 않은 사람임을 드러내는 셈이 될 것입니다. 가시덤불 투성이의 땅과 좋은 땅 사이의 차이는 무엇입니까? 가시덤불 땅은 온전하게 결실하지 못합니다(눅 8:14). 반면에 좋은 땅은 인내로 열매를 냅니다(눅 8:15). 우리가 실로 그리스도의 제자들임을 입증하는 것은 그리스도의 말씀 속에 계속 거하는 것입니다. "그러므로 예수께서 자기를 믿은 유대인들에게 이르시되 너희가 내 말에 거하면 참으로 내 제자가 되고."(요 8:31) 또한 우리의 신앙고백이 진정한 것임을 나타내는 것은 믿음 안에서 계속 거하며, 뿌리를 박고 요동치 않으며 "복음의 소망에서 흔들리지" 않는 것입니다(골1:23).

존 칼빈(John Calvin)은 이에 대하여 다음과 같이 부연합니다.

"사도가 '끝까지'라고 말한 것은 그들로 하여금 아직도 목표에 도달하지 않았으니 더 나아가야한다는 생각을 가지게 하려 함이었다. 또한 그가 '부지런함'을 언급한 것은 그들로 게으르게 앉아 있지 말고 열심히 투쟁할 필요를 일깨우려 함이었다. 왜냐하면 하늘 위로 올라간다는 것은 작은 일이 아니기 때문이다. 특별히 땅을 기어오르는 것도 어려운 사람들이 어떻게 그 일이 쉽겠는가! 헤아릴 수 없는 많은 장애물이 그 길에 놓여 있다. 우리 본성이 온통 땅을 향하고 있는 판에 사탄이 말로 다 할 수 없는 간계로 다시 세상으로 돌아가라고 우리를 유인할 때, 그 생각을 물리치고 하늘에 있는 것들을 적용시켜 나가는 것보다 더 어려운 일이 무엇일까?"(John Calvin)

우리는 다시 한 번 명심해야 합니다. 성경적인 '소망'을 유지하고 그 소망의 풍성함에 이르는 것은 하나님의 일에 '부지런히' 힘쓸 때 뿐이라는 사실을 말입니다. 그 이유를 말하라면 세 가지로 나누어 답하겠습니다. 첫째로 '소망'과 '부지런함' 사이는 하나님의 제정하신 연결의 끈이 있어서 그 둘을 따로 분리시킬 수 없습니다. 하나님께서는 친히 '부지런함'을 그 백성들로 이 '소망의 풍성함'에 이르는 방편과 방도로 지정하셨습니다(벧후 1:10,11 참조). 둘째로 그런 '부지런함'은 이러한 목적을 위해서 바르고 필요한 경향을 가지고 있습니다. '부지런함'을 통해서 우리의 영적인 기능들은 힘을 얻게 됩니다. 또한 그 '부지런함'을 통하여 은혜가 우리 속에서 더 넘치게 되고, 복음의 약속들에 참여했다는 보다 충만한 증거를 얻습니다. 믿음과 사랑의 의무에 대하여 신실한 관점을 가짐으로써 우리는 죄로부터 자신을 보전합니다. 죄짓는 것은 우리의 소망을 약화시키고 손상시키는 가장 큰 악입니다.

히브리서 6:12

"게으르지 아니하고 믿음과 오래 참음으로 말미암아
약속들을 기업으로 받는 자들을 본받는 자 되게 하려는 것이니라."

이 말씀은 11절에서 발견되는 권면에 대해 우리가 알아본 바를 확증해 주고 있습니다. 사도는 11절에서 우리에게 거룩함에서 떠나지 말라고 촉구하였습니다. 그러나 자기 의지와 자기를 기쁘게 하는 길에 있으면서도 자신들은 하늘의 소망을 가지고 있다고 떠벌이는 그리스도인들이 얼마나 많은지요! "스스로 깨끗한 자로 여기면서 오히려 그 더러운 것을 씻지 아니하는 무리가 있느니라."(잠 30:12). 그리스도께서 이 땅에 오신 것은 그 백성들로 죄에 빠지게 하려함이 아니라 "그들의 '죄로부터' 그들을" 구원하기 위함이었습니다(마 1:21). 지옥의 자녀와 같이 살면서 하늘에 갈 것이라고 생각하는 것처럼 주제넘은 것이 없습니다.

"게으르지 아니하고 믿음과 오래 참음으로 말미암아 약속들을 기업으로 받는 자들을 본받는 자 되게 하려는 것이니라." 이 구절은 앞의 부분과 히브리서 6장의 마지막 부분을 연결하는 고리입니다. 사도는 여기서 '부지런함'과 반대되는 그 어떤 악이나 게으름이나 나태에도 빠지지 말 것을 경고하고 있습니다. 그러한 것들은 악덕이요 악행입니다. 계속 게으름을 피우게 되면 그것은 틀림없이 방금 명한 도리를 수행하지 못하게 방해할 것입니다. 바울은 5:11에서 히브리 사람들이 "듣기에 둔하게" 되었다고 질책하였습니다. '둔하다'의 헬라어와 '게으르다'의 헬라어가 같습니다. 절대적으로 하나님의 말씀을 듣기에 완전 불가한 상태에 빠졌다는 것이 아니라 상대적으로 그렇게 되었다는 말입니다. 그들은 "의의 말씀"을 주목하는 일에 마땅한 바대로 부지런함을 나타내지 않았습니다(히 5:13). 여기서는 선한 행실에 게으르지 말고, 믿음의 선배들을 본받는 자 되라고 명하고 있습니다.

"게으르지 아니하고…" 이 부분에 대한 존 오웬(John Owen)의 주해를 참조하는 것이 좋을 것입니다.

"사도는 계속해서 바른 신앙고백과 순종을 유지하기 위해서는 깨어 최선을 다해야 함을 알았다. 부지런하게 우리의 온 영혼을 기울일 필요가 있음을 알았다. 하나님께서는 이 점을 우리에게 요구하신다. 이점은 우리가 정통하게 알고 있는 일 자체의 성질상 당연한 것이다. 그것은 우리가 목표하고 있는 것을 이루기 위해서 필요하다. 만일 우리가 마땅한 도리를 수행하는 데 점점 게을러지거나 무분별하고 나태하게 되면, 끝까지 믿음을 견지하지 못할 것이다. 또한 만일 우리가 이러한 게으름을 조장하는 형식적인 방식으로 계속 나간다면, 우리는 결코 우리의 기대하는 목표에 도달하지 못할 것이다. 힘이나 열정이 없는 이들은 밖에서나 안에서 틀림없이 만나게 될 여러 어려운 일들을 극복할 수 없다. 또한 거룩한 하나님께서는 영원한 상급에 대한 관심을 가지지 않는 사람들에게 그 상을 주실 리가 없다. 그리고 그런 이들로 그냥 그대로 나태하게 내버려 두실 것이다. 우리의 순종의 길은 온 힘을 다해 달려갈 것을 요구하며, 전장에서 싸우는 병사같이 싸울 것을 요구한다. 그러한 때에 게으른 사람들은 결코 승리의 면류관을 받지 못할 것이다. 이러므로 이러한 경고에 대하여 우리가 어떻게 마땅한 반응을 보이느냐에 따라서 우리의 현재 견인과 장래 구원이 결정될 것이다."

사도가 경고하고 있는 게으름은 본질상 우리 속에 들어 있습니다. '옛 사람'의 소원들은 하나님께 속한 것을 향하지 않고 오히려 멀리 하려는 데 있습니다. 오직 주를 사랑하고 섬길 힘을 낼 수 있는 것은 '새 사람'뿐입니다. 그러나 그리스도인은 자기 안에 있는 이 두 본성에 더하여 '자기 자신'이 있습니다. "그런즉 내 자신이 마음으로는 하나님의 법을 육신으로는 죄의 법을 섬기노라."(롬 7:25) 그는 한편으로는 "육체를 도모하지" 않을 책임이 있습니다(롬 13:14). 또 다른 한편으로는 말씀의 순전한 젖을 "사모하여" 자라나야 합니다. 참된 성도가 "나를 인도하소서 우리가 당신을 따라 가리이다."라고 외치는 것은 자기 속에 이러한 본성적인 게으름과 거룩을 싫어하는 성향이 있음을 알기 때문입니다(아 1:4). "나로 하여금 주의 계명들의 길로 행하게 하소서 내가 이를 즐거워함이니이다…나의 발걸음을 주의 말씀에 굳게 세우시고 어떤 죄악도 나를 주관하지 못하게 하소서."(시 119:35,133) 거짓된 신앙고백자와 하나님의 참된 자녀를 구별시키는 시금석이 여기에 있습니다. 참된 자녀는 자기로 하여금 거룩의 첩경으로 달려갈 수 있는 능력을 주는 은혜를 은밀하게 구하면서 하나님과 씨름합니다.

"믿음과 오래 참음으로 말미암아 약속들을 기업으로 받는 자들을 본받는 자 되게 하려는 것이니라." 여기서 사도는 히브리인들의 믿음의 선조를 가리켜 바라보게 합니다. 그들은 당한 모든 시련 가운데서 믿음을 지키고 소망을 계속 견지하여 행함으로써 이제는 약속된 천국의 복락 속에 들어가 있는 자들입니다. 브라운(John Brown) 박사는 이 선언과 히브리서 11:13에서 말한 것 사이에는 아무런 모순이 없다고 지적했습니다. 비록 그들이 사는 날 동안에 "약속을 받지 못했습니다." 그럼에도 불구하고 그들은 죽을 때 안식에 들어갔습니다. 또한 그들은 지금 "온전케 된 의인들의 영들" 가운데 존재하고 있습니다(히 12:23). "기업으로 받는다."는 말은 하늘에 대한 그들의 권리를 지시합니다.

사도가 여기서 히브리 사람들에게 제시하는 본은 구약의 족장들입니다. 그는 3장에서 그들의 조상들의 역사의 한 대목을 가리키며 경고했었습니다. 그와 같이 이제는 그들에게 용기를 주기 위해서 조상들의 역사 가운데 다른 측면을 가리키고 있습니다. 여기서 두 가지 요점을 명심해야 합니다. 족장들이 도달한 행복한 목적지와 그 목적지에 이르는 어려운 길입니다. 그 목적지와 거기 이르는 길은 족장들의 믿음과 인내가 요구되었습니다. 그들의 믿음은 하나님을 믿거나 하나님의 말씀의 정확성을 믿는 것보다 더한 것이었습니다(약 2:19). 그리스도 예수 안에 있는 은혜언약에 관한 하나님의 약속들을 붙잡은 특별한 믿음이 그들에게 있었습니다. 또한 그것은 그저 관념적으로 믿는 것도 아니었고, 진리를 지적으로 승인하는 것에 불과하지도 않았습니다. 그들의 믿음은 자기들이 "땅에서는 나그네와 외국인이라"는 사실을 실제적이고 영향력 있게 인정하는 특징을 가지고 있었습니다(히 11:13). 하나님께서는 오늘날도 그러한 믿음을 요구하십니다.

"믿음과 오래 참음으로 말미암아…" 족장들에게 있었던 두 번째 은혜는 "인내," 또는 "오래 참음"이었습니다. 통상적으로 그렇게 번역됩니다. 다른 말이 10:36과 12:1에서 채용됩니다. 거기서는 능동적인 은혜를 강조하고 있습니다. 그러나 여기서는 수동적인 덕을 더 말하고 있습니다. 그래서 그 어휘가 로마서 9:22과 베드로전서 3:20에서 하나님의 "오래 참으심"에 대해 말할 때 사용됩니다. "그것은 영혼의 침착한 자세요, 믿음을 가지고 거룩한 땅에 대하여 조용하게 생각하는 것이요, 대적을 만나 격동되거나 곤비해지지 않는 것이다."(John Owen) 그 오래 참음은 어려운 일을 보고 주춤거리지 않는 정신이요, 시련이나 여러 가지 대적들로 말미암아 황망하여 마땅한 길을 버리거나 도망쳐 달아나지 않는 정신입니다. 그런 믿음의 인내를 가진 자들은 사람들의 미움이나 하나님의 구원이 더디어 보임도 참아내며 조용하게 하나님을 기다립니다.

존 오웬(John Owen)이 이에 대하여 다음과 같이 주해합니다.

“그 조상들은 바로 그러한 길들을 통해서 약속들을 기업으로 받게 되었다. 옛 공상적인 이교도들을 보라. 그들의 영웅들이나 족장들은 소위 자기들의 ‘영웅적인 행동들과 용감무쌍하게 적을 살육하고 이기는 일’에 통상적으로 수반하는 거만과 잔인성과 압박의 길들을 통과하여 하늘가는 자기들의 길을 닦으려 하였다. 그러나 하나님의 영웅들이 그들의 안식과 영광에 들어가 하나님의 약속을 누리는 데까지 이르는 길은 이방의 영웅들과는 달랐다. 그들은 믿음과 오래 참음과 겸손과 핍박을 참아냄과 자기 부인의 길을 따랐다. 그런 길들은 세상에서는 일반적으로 무기력한 것으로 평가받고 멸시받는 영적인 덕행들이다. 선하고 참으로 가치 있는 것에 대한 하나님의 판단과 사람의 판단이 정반대이다. 또 그러한 것에 이르는 방식들에 대한 관점도 정반대다.”(John Owen)

그러면 어째서 사도는 히브리 사람들에게 그들의 조상들의 고상한 본을 보여줄 마음을 먹게 되었을까요? 우리는 그 이유들을 다음과 같이 몇 가지로 나누어 설명할 수 있습니다.

첫째, 사도는 그들 앞서 믿음의 길을 갔던 그 찬탄해 마지않을 사람들 속에서 발견되는 것을 그들에게 권하고 있음을 그들로 알게 하려고 합니다. 사도는 이 목적을 위해 히브리서 11장에서 그 점을 더욱더 확증합니다.

둘째, 지금 권면하고 있는 바는 약속들을 기업으로 받은 모든 사람들에게 다 필요함을 사도는 알고 있습니다. 만일 하나님의 사랑과 은총을 그렇게 크게 입었던 그 족장들에게 믿음과 인내가 요구되었다면, 우리에게는 그러한 믿음과 인내가 요구되지 않는다고 어떻게 상상할 수 있겠습니까!

셋째, 그는 지금 다른 사람들이 행했던 실제를 명하고 있습니다. 그러므로 그 일은 그리스도의 은혜로 말미암아 할 수 있는 쉬운 일입니다. 이 가장 중요한 구절을 끝내고 돌아서기 전에 우리가 하나의 난제를 예기하고 그 난제를 밝히려 합니다. 바로 앞에 있는 몇 문단에서 말한 것을 주의 깊게 추적해 온 독자들 가운데 어떤 사람들은 이런 반론을 제기할지 모릅니다. '이것은 행위로 말미암아 구원을 얻는다는 것을 가르치는 것이 아닌가? 참고 충성함으로 벌어들인 것의 대가로 하늘이 주어진다고 믿으라 요구하고 있다.' 그런 식으로 반론을 제기할 이들이 나타날 수 있습니다. 그런 반론을 제기하는 자들이 주목해야 합니다. 바로 우리가 다루고 있는 이 12절에서 하나님의 은혜의 복음을 그런 식으로 왜곡시켜 설명하지 못하게 정말 철저하게 경계시키시려는 성령님의 의도를 주목해야 합니다.

첫째로 성령께서 사용하신 전치사를 주목해야 합니다. "믿음과 오래 참음 '때문에'(for faith and patience) 약속들을 기업으로 받았다."고 말씀하지 않으십니다. '때문에'(for) 대신 '말미암아'(through)를 쓰고 계십니다. 구원은 믿음과 인내에 대한 보상으로 주어진 것이 아닙니다. 구원은 하나님께서 정하신 통로로서의 믿음과 인내로 '말미암아' 오는 것입니다. 마치 창문을 통해서 햇빛이 들어오는 것과 마찬가지입니다. 창문은 어떤 의미에서 태양빛을 비취게 하는 원인은 아닙니다. 그 창문은 태양빛을 비취게 하는데 아무런 일도 하지 않았습니다. 그럼에도 불구하고 그 창문은 태양빛이 들어오는 '방편'으로써 필요합니다.

"약속들을 기업으로 받는 자들을…" 여기에 사용된 동사는 구원에 있어서 인간적인 것이 들어올 모든 근거를 차단시키고 있습니다. 우리에게 속한 것으로 구원이 이루어진다는 어떠한 개념도 들어오지 못하게 배격하고 있습니다. 사도는 여기서 '사다'라는 동사나 '(무엇을) 주고 그 대가로 받다'는 뜻을 가진 동사를 사용하지 않고 대신 "기업으로 받았다"는 말을 사용했습니다. 우리는 어떻게 "기업을 물려받는가?" 어느 사람이 기업을 물려받을 때에는 상속자의 권리로 물려받습니다. 그러면 '어떻게' 우리가 이 기업을 물려받을 상속자가 됩니까? 하나님께서 은혜로 우리를 양자(養子)로 받아들이심으로 말미암습니다. "너희는 다시 무서워하는 종의 영을 받지 아니하였고 양자의 영을 받았으므로 우리가 아빠 아버지라고 부르짖느니라 성령이 친히 우리 영으로 더불어 우리가 하나님의 자녀인 것을 증거하시나니 자녀이면 또한 상속자 곧 하나님의 상속자요 그리스도와 함께 한 상속자니 우리가 그와 함께 영광을 받기 위하여 고난도 함께 받아야 될 것이니라."(롬 8:15-17) 하나님께서는 주권적인 의지로서 우리를 하나님의 자녀로 만드셨습니다(엡 1:4,5). 이 값없이 나누어 주신 하나님의 은혜의 행사가 모든 것의 기초가 됩니다. 하나님께서는 당신의 신실하심으로 우리로 그 기업을 물려받도록 지켜 주실 것이라고 서약하셨습니다(10절). 그럼에도 불구하고 우리는 우리 기업을 얻기 위해서 우리에게 할당된 '방편들'을 가지고 있는 상속자들입니다. 그리고 우리는 그 방편들을 우리 자신에게 계속 적용시킬 필요가 있습니다.

히브리서 6:13

"하나님이 아브라함에게 약속하실 때에 가리켜 맹세할 자가 자기보다 더 큰 이가 없으므로 자기를 가리켜 맹세하여."

하나님께서는 아브라함에게 약속하실 때에 자기보다 더 큰 이가 없으므로 당신 자신을 가리켜 맹세하셨습니다. 문장의 처음에 접속사 "왜냐하면"

이라는 말이 나온 것은 사도가 족장들을 예증자료로 사용하고 있음을 암시합니다. 그 족장들은 "믿음과 오래 참음으로 말미암아 약속들을 기업으로 얻은" 사람들입니다. 그 족장들이 정말 그렇게 했다는 것을 보여주기 위해서 가장 뚜렷한 경우를 증거로 제시하고 있습니다. 바울은 여기서 가장 주목할 만하고 힘이 있어 보이는 사람의 경우를 인용합니다. 하나님께서는 아브라함에게 약속하셨습니다. 그러나 아브라함이 그 언약 성취를 받은 것은 약속하신 시점에서 오랜 뒤의 일이고, 그 기간 동안 아브라함은 "오래" 참았습니다(15절).

"하나님이 아브라함에게 약속하실 때에…" 하나님께서 약속의 상대로 아브라함을 세우셨습니다. 그는 원래 '아브람'이었습니다. 그 말은 '뛰어난 아버지'라는 의미였습니다. 여호와께서 그에게 언약을 새롭게 확약하여 주시면서 그 이름을 '아브라함'으로 바꾸셨습니다. 하나님께서 그리하신 이유는 어디에 있습니까? "내가 너로 열국의 아비가 되게 함이니라."(창 17:5) 여기서 말하는 열국(列國)이란 그의 혈통에서 나올 열국들 - 이스마엘의 자손들과 그두라의 아들들(창 17:20 ; 25:1-4)을 일컫기도 하였겠지만, 세상에 흩어진 하나님의 백성들도 포함됩니다. 그들은 바로 그 아브라함의 믿음을 환영하며 그의 행실을 본받아야 될 사람들입니다. 그러므로 그를 "믿는 모든 자의 조상"이라고 부른 것이고, "우리 모든 사람의 조상"이라고 하는 것입니다(롬 4:11,16).

"가리켜 맹세할 자가 자기보다 더 큰 이가 없으므로 자기를 가리켜 맹세하여 가로되." 아브라함이 받은 보증은 하늘이 제시할 수 있는 가장 큰 보증이었습니다. 곧 약속과 맹세였습니다. 우리는 가장 큰 보증이라고 말했습니다. 왜냐하면 사도는 16절에서, 사람들 중에도 '맹세'가 다투는 일의 최후 확정이라고 선언하기 때문입니다. 위대하신 하나님께서 친히 맹세하시면 그 이상 무슨 다른 말이 더 필요하겠습니까! 더 나아가서 하나님께서 “자기를 가리켜” 맹세하셨음을 주목하십시오. 그는 자신을 담보로 내놓으셨습니다. 마치 하나님께서 이 일을 행하지 아니하면, 나는 하나님 되는 것을 멈추겠다고 말씀하시는 것과 같습니다. 주께서 친히 자신의 신실성을 보증하셨고, 그 일이 자기의 존재하심과 같이 확실하게 일어날 것이라고 선언하셨습니다. 또한 하나님의 본성의 모든 완전함들을 내걸고 그 일이 있을 것이라고 선언하신 것입니다. 브라운(John Brown)은 다음과 같이 잘 지적했습니다.

“선언에 맹세를 더한다고 해서 사실상 그 선언이 더 확실해지는 것은 아니다. 오직 그 선언의 확실성을 더 깊게 인식시켜 주려고 확언(確言)의 형식을 그처럼 엄숙하게 취하신 것이다.”

히브리서 6:14

“이르시되 내가 반드시 너에게 복 주고 복 주며
너를 번성하게 하고 번성하게 하리라 하셨더니.”

주석가들이 14절을 주석할 때 거의 대부분 13절에서 언급한 것을 전혀 생각하지 못하고 지나간 일은 참으로 이상합니다. 13절에서 “하나님께서 아브라함에게 약속하셨다.”는 말씀을 읽었습니다. 어떤 사람들은 그것을 여호와께서 창세기 12:2에서 그 족장 아브라함에게 하신 첫 번째 언약을 가리키는 것이라고 봅니다. 그 언약이 창세기 15:5에서 다시 재확인된다는 것입니다. 또 어떤 사람들은 창세기 17:2,6의 말씀을 인용하기도 합니다. 또 어떤 사람들은 창세기 15:15,16에 기록된 약속을 가리키기도 합니다. 그래서 그들은 히브리서 6:15의 “오래 참았다”는 말을 25년의 기간에만 한정시킵니다. 그리하여 이삭이 태어남으로써 그에 대한 약속이 성취되었다고 여기는 것입니다. 곧 이삭으로 말미암아 "아브라함이 그 약속 성취를 받았다."고 생각하는 것입니다. 그러나 이러한 추측들은 우리가 지금 보고 있는 14절의 말씀으로 배제당합니다. 14절은 창세기 22:17로부터 직접 인용해온 말씀입니다. 그 말씀은 이삭이 태어난 뒤에 발해진 것입니다. 하나님께서 '맹세하신 내용'은 아브라함에게 '모든 복으로 복주실 것이며 끝까지 복 주신다.'는 것입니다.

"내가 반드시 너에게 복주고 복주며…" 그 어구는 강조와 확실성을 나타내는 히브리어적인 표현 양식입니다. 이런 반복은 강렬한 확언(確言)이며, 맹세의 성질을 드러냅니다. 그런 반복적인 표현이 여기에서 사용된 것은 사람들로 하여금 하나님께서 정하신 뜻에 특심을 가지고 있음을 알게 하려 하심입니다. 그 표현은 또한 하나님의 약속과 경고를 심화시켜 줍니다. '나는 틀림없이 그 일을 행할 것이다. 어떠한 일도 내가 정한 뜻은 끝내 이루고야 말 것이다.' 성경에서 이 표현 양식이 처음 나타나는 곳을 주목하는 것은 참으로 중요합니다. 주 하나님께서 아담에게 무서운 경고를 내리실 때 그 표현이 나타납니다. "선악을 알게 하는 나무의 실과는 먹지 말라 네가 먹는 날에는 반드시 죽으리라."(창 2:17)

창세기 22:17의 의미를 푸는 첫 번째 열쇠를 제공하는 것은 창세기 2:17입니다. 성경에서 이 규례에 어긋나는 어법이 바로 그 두 절에서 처음 나타납니다. 그 두 번의 경우는 각각 서로 직접적으로 대치되어 있습니다. 첫 번째의 경우는 저주에 관한 것이고, 두 번째의 경우는 복주심에 관한 것입니다. 첫 번째 경우는 회복할 수 없는 운명에 대한 선고요, 두 번째 경우는 되돌릴 수 없는 복락의 약속입니다. 두 경우 각각 한 가속(家屬, family)의 머리와 대표로 서있는 사람에게 발해졌습니다. 다시 말하면 그 한 사람 때문에 그 모든 지체들이 저주나 축복을 받게 된다는 말입니다. 각 머리마다 '이중적인' 관계를 지니고 있었습니다. 아담은 전 인간 가족의 머리였습니다. 또한 그의 죄에 대한 정죄는 그의 모든 후손들에게 전가(轉嫁)되었습니다(롬 5:12,18,19). 그러나 더 좁은 의미로 보면 아담은 선택받지 못한 사람들의 머리입니다. 그 선택받지 못한 사람들은 아담의 정죄와 그 죄악적인 본성에 참여하고 동참합니다. 뿐만 아니라 그의 영원한 운명도 함께 당합니다. 마찬가지로 아브라함은 육신적 한 혈통의 머리였습니다. 다시 말하면 그로부터 나오는 모든 후손들의 머리란 말입니다. 그들은 하나님께서 그들의 조상에게 약속하신 이 세상에서의 잠시적인 축복을 나누었습니다. 그러나 더 좁은 의미에서 아브라함은 하나님의 택한 백성들의 머리입니다. 아브라함은 이사야 9:6에서 "영존하신 아버지"이신 그리스도를 모형적으로 보여주고 있습니다. 이사야 53:10에서는 그리스도가 "그의 씨"를 보게 되리라 하였는데, 여전히 아브라함은 그런 의미에서 그리스도의 모형입니다. 히브리서 2:13에서도 택한 백성들을 "그의 자녀들"로 표현하고 있습니다. 그들은 아브라함의 믿음에 동참한 자들이 되고, 그의 행실을 본받아 행하는 자들입니다. 그리고 영적이고 영원한 복락을 함께 누리는 자들이 되었습니다. 주석가들이 창세기 22장에서 하나님께서 아브라함에게 하신 약속과 맹세의 더 깊고 영적인 의미를 놓치는 이유가 바로 거기에 있습니다. 그들이 아브라함을 하나님의 선택한 백성들의 머리요 아버지이신 그리스도의 모형으로 보지 못하고 있다는 것입니다. 히브리서 6장의 마지막 몇 구절에서 성령께서는 친히 우리들을 위해서 그 모형을 파헤쳐 설명해 주십니다. 우리는 다음 강론에서 여기서 단순하게 역설되는 것보다 무엇인가 더 많은 것을 보여주고 있는 몇 가지의 증거들을 제시하려 합니다. 하나님께서 아브라함에게 주신 잠시적인 복락, 곧 "여호와께서 그의 범사에 복을 주셨더라."(창

24:1,35 참조)는 말씀은 하나님께서 그리스도에게 주신 영적 복락의 모형이었습니다. 그와 같이 아브라함의 후손들에게 허락된 지상적인 기업은, 그리스도의 후손에게 속한 기업의 상징이며 보증입니다. 독자는 모형이 실체의 모습을 띠고 나타나는 것을 묘사하는 누가복음 1:70-75의 말씀을 유심히 숙고해 보십시오.

"반드시 너에게 복주고 복주며…" 이 말씀은 갈라디아서 3:14을 통해서 더 잘 해석됩니다. "이는 그리스도 예수 안에서 아브라함의 복이 이방인에게 미치게 하고 그리하여 하나님께서 아브라함을 축복하심으로써 모든 약속의 후사들을 축복하셨고, 친히 아브라함에게 주시기로 맹세하신 것을 그들에게 베푸실 것을 보증하셨습니다. "너희가 그리스도의 것이면 곧 아브라함의 자손이요 약속대로 유업을 이을 자니라."(갈 3:29) 창세기 22:17의 더 깊고 궁극적인 의미는 영적이고 미래적인 '복락'이라는 사실이 로마서 9:7,8에 의해서 확증됩니다. 그런 경우가 아니라면, 바울이 아브라함의 실례를 히브리 사람들과 우리들 앞에 제시하는 것이 아무런 의미가 없습니다. 하나님께서 아브라함과 그의 후손에게 복주시겠다고 약속하신 것은 믿음과 거룩과 견인에 속한 것, 결국은 구원입니다(갈 3:14). 하나님께서 친히 맹세로 서약하신 것은 무엇을 의미합니까? 하나님의 능력과 오래 참으심이 아브라함과 그의 영적인 후손들의 마음에 역사하기 위해서 온전하게 동원될 것이라는 사실을 확증하는 것입니다. 그럼으로써 그들은 효과적으로 구원에 이르게 됩니다. 하나님께서 창세기 22장에서 아브라함에게 나타나신 이후 여러 해를 이 땅에서 살았습니다. 그는 여러 시험과 많은 대적을 만났고, 자기를 낙담케 하는 역경으로 가득 찬 세상에서 살아야 했습니다. 그러나 하나님께서는 끝까지 그를 인도하셨으며 지원하시고 도와주시고 붙들어 주셨습니다. 그렇게 하심으로써 하나님의 맹세가 이루어지게 하신 것입니다. 그에 대한 증거가 다음 구절에 나타나 있습니다.

히브리서 6:15

"그가 이같이 오래 참아 약속을 받았느니라."

"그가 이같이 오래 참아." 이 말씀은 무엇을 말해줍니까? 그가 당한 모든 시험과 모든 난관에도 불구하고 아브라함이 부단히 하나님을 믿었으며, 그 말씀을 하나님께서 친히 이루실 것을 고대하였다는 뜻입니다. 여기서 강조되는 중요한 말은 "그가 이같이"라는 표현입니다. 그 표현이 13,14절에서 말한 것을 함께 지시하고 있습니다. 하나님께서 바로 '그와 같은' 아브라함을 다루셨던 것입니다. 또한 아브라함도 그에 합당한 방식으로 처신하였습니다. 그는 "인내하며 참았습니다." 하나님께서 창세기 22장에서 자기에게 나타나실 때부터 175세가 되어 죽을 때까지의 전 기간을 "그렇게 오래 참았다"는 말입니다(창 25:7). 바울은 히브리 사람들에게 바로 이 소망을 끝까지 행사하라고 강하게 권면하고 있습니다. 그들은 아브라함의 자손들이라고 스스로 고백했습니다. 그러니 아브라함의 정신을 나타내야 합니다.

"약속을 받았느니라." 그는 '여러 번에 걸쳐서' 약속성취를 보았습니다. 첫째로, 이 세상에 사는 날 동안 그 약속에 대한 보증으로 영혼 속에서 하나님의 복락을 누렸습니다. 하나님과 교제를 누리며 그 교제에 포함되어 있는 모든 것을 누렸습니다. 평화와 기쁨과 능력과 승리를 차지했었습니다. 그는 약속을 믿음으로써 그리스도의 때를 바라보았고 즐거워했습니다(요 8:56). 둘째로, 죄악과 슬픔의 세상을 떠나서 더욱 철저하게 하나님의 복락으로 들어갔습니다. 그리하여 그리스도와 함께 거하게 된 것입니다. 바로 그것은 이 세상에서 그리스도와 함께 가질 수 있는 가장 친밀한 교제보다도 "더욱 좋은" 것입니다. "내가 그 둘 사이에 끼었으니 차라리 세상을 떠나서 그리스도와 함께 있는 것이 훨씬 더 좋은 일이라 그렇게 하고 싶으나."(빌 1:23) 아브라함은 지금 낙원의 평화와 기쁨 속에 들어가 있습니다. 그리고 가나안을 통해서 상징적으로 표명되었던 하늘나라에 들어가 있습니다(히 11:16). 셋째로, 하나님의 뜻이 완전하고 끝없는 복락과 영광 속에서 완전하게 이루어지는 그리스도 재림시의 부활로 인하여 "약속을 완전하게 받게 될" 것입니다. 아멘.

29강

영혼의 닻

6:16 사람들은 자기보다 더 큰 자를 가리켜 맹세하나니 맹세는 그들이 다투는 모든 일의 최
후 확정이니라 6:17 하나님은 약속을 기업으로 받는 자들에게 그 뜻이 변하지 아니함을 충
분히 나타내시려고 그 일을 맹세로 보증하셨나니 6:18 이는 하나님이 거짓말을 하실 수 없는
이 두 가지 변하지 못할 사실로 말미암아 앞에 있는 소망을 얻으려고 피난처를 찾은 우리에
게 큰 안위를 받게 하려 하심이라 6:19 우리가 이 소망을 가지고 있는 것은 영혼의 닻 같아
서 튼튼하고 견고 하여 휘장 안에 들어가나니 6:20 그리로 앞서 가신 예수께서 멜기세덱의
반차를 따라 영원히 대제사장이 되어 우리를 위하여 들어 가셨느니라

우리는 지난 강론에서 성령께서 바울을 통하여 하나님의 백성들에게 권면하신 것을 알았습니다. "게으르지 아니하고 믿음과 오래 참음으로 말미암아 약속들을 기업으로 받는 자들을 본받는 자 되라."(12절) 12절의 말씀의 선언은 유대인들과 이방인 모두에게 높이 숭앙받는 사람인 아브라함의 삶의 내력(來歷)으로부터 실증되었습니다. 아브라함에 대하여 여기에서 "저가 이같이 오래 참아 약속을 받았다."고 선언하고 있습니다(15절). 우리는 다시 사도에게 주어진 하늘의 지혜를 보고 감탄해 마지않습니다. 히브리서의 바로 이 시점에서 아브라함을 예를 들도록 사도를 주장한 그 지혜야말로 놀라운 것입니다. 3장에서는 모세보다 우월하신 그리스도를 나타내기 전에 먼저 중보자의 모형인 모세의 '충성'을 특별하게 언급하였습니다(3:5). 그와 같이 여기서도 아브라함보다 탁월하신 그리스도를 나타내기 전에(그 탁월하심을 7:4에서 말하고 있다), 먼저 아브라함의 '인내하며' 승리하는 모습을 상기합니다. 이 점은 하나님의 진리를 거스르는 사람들의 선입견을 제거하려 할

때 합법적이고 가능한 모든 방편들을 사용해야 함을 얼마나 잘 보여주고 있습니까!

히브리서 6장에 아브라함이 언급된 것은 자신이 그리스도인이라 고백하는 모든 자들로 하여금 그 마음을 하나님 앞에 비추어 볼 기회를 가지게 하려 함입니다. 아브라함은 "믿는 모든 사람들의 조상"입니다(롬 4:11). 그러나 그리스도께서는 아브라함이 자기의 조상이라고 떠벌이는 사람들에 대하여 이렇게 선언하셨습니다. "너희가 아브라함의 자손이면 아브라함의 행사를 할 것이어늘…"[1](요 8:39). 그리고 로마서 4:12에는, 아브라함이 "또한 할례자의 조상[2]이 되었나니 곧 할례 받을 자에게 뿐 아니라 우리 조상 아브라함의 무할례 시에 가졌던 믿음의 자취를 좇는 자들에게도니라."

존 오웬(John Owen)은 살아 있을 당시 1680년에 다음과 같이 말했습니다.

"사람들이 하늘에 가는 길과 방편을 생각하는 모습을 보면 참으로 한심하다. 자기들은 그런 식으로 하늘에 들어간다고 생각하는 것 같은 자세를 취하는 모습을 보이고 있다. 하늘에 가기 위해서는 단순한 형식적인 신앙고백보다 더 많은 것이 있어야 하는데, 그것을 깨닫는 사람은 불과 '소수'에 지나지 않는다. 모든 종류의 죄악 가운데 거하면서 자기들은 하나님의 약속을 기업으로 물려받을 것이라고 상상하고 있다. 우리 앞에 본을 보인 옛 사람들의 방식은 그런 것이 아니었다. 참으로, 하늘에 가기 위해서는 최소한의 믿음만이면 된다고 생각한다. 그러나 그들은 믿음을 참된 종교에 대한 형식적인 신앙고백 정도로만 이해하고 있는 자들이다."

---

1) 그저 단순하게 "너희는 마땅하게 아브라함의 행실을 해야 한다."는 식으로 말씀하시지 않으셨다.

2) 골로새서 2:11의 '영적 할례'와 비교해 보라.

우리가 자신의 영혼을 귀하게 여기면, 아브라함의 믿음의 본질과 성격에 대하여 성경이 말하는 바를 면밀히 숙고하는 것이 합당합니다. 아브라함의 믿음은 하나님의 말씀의 순전함을 그저 지적으로 찬동하는 것보다 훨씬 더 큰 것이었습니다. 그로 하여금 세상에서 자기를 분리시키게 한 것은 역사(役事)하는 믿음이었습니다(히 11:8,9). 그 믿음이 그로 하여금 이 세상에서 '나그네와 외국인'의 자리에 서게 했습니다(히 11:13). 또한 그 믿음이 시련과 어려움을 참고 인내하게 하였습니다. 다른 성경 구절에 비추어 볼 때, "오래 참았다."(히 6:15)는 말은 창세기의 역사(歷史)에서 아브라함에 대하여 말하지 않고 지나가는 많은 부분을 알게 해 줍니다. 무엇을 '인내하며 오래 참았다는 말인가?' 신비로운 하나님의 섭리를 오래 참았다는 말입니다. 약속을 이루어 나가시는 하나님의 일은 더디어 보이고, 또한 눈으로 보거나 감각으로 느끼기에는 하나님의 행사가 하나님의 사랑과 모순되어 보입니다(창 22:2). 또한 무엇을 '오래 참았습니까?' 자기를 공격하는 사탄의 공격을 참았다는 말입니다. 하나님께서는 이제 더 이상 은혜롭지 못하다고 미끼를 던지며 유혹하는 뱀의 공격을 이겨냈습니다. 또한 "소돔 왕을 통해서 부자가 되라."는 마귀의 시험을 참아냈습니다(창 14:21,22). 또 무엇을 '오래 참았는가?' 아브라함의 경건한 행위가 불경건한 자기들의 방식을 정죄했기 때문에 아브라함을 미워했던 사람들의 핍박과 중상과 잔인한 모략을 참아 내었습니다. 그렇습니다. 후에 나타나는 그의 구속주처럼, 그리고 오늘날 믿는 그의 자녀들처럼 "그는 자기에게 거역하는 죄인들을 참아 내었습니다."

그러나 성령께서는 아브라함의 경우를 언급하면서 또 다른 의도를 가지고 계십니다. 성령께서는 배도의 위험을 신실하게 경고하시고, 믿음을 가지고 끝까지 견디어 내야 할 절대적인 필요성을 우리에게 열심히 증거하셨습니다. 이제 그는 이 긴 괄호구적인 대목을 가장 영광스러운 위로의 메시지로 마무리하시려 합니다. 이 영광스런 메시지를 주신 것은 하나님의 자녀들의 마음을 온전하게 안도하게 하시고, 자기들의 궁극적인 결과에 대하여 불확실함으로 따라 올 두려움을 물리치게 하시려 함입니다. 또 그들의 믿음을 강하게 하시며, 확신을 깊게 하시며, 가장 확실한 신뢰심을 가지고 장래를 내다보게 하시려 함입니다. 치료하시려고 먼저 상처를 내시고, 양심의 평화를 말하기 전에 양심을 깨우치시며, 보존하시는 능력을 확증하시기 전에 우리의 책임을 깨우쳐 주시는 것이 언제나 하나님의 방식입니다. "그러므로 나의 사랑하는 자들아 너희가 나 있을 때뿐 아니라 더욱 지금 나 없을 때에도 항상 복종하여 두렵고 떨림으로 너희 구원을 이루라 너희 안에서 행하시는 이는 하나님이시니 자기의 기쁘신 뜻을 위하여 너희로 소원을 두고 행하게 하시나니."(빌 2:12,13)

그렇다면 시련과 고통으로 두려워 떠는 하나님의 백성들의 마음을 위로하시려고 성령께서 무엇을 사용하십니까? 저기 저 기이하고 영광스러운 하나님의 은혜의 복음입니다. 성령께서는 아브라함을 언급하시는 더 깊은 의도와 의미를 알리심으로써 그 일을 행하십니다. 하나님께서 "믿는 모든 사람들의 조상"에게 하신 약속, 맹세로 하신 그 약속이 아브라함에게만 해당되는 것이 아니라 틀림없이 그의 모든 영적인 자손들에게도 이루어집니다. 성령께서는 바로 그 점을 보여주십니다. 그렇습니다. 하나님께서 때에 맞게 아브라함을 다루신 일은, 창세전에 하늘에서 그리스도와 그 후손들과 맺은 하나님의 언약의 내용을 땅에서 미리 예표함이었습니다. 주께서 필요한 많은 지혜와 인도하심과 은혜를 허락하시어 본 강해자와 독자들 모두 이 가장 복된 주제를 바르고 명백하게 이해하게 하옵소서!

16절로 시선을 돌리기 전에, 저는 지금 이 대목이 문맥과 가진 관계를 보여드려야겠습니다. 지난 강론에서 우리가 생각했던 여러 구절들을 간단하게 분해해 보려 합니다. 자, 아브라함이 한 '표본'으로 우리 앞에 서 있습니다. 12절과 13절의 "왜냐하면"이라는 이유 접속사가 그 점을 보여줍니다.

1. 하나님께서 아브라함에게 약속하셨습니다(13절).

2. 그 약속은 즉각 그리스도와 그리스도의 중보의 혜택들을 가리킵니다(갈 3:16).

3. 하나님께서는 맹세로 자신의 약속을 아브라함에게 다시 천명해 주셨습니다(13절).

4. 그 맹세의 특별한 성질이 나타나 있습니다. 곧 하나님께서는 자신을 가리켜 맹세하셨습니다(13절).

5. 하나님께서는 자신을 가리켜 맹세하셨는데, 그 이유는 자기보다 더 큰 자가 없기 때문입니다(13절).

6. 하나님의 약속과 맹세를 근거로 서 있는 아브라함의 믿음은 오래 견디어 내어 그 약속을 받았습니다(15절).

15절의 강조적이고 중요한 말은 처음에 나오는 "이같이"라는 말입니다. 그 말은 하나님의 맹세의 단서를 달고 있는 하나님의 약속의 절대적인 신실함을 가리킵니다. 하나님께서는 "반드시 복주고 복주리라."고 맹세하셨습니다(14절). 다른 말로 해서 하나님께서 아브라함에게 맹세하심은 친히 계속 아브라함 안에서 역사하실 것임을 보증함이었습니다. 그리고 이 지상의 순례길이 끝날 때까지 분명하게 그를 보존하실 것임을 보증하는 것이었습니다. 그럼으로써 그 아브라함은 영락없이 그 약속된 복락으로 들어가게 된다는 것입니다. 비록 아브라함이 75년 동안 시련과 어려움 속에 처해 있었지만, 그 복락에 들어가는 것은 그의 변덕스러운 의지에 달려 있지 않았습니다. 어느 사람이든지 약속으로 기업을 물려받는 것은 "믿음과 오래 참음"으로 말미암기는 합니다(12절). 그럼에도 불구하고 하나님께서는 백성들이 이 광야를 지나 요단을 건너 가나안에 들어갈 때까지 이 은혜를 그들 속에 계속 부어 주시겠다고 엄숙하게 서약하신 것입니다. "이 사람들은 다 믿음을 따라 죽었으며."(히 11:13)

히브리서 6:16

"사람들은 자기보다 더 큰 자를 가리켜 맹세하나니
맹세는 그들이 다투는 모든 일의 최후 확정이니라."

이 구절을 말한 사도의 의도는 그 크신 하나님께서 어째서 자기를 가리켜 맹세하셨는지 설명하는 데 있습니다. 그 하나님이 누구시며, 어떠한 분이심을 생각하면 그의 행하신 일에 정말 놀라지 않을 수 없습니다. 하나님의 높으신 위엄을 기억하고 "스스로 낮추사 천지를 살피시는 모습을 기억할 때"(시 113:6) 하나님께서 자신을 가리켜 맹세하시는 것을 보면 참으로 놀라지 않을 수 없습니다. 그분이 진리의 하나님이시요 거짓말을 하실 수 없는 분임을 기억한다면 말씀만으로 충분하신데 어째서 그렇게까지 맹세하셨습니까? 그런 의문이 제기될 수 있습니다. 말씀만으로는 충분하지 않다고 여기신 것인가요?

"사람들은 자기보다 더 큰 자를 가리켜 맹세하나니 맹세는 그들이 다투는 모든 일의 최후 확정이니라." 이 문장 처음에 "왜냐하면"이라는 이유 접속사가 나오는 것은 처음에 나오는 말[3]은 13절, 곧 하나님께서 "자신을 맹세

3) 우리말 개역개정이나 개역한글에서는 나타나지 않는다. - 역자 주

하신" 일을 되돌아보게 합니다. 여기서 사도는 어느 세계에나 사람들 가운데서 행해지는 관례를 가리켜 말합니다. 두 사람이 서로 자기의 주장만 하며 팽팽하게 맞선다면 언제나 다툼만 있을 뿐입니다. 중요하고 이해관계가 달린 문제들이 두 사람, 또는 더 많은 사람 사이에 존재할 때는 맹세하게 함으로써만 분쟁을 해결할 수 있습니다. 그러한 경우들에 있어서 맹세는 인간을 통제하고 평화를 주는 데 필요합니다. 왜냐하면 맹세 없이는 끊임없이 다툼이 있을 것이며, 결국은 폭력으로 이어질 것이기 때문입니다. 그러니 사람들 사이에 이루어지는 맹세의 목적은 그들의 충돌을 막고 다툼을 종식시키는 데 있습니다.

오웬 박사(John Owen)는 16절에 대한 그의 주해에서 아주 잘 지적했습니다. "이 말씀이 하나님과 우리 영혼 사이에 해당되고, 그 일의 상태를 예증하기 위해서 사용되었으니 우리는 그 말씀으로부터 다음과 같은 사실을 관찰할 수 있다. 첫째, 우리가 본성의 상태대로 한다면(선택한 사람들을 타락한 아담의 후손들로 본다면 - 저자 주) 하나님과 우리 사이에는 의견 차이와 다툼이 존재한다는 것이다. 둘째, 하나님의 약속들은 그 다툼을 종식시키는 오직 유일한 방식과 방편에 대한 은혜로운 제안이다. 셋째, 이 약속들을 확증하기 위해서(더 낫게 말한다면 약속을 더한 것 - 저자 주) 추가된 하나님의 맹세는 모든 대적과 고통과 시련 속에서 만나는 시험에도 불구하고 믿는 자들이 예수 그리스도로 말미암아 하나님과 더불어 화평할 것을 보증하는 충분한 방식이다."

히브리서 6:17

"하나님은 약속을 기업으로 받는 자들에게 그 뜻이 변하지 아니함을 충분히 나타내시려고 그 일을 맹세로 보증하셨나니."

"그 일을 맹세로 보증하셨나니." 우리가 보기에 여기 "그 일"은 직접적으로는 16절에서 말한 것을 가리키고 있다 할 수 있습니다. 그러나 보다 더 멀리는 13절의 선언과 연관됩니다.

먼저 그것을 앞 절에서 밝혀진 보편적인 원리로부터 끌어낸 하나의 결론이라고 보면 그 요지는 이러합니다. '맹세는 동료들 사이에서 그 사람의 말을 확증하는 것이니, 그 크신 하나님께서 자기 백성들의 믿음을 견고하게 하려고 이 방식과 방편을 채용하려고 낮아지셨다.' 맹세는 사람들 가운데에서 서약된 요점의 확실성을 강조하기 때문에, 하나님께서는 은혜롭게도 약속을 기업으로 받는 사람들로 위로를 받게 하시려고 신적 확실성의 위로를 이중적으로 받게 정해 놓으신 셈입니다.

또한 그 "그 일"은 더 강해해 나가면 멀리는 13절과 관련된 사실을 가리킴을 알게 될 것입니다. 여기서 그 단어를 골라 쓴 것은 하나님께서 자기를 가리켜 아브라함에게 엄숙하게 서약하신 일이 아브라함의 모든 자손들에게도 확실하게 공동으로 해당됨을 확증하기 위한 것입니다. 그러니 "그 일"은 하나님께서 맹세하신 일을 의미합니다. 하나님께서 자기를 가리켜 맹세하신 목적은 아브라함으로 하여금 하나님의 복락의 절대적 확실성을 충분하게 확신케 하는 데서 더 나아갑니다. "약속의 후사들"로 하여금 역시 그들에 관한 하나님의 뜻이 불변하다는 증거와 보증을 갖게 하려 하심이었습니다. 왜냐하면 모든 선택한 백성들에 대한 하나님의 생각과 뜻은 그 아브라함을 향하여 가지셨던 하나님의 생각이나 뜻과 같기 때문입니다. 비록 우리가 히브리서 6장의 이 마지막 몇 구절에서 훨씬 더 높은 지점으로 올라가 있지만, 하나님께서 아브라함을 다루시는 일을 적용하여 사도가 말한 것은 원리적으로 로마서 4장에서 발견되는 것과 같은 것입니다. 거기서 아브라함이 하나님을 믿었음과, 그 하나님을 믿음으로 의로 여기심을 받았음을 우리는 듣습니다. 로마서 4:16에서 이러한 결론이 내려집니다. "그러므로 후사가 되는 이것이 은혜에 속하기 위하여 믿음으로 되나니 이는 그 약속을 그 모든 후손에게 굳게 하려 하심이라." 반면에 로마서 4:23,24에서는 이렇게 말하고 있습니다. "그에게 의로 여겨졌다 기록된 것은 아브라함만 위한 것이 아니요 의로 여기심을 받을 우리도 위함이니 곧 예수 우리 주를 죽은 자 가운데서 살리신 이를 믿는 자니라."

우리는 이제 이러한 질문을 던져 봅니다. 하나님께서 약속의 후사들에게 보다 풍성하게 보여주시기로 작정하셨던 그 뜻의 변치 아니함은 무엇인가요? 이 점을 알기 위해서 우리는 먼저 '하나님의 뜻'을 숙고해 보아야 합니다. '하나님의 의지'라는 표현과 같이 하나님의 '뜻'(counsel)은 신약에서 이중적인 용어로 쓰입니다. 성경에 나타난바 인간의 책임을 규정하고 정해주는 '하나님의 뜻'이 있습니다. "하나님의 뜻은 이것이니 너희의 거룩함이라."(살전 4:3) 그러나 우리 사람들로는 전혀 이룰 수 없는 '하나님의 뜻'이 있습니다. 그 '하나님의 뜻'은 우리의 말로 설명될 수 없는 '은밀한 하나님의 뜻'입니다. 참고적으로 로마서 9:19의 말씀을 인용합니다. "혹 네가 내게 말하기를 그러면 하나님이 어찌하여 허물하시느냐 누가 그 뜻을 대적하느냐 하리니." 그 '하나님의 뜻'이 우리 각자를 통해서 이루어져 나갑니다. 앞의 경우에 해당하는 '하나님의 뜻'을 어긴 자들에 대하여 이렇게 말합니다. "바리새인과 율법교사들은 그의 세례를 받지 아니하므로 그들 자신을 위한 하나님의 뜻을 저버리니라."(눅 7:30) 그러나 두 번째 경우에 해당하는 말씀이 있습니다. "과연 헤롯과 본디오 빌라도는 이방인과 이스라엘 백성과 합세하여 하나님께서 기름 부으신 거룩한 종 예수를 거슬러 하나님의 권능과 뜻대로 이루려고 예정하신 그것을 행하려고 이 성에 모였나이다."(행 4:27,28)

"하나님은 약속을 기업으로 받는 자들에게 그 뜻이 변하지 아니함을 충분

히 나타내시려고." 여기서 "그 뜻의 변치 아니함"이란 표현을 통하여 히브리서 6장은 그 '하나님의 뜻'을 두 가지 의미로 사용하고 있음을 분명하게 보여주고 있습니다. 히브리서 6:17의 하나님의 "뜻"은 하나님의 '영원한 경륜과 목적'을 가리킵니다. 사도행전 2:23에서 그리스도의 죽음에 대해서 말할 때 바로 그런 의미로 그 표현이 사용되었습니다. "그가 하나님께서 정하신 뜻과 미리 아신 대로 내준 바 되었거늘 너희가 법 없는 자들의 손을 빌려 못 박아 죽였으나." 에베소서 1:9와 1:11의 말씀을 비교해 보면, 에베소서 1장에서도 같은 의미로 그 표현이 사용되고 있습니다. 에베소서 1: 9에서는 "그 뜻의 비밀을 우리에게 알리신 것이요 그의 기뻐하심을 따라 그리스도 안에서 때가 찬 경륜을 위하여 예정하신 것이니."라고 되어 있고, 1:11에서는 "모든 일을 그의 뜻의 결정대로 일하시는 이의 계획을 따라 우리가 예정을 입어 그 안에서 기업이 되었으니."라고 되어 있습니다. 두 구절 다 창세전에 있었던 하나님의 작정을 가리켜 말하고 있습니다. 두 구절 다 자기 백성의 '구원'에 관해서 영원 전에 하나님께서 결심하신 뜻을 다루고 있습니다(살전 2:13 참조). 히브리서 6:17의 하나님의 "뜻"은 더욱 더 특별하게, 모든 택한 백성들의 구원을 위해서 아브라함의 후손으로 오시게 되어 있는 하나님의 아들 예수 그리스도에 관한 뜻입니다. 하나님께서는 그 거룩하고 지혜로운 목적을 창세전에 세우신 것입니다. 또한 그들에게 믿음을 주시고, 그 믿음을 붙잡아 주십니다. 그리하여 틀림없이 영광으로 들어가게 하실 것입니다. 그런 복을 동반하는 하나님의 뜻의 거룩하고 지혜로운 목적을 여기서 언급하고 있습니다.

다른 말로 하면, "하나님의 뜻"은 영원한 언약 가운데서 그리스도와 맺은 조약입니다. 영원한 언약 가운데서 그리스도께서는 약정된 조건을 성취하실 것이고, 성부께서 그리스도의 후손들에 관하여 주신 약속을 틀림없이 지키실 것을 성 삼위 간에 협약하셨습니다. 누가복음 1:72,73과 갈라디아서 3:16,17의 말씀을 비교해 보면 이에 대한 분명한 증거가 드러납니다. 누가복음 1장은 사가랴의 예언을 담고 있습니다. 하나님께서 사가랴에게 "우리 조상을 긍휼히 여기시며 그 거룩한 언약을 기억하셨으니 곧 우리 조상 아브라함에게 하신 맹세라." 예언하셨습니다. 갈라디아서 3장에서는 아브라함을 향하신 하나님의 행사가 담고 있는 은밀한 의미를 성령께서 밝히고 계십니다. "이 약속들은 아브라함과 그 자손에게 말씀하신 것인데 여럿을 가리켜 그 자손들이라 하지 아니하시고 오직 한 사람을 가리켜 네 자손이라 하셨으니 곧 그리스도라 내가 이것을 말하노니 하나님께서 미리 정하신 언약을 사백삼십 년 후에 생긴 율법이 폐기하지 못하고 그 약속을 헛되게 하지 못하리라."

허베이(Hervey, 1756)는 존 웨슬리(John Wesley)의 가공할 이설(異說)을 논박하면서 이렇게 말하였습니다.

"여호와께서 족장들과 맺은 언약들은 그리스도가 맺은 영원한 언약(히 13:20)에 대한 모형임을 히브리서 기자는 진술한다. 그래서 그는 '하나님께서 아브라함과 이삭과 야곱과 다윗과 언약하셨다는 것이 사실이다. 그러나 그 사람들에게 자기들을 지으신 조물주와 언약을 맺을 힘이 있었는가? 그들 스스로 자신들을 위해서나 다른 사람들을 위한 보증으로 행세할 수 있었는가? 그렇게 생각하지 않는다. 그 대목들은 다름 아니고 아주 특별한 방식으로 주의 '나타나심'을 의미한다. 그 '나타나심' 속에 그들이 참예할 것임을 비준하며 확증하는 장엄한 언약이 그들에게 주어졌다. 바로 그런 의미이다. 또한 더 나아가서 위대한 언약의 머리이신 그리스도께서 그들의 '씨(후손)'로 나오실 것을 확증해 주셨음도 의미한다. 이 점은 성경에 자주 나타나는 특별하고 주목할 만한 독특한 표현양식인 '내가 그들과 언약을 맺으리라'는 말씀을 이해시켜 준다. 그럼에도 불구하고 거기에는 어떠한 조건도 붙어 있지 않다. 오히려 무조건적인 복락을 약속하고 있는 것이다."

"그 뜻이 변하지 아니함을 충분히 나타내시려고 그 일을 맹세로 보증하셨나니." 그러니 여기서 특히 주목해야 할 요점은 무엇입니까? 하나님은 "약속을 기업으로 받는 자들에게 그 뜻이 변치 아니함을 충분히 나타내시려고 그 일에 맹세로 보증하셨다[4]."는 점입니다. 이 점은 우리로 하여금 하나님의 '뜻'과 하나님의 '약속'을 구별할 필요성을 보여줍니다. 하나님의 '뜻'은 근원적으로 하나님 자신 속에 감추어져 있는 심오하고 표출되지 않은 비밀이었습니다. 그의 '약속'은 '그 뜻'을 공공연하게 밝히는 것입니다. 하나님의 약속이 다름 아닌 그의 영원한 경륜의 사본(寫本)입니다. 바로 그것을 깨닫는 것은 참으로 복됩니다. 하나님의 약속은 이제까지 그 마음의 비밀스러운 뜻으로 감추어져 있었습니다. 그런데 그 뜻이 '약속'으로 말미암아 알려졌습니다. 그래서 "그 뜻의 변치 아니함"은 그의 확실한 약속이 나온 원천이요, 발설된 약속의 원본입니다. 그러나 하나님께서는 그의 약속에다가 그의 뜻이 변하지 아니함을 자기 백성들에게 "더욱 풍성히 알려 주고 보여주실 기꺼운 마음"을 가지셨습니다. 모든 것이 하나님의 뜻으로부터 나옵니다. 하나님께서는 선택한 사람들이 이 세상에 살고 있을 때에도 영원 전부터 그들을 사랑한다는 풍성한 증거뿐만 아니라 "더 풍성한" 증거들을 값없이 주시기로 작정하셨습니다. 또한 그들의 구원 문제와 평화와 기쁨에 관해서 하나님께서 얼마나 은혜로운 관심을 가지고 계신지 더 풍성히 나타내 보이기로 하신 것입니다.

---

4) 난외주대로 '보증하셨다'라는 표현을 '친히 끼어드시어'(interposed Himself by)라고 번역하였더라면 더 예리하였을 뻔하였다. - 저자 주

"그 일을 맹세로 보증하셨나니." 하나님께서는 그 일을 "맹세로 보증"하셨습니다. 흠정역이 "확증하였다(confirmed it)"고 번역한 헬라어는 가장 주요하게 '중재하다(madiate),' 또는 '가운데 끼어들다(intervene)'라는 의미입니다. 이 점은 대번에 우리의 생각을 아브라함을 통해서 모형적으로 보여진 중보자에게 집중하게 합니다. 원래의 약속과 맹세를 그리스도께 하셨던 것입니다. 그래서 디도서 1:2에는 이런 말씀이 있습니다. "영생의 소망을 인함이라 이 영생은 거짓이 없으신 하나님이 영원한 때 전부터 약속하신 것인데." 영원 전에는 선택한 사람들이 아직 실존(實存)해 있지 않았으니 그 약속은 다만 그들의 머리이신 그리스도께만 주어졌었습니다. 그리스도에 대하여 맹세하신 하나님의 말씀을 시편 110편에서 발견합니다. "여호와는 맹세하고 변하지 아니 하시리라 이르시기를 너는 멜기세덱의 서열을 따라 영원한 제사장이라 하셨도다."(시 110:4) 그것은 모든 인류에 대한 맹세가 아닙니다. 그 맹세는 오직 하나님께서 자기의 뜻이 변치 아니함을 나타내시는 말씀입니다. 그리고 그 효력을 전달하시기로 작정하신 한정된 사람들에게만 해당되는 맹세의 말씀입니다.

"하나님은 약속을 기업으로 받는 자들에게." 여기 히브리서 6:17의 "약속을 기업으로 받는 자들"이 바로 그 맹세가 걸린 자들입니다. 다시 말하면 구약시대나 신약시대의 하나님의 성도들 모두가 여기에 해당됩니다. 그들을 "약속을 기업으로 받는 자들"이라고 부른 이유를 두 가지 국면으로 나누어 살펴 볼 수 있습니다. 하나는 약속 자체에 대한 것이고, 또 다른 하나는 약속된 것에 관한 것입니다. 그들은 아직 그 약속을 실제적으로 물려받지 못했습니다. 다만 그것이 이루어질 것을 기다리고 있을 뿐입니다(1:14 참조). 히브리서 11:13,17,19의 구절들을 비교해 보면 이 점에 대한 증거를 얻을 수 있습니다. 이 일에 있어서는 지체들이 그들의 머리를 따라갑니다. 왜냐하면 그리스도께서 '만유의 상속자(후사)'(1:2)이시지만 그럼에도 역시 '기다리고' 계시기 때문입니다(10:13). 여기서 "약속을 기업으로 받는 자들"은 로마서 9:8의 "약속의 자녀들"과 같은 사람들입니다.

히브리서 6:18

"이는 하나님이 거짓말을 하실 수 없는 이 두 가지 변하지 못할 사실로 말미암아 앞에 있는 소망을 얻으려고 피난처를 찾은 우리에게 큰 안위를 받게 하려 하심이라."

우리가 이 구절을 간단하게 해석하기 위해서 내용을 역순(逆順)으로 살펴보면서 몇 가지 질문을 던져 보기로 합니다. 여기서 말하는 **"우리 앞에 있는 소망"**은 무엇입니까? 그것이 **"우리 앞"** 어디에 있습니까? **"소망을 얻으려고 피난처를 찾았다."**함이 무슨 뜻입니까? **"우리에게 큰 안위"**란 무엇입니까? "이 두 가지 변하지 못할 사실"이 큰 위로를 우리에게 제공하는 이유는 무엇입니까?

먼저 여기서 말하는 "소망"의 성격을 알아보려면, "큰 안위"가 무엇이며 그 차이는 어떠한지 주의 깊게 살펴보아야 합니다. "우리에게 큰 안위"는 믿는 사람의 마음속에 있는 소망의 은혜가 아닙니다. 이 점을 더 정교하게 표현하여 구별시키려고 "우리 앞에 있는"이라는 수식어가 붙어 있습니다. 그것은 문제의 '안위'가 주관적인 것이 아니라 객관적인 것임을 분명하게 암시합니다. 그러니 그것은 또한 '붙잡아야' 할 것입니다. 더 나아가서 19절에서 이 '소망'에 대해 언급하는 것으로 미루어 보면 내면적으로 고대한다는 개념이 배제되어 있습니다. 히브리서 7:19이 우리에게 필요한 도움을 줄 수 있습니다. 거기에서는 "더 좋은 소망이 생겼음"을 말하면서 그로 인하여 "우리가 하나님께 가까이 간다."고 지적합니다(요 14:6과 시 102:18 참조). 디모데전서

1:1에서 주 예수 그리스도를 "우리의 소망"이라고 분명하게 부르고 있습니다. 그리스도야말로 하나님께서 자기 백성들 앞에 "세워 두신" 소망이 아닙니까? 그리스도께서 친히 우리가 '바라고 나가야 할 복된 소망'이 아닙니까(딛 2:13)?

그러면 우리의 소망이신 그리스도께서 '우리 앞 어디에' 세워져 있습니까? 분명히 하나님의 '은혜의 복음 안에서'입니다. 타락한 죄인들에게 "오직 유일한 소망"은 바로 그 하나님의 은혜의 복음입니다. 하나님의 복음은 '그리스도의 복음'입니다(롬 1:16). 왜냐하면 복음은 그리스도의 영광스러운 인격의 탁월함을 나타내며, 그가 이루신 일의 효력을 선포하기 때문입니다. 그러므로 로마서 3:25에서 그리스도 예수님에 대하여 이렇게 말하고 있습니다. "이 예수를 하나님이 그의 피로써 믿음으로 말미암아 화목제물로 세우셨으니." 갈라디아서 3:1에서는 "예수 그리스도께서 십자가에 못 박히신 것이 너희 눈앞에 밝히 보이거늘."이라고 하였습니다.

복음 안에서 그리스도께서 '믿음과 소망'의 대상으로 나타납니다. '그리스도가 믿음의 대상이라' 함은 택한 백성들을 위해서 그분이 행하신 일로 인하여 그 백성들이 하나님 앞에서 완전한 법적 지위를 갖게 하셨다는 의미입니다. 로마서가 그 요점을 주요하게 설명하고 있습니다. '그리스도가 소망의 대상이라.' 함은 그리스도께서 장차 자기 백성들을 위해서 무엇인가를 '하실 것이라'는 의미입니다. 백성들을 '이 광야와 같은 세상에서 건져내어 약속의 땅(천국)으로 들어가게 하실 것이라.'는 말입니다. 히브리인들이 아직은 시련 속에 있지만 그 기업을 얻으려고 나아가고 있습니다.

"앞에 있는 소망을 얻으려고 피난처를 찾은." 이 표현이 무엇을 의미합니까? 그 말은 복음을 들은 사람들이 그 복음의 요구에 순종하여 행한 무엇을 나타냅니다. 곧, 복음을 들은 사람은 마땅하게 복음을 자기에게 적용해야 함을 지시합니다. 구원받을 만한 믿음은 여러 그림으로 설명될 수 있습니다. 어떤 때는 '믿는 것'(believing)으로 묘사됩니다. 그 말은 그리스도와 그의 완성된 사역에 마음을 둔다는 의미입니다. 어떤 경우에는 구원받을 만한 믿음을 '그리스도께로 오는 것'(coming to Christ)으로 묘사되기도 합니다. 그 말은 피할 다른 모든 곳에 등을 돌리고 복음 안에 나타나신 바로 그분께 나아감을 의미합니다. 어떤 경우에는 그런 참 믿음을 '하나님을 참되시다 하여 인치는'것으로 묘사되기도 합니다(요 3:33 ; 사 44:5 참조). 이 경우는 우리가 그 복음을 받아들임으로써 그리스도의 증거를 인정한다는 의미입니다. 때로는 우리 영혼과 영원한 문제를 주님의 손에 의탁하는 것으로 그 믿음을 묘사합니다(딤후 1:12). 어떤 경우에는 "하나님의 의(義)에 자기를 복종시키는" 것으로 표현하기도 합니다(롬 10:3). 그것은 우리의 행위를 버리고 그리스도의 공력 있는 순종과 희생을 의지한다는 의미입니다. 여기서는 "피난처를 찾았다."는 모습으로 그려져 있습니다. 그것은 구약의 모형에서 취해 온 상징적 표현입니다.

하나님께서는 율법을 통해서 부지중에 실수하여 다른 사람을 죽인 자를 위해 은혜로운 처소를 예비하셨습니다. 그러한 사람들의 피난처로 지정된 도피성이 바로 그런 장소였습니다. 그 도성들이 민수기 35장과 신명기 19장과 여호수아 20장에 언급되어 있습니다. 그 도성들은 높은 언덕이나 산 위에 건축되었습니다(수 20:7). 그런 도피처를 찾는 사람들이 어려움이 없게 하셨습니다. 그와 같이 그리스도를 붙잡는 그리스도의 종들은 "언덕 위에 세운 동리"와 같습니다(마 5:14). 그것들은 '피의 보수자'를 피하여 달아나 거하는 피난처입니다(수 20:3). 마태복음 3:7의 "임박한 진노를 피하라."는 표현과 비교해 보십시오. 그 도성은 그리로 오는 자들을 인도하는 도로를 가지고 있었습니다(신 19:3). 그와 같이 복음 안에서도 그리스도께 나아가는 길이 열려져 있습니다. 이 도성에 들어가는 데 성공하는 사람들은 안전하게 보호를 받았습니다(민 35:15). 그와 같이 그리스도께서는 "내게 오는 자를 결코 내어 쫓지 아니하리라."고 선언하셨습니다(요 6:37).

이제 위의 모형에서 지적된 특별한 요점은 무엇입니까? '피의 보수자'를 피해 피난처를 찾아야 마땅한 사람은 개인적으로 그 도피성으로 달아나야 한다는 점입니다. 그 그림은 매우 인상적입니다. 여기에 아무도 두려워하지 않고, 평화와 위안을 받으며 살아가는 한 사람이 있다고 상정해 봅시다. 그러나 그 사람이 부지중에 다른 사람을 죽임으로써 모든 일이 갑자기 변하게 되었습니다. 그 속에 있는 두려움과 밖에 있는 위험에 포위되어 있습니다. 피의 보수자가 원수를 갚으려 덤비고 있습니다. 그러니 그 사람은 피난처로 달아나는 수밖에 다른 도리가 없습니다. 왜냐하면 그 도피성에서만이 안정과 평안을 찾을 수 있기 때문입니다. 죄인에게도 마찬가지입니다. 그의 본성적인 조건으로 하면, 거짓된 안전과 위안을 가지고 있을 뿐입니다. 성령께서는 알지 못하는 사이에 그의 죄를 깨닫게 하십니다. 그래서 그는 비참한 생각과 놀람으로 어쩔 줄 몰라 합니다. 결국 그는 울부짖습니다. "어떻게 해야 내가 구원을 받겠나이까?" 하나님의 답변은 "피난처를 향해 달아나라. 우리 앞에 있는 소망을 붙잡으라."

그러나 우리는 여기서, '율법'에 나타난 피난처와 '복음'으로 알려진 피난처 사이의 광대한 차이를 통하여 유대교에 비해 기독교가 얼마나 더 탁월한지를 주목해야 합니다. 도피성은 부지중에 사람을 죽인 사람들만을 위해 존재하였습니다. 그러나 우리는 하나님을 대적하여 일생동안 의식적이고 고의적인 배역자로 살아 왔습니다. 그럼에도 불구하고 그리스도께서는 "수고하고 무거운 짐진자들아 다 내게로 오라."고 말씀하십니다. 다른 이를 부지중에 죽이고 그 도성에 들어가는 사람은 안전하였습니다. 그러나 바로 그 도피성이 '감옥'이었습니다. 그러나 신자의 경우는 그 정반대입니다. 그리스도께서는 그에게 감옥문을 열어 주고 해방시키셨습니다(사 61:11). 그리스도께서는 "자유하게" 하십니다(요 8:36). 다시, 이전 율법의 도피성에 들어가는 이는 이전 자기의 모든 기업을 다 버려야 합니다. 땅과 가축들도 다 버려두고 그리로 들어갔습니다. 그러나 그리스도를 붙잡는 사람들은 기업을 얻습니다(벧전 1:4). 부지중에 다른 이를 죽인 사람이 자기 기업을 차지하겠다고 그 도피성에서 나오면 그것은 영락없이 죽음을 의미했습니다. 그러나 그리스도인에게 죽음은 기업을 차지하러 가는 것을 의미합니다. "영생을 잡으려고" 그리스도께 가는 사람들은(딤전 6:12) "큰 안위"를 누릴 권리를 받습니다. 청교도 목사 맨튼(Thomas Manton)은 이 점에 대해서 이렇게 말했습니다.

"구원의 확신의 열매와 효과를 표현하는 세 용어가 있다. 구원의 확신의 여러 정도들을 보여주는 말들이다. 곧 '평화,' '위로,' '기쁨'이다. '평화'란 양심의 송사로부터 안식을 찾는 것을 의미한다. '위로'는 온화하고 언제나 존재하는 확신이다. '기쁨'은 실제적인 느낌이요 위로의 큰 파도요 성도의 환희이다."

"우리에게 큰 안위를 받게 하려 하심이라." "큰 안위"는 하나님께서 우리를 사랑하신다는 견고하고 확정적인 확신이다. "우리의 잠시 받는 환난의 경한 것이 지극히 크고 영원한 영광의 중한 것을 우리에게 이루게 함이니."(고후 4:17) "다윗이 크게 다급하였으나 그의 하나님 여호와를 힘입고 용기를 얻었더라."(삼상 30:6)

"이는 하나님이 거짓말을 하실 수 없는 이 두 가지 변하지 못할 사실로 말미암아." 이제 우리에게는 신자 속에서 '큰 위로'를 제공하고 지탱해주는 것이 무엇인가를 숙고하는 것만 남았습니다. 그것이 우리가 다루는 이 18절 처음에서 진술되었습니다. 하나님의 약속과 그에 대한 하나님의 맹세가 있습니다. 신자의 확신은 불변하시는 하나님의 순결성에 달려 있는 것입니다. 만일 하나님께서 피조물로 말미암아 영향을 받는다면 하나님께서는 자신의 계획을 부단하게 변경하셔야 할 것입니다(우리 인생들이 하는 것처럼). 오늘은 이 일을, 내일은 또 다른 일을 생각하셔야 할 것입니다. 그러한 경우에 누가 하나님을 신뢰할 수 있겠습니까? 아무도 없습니다. 무엇을 기대해야 할지 아무도 모르기 때문입니다. 그럼으로써 모든 확신은 다 끝장나는 것입니다. 그러나 하나님의 이름을 찬미할지어다. 우리 하나님은 "변하지 아니하시며 회전하는 그림자도 없으신" 분이십니다(약 1:17). 그러니 하나님의 뜻이 변치 아니함이 우리의 확신의 생명 그 자체입니다.

하나님께서는 우리의 마음의 안정과 믿음의 충만한 확신을 위해서 다시 번복할 수 없는 확정적 조처를 은혜롭게 취하셨습니다. 곧 하나님께서 약속하시고, 맹세로 그 약속을 인(印)쳐 주셨습니다. 그럼으로써 그 약속을 물려받을 모든 사람들에게 약속된 기업을 반드시 받게 될 틀림없는 보증을 하신 것입니다. 하늘과 땅이 다 없어진다 할지라도 하나님의 말씀은 결단코 폐해지지 않을 것입니다(눅 21:23). 성경에 기록된 모든 약속들은 영원 전에 우리를 위해서 하나님께서 그리스도와 맺으신 확증들의 사본(寫本)에 불과합니다. 그러니 성경 속에 나오는 하나님의 맹세와 언약들은 창세전에 하나님과 그리스도 사이에 맺은 언약과 맹세의 사본(寫本)에 불과합니다. 여기 히브리서 6:18의 "하나님께서 거짓말 하실 수 없다."는 말씀과, 디도서 1:2의 말씀이 얼마나 놀랍게 연결되는지요! "영생의 소망을 위함이라 이 영생은 거짓이 없으신 하나님이 영원 전부터 약속하신 것인데."

우리는 지난 강론을 끝맺으면서, 창세기 22장의 아브라함에게 하신 하나님의 약속과 맹세의 더 깊고 영적인 의미를 대부분의 주석가들이 놓치는 이유를 지적한 바 있습니다. 곧 그들은 아브라함 속에서 하나님께서 선택한 백성들의 머리요 아버지이신 그리스도의 모형을 보는 데 실패했기 때문에 그 중요한 요점을 놓친 것입니다. 창세기 22장에 보면, 하나님은 그 족장 아브라함에게 "내가 너를 복주고 복주리라."고 맹세하셨습니다. 시편 45:2에 보면, 자기 백성의 대표이신 그리스도께 이 말씀이 주어졌음을 명백히 알 수 있습니다. 시편 45:2에는, 하나님께서 인생보다 아름다우신 분에게 이렇게 말씀하십니다. "왕은 사람들보다 아름다워 은혜를 입술에 머금으니 그러므로 하나님이 왕에게 영원히 복을 주시도다." 시편 89편에는 하나님께서 다윗에게 약속하고 맹세하시는데, 그것 역시 창세전에 중보자와 하나님 사이의 거래를 예표해 주는 것입니다. "내 언약을 깨뜨리지 아니하고 내 입술에서 낸 것은 변하지 아니하리로다 내가 나의 거룩함으로 한 번 맹세하였은즉 다윗에게 거짓말을 하지 아니할 것이라 그의 후손이 장구하고 그의 왕위는 해 같이 내 앞에 항상 있으며."(시 89:34-36) 그래서 우리의 "큰 안위"는 하나님께서 그리스도 안에서 그 백성을 복주기로 자신을 묶어 매셨다는 명백한 확신으로부터 나오는 것입니다. "하나님의 약속은 얼마든지 그리스도 안에서 예가 되니 그런즉 그로 말미암아 우리가 아멘 하여 하나님께 영광을 돌리게 되느니라."(고후 1:20)

히브리서 6:19

"우리가 이 소망을 가지고 있는 것은 영혼의 닻 같아서
튼튼하고 견고하여 휘장 안에 들어가나니."

이 구절에 대한 주석가들의 견해들을 종합해 보아도 거의 다 조금씩 부족함이 보여 어떤 주석가의 견해도 온전하게 수납하기 힘들다는 느낌이 본 강해자에게 드니 유감입니다. 주석가들이 18절의 "소망"을 주관적인 소망으로

잘못 해석하는 바람에 여기 "닻"의 의미에 대해서도 의견의 일치를 보지 못하고 있습니다. 어떤 사람은 "닻"을 하나님의 약속으로 여기고, 다른 이들은 그것을 하나님의 맹세로 여기고 있습니다. 또 어떤 사람들은 그것을 그리스도의 제사장 직무로 보고 있습니다. 또 달리 여기서의 "닻"을 신자의 확신으로 보기도 합니다. 주석가들이 일반으로 다 찬동하는 오직 한 가지 요점이 있습니다. 그 상징적인 표현이 다음 소절, 곧 "휘장 안에 들어간다."는 어구에서는 자취를 감춘다는 사실에서 의견의 일치를 보고 있습니다. 우리는 백스터(Bagster)의 원어대조역 성경의 문자적 번역을 아래에 소개하기로 합니다.

"Which as an anchor we have of the soul both certain and firm, and entering into that within the veil."(우리가 영혼의 닻 같이 확실하고 견고한 것, 곧 휘장 안에 들어감을 가졌나니) 여기서 닻은 배를 안전하게 정박시키는 장치입니다. 특별히 폭풍우가 닥칠 때에 표류(漂流)하지 못하게 배를 잡아주는 역할을 합니다. 닻은 물속 아래 깊은 곳 땅에 견고히 부착되어 있어 '눈에 보이지' 않습니다. 바람이 불고 파도가 배에 부딪히나 닻을 내린 배는 그 바람과 파도를 이겨냅니다. 그 배는 자기 밖에 있는 그것에 단단하게 묶이어 있습니다. 사도가 여기서 상징적으로 표현하는 그림은 아주 명백합니다. "닻"은 그리스도 자신입니다. 이 악한 세상에서 "안정하지 못하고 요동하는 바다와" 같은 자기 백성들을 지탱해 주시는 이는 그리스도 자신입니(사 57:20). 주께서 "그들을 내 손에서 빼앗을 자가 없다."고 선언하지 않으셨던가요(요 10:28)! 확실히 우리 속에는 튼튼하고 견고한 것이 하나도 없습니다. 여기서 사도가 생각하고 있는 것은 그리스도의 사랑(요 13:1)과 능력(마 28:18,20), 또한 그리스도의 미쁘심(히 7:25)입니다.

히브리서 6:20

"그리로 앞서 가신 예수께서 멜기세덱의 반차를 따라 영원히 대제사장이 되어 우리를 위하여 들어 가셨느니라."

분명히 이 구절은 19절을 설명해 줍니다. 휘장 안에 '닻'을 견고하게 설치한 사건은 바로 그리스도께서 하늘로 들어가심입니다. 우리를 위해서 그리스도께서 높은 곳에 올라가셨습니다! 그 "선구자"는 우리 앞에 있는 경주의 모든 과정의 매 단계를 다 겪으신 분입니다(12:1,2). 그분은 그가 잡으려고 달려갔던 푯대를 붙잡아 소유하셨습니다. 그리스도께서 우리가 지금 처하여 있는 이 세상에 계셨기 때문에, 우리도 불원간 그분이 지금 계신 곳에 갈 것입니다. 그래서 우리 구속주를 이렇게 상징적인 칭호로 묘사한 사도의 의도는 우리의 안전이 확실함을 보여줄 뿐만 아니라, 그 안전이 어디에 기초하여 있는지를 보여주려는 것입니다. 순전히 우리 밖에 있는 것에 우리의 안전이 달려 있습니다. 다시 말하면, 승리하시고 승천하신 그리스도께서 붙잡고 계신 것에 달려 있습니다. 그래서 그의 이름 '예수'라는 명칭을 사용한 것입니다. 그 이름의 뜻은 "자기 백성을 그들의 죄에서 구원할 자"입니다(마 1:21).

오웬(John Owen) 박사가 지적한 탁월한 요점들 몇을 소개하려 합니다. "그리스도는 우리를 위한 '선구자'이시다. 첫째, '선언'의 방식으로 앞서 가신 선구자이시다. 선구자는 자기가 설명하려는 일에 얼마나 성공했는지를 들려주고 선언한다. 그와 같이 그리스도께서 하늘에 들어가셨을 때, 사로잡은 왕들과 포로들을 보여줌으로써 당신의 승리를 공공연히 선언하신 것이다(시 45:5-7 ; 68:18 ; 24:26 참조). 둘째, '예비하심'의 방면에서 그러하시다. 우리의 기도와 예배를 위한 길을 열어 놓음으로써 그 일을 하셨다(10:19-21 참조). 요한복음 14:2,3을 보면 주님께서 우리를 위해서 처소를 예비하신다. 셋째,

'장악'의 방면에서 그러하시다. 그는 우리의 이름으로 하늘로 들어가셔서 그 하늘을 소유하시고 우리를 위해서 그 하늘을 지키고 계시다(행 26:18 ; 벧전 1:4)."

"멜기세덱의 반차를 따라 영원히 대제사장이 되어." 사도는 우리의 위험에 대해 경고해 주었습니다(5:11-6:8). 그런 다음에 우리에게 계속 앞으로 전진해 나가도록 권면하였습니다(6:11-15). 틀림없이 우리를 보존해 주실 것임을 우리 마음에 확증시켜 주었습니다(6:16-19). 그런 다음 이제 사도는 5:10에서 중단하였던 요점으로 돌아가는 것입니다. 히브리서 6장의 이 마지막 소절은 5:11부터 지금까지의 본지를 벗어난 대목으로부터 7장에 나타날 그리스도의 제사장직에 대한 묘사로 넘어가는 요령 있고 완전한 전환점을 형성한다. 사도는 이제 그 "앞서 가신 분"이 누구셨으며 어떠한 분이셨는가를 선언하고 있습니다. 우리를 위해서 높은 위엄에 오르신 예수님은 바로 우리에 대해 제사장이라는 것입니다.

30강

멜기세덱 I

7:1 이 멜기세덱은 살렘 왕이요 지극히 높으신 하나님의 제사장이라 여러 왕을 쳐서 죽이고
돌아오는 아브라함을 만나 복을 빈 자라 7:2 아브라함이 모든 것의 십분의 일을 그에게 나
누어 주니라 그 이름을 해석하면 먼저는 의의 왕이요 그 다음은 살렘 왕이니 곧 평강의 왕
이요 7:3 아버지도 없고 어머니도 없고 족보도 없고 시작한 날도 없고 생명의 끝도 없어 하
나님의 아들과 닮아서 항상 제사장으로 있느니라

사도는 2:17에서 주 예수 그리스도를 "하나님의 일에 자비하고 충성된 대제사장"이라고 공언하였습니다. 반면에 3:1에서는 하늘의 부르심을 입은 사람들에게 "우리의 믿는 도리의 사도시며 대제사장이신 예수를 깊이 생각하라."고 촉구하였습니다. 3장과 4장에서 사도는 기독교의 사도이신 그리스도가 여호수아로 말미암아 사명을 감당한 모세(유대교의 사도격인)보다 탁월함을 밝혔습니다. 그런 다음에 사도는 "우리에게 큰 대제사장이 있으니 승천하신 자 곧 하나님의 아들 예수라."고 선언했습니다. 그런 다음 "우리에게 있는 대제사장은 우리의 연약함을 동정하지 못하실 이가 아니요 모든 일에 우리와 똑같이 시험을 받으신 이로되 죄는 없으시니라." 그러므로 우리는 "때를 따라 돕는 은혜를 얻기 위하여 은혜의 보좌 앞에 담대히 나아가라."는 명령을 받게 되는 것입니다(4:14-16).

히브리서 5장 마지막 몇 절을 통해서는 그리스도께서 어떻게 아론이 모형적으로 나타낸 것을 성취하셨는지, 그리스도께서 어떻게 그 거룩한 제사장 직무에 적합한 자격을 갖추셨는지를 밝혔습니다(제 19강, 21강, 30강 참조) 그러나 성령께서는 그 구절들에서 레위 제사장들을 통해 예표된 것의 실제를 그리스도가 어떻게 이루셨는지 보여주심과 아울러, 그리스도가 모든 면에서 그 레위 제사장들을 얼마나 능가하셨는지도 특별하게 밝혀 주십니다. 끝으로, 주 예수께서 "하나님께 멜기세덱의 반차를 따라 대제사장이라 칭하심을 받았다."고 선언하십니다(5:10). 우리는 이전에 그 점을 주목해 본 적이 있습니다. 그러나 여기 이 대목에서야 그 요점을 상세하게 다루고 있습니다. 이 대목이 너무나 중요하기도 하고, 또 많은 이들의 이해가 따라잡지 못하는 국면이기도 합니다. 그래서 우리는 다음의 요점을 거듭 강조하는 바입니다. 곧 5:10에서 그리스도를 "멜기세덱의 반차에 속한 대제사장"(High Priest of the order of Melchizedek)이라고 칭하지 않고 "멜기세덱의 반차를 따른"(after the order of Melchizedek)이라고 말하고 있다는 사실입니다. 그 두 표현 사이의 차이는 실질적이고 근본적입니다. '~에 속한'(of)이라고 하면 그의 제사장직을 그 멜기세덱의 반차에 '예속'시키는 격이 될 것입니다. '따른'(after)이라고 하면 멜기세덱과 그리스도 사이의 '유사성'이 있음을 보여줄 뿐입니다. 마치 아론과 그리스도의 제사장직 사이에 유사성이 있는 것처럼 말입니다.

사도는 5:11에서 "멜기세덱에 관하여는 우리가 할 말이 많으나 너희의 듣는 것이 둔하므로 설명하기 어려우니라."고 선언했었습니다. 사람이란 오래 소유하고 있던 것을 포기하기 싫어하는 강한 성향 때문에 그런 '어려움'이 제기되는 것입니다. 종교적인 문제에 있어서보다 그 성향이 더 뚜렷하게 드러나는 데가 없습니다. 그리스도께서 "멜기세덱의 반차를 따른" 제사장이라고 말하는 것은, '아론'의 반차를 하나님께서 제외시키셨음을 확언하는 것이나 마찬가지입니다. 그것과 함께 모세의 율법이 정하는 모든 규례와 의식들을 하나님께서 폐하셨다고 말하는 것이나 마찬가지입니다. 앞 강론에서 말했듯이, '이 점'은 히브리인, 심지어 회심한 히브리인도 인정하기 가장 어려웠습니다. 왜냐하면 그렇게 하면 눈에 보이는 모든 것을 버리고 전혀 눈에 보이지 않는 것에만 매달려야 하기 때문입니다. 그것은 자기들 조상들이 1500여 년 동안 섬겨 왔던 것을 포기하는 것을 의미하였으며, 육체를 따라 자기 형제 된 사람들 대다수가 사탄에 속한다고 공언하는 것이 되기 때문입니다.

히브리 사람들은 "듣기 둔하게" 되었습니다. 그들은 그리스도의 제사장 직무와 그 사역의 성질을 이해하기 위해 필요한 노력을 기울이기를 너무 게을리했습니다. 3:1에서 사도는 그들을 보고 "우리 믿는 도리의 사도시요 대제사장이신 예수를 깊이 생각하라."고 촉구했었습니다. 7:4에서 다시 "생각하라"고 권합니다. 그 말의 헬라어의 뉘앙스는 우리 앞에 제안된 것들을 '깊이 숙고하고 부지런히 살피고 철저하게 가늠해 보라.'는 것입니다. 이 점에서 너무 많은 사람들이 실패합니다. 그들은 그저 설교자가 강해하는 하나님의 말씀을 듣기만 하면 되는 줄로 생각합니다. 이해하기 어려운 것처럼 보이면 단박에 그런 것들은 자기들에게 해당되는 것이 아니라는 결론을 내려버립니다. 그래서 그들은 하나님께 속한 일에 큰 진보를 보지 못하며, "하나님을 아는 지식에서 자라나라."는 권고를 따르지 못합니다(골 1:10). 이것은 단순히 연약함의 문제가 아닙니다. 그것은 영혼의 서글픈 상태를 보여주는 것입니다. 영적인 일들에 관심이 없는 실상을 드러내는 셈입니다. 바로 히브리 사람들이 그러한 상태였습니다. 그들은 뒤로 퇴보했던 것입니다.

그리스도인이 처해 있는 영혼의 조건은 영적으로 대단히 민감해야 할 많은 문제들과 연관을 가지고 있습니다. 훌륭한 설교를 들을 수도 있고, 건전한 책을 읽을 수도 있습니다. 그러면서도 그 마음이 하나님과 바른 관계를 가지고 있지 않으면, 그런 일들이 유익 되지 못할 것입니다. 머리로 하나님의 진리를 아는 지식이 증가하고, 그래서 그의 교만이 부풀어 오를 수도 있습니다. 그러면서도 그 영혼은 먹지 못하고, 그의 행실은 하나님을 향하여 감동되지 못한 상태에 있을 수 있습니다. 고린도교회 사람들의 경우가 그러하였습니다. 그래서 사도는 그들에게 "형제들아 내가 신령한 자들을 대함과 같이 너희에게 말할 수 없어서 육신에 속한 자 곧 그리스도 안에서 어린 아이들을 대함과 같이 하노라."고 쓰지 않을 수 없었던 것입니다(고전 3:1). 히브리 그리스도인들도 마찬가지였습니다. 사도가 그들의 상태를 보고 마음으로 염려하지 않을 수 없었습니다. 사도는 그들에게 그리스도의 제사장 직무의 여러 영광들이 지닌 탁월함을 밝혀 주기를 갈망했습니다. 그러나 그는 멈춰 서서 그들의 서글픈 마음 상태를 생각해야만 했습니다. 사도는 이 점을 통해서 모든 교사(教師)들이 잘 숙고하고 따라야 할 한 본을 남겼습니다.

우리가 알아 본 바와 같이, 사도는 5:11로 시작하여 6장 끝까지 계속되는 대목에서 본제를 벗어나 지엽적인 문제를 다루었습니다. 사도가 진술하는 '순서'(질서)를 주목하면 많은 것을 배웁니다. 그것을 더 잘 이해하기 위해서 5:11-6장 마지막까지의 괄호구적인 대목의 내용들을 역순(逆順)으로 다시 한 번 생각해 봅시다. 7장에서 그는 그리스도의 직무적 영광들을 밝힙니다. 그러나 바로 앞에 무엇이 나왔던가요? 6장 끝부분(16-22절)에서 참된 그리스도인들의 "큰 안위"의 확실한 터를 표현합니다. 그래서 영혼이 어떤 조건에 있든지 그리스도의 영광들을 숙고하고, 이해하고, 존귀하게 여기는 여겨야 합니다. 그런 일은 마음이 하나님 앞에서 온전한 안식을 누리며, 하나님의 은총을 온전히 확신하며, 하나님의 불변하는 은혜를 확신할 때에만 가능합니다. 마음을 평안하게 지키는 것은 "휘장 안으로 들어가신 우리 대제사장께서 쉬지 않고 효력 있는 중재의 기도를 드리신다."는 것을 믿음으로 깨달을 때입니다. 하나님의 본질적인 거룩을 숙고하게 되면 영혼은 절망으로 가득 차게 될 것입니다. 그러나 '우리를 위해서' 하나님 우편에 계신 '예수님'을 보면 마음은 소망과 기쁨으로 변하게 될 것입니다. 승리의 비밀은 심령으로 "그리로 우리 앞서 가신 예수님이 가 계신 바로 그곳"에 있는 것입니다.

6장 마지막 몇 절을 통해서 신자에게 전달하려는 복된 확신보다 무엇이 우선합니까? 바로 이것이니, 우리 앞에 있는 경주를 인내하면서 충성스럽게 견디어 나가라는 촉구가 먼저입니다. "게으르지 말고 믿음과 오래 참음으로 약속들을 기업으로 받은 자들을 본받는 자 되라."는 명령이 그것입니다(9-15절). 우리 자신을 기쁘게 하려고 애를 쓰며 나아가는 동안에는 하나님의 뜻의 변치 아니함을 의지함으로 오는 위안을 받을 자격이 없습니다. 하나님과 진정으로 동행하는 사람들만이 하나님의 구원의 '기쁨'을 누릴 권리가 있습니다. 순종의 길에서 벗어나 있으면서도 하늘에 이를 확신을 말하는 것은 육신적 주제넘음에 불과합니다.

바꾸어 말하여, 사도는 계속 견고하며 믿음과 사랑을 멈추지 말고 선을 행할 필요성을 강조하기 전에 먼저 무엇을 말했습니까? 곧 '배도의 위험'에 대한 엄숙한 경고였습니다(4-7절). 게으름뱅이들은 5:11-14의 말씀에 각성을 받아야 합니다. 그리고 계속해서 하나님의 의로운 요구에 냉담할 때 어떠한 것을 얻을 것인가에 대하여도 분별 있는 사람들에게 말해 주어야 합니다. 진정한 그리스도인들에게는 4-7절의 배도의 위험성에 대한 경고가 해당되지 않는다는 식으로 이해하는 이들이 있습니다. 성령께서 그런 경고를 그런 이들에게 한 것이라면, 16-20절에서 그들의 구원의 안정성에 대한 가장 절대적인 확신을 심어 주시려는 의도와 앞뒤가 맞지 않는다는 것이지요. 그러나 잘 주목해 보십시오. 16-20절에 나타나는 확신은 "약속을 기업으로 받는 자들"을 위한 것입니다. 그 경고는 우리로 하여금 자신들을 시험하여 우리가 "약속을 기업으로 얻는 자들인지 확인해" 보게 합니다. 진정으로 중생한 사람들은 그렇게 할 것입니다. 반면에 자기만족에 취하여 주제넘게 자신이야말로 안전하다고 생각하는 사람들은 그것을 무시해 버릴 것이고, 그리하여 결국 영원한 멸망에 처하게 될 것입니다.

우리는 위에서 지적된 것을 확증하기 위해 존 오웬(John Owen)의 말을 인용합니다.

"사람들의 생각은 영적인 신비를 받아들일 만반의 준비가 되어 있어야 한다. 그렇듯이 가장 좋은 준비는, 이미 들었고 배웠던 것을 통해서 자기들이 악한 상태를 제거하고 죄악적이고 부패한 본성을 치료함으로써 가능하다. 사람들을 인도하여 매일 더 높은 신비를 아는 지식을 갖게 하면서도 자기들이 이미 배워 왔던 것을 실천하는 데는 게으른 삶을 살도록 내버려 두는 것은 전혀 의미가 없다. 오히려 그것은 낡은 가죽부대에 새 포도주를 담아 그 포도주를 쏟아 버리는 것이나 다름없다."

사도는 본제(本題)를 벗어나 권고하는 대목을 끝마치고 이제 자기의 논증의 흐름이 중단되었던 바로 그 지점으로 돌아갑니다. 5:10과 6:20을 비교하면 그 점이 대번에 드러날 것입니다. 예수님은 그때나 지금이나 영원토록 대제사장이십니다. 이 점은 히브리 사람들에게 있어서는 전적으로 새로운 교훈이었습니다. 주님께서 이 지상에서 사역을 감당하시는 동안에 친히 그 점을 언급한 적이 없었습니다. 또한 사도들의 설교에 있어서도 그러한 교훈을 전했다는 기록이 없습니다. 그러나 주님과 사도들의 가르침은 바로 이 근본적인 사실을 기초하고 전제한 것입니다. 또한 지금 성령께서는 이 보배로운 진리를 더 명백히 펼쳐 보이시기를 기뻐하십니다. 그 진리는 회심한 유대인들도 받아들이기 '까다로운' 것이었습니다. 그들이 마음으로 제기하는 반론은 이러하였습니다. "그리스도를 대제사장, 아니 그의 교회의 오직 유일한 대제사장이라고 역설하는 것은 율법과 조화를 이루지 않고, 율법과 반대되는 무엇을 확증하는 셈이다. 왜냐하면 그리스도께서는 '육체를 따라' 레위 족속이 아니셨기 때문이며, 제사장들의 반열에도 속해 있지 않으시기 때문이다."

히브리 사람들의 마음에 떠올랐던 바로 이 난제를 설명하는 것은 우리에게도 매우 중요한 일입니다. 왜냐하면 7장에서 사도가 목적하고 있는 가장 주요한 것 중 하나는 바로 이 난제를 '제거'하는 것이기 때문입니다. 그 점을 인식하지 않으면 그의 논증의 상세한 국면들을 이해하는데 실수할 것이 틀림없기 때문입니다. 그리스도의 제사장직의 본질과 기능들이 아론의 제사장직과 전혀 유사성이 없다고 가르치는 것이 사도의 의도는 아니었습니다. 오히려 그 정반대였습니다. 5:1-9에서 그처럼 명백히 밝힌 모든 요점들을 충돌하며 그리 말할 리가 없었습니다. 주 예수께서 친히 자신을 드려 자기 백성들의 죄를 위한 완전하고 최종적인 제사를 하나님께 드림으로써 아론을 통해 모형으로 예표된 것을 성취하셨습니다. 사도는 5:1-9에서 바로 그 요점을 명백하게 보여주었습니다. 다시 9장에서 그는 이 요점으로 돌아갑니다. 9장 12절에서 사도는 그리스도께서(아론이 예표한대로) "염소와 송아지의 피로 아니하고 오직 자기 피로 영원한 속죄를 이루사 단번에 성소에 들어가셨다."고 선언합니다. 이스라엘의 대제사장이 감당하는 속죄사역은 레위기 16:12-14에서 보여주는 바와 같이 "휘장 안에서" 집행되었음을 잊어서는 안 될 것입니다.

사도는 히브리서 7장에서 주 예수님의 제사장적 사역(事役)의 영광스러운 면모를 제시할 근거를 마련합니다. 다시 말하여 그리스도의 제사장적 직무가 모세를 통해 하나님이 제정하셨던 것과 충돌하지 않고, 도리어 구약성경 속에서 알려진 하나님의 뜻을 성취하는 데 아론의 것보다 훨씬 더 영광스럽다는 증거를 제시할 기회를 마련합니다. 사도는 옛적에 조상들에게 주신 하나님의 말씀에 호소함으로써 그 일을 하고 있습니다. 또한 유대인들에게 감추어졌던 그 말씀의 신비로운 의미를 밝혀줌으로써 그 논증의 기반을 조성하고 있습니다. 아니 유대인들이 거의 망각해 버린 것 같았던 진리에 호소함으로써 그 일을 하고 있다는 말입니다.

히브리서 7:1

"이 멜기세덱은 살렘 왕이요 지극히 높으신 하나님의 제사장이라
여러 왕을 쳐서 죽이고 돌아오는 아브라함을 만나 복을 빈 자라"

성령께서 6장 마지막에서 우리의 시선을 지성소(至聖所)로 인도해 줍니다. 우리 "앞서 가신" 우리의 대제사장께서 우리를 위하여 그리로 들어가셨습니다. 성령께서는 그리스도의 제사장직의 '존영'을 강조해 나가십니다. 그리스도의 제사장직이 왕적 위엄을 갖추었고 변할 수 없으며 영원토록 존속함을 보여주십니다. 그래서 우리가 그리스도를 신뢰함이 완전하고 흔들리지 않고 쉼 없어야 합니다. 그럼으로써 우리는 기독교의 제사장직의 지극히 탁월함을 통해서 기독교가 유대교보다 말로 다 할 수 없이 탁월함을 다시 한 번 인식하게 되는 것입니다.

"이 멜기세덱은 살렘 왕이요 지극히 높으신 하나님의 제사장이라." 우리가 믿기로, 이 본문의 초두의 "왜냐하면"(for)이라는 이유 접속사가 두 가지의 연결고리 같이 작용합니다.[1)] 보다 직접적으로는 6:20에서 선언한 내용

1) 우리말 개역개정이나 개역한글에서는 나타나지 않는다. - 역자 주

과 바로 그 다음에 나오는 것 사이를 가장 긴밀하게 연결시켜 줍니다. 6:20에서는 "예수께서 멜기세덱의 반차를 따라 '영원히 대제사장'이 되어 우리를 위하여 들어 가셨느니라." 하였습니다. 여기서 사도는 예수님께 속했던 요점이 '신비롭게도' 멜기세덱 자신에게도 해당되었음을 보여 주려 합니다. 2절 하반절과 3절 전체(마지막 소절은 제외하고)를 괄호 속에 집어넣으면 그 점이 더욱 명백해질 것입니다. 그러면 이렇게 되겠지요. "살렘 왕이요 지존하신 하나님의 제사장인 이 멜기세덱이 계속해서 제사장으로 존속하기 때문이다." 그러면서 "왜냐하면"이라는 접속사가 더 멀리는 5:10,11의 말씀을 되돌아보게 합니다. 사도는 멜기세덱에 대한 '많은 요점들'을 지금에는 밝히려 하고 있습니다.

"이 멜기세덱은 살렘 왕이요 지극히 높으신 하나님의 제사장이라." 여기서 멜기세덱에 대하여 두 가지 요점을 확증하고 있습니다. 그는 왕이었습니다. 또한 제사장이었습니다. 멜기세덱이 '누구냐'에 대하여 끊임없는 추측이 나돌았습니다. 그가 어떤 반열에 속한 사람이었느냐는 문제가 제기되기도 했습니다. 어떤 이들은 그를 가리켜 '신적(神的) 사람이라.'고 주장하기도 했습니다. 또 다른 이들은 천사일 것이라고 주장하기도 했습니다. 또 다른 이들은 신현(神顯)으로 나타나신 그리스도 자신이었을 것이라고 주장하기도 했습니다. 마치 여호수아에게 나타나셨던 것같이(수 5:24), 또는 바벨론의 용광로 불속에서 나타나신 것처럼 말입니다(단 3:25). 또 어떤 이들은 '그는 사람에 불과하다.'고 생각하면서 그가 어느 민족에 속하였느냐, 어떤 가족관계를 갖고 있느냐에 대하여 여러 억측들을 자아내기도 했습니다. 그러나 성령께서는 이러한 요점들에 대하여 어떠한 것도 알려 주지 않으신 것 같습니다. 그러므로 우리는 그러한 일에 대하여 어떠한 추측에 빠져 드는 것을 경건치 못한 일로 여깁니다(신 29:29).

"여러 왕을 쳐서 죽이고 돌아오는 아브라함을 만나 복을 빈 자라." 멜기세덱이 처음 나타난 곳은 창세기 14장입니다. 거기서 그는 가나안 땅에 있는 아브라함에게 불쑥 나타납니다. 그때는 온 세상이 우상숭배로 가득 차 있었으며 가장 무서운 부도덕에 빠져 있었습니다(롬 1:19-31 참조). 아브라함의 선조들조차도 거짓 신상(神像)을 섬겼습니다(수 24:2). 그때 가나안에는 소돔 사람들이 살고 있었고(창 13장), 한편으로는 아모리 사람들이 살고 있었습니다(창 15:16). 이같이 다른 이들 보다 더 죄악적이던 사람들 속에서 하나님께서는 그리스도를 놀랍게 예표하는 모형적인 인물을 들어 세우시기를 기뻐하셨던 것입니다! 이는 하나님의 절대 주권에 대한 참으로 놀라운 실례입니다. 하나님께서는 자기의 기뻐하심에 따라서 어느 때에나 어느 곳에서나 자기를 섬기고 자기의 영광을 나타낼 도구를 일으켜 세우실 수 있습니다. 하나님께서는 가장 캄캄한 어둠 속에서 가장 큰 빛을 일으키실 수도 있습니다(마 4:16 참조).

"이 멜기세덱은 살렘 왕이요." 시편 76:2에 비추어 보면 의심할 여지없이 그 살렘은 예루살렘의 원래 명칭이었습니다. "그 장막이 또한 살렘에 있음이여 그의 처소는 시온에 있도다." 살렘이라는 말은 '예루살렘'만을 가리킬 수 밖에 없습니다.

"지극히 높으신 하나님의 제사장이라." 아브라함의 때에 그는 그 직무를 감당하였습니다. 그러니 예루살렘은 다윗 이전 여러 세기 전에 한 왕이 통치하는 곳이었습니다. 하나님께서는 아론을 부르시기 오래 전에 제사장을 두고 계셨던 것입니다. 이에 대하여 사피어(A. Saphir)의 설명을 들어 봅시다.

"사도는 그리스도의 제사장이 아론의 제사장직보다 탁월하다는 것을, 레위 제사장직과 멜기세덱의 제사장직에 비추어 연역해 내고 실증한다. 사도의 논증은 몇 가지 국면에서 율법에 대한 사도의 논증과 유사한 데가 있다.

사도는 율법이 복음과 비교할 때 부수적이고 열등한 지위를 갖고 있다고 논증했다…사도 바울이 이방인들이 율법을 지킬 필요가 없다고 가르쳤을 때 유대인들은 충격을 받았다. 또한 새 언약의 교회에 있어서 모세의 율법은 더 이상 생활의 법칙이나 규례가 될 수 없다고 말할 때도 충격을 받았다. 그래서 사도는 갈라디아서에서 율법이 주어진 것이 아브라함에 대한 약속이 있고 나서 430년 후의 일이라고 말했다. 그러므로 새로운 세대에 맞게 행하는 일에는 부당한 것이나 모순점이 없다는 것이다. 사실 새 경륜은 태초부터 하나님의 마음속에 있었던 것으로 더 충만하고 더 완전하게 되돌아가는 것임을 의미한다."

히브리서 7장의 바울의 논증과 갈라디아서에서의 바울의 논증 사이에는 사피어(Saphir)의 지적보다 더 긴밀한 유추가 존재합니다. 멜기세덱은 예루살렘의 왕이요 제사장이었습니다. 갈라디아서 4:26에서 "오직 위에 있는 예루살렘은 자유자니 곧 우리 어머니라."고 말하고 있습니다. "위에 있는"이라는 말 때문에 주석가들 대부분이 그릇된 해석을 내렸습니다. 그것은 일차적으로 어떤 지역을 가리키는 것이 아니라 '때'를 가리키는 것입니다. 그 말은 "아래에 있는" 것에 대칭되는 말이 아니라 "지금 있는" 것과 대칭되는 것입니다! 사도는 바로 그 문맥에서 두 언약을 대조시키고 있습니다. 각 언약마다 한 도성(都城)과 연관되어 있습니다. 바울은 거기서 하나님께서 아브라함에게 맺은 '약속'은 율법보다 먼저 있었고, 율법보다 더 영속적인 사실에 주의를 환기시키고 있습니다! 약속의 '예루살렘'도 그러합니다. 멜기세덱은 율법이 처음 주어지기 전부터 예루살렘과 관련을 맺고 있었습니다. 그것은 하늘의 도성(都城)의 모형이었습니다. "이는 그가 하나님이 계획하시고 지으실 터가 있는 성을 바랐음이라."(히 11:10)

하나님의 첫 번째 제사장이 이 살렘 왕이었음을 발견하는 것은 참으로 놀라운 일입니다. 살렘이란 '평화'를 의미하며, 예루살렘은 성육신(成肉身)하신 하나님의 아들이 그의 제사장 직무를 시작하실 곳이었습니다. 그 모형의 의미가 구현되기까지 예루살렘은 하나님 아들의 지역교회(local Church)의 중심이 될 곳이었습니다(행 1-15장). 우리는 그 유별난 도성의 역사에서 하나님의 주권적으로 기뻐하시는 뜻이 거듭 행사되고 예증되고 있음을 발견합니다. 왜냐하면 하나님께서는 여러 차례 나누어 간격을 두어 복을 주실 때에 그 복을 받을 장소로 예루살렘을 지정하시기 때문입니다. 예루살렘은 지극히 높으신 하나님의 제사장이 존재하는 첫 번째 특권을 받았습니다. 오랜 기간 동안 그곳은 우상을 숭배하는 여부스 사람들에게 넘어가 있었습니다(수 15:63 ; 삼하 5:6 참조). 그 후 시간의 흐름에 따라서 예루살렘은 다시 하나님의 은총을 받게 되었고, 여호와를 예배하는 본영(本營)이 되었습니다. 이제 여러 세기 동안 그곳이 "이방인들에게 짓밟혀" 왔습니다(눅 21:24). 그러나 장차 그곳은 다시 하나님의 복락을 받는 중심지가 될 것입니다(사 2:1-4). 하나님께서는 여러 지역과 도성들을 같은 방식으로 다루십니다.

"여러 왕을 쳐서 죽이고 돌아오는 아브라함을 만나 복을 빈 자라." 이 말씀은 창세기 14:18,19의 역사적인 사실을 적시하고 있습니다. 이에 대하여 브라운(John Brown) 박사가 주해한 것을 참고합니다. "우리는 이 존경받을 만한 두 사람 사이에 어떤 교섭이 있었으며, 그 후 그들의 교제가 어떻게 이어졌는지 말할 수 없다. 물론 멜기세덱이 아브라함을 만나러 나올 때 아브라함에게는 낯선 사람이 아니었을 가능성이 있기는 하다. 그리고 당시 참되신 하나님을 경배하는 자들이 비교적 적었을 것이고, 그런 정황 속에서 아브라함과 멜기세덱 두 사람이 친밀한 관계를 유지하지 않은 채 같은 지역, 같은 고장에서 살지는 않았을 것이라는 개연성은 있다."(J. Brown)

"복을 빈 자라." 신명기 21:5에 보면 복을 비는 것이 제사장의 임무였습니다. "레위 자손 제사장들도 그리로 갈지니 그들은 네 하나님 여호와께서 택하사 자기를 섬기게 하시며 또 여호와의 이름으로 축복하게 하신 자라 모든 소송과 모든 투쟁이 그들의 말대로 판결될 것이니라." 아브라함이 받은 '축복'이 창세기 14:19에 기록되어 있습니다. "그가 아브람에게 축복하여 가로되 천지의 주재이시요 지극히 높으신 하나님이여 아브람에게 복을 주옵소서." 절대로 하나님께서만 복을 주시거나 저주하실 수 있습니다. 왜냐하면 모든 선악간의 주권적인 권세를 하나님만 가지고 계시기 때문입니다. 그는 이 권세를 직접 행사하기도 하십니다(창 12:3). 그러나 하나님의 은혜의 허락 속에서 지정하신 제도를 따라 세우신 자들로 다른 이들에게 축복하게도 하십니다. 구약에서 우리는 부모가 자녀들을 축복하는 것을 발견합니다(창 9:26 ; 27:27 ; 48:15). 그리고 제사장들이 백성들을 축복하는 것도 봅니다(민 6:24-26). 두 경우 모두 모형적으로 나타내고 있는 본질은 '그리스도'이십니다. 존 오웬(John Owen)은 이에 대하여 다음과 같이 주석합니다.

"멜기세덱이 아브라함을 축복하는 일 속에서 사실상 모든 신자들이 예수 그리스도로 말미암아 복을 받은 것이다. - 멜기세덱은 그리스도의 모형이다. 또한 사도가 선언하는 바대로, 그리스도께서 어떠한 분이시며 어떠한 일을 행하실지를 상징적으로 나타낸 인물이기도 하다. 그리고 이 모든 일에 있어서 아브라함은 믿음을 따라서 자기의 모든 후손들을 대표하는 인물이었다. 그러므로 사도는 이 히브리서 7장에서 모든 믿는 자들이 아브라함에게 주어진 약속을 차지하며, 그 약속들을 기업으로 물려받을 자격이 있음을 말하고 있다. 그러므로 이 일은 단순한 이야기 거리가 아니다. 그 속에는 영원한 규례의 방식으로 모든 신자에게 주어진 복락이 담겨져 있다."

그리스도께서 지상을 떠나시기 전에 취한 마지막 행동이 무엇이었는지 주목하는 것은 매우 가치 있습니다. "예수께서 그들을 데리고 베다니 앞까지 나가사 손을 들어 그들에게 '축복하시더니.'"(눅 24:50)

히브리서 7:2

"아브라함이 모든 것의 십분의 일을 그에게 나누어 주니라 그 이름을 해석하면 먼저는 의의 왕이요 그 다음은 살렘 왕이니 곧 평강의 왕이요."

이제 그는 멜기세덱에게 예물을 드림으로써 자기의 승리는 하나님 때문임을 인정하였으며, 멜기세덱이 하나님의 종임도 인정합니다. 모세의 경륜 아래서 레위 지파에 속한 제사장들은 백성들에게서 십일조를 받아 생활해 나갔습니다(민 18:24 참조). 오늘날 하나님의 종들도 역시 마찬가집니다(고전 9:9,10). 멜기세덱이 아브라함의 십일조를 받은 것은 거룩한 제사장적 행동이었습니다. 그것은 하나님께 드리는 것으로 생각하여 드려졌고, 이 세상에서 하나님을 대신하는 사람이 그것을 받았습니다. 뒤에 가서 그 점에 대한 사도의 논증을 보면 그 점이 뚜렷하게 드러납니다.

"그 이름을 해석하면 먼저는 의의 왕이요 그 다음은 살렘 왕이니 곧 평강의 왕이요." 지금 성령께서는 앞 절에서 사용된 고유명사들에 대한 신비한 의미를 제시하고 있습니다. 그것은 하나님의 완전한 말씀에는 의미 없는 것이나 피상적인 것이 전혀 없다는 암시보다 더 많은 것을 전달하고 있습니다. 모든 것은 '해석'을 요합니다.

"성경에 나타나는 모든 것은 중요하다. 우리는 성경을 다른 어떤 책처럼 읽고 해석하는 방식으로 대해서는 안 된다. 왜냐하면 성경은 다른 어떤 책과 다르기 때문이다. 성경과 같은 책은 없다. 성경은 여러 책들 중에서 사람이신 예수 그리스도께서 사람들 가운데서 어떠한 분이셨음을 보여주는 책이다. 성경 속의 성경 인용문들과 해석들은 '에스골의 포도송이' 같은 것이다. 또한 예외 없이 에스골은 포도 출산지요 열매로 충만한 갈멜 산과 같은 곳이다. 그래서 아벨 대신 주신 '셋'이라는 이름의 의미가 '사라진 사람 대신 그 자리에서 견고하고 인내하는' 사람이라는 의미임을 모를 자가 있겠는가? 이스라엘을 약속된 땅으로 인도하여 들였던 여호수아의 이름(하나님의 구원)에 대해서 모르는 자가 누구겠는가?"(A. Saphir).

이 히브리서 7:2의 말씀은 성경의 '축자 영감'(逐字靈感, verbal inspiration)의 결정적인 증거를 제시합니다. 하나님께서 우리에게 주신 계시(啓示)는 아무렇게나 전달되고 마음대로 해석하도록 내버려두지 않으십니다. 그러기는커녕 '모든 성경 원문'의 '일점일획'까지도 성령의 직접적이고 초자연적 영감으로 주어진 것입니다. "그래서 인물이나 지역의 이름이 어떠한지, 어떠한 경우들이 생략되었는지, 사용된 명사가 단수(單數)인지 복수(複數)인지, 또 인물에 대해서 어떤 칭호를 썼는지 - 그 모든 것들이 완전하게 지혜롭고 은혜로우신 하나님의 성령의 통제 아래 된 일들이다. 시편 8:7에 있는 '모든'이라는 말에 대한 바울의 주석과, 히브리서 2:8과 고린도전서 15:27이 그 말에서 연역해 낸 중요한 추론을 비교해 보라. 갈라디아서 3:16에 나오는 '자손'(씨)이라는 단수 명사에 대한 사도 바울의 주해를 참조하라. 시편 110:4의 말씀을 기초하여 얼마나 놀라운 구조가 세워졌는가! 성경의 모든 어휘는 매우 중요하고 복된 의미로 충만해 있다. 시편 32:1,2에서는 행위에 대해서는 전혀 언급하고 있지 않다. 그래서 로마서 4:6에서도 바울은 그 말씀을 인용하는 것이다."(A. Saphir)

"그 이름을 해석하면 먼저는 의의 왕이요 그 다음은 살렘 왕이니 곧 평강

의 왕이요." 우리는 이제 앞에 놓여 있는 '해석'을 생각해 보기로 합니다. 멜기세덱의 의미는 '의(義)의 왕'입니다. 또한 살렘은 '평강(平康)의 왕'이라는 뜻입니다. 그러나 성령께서 역시 이 두 의미의 '순서'를 강조하고 있음도 주목해야 할 것입니다. '의의 왕'이라는 것을 말한 다음 '평강의 왕'이라는 것을 말하였습니다. 이 점은 그리스도의 모형인 멜기세덱 속에서 드러나는 또 다른 국면을 주목하게 합니다. 의심할 여지없이 역사적인 인물인 멜기세덱은 의롭고 평화로운 왕이었습니다. 그러나 사도가 여기서 거론하는 것은 이 사람의 개인적인 특성이 아닙니다. 오히려 멜기세덱이 그리스도의 '중보적인 직무와 사역'을 어떻게 예표하여 나타내는지를 말하고 있습니다. '의의 왕'과 '평강의 왕'은 의와 평강을 지어내는 이요, 의와 평강의 원인이요, 의와 평강을 나누어 주는 자입니다. 그같이 그리스도께서는 평화를 만들기도 하고 나누어 주시는 분이시기도 합니다. 왜냐하면 그분은 "여호와 우리의 의(義)"이시기 때문입니다(렘 23:6). 먼저 '의'가 나와야 합니다. 그런 다음에 '평강'이 그 뒤를 따라옵니다. 성경에서 이 둘이 언급될 때마다 반드시 그 순서를 지키고 있습니다. 평강은 의보다 앞서지 못합니다. 다음의 성경 구절들을 잘 주목해 보세요.

"진실로 그의 구원이 그를 경외하는 자에게 가까우니 영광이 우리 땅에 머무르리이다…인애와 진리가 같이 만나고 의와 화평이 서로 입맞추었으며."(시 85:9,10) "의의 공효는 화평이요 의의 결과는 영원한 평안과 안전이라."(사 32:17) "그의 날에 의인이 흥왕하여 평강의 풍성함이 달이 다할 때까지 이르리로다."(시 72:7) 예수 그리스도는 "의로운" 분이십니다(요일 2:1). 그분은 이 땅에 "모든 의를 이루기 위해서" 오셨습니다(마 3:17). 또한 "그 율법을 크게 하며 존귀하게 하시려" 오셨습니다(사 42:21). 또한 자기 백성을 대표하는 승리의 대표자로서 오셨습니다. 자기 백성들을 위하여 율법 아래 나신바 되셨습니다(갈 4:4). 그들을 위하여 율법을 순종하셨습니다(마 5:17). 그래서 자기 백성들을 위해서 완전한 순종을 이루셨던 것입니다(롬 5:19). 그러므로 그들은 "그리스도 안에서 하나님의 의"가 되었습니다. "하나님이 죄를 알지도 못하신 이를 우리를 대신하여 죄로 삼으신 것은 우리로 하여금 그 안에서 하나님의 의가 되게 하려 하심이라."(고후 5:21) 또 그가 오신 것은 자기 백성들의 죄에 대한 하나님의 진노를 "가라앉히시고"(엡 2:3) 화목제물이 되기 위해서 오셨습니다(롬 3:25). 또한 "그 십자가의 피로 말미암아 화목을 이루시기 위해서" 오신 것입니다(골 1:20). 그래서 우리는 이러한 말씀을 읽게 됩니다. "그러므로 우리가 믿음으로 의롭다 하심을 받았으니 우리 주 예수 그리스도로 말미암아 하나님과 화평을 누리자."(롬 5:1)

그 모형은 얼마나 완전하고 세밀하게 신적(神的) 완전함을 드러냅니까! 멜기세덱이라는 낱말 자체가 '의의 왕'이라는 의미입니다. 또한 그가 장악하고 있는 도성의 이름도 '평강'을 의미합니다. 그 점에 대하여 오웬(John Owen)은 다음과 같이 잘 주석하였습니다.

"나는 하나님께서 친히 다스리던 섭리와 그 마음의 어떤 위안으로 말미암아 '평강'이라는 명칭을 처음으로 그 도성에 주셨다고 확신한다. 왜냐하면 하나님께서는 그곳을 잠시 동안 모형적인 예배를 받기 위한 처소로 계획하셨을 뿐 아니라, 때가 차면 거기에서 하나님 자신과 인간 사이에 평화를 만드는 위대한 사역을 성취할 작정이셨기 때문이다. 그러므로 사도가 그 인물과 장소에 주어진 이들의 의미로부터 논증하는 것은 정당하다. 신적 권위와 인도하심을 따라서 사도가 적용시키고 있는 요점들을 가르치고 예표해 줄 수 있도록 그 이름이 주어졌던 것이다."

그리스도는 의를 산출하실 뿐 아니라 화평도 만드십니다. 그러나 그분은 역시 의와 평강의 '왕'도 되십니다. 하늘과 땅에 있는 모든 권세가 그분께 주어졌습니다(마 28:18). 그분은 지금도 자기 능력의 말씀으로 만물을 붙잡고 계십니다(히 1:3). 그분을 두고 "하나님은 복되시고 유일하신 주권자이시며 만왕의 왕이시며 만주의 주시요."(딤전 6:15)라고 명백하게 선언되어 있습니다. 천년왕국을 통해서 이 점은 지상에서 공공연하게 드러나게 될 것입니다. 그때에 그분이 '의(義)로운 가지(righteous Branch)'이심이 모든 이들 앞에 나타날 것입니다. 왜냐하면 그분이 왕으로서 "지혜롭게 행사하며 세상에서 공평과 정의를 행할 것이기" 때문입니다(렘 23:5). 또한 이사야 9:7이 말하는 바와 같이 그분은 "그 정사와 평강이 무궁하신" 분입니다. 그때가 이르기 전, 오늘날도 우리는 믿음으로 그리스도를 '의의 왕이요, 평강의 왕'으로 우러러 봅니다.

히브리서 7:3

"아버지도 없고 어머니도 없고 족보도 없고
시작한 날도 없고 생명의 끝도 없어
하나님의 아들과 닮아서 항상 제사장으로 있느니라."

이 점에 대해서 모든 것이 명백하고 단순합니다. 그러나 이 본문에 대하여 거의 모든 강해자들이 끊임없이 갈등하고 있는 것을 보면, 우리가 지금 깊은 물속으로 들어가고 있는 것 같은 느낌이 듭니다. 그럼에도 사실상 그렇지 않습니다. 통상 어려움을 만들어 낸 것은 사람들 자신들이었습니다. 일반적으로 그러하듯이, 사람들은 이 본문이 나타난 대목의 가까운 문맥을 무시함으로 말미암아 어려움을 야기시켰던 것입니다. 만일 3절에 나타난 이 진술들이 '한 사람'으로서 그를 두고 말했다면, 그 진술들을 이해하기가 전혀 불가능하였을 것입니다. 그러나 여기에 멜기세덱이 한 개인 사람으로서가 아니라 '제사장'으로서 언급되고 있습니다. 일단 그 점을 주시하고, 또한 그 요점을 확고하게 파악하면 어려움은 거의 사라집니다.

멜기세덱은 초인적(超人的)인 피조물이나 신적이고 천사적인 존재가 아니었습니다. 그 점은 히브리서 5:1에서 분명하게 "대제사장마다 사람 가운데서 취한 자이므로 하나님께 속한 일에 사람을 위하여 예물과 속죄하는 제사를 드리게 한다."고 되어 있습니다. 제사장 직무에 속한 일을 행사하기 위해서는 그 제사장이 인성(人性)을 취해야 함은 본질적인 선결조건입니다. 하나님의 아들이 성육신(成肉身)하시기 전에는 제사장으로 섬길 수 없었습니다. 4절에서 멜기세덱을 가리켜 '사람'이라고 명백히 선언함을 유심히 주목하십시오. 그러면 '3절에 나타나는 그에 대한 이상스런 진술의 의미가 무엇이냐?'고 의문을 제기하겠지요. 답변은 이러합니다. 그 진술들의 의미는 이 대목에서 사도가 거론하는 주제의 원리에 입각해서만 설명되어야 한다는 점입니다.

"아버지도 없고 어머니도 없고 족보도 없고." 아론의 제사장직은 족보가 필수조건이었습니다. 그래서 그들의 혈통을 잘 유지하기 위해서 대단한 주의를 기울였습니다. "제사장 중에는 하바야 자손과 학고스 자손과 바르실래 자손이니 바르실래는 길르앗 사람 바르실래의 딸 중의 한 사람을 아내로 삼고 바르실래의 이름을 따른 자라 이 사람들은 계보 중에서 자기 이름을 찾아도 얻지 못하므로 그들을 부정하게 여겨 제사장의 직분을 행하지 못하게 하고."(스 2:61,62) 그러나 멜기세덱은 그들과는 대조적으로 육신적 혈통이 전혀 계산되지 않은 반열의 제사장이었고, 레위의 혈통을 고수해야 하는 제약조건들에서 벗어난 반열에 속해 있었습니다(민 3:10 참조). 그러므로 그는 레위 지파에 속하지 않으신 그리스도의 정확한 모형이었습니다. 또한 창세기나 다른 성경의 어떤 책도 멜기세덱의 부모에 대해서 한 마디도 하지 않습니다. 이러한 '침묵'도 모형의 일부입니다.

"시작한 날도 없고 생명의 끝도 없어." 이 표현 역시 같은 원리에서 설명되어야 합니다. 유대 제사장들은 25세가 될 때 '제사장'으로서의 '날들'이 시작되었습니다. 그때 비로소 자기 형제들과 함께 수종드는 것이 허락되었습니다(민 8:24 ; 대상 23:27,28 참조). 그런 다음 30세가 되면 정규적인 제사장 의무를 시작했습니다(민 4:3). 50세가 되면 그들의 '제사장'의 생명이 끝났습니다. "오십 세부터는 그 일을 쉬어 봉사하지 아니할 것이나."(민 8:25) 그러나 멜기세덱의 제사장직에는 그러한 제한이 전혀 주어져 있지 않았습니다. 그래서 바로 이 점에서도 그는 그리스도의 탁월한 모형이었습니다.

"하나님의 아들과 닮아서 항상 제사장으로 있느니라." 이 대목의 흠정역(KJV)은 But made like the Son of God 라고 되어 있으나, 더 문자적으로 번역하면 But assimilated to the Son of God 라고 번역될 수 있습니다.[2)] "하나님의 아들이 멜기세덱과 닮아"라고 하지 않은 것을 주목하는 것은 매우 중요합니다. 그렇게 하면 아주 잘못된 도치(倒置)가 됩니다. 시간 순서에서 보면 그리스도께서 멜기세덱보다 앞서 존재하셨습니다. 그러나 '인성(人性)'의 순서에서는 멜기세덱이 그리스도보다 앞선 제사장이었습니다. 하나님의 아들의 제사장직은 영원한 성 삼위(三位)에 의하여 장립되고 지명되었다는 점에서 '본원적(本源的)'인 것이고, 멜기세덱의 제사장직은 그것의 '복사품(複寫品)'이었습니다. '절차를 따라' 주어진 복사품은 모형과 같은 것입니다. 멜기세덱은 하나의 모형으로서 몇 가지 국면에서 하나님의 아들과 방불하였습니다.

첫째, 그는 지극히 높으신 하나님의 제사장이었습니다. 둘째, 그는 왕적인 지위를 가진 제사장으로서 엄위와 권위를 가졌었습니다. 셋째, '의(義)의

---

2) made like to는 '에 닮게 되어'라고 우리말로 번역될 표현이고, assimilated to는 '에 거의 일치되어'라고 번역될 표현이다. 이 부분은 개정개역 보다 개역한글의 '방불하여'가 본 강해자의 견해와 더 가까운 표현이다. - 역자 주

왕'이었습니다. 넷째, '평강의 왕'이었습니다. 다섯째, '아브라함을 위해 복을 빈 자'였습니다. 여섯째, 아브라함이 대표하는 하나님의 백성들의 은혜로운 예물을 받았습니다. 일곱째, 그의 제사장직은 육체의 혈통을 따른 제사장이 아니었습니다. 여덟째, 멜기세덱은 레위에게 주어진 여러 규제와 제한을 받지 않은 제사장이었습니다. 이런 점들에서 하나님의 아들 그리스도와 방불하였습니다.

"항상 제사장으로 있느니라." 이 표현은 멜기세덱의 '육신의 생명'이 끝이 없다는 의미가 아닙니다. 그의 '제사장직'의 생명이 오십 세에서 끝나지 않았다는 말입니다. 다른 말로 해서 그가 이 세상에 존재하는 동안에 항상 제사장으로 섬겼다는 것입니다. 또한 그 표현은 그의 제사장직을 이어받을 후계자나 대리인이 없었음을 지적하고 있습니다. "'항상 제사장으로 있다.'는 표현은 그의 제사장 직무가 끝나고 나서 그 직무를 다른 이가 이어 받는 일이 없었다는 것이다. 레위의 경우에는 직무의 기한이 끝나면 다른 이에게 그 직무가 이양된다. 그러나 멜기세덱의 경우는 그와는 달라서 마치 그 직무를 '영구하게' 유지한 것과 같았다는 말이다."(A. Barnes)

사도는 다음에 나오는 여러 구절들에서 이 사실들을 기초로 논증을 펴나갑니다. 또한 사도는 제사장으로서 멜기세덱이 아론이나 그 아들들에 비하여 우월함을 논증하여 나갑니다. 우리는 다음 강론에서 그 요점을 다룰 것입니다.

31강

멜기세덱 II

7:4 이 사람이 얼마나 높은가를 생각해 보라 조상 아브라함이 노략물 중 십분의 일을 그에
게 주었느니라 7:5 레위의 아들들 가운데 제사장의 직분을 받는 자들은 율법을 따라 아브
라함의 허리에서 난 자라도 자기 형제인 백성에게서 십분의 일을 취하라는 명령을 받았으
나 7:6 레위 족보에 들지 아니한 멜기세덱은 아브라함에게서 십분의 일을 취하고 약속을 받
은 그를 위하여 복을 빌었나니 7:7 논란의 여지 없이 낮은 자가 높은 자에게서 축복을 받느
니라 7:8 또 여기는 죽을 자들이 십분의 일을 받으나 저기는 산다고 증거를 얻은 자가 받았
느니라 7:9 또한 십분의 일을 받는 레위도 아브라함으로 말미암아 십분의 일을 바쳤다고 할
수 있나니 7:10 이는 멜기세덱이 아브라함을 만날 때에 레위는 아직 자기 조상의 허리에 있
었음이라

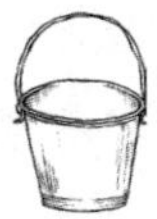

히브리서 7장에 나타난 사도의 의도는 그리스도의 제사장직의 '본질'을 선언하거나 그에 대한 행사를 묘사하려는 것이 아닙니다. 오히려 그리스도의 제사장직의 '탁월성'을 주로 다루고 있습니다. 그리스도의 제사장 직무의 본질은 5장 전반부에서 다루어졌고, 다시 9장에서 상세하게 다루어집니다. 그러나 여기서는 그리스도의 제사장직의 위대한 '존영'을 독점적으로 다루고 있습니다. 사도가 그렇게 하는 이유는 기독교의 대제사장이 유대교의 대제사장보다 얼마나 말할 수 없이 탁월한지를 보여주기 위한 것입니다. 또한 히브리 사람들의 믿음을 확증해 주고, 그들의 마음으로 사랑 가운데서 그리스도께 경배할 상태가 되도록 하기 위함입니다. 이 장에서 사도의 논제를 바로 이해하지 못하면 그의 논증의 상세한 국면들을 바로 평가하고 이해하기란 거의 불가능합니다.

그리스도의 대제사장직의 '탁월성'에 대한 증거는 구약에서 끌어온 것들입니다. 하나님께서는 그의 기록된 말씀 속에서 레위 제사장직과 다른 어떤 것을 암시적으로 보여주셨습니다. 또한 더 효력적이고 영광스러운 제사장을 서게 할 것이라는 실마리를 보여주셨던 것입니다. 그런 실마리들이 그 당시에는 그 의미를 깨달을 수 없을 정도의 성격을 가졌다는 것은 사실입니다. 왜냐하면 "일을 감추는 것이 하나님의 영광"이기 때문입니다(잠 25:2). 또한 (부분적으로) 하나님의 피조물들이 온전히 하나님께 달려 있음을 배우게 되고, 단순한 탐구를 통해서는 그들이 발견해 낼 수 없는 것을 '계시'하는 영광을 가지기 위해서 이 일을 감추십니다. 하나님께서는 당신의 뜻을 점차적으로 알리기로 작정하셨습니다. 그리하여 "악인의 길은 어둠 같아서 그가 거쳐 넘어져도 그것이 무엇인지 깨닫지 못하느니라."(잠 4:19) "이제는 우리 구주 그리스도 예수의 나타나심으로 말미암아 나타났으니 그는 사망을 폐하시고 복음으로써 생명과 썩지 아니할 것을 드러내신지라."(딤후 1:10) 구약의 예언들과 약속들과 규례 속에서 많은 진리가 드러났습니다. 그러나 하나님의 때가 와서 온전히 펼쳐 보여지기 까지는 상당히 많은 분량이 이해되지 못한 채 있습니다. 그러한 방식으로 진리가 펼쳐 보여진 것입니다. "이 구원에 대하여는 너희에게 임할 은혜를 예언하던 선지자들이 연구하고 부지런히 살펴서 자기 속에 계신 그리스도의 영이 그 받으실 고난과 후에 받으실 영광을 미리 증언하여 누구를 또는 어떠한 때를 지시하시는지 상고하니라."(벧전 1:10,11) 하나님의 입체적인 지혜의 위대한 비밀은 창세전부터 그 하나님 자신 속에 감추어 있었습니다. "영원부터 만물을 창조하신 하나님 속에 감추어졌던 비밀의 경륜이 어떠한 것을 드러내게 하려 하심이라 이는 이제 교회로 말미암아 하늘에서 있는 통치자들과 권세들에게 하나님의 각종 지혜를 알게 하려 하심이니."(엡 3:9,10) 그러나 하나님의 지혜가 절대적으로 그렇게 감추어졌던 것은 아닙니다. 또한 그에 대한 암시가 전혀 주어지지 않았던 것도 아닙니다. 오히려 성경에서는 복음에 의해서 해석되고 밝혀지기까지는 모든 세대의 성도들의 이해로는 모호한 상태대로 성경에 남아 있게 하는 '그러한' 방식으로 주어졌던 것입니다. 다시 한 번 이스라엘의 선견자요 노래 부르는 자가 '비유'에 자기의 귀를 기울여 '수금으로' 그의 '오묘한(어두운) 말'을 풀게 된다는 말씀을 읽게 됩니다. "내가 비유에 내 귀를 기울이고 수금으로 나의 오묘한 말을 풀리로다."(시 49:4) "내가 입을 열어 비유로 말하며 예로부터 감추어졌던 것을 드러내려 하니."(시 78:2) 신약시대에서는 그와는 날카로운 대조를 이루며 "어두움이 지나가고 참 빛이 벌써 비취었다."고 말합니다. "다시 내가 너희에게 새 계명을 쓰노니 그에게와 너희에게도 참된 것이라 이는 어둠이 지나가고 참 빛이 벌써 비침이니라."(요일 2:8)

하나님께서 복음을 통해서 우리에게 더욱 온전하게 보여주신 계시안에서 하나님의 은혜의 모든 증거들이 빛을 발하고 있습니다. 그 증거들은 구약성경에 나타나 있고 신약성경을 통하여 그 영광의 증거들이 빛을 발산하고 있습니다. 이것은 히브리서를 이해하는 열쇠입니다. 누가복음 24:27에서 그리스도께서 모세와 선지자들로부터 시작하여 "자신에 관한 일들"을 엠마오로 가는 두 제자에게 풀어 주시는 모습을 대합니다. 그리고 누가복음 24:45에서는 주께서 "열 한 제자의 마음을 열어 성경을 깨닫게 하시는" 것을 봅니다. 어떤 사람들은 이렇게 생각합니다. '부활하신 구주께서 그 두 사랑하는 제자들에게 말씀해 주셨던 것들을 성령께서는 여기 히브리서에 기록해 놓으셨도다.' 우리의 기쁨과 배움을 위해서 기록해 놓으셨다는 것입니다(그럴 가능성이 크다고 우리도 생각합니다). 그것의 진실 여부에 대하여는 차치하고라도 확실한 것은 히브리서를 통하여 나타내시려는 성령님의 중요한 의도가 무엇입니까? 예수 그리스도로 말미암아 하나님께서 주신 더 충만한 계시로써 구약의 많은 비밀들을 이해할 빛을 비추어 주시는 일입니다.

제사장이요 왕인 멜기세덱의 경우에서 바로 이 원리에 대한 놀랄 만한 예증과 실례가 나타납니다. 그 기이하고 이상한 사람이 성경에 처음 소개되기는 창세기 14장에서입니다. 그런 다음 시편 110편에서 그에 대해서 딱 한 마디 언급하고 있습니다. 구약에서는 그 이상으로는 그에 대한 언급이 없습니다. 그러므로 유대인들이 그에 대하여 적게 밖에, 아니 전혀 생각하지 않았던 것처럼 보이는 것은 놀라운 일이 아닙니다. 우리가 그 안에서 그리스도의 탁월한 모형을 분변해 내는 것은 신약의 빛 속에서 그를 숙고할 때에만 가능합니다. 우리는 지난 강론에서 그 점을 연구하였습니다. 우리가 지금 강조하려는 것은 다만 사도가 거론하고 있는 주요한 요점입니다. 멜기세덱은 자기의 제사장직을 다른 사람에게서 받은 것도 아니고, 또한 그의 제사장직을 다른 사람에게 물려준 것도 아니란 말입니다. 멜기세덱은 엘르아살이나 엘리 같은 제사장들의 '반열'에 속해 있지 않았습니다. 보다 특별하게 바로 이런 국면에서 우리의 대제사장이신 '하나님의 아들'과 방불하였던 것입니다.

이 서신에서 우리 주님은 여러 가지 호칭으로 불려지는데 그 점을 주목해야 합니다. 그 호칭들은 아무렇게나 사용된 것이 아니고 정확한 의도로 사용된 것입니다. 2:9에서는 주님을 믿음으로 바라보는 '예수'라 하였습니다. 그 말은 낮아지시기는 했으나 지금은 영화롭게 되신 구주라는 뜻입니다. 3:6에서는 '그리스도'라 했는데, 하나님의 집 맡은 기름부음받은 자라는 뜻입니다. 그러나 7:3에서 그를 '하나님의 아들'이라고 했는데 그것은 대제사장으로서의 우리 주님을 나타내는 호칭입니다. 멜기세덱은 바로 그 대제사장으로서 우리 주님의 모습과 방불하였습니다. 여기서 성령께서는 바로 대제사장으로서의 그분의 직무를 보호하고 영예롭게 하시기를 기뻐하십니다. 히브리 사람들에게 상기시키고자 하는 요점은, 멜기세덱이 비록 탁월한 인물임에도 불구하고 그가 모형적으로 예표하는 분보다는 무한히 낮다는 사실입니다. 모형적인 그 인물은 사람에 불과하였습니다. 그러나 그 '모형'이 나타내는 '원형'은 하나님이십니다! 더 나아가서 멜기세덱이 예표하는 것을 성취하기 위해서 그분은 죽을 인생에 지나지 않아야 했습니다. 언제나 살아 있고 항상 존재하며 절대로 중단되지 아니하는 제사장의 직무를 감당할 수 있는 분은 '하나님의 아들'이어야 합니다!

사도는 히브리서 7장의 처음 세 구절에서 멜기세덱이 위대하고 영광스러운 기독교의 대제사장이신 주님을 닮은 면을 언급하였습니다. 4-10절에서는 사도의 목적과 의도에 그 모형을 적용하여 말합니다. 사도는 이미 그리스도가 약속된 메시야로서 멜기세덱의 반차를 따른 대제사장이라고 확언했었습니다(6:20). 그런 다음에 모세의 영감된 진술을 통해서 그 모형적 인물의 인격과 직무에 대해 묘사하였습니다(창 14장). 그러나 이제 그는 자기의 의도하는 목적을 따라 논증을 확증하기 위해서 그 모형 속에 드러나 보이는 여러 상세한 국면들을 주목합니다. 사도가 특별하게 증거하고자 하는 것은 하나님의 뜻과 약속에 따라서 아론의 제사장직보다 더 탁월한 제사장직이 도입되었다는 점입니다. 그리고 아론의 제사장직과 관련된 모든 의식들과 규례들이 필연적으로 폐해졌다는 점입니다.

히브리서 7:4

"이 사람이 얼마나 높은가를 생각해 보라
조상 아브라함이 노략물 중 십분의 일을 그에게 주었느니라."

사도는 여기서 히브리 사람들의 시선을 이 사람 하나님의 옛 종의 존영을 주의 깊고 진지하게 살펴보게 유도하고 있습니다. "이 사람"이라는 말은 성경번역자들이 첨가한 것이라서 이탤릭체로 써놓아야 합니다. 헬라 원어에서는 단순하게 "그가 얼마나 위대한지를 생각하라."로 되어 있습니다. '왕같은 제사장'이던 이 사람의 큼을 생각하라는 것입니다. 그냥 그가 "얼마나 높았던지를 생각하라"(Think of how great he was)라고 하는 것 보다는 "틀림없이 얼마나 높았던지를 생각하라"(Think of how great he must has been)고 번역하는 것이 더 나을 것 같습니다. 그의 뛰어난 지위는 다른 사람이 아닌 이스라엘의 아버지요 머리인 아브라함이 그에게 경외심을 표했다는 사실을 통해서 명백해집니다.

여기서 사도가 논증하는 요지를 쉽게 알 수 있습니다. 하나님의 종인 다른 사람에게 십일조를 드리는 것은, 그 십일조를 받는 사람에 대한 직무적인 존경심을 표하는 것입니다. 그것은 그 사람의 더 높은 지위를 깨닫고 인정한다는 표시입니다. 그러한 직무적인 표증들의 가치는 그러한 직무적인 표증을 보이는 사람의 존영과 지위로 측정됩니다. 아브라함은 육체적으로나 영적으로 매우 높은 존영의 사람이었습니다. 육체적으로 하면 그는 유대 민족의 선조였습니다. 영적으로 하면 모든 믿는 자들의 "아버지"입니다(롬 4장). 아브라함의 인격 속에 하나님의 백성들에게 속한 모든 거룩한 존영이 다 집중되어 있습니다. 그런데 그런 아브라함이 스스로 멜기세덱의 직무적 우월성을 인정한 것을 보면, 그 멜기세덱은 '얼마나 높은' 사람이었겠습니까! 그러므로 그가 속한 제사장 반열도 얼마나 높았겠습니까!

유대인들이 자기들의 가장 크고 근본적인 특권으로 주장하며 항상 삼가며 높였던 것은 하나님의 크신 은총을 받은 자들로 생각되는 조상들의 위대함이었습니다. 그들은 아브라함을 자랑하였고, 자기들이 그의 자손임을 크게 자랑하였습니다. 그리한 나머지 그리스도 자신의 인격과 교훈 앞에 아브라함을 맞세우기까지 하였던 것입니다(요 8:33,53). 또한 직무적인 존영에 대해서는 아론과 그의 후계자들이 온 세상보다 더 높다고 생각했던 것입니다. 그들이 그런 식으로 육체적인 존영에 대하여 강한 집착을 보이는 동안에는 자기들더러 타락한 죄인들이라고 말하는 그리스도의 복음을 싫어하지 않을 수 없었을 것입니다. 사도는 그런 그들의 어리석음을 깨우쳐 주고 싶었습니다. 그들이 신뢰했던 사람들의 존귀와 존영과 위대함이 참된 제사장이신 그리스도의 존영에 크게 미치지 못함을 나타내는 것이 사도의 논증의 목적입니다. 그러기 위해서 먼저 그리스도의 모형이었던 이 사람 멜기세덱의 탁월성을 강조합니다. 그런 다음 그들의 조상들 중에서 가장 위대한 사람 아브라함도 멜기세덱에게 머리를 숙인 사실을 지적하고 있습니다.

우리가 생각하고 있는 4절에는 멜기세덱의 탁월함에 대한 세 가지 증거가 들어 있습니다. 첫째로, 그에게 복종한 사람을 지적하여 그 증거를 제시합니다. "아브라함이" - '아브라함마저.' 둘째로, 아브라함의 존영을 말함으로써 증거를 제시합니다. "조상(족장) 아브라함." 셋째로, 아브라함이 전리품의 십일조를 그에게 드렸다는 사실을 증거로 제시합니다. 아브라함은 이스라엘 백성의 뿌리요 움일 뿐 아니라, 약속을 처음으로 받았던 사람입니다(창 15:18). 그러므로 그들은 그를 하나님 다음으로 존경했습니다. "조상"이란 말은 아버지로서 한 가정의 가장이요 통치자라는 의미입니다. 야곱의 아들들은 그러한 맥락을 따라서 이름 붙여졌습니다(행 7:8,9). 왜냐하면 열 두 지파는 그들에게서 연유되었기 때문이다. 그 외에는 다윗을 제외하고 아무도 "조상"(족장)이라고 부르지 않습니다(행 2:29). 다윗을 조상이라 부르는 것은 그의 허리에서 왕가(王家)가 나왔기 때문입니다. 그러나 다윗과 야곱의 아들들 중 그 모든 사람들이 아브라함으로부터 나온 것입니다. 그래서 그는 가장 탁월한 '조상'입니다. 아브라함이 아무리 위대하다 할지라도 멜기세덱은 더 위대합니다. 왜냐하면 그는 "지극히 높으신 하나님의 제사장"이었기 때문입니다. 그처럼 신실한 믿음의 아버지인 아브라함이 멜기세덱에게 경의(敬意)를 표하였으니 말입니다.

우리는 이상의 사실들이 가르치는 '실천적인' 교훈을 놓치지 맙시다. 우리는 그 교훈을 통하여 참된 '위대함'(높음)의 내용이 무엇인지 배웁니다. 그리스도인은 세상 사람들이 채용하는 기준과는 다른 기준으로 사물을 바라보아야 합니다. 세상 사람들은 사회적이고 정치적인 지위를 가진 자들을 뛰어난 자들로 봅니다. 또한 세속적인 사람들은 부요하고 풍족한 사람들을 부러워할 자로 평가합니다. 그러나 기름부음 받은 눈을 가진 사람은 다른 빛으로 사물을 봅니다. 이 세상의 유행은 지나가는 것입니다. 죽음은 모든 차별을 평준화시킵니다. 대통령과 백만장자와 왕들과 여왕들이 생명없는 흙으로 돌아갈 때 가장 불쌍한 거지들이 되는 것입니다. 그들의 영혼은 어떠합니까? 그러한 사람들이 '영원한' 문제에 대해서 어떠한 관점을 가졌습니까?

나의 강해서를 읽는 독자들이여, 참된 '높음(위대함)'은 하나님의 은총 속에 있으며, 하나님을 가까이 함에 있음을 익히도록 합시다. 하나님의 성도들 중에서 가장 작은 자가 "하나님께 대하여는 왕들과 제사장들"이 됩니다(계 1:6). 이 구절을 끝내기 전에 '십일조'의 문제에 대해 몇 마디 할 필요가 있습니다. 주의 백성들에게 있어서 주님의 영광과 그 사역을 위해서 드리는 일보다 더 망설이는 것이 거의 없는 것 같습니다. 우리가 주님께 드리는 것이 감상이나 충동에 의한 것인가, 아니면 원리나 양심을 따른 것입니까? 그것은 이렇게 묻는 것이나 마찬가지입니다. 하나님은 우리에게 은혜에 감사하고 보답하는 충동을 주시는가, 아니면 분명하게 그의 마음을 밝혀 하나님께서 주신 것들 중에서 어떠한 몫을 주님께 바치라고 진술하였습니까? 분명히 하나님께서는 이 중요한 문제를 우리 마음대로 하도록 내버려 두지 않으셨습니다. 하나님께서는 우리에게 말씀을 주시어 우리 발에 등불이 되게 하셨습니다. 그러니 우리가 그분께 대하여 가진 특권들을 이해하지 못하고 혼미한 채 있게 내버려 두실 수 없었습니다. 여호와께서는 아주 이른 시기부터 성도의 소득 중에서 정해진 몫을 바치라고 명확하게 말씀하셨습니다. 하나님께서 시내산에서 이스라엘에게 율법을 주신 것은 아담으로부터 시작하여 2,500여 년이 지난 다음이었습니다. 그러나 하나님의 백성들이 그 2,500여 년의 기간 동안에 하나님의 분명한 지시 없이 여러 의무들을 감당했었다고 상상한다는 것은 큰 잘못입니다. 창세기를 주의 깊게 연구해 보면, 하나님께 제물을 드리는 것이나 안식일을 지키는 것이나 십일조를 드리는 일들에 대해 주어진 초보적인 흔적들을 발견합니다. 그 초기 시대에 이러한 세 가지 일들 중 어느 것에 대하여 하나님께서 명령하셨는지 분명히 지적하여 말할 수는 없습니다. 그럼에도 불구하고 기록을 보면 그러한 일에 대한 하나님의 적극적인 규례들이 주어졌음에 틀림없다고 단정하지 않을 수 없습니다.

노아에게 "여호와께서 이렇게 말씀하시니라."는 어조로 제사를 드리라고 요구하신 흔적을 아무도 지적할 수는 없습니다. 또한 율법이 주어지기 전에 성도들에게 십일조를 바치라고 명한 말씀의 장절(章節)을 댈 수도 없습니다. 그럼에도 불구하고 그러한 요점들에 대한 하나님의 뜻을 계시했다고 전제하지 않고는 그것들 중 어느 것도 설명하기가 곤란합니다. 아브라함이 멜기세덱에게 십일조를 드렸다는 사실은 그가 하나님의 뜻에 따라서 행동했었다는 암시입니다. 그와 같이 창세기 28:22에 나타나는 야곱의 말도 역시 같은 사실을 암시해 줍니다. 하나님을 예배하고 그 선하심을 높이는 이 원리가 후에 모세의 율법을 통해서 구체화됩니다(레 27:30). 결국, 여기 히브리서 7장에서 그 점을 주목하고 있는 것입니다. 본 강해자의 겸비한 판단대로

라면, 우리 앞에 있는 대목은 어떠한 논박의 여지도 없는 논증으로 일관되어 있습니다. 아브라함은 멜기세덱에게 십일조를 바쳤습니다. 아브라함은 믿는 모든 자들의 아버지입니다(롬 4장 ; 갈 3장). 그는 믿음의 본(本)으로서, 하늘에 본향을 두고 땅에서는 나그네처럼 지낸 사람의 뛰어난 본보기입니다. 멜기세덱은 그리스도의 모형입니다. 그런데 아브라함이 멜기세덱에게 십일조를 드렸다면, 틀림없이 모든 그리스도인이 우리의 대제사장이신 그리스도께 십일조를 드려야 합니다.

히브리서 7:5,6

"레위의 아들들 가운데 제사장의 직분을 받는 자들은 율법을 따라
아브라함의 허리에서 난 자라도 자기 형제인 백성에게서
십분의 일을 취하라는 명령을 받았으나 레위 족보에 들지 아니한 멜기세덱은
아브라함에게서 십분의 일을 취하고 약속을 받은 그를 위하여 복을 빌었나니."

사도는 이 구절에서 4절에서 제시한 중요한 사실들로부터 끌어낸 하나의 논증을 강화시키고 있습니다. 동시에 그는 자기의 논리를 반박하고 나설 어떤 반대 주장을 예기하고 그것을 논박하고 있는 것입니다. 그의 논증은 두 부분으로 나누어져 있습니다. 아브라함이 멜기세덱에게 십일조를 드렸다는 것과 또한 멜기세덱이 아브라함에게 복을 빌었다는 것입니다. 이러한 말을 들은 유대인들은 이렇게 대꾸할지도 모릅니다. 그것 가지고는 멜기세덱이 레위의 반열보다 더 높다는 것을 확증하지는 못합니다. 왜냐하면 아론에 속한 제사장들도 십일조를 받았기 때문입니다. 이 점에 대해서 사도는 아론의 아들들이 모두 아브라함의 허리에서 나왔다는 사실을 지적하면서 대꾸합니다. 그러므로 그들은 자기들의 조상들 안에서 예루살렘의 제사장이요 왕이

었던 멜기세덱에게 십일조를 드린 것입니다. 그렇게 함으로써 멜기세덱의 뛰어남을 인정했던 것입니다. 우리는 이 분석을 보다 더 확장시켜 설명해보기로 합시다.

사도는 5절에서 레위 제사장들이 백성들에게서 십일조를 받을 권리를 허락하신 하나님의 규례를 인정합니다(민 18:21-24). 그래서 그들은 다른 모든 이스라엘 사람들보다 위에 있었던 것입니다. 그럼에도 불구하고 그들은 역시 "아브라함의 허리에서 나온" 자들입니다. 아브라함이 다른 반열에 속한 제사장에게 십일조를 드렸으니 그의 후손들도 역시 '그' 제사장보다 열등합니다. 더 나아가 레위인들은 제사장 직무를 '받았습니다'. 그리고 "율법을 따른" 명령에 의해서 십일조를 받았던 것입니다. 그래서 아론의 반열에 속한 제사장은 그 기능과 특권에 있어서 전적으로 '파생적'입니다.

그러나 멜기세덱은 그렇지 않았습니다. 그는 어떠한 법의 통제도 받지 않았습니다. 그는 제사장일 뿐 아니라 '왕'이었습니다. 그러므로 더 높은 반열에 속했던 것입니다. 그는 이 점에 있어서도 그리스도의 모형이었습니다. 그리스도는 그의 신성(神性) 때문에 스스로 십일조를 받고 복을 주실 권위를 갖고 계십니다.

"자기 형제인 백성에게서 십분의 일을 취하라는 명령을 받았으나." 자기 형제인 백성에게서 십분의 일을 취하라는 말씀은 고린도전서 9:11-14에서 그 짝을 얻습니다. 아론의 반차에 속한 제사장은 우상을 섬기는 가나안 사람들에게서 거두어들인 세금으로 생활해 나간 것이 아니라 주의 백성들이 드리는 헌물을 통해서 생활하였습니다!

"레위의 아들들 가운데 제사장의 직분을 받는 자들은 율법을 따라 아브라함의 허리에서 난 자라도 자기 형제인 백성에게서 십분의 일을 취하라는 명령을 받았으나." 사도가 5절에서 자신의 의도를 피력하는 방식은 참으로 면밀하게 주목해 볼만한 가치가 있습니다. 그의 말은 그가 분명히 하나님의 높으신 주권을 바라보고 있음을 명백히 암시합니다. 그가 단순하게 "제사장들이 십일조를 취하라는 명령을 받았다."고만 말하지 않았습니다. 도리어 "레위의 아들들 가운데 제사장 직분을 받은 자들"이라고 말하고 있음을 주목하십시오. 하나님께서는 그의 기뻐하심을 따라서 존귀한 직무를 나눠주고 그 직무를 사람에게 각 각 수여하십니다. 아브라함의 자손들 모두가 십일조를 받기 위해 구별된 것은 아니었습니다. 또한 레위 지파에 속해 있는 모든 사람들이 다 십일조를 받은 것은 아닙니다. 오직 제사장으로 부르심을 입은 아론의 족보에 든 사람들만이 받았습니다. 하나님께서는 모든 사람들이 하나님의 절대적인 뜻에 복종하라고 요구하셨습니다(민 16:9,10). 레위 지파에 속한 모든 사람들이 하나님께 특별하게 가까이 나아가는 '직무'를 취하는 것을 볼 때 이스라엘 사람들은 무언가 생소한 느낌이 들었습니다. 그러나 그들은 그 뜻에 복종했습니다. 그러나 '제사장들'이 레위 지파에서 취한바 되고, 그들이 모든 사람들보다 높은 지위에 있게 되자 어떤 사람들은 반역했습니다(민 16:1-3 참조).

오늘날도 똑같은 원리가 적용됩니다. 모든 신자들이 다 같이 하나님께 가까이 나아갈 권리를 누리고 있으며, 각자마다 "예수 그리스도로 말미암아 하나님이 기쁘시게 받으실 신령한 제사를 드릴 거룩한 제사장"입니다(벧전 2:5). 그 점은 사실이고 복된 진리입니다. 그 사실을 조금이라도 약화시켜 말하는 것은 불가합니다. 그럼에도 불구하고 모든 사람이 똑같은 사역자(使役者)의 영예를 위하여 부름받은 것은 아닙니다. 모든 사람들이 하나님의 복음을 전하는 설교자나 하나님의 말씀을 가르치는 교사로 부름 받은 것은 아닙니다(약 3:1). 하나님께서는 기뻐하심을 따라서 공적인 예배에서 수종드는 사람을 부르시고 그에게 필요한 자격을 주십니다. 또한 하나님께서는 하나님의 모든 백성들에게 “너희를 인도하는 자들에게 순종하라.”고 명하십니다(히 13:17). 그럼에도 불구하고 서글픈 일이지만 어떠한 진영에서는 ‘고라’의 죄를 거듭하고 있습니다. 그들은 누구든지 공중 앞에서 말할 것을 허락하는 교회론적 사회주의를 요구합니다. 그들은 “자기의 사욕을 좇을 스승을” 많이 두는 셈입니다(딤후 4:3). 그러지 말아야 합니다.

“레위 족보에 들지 아니한 멜기세덱은 아브라함에게서 십분의 일을 취하고 약속을 받은 그를 위하여 복을 빌었나니.” 사도는 바로 이 6절에서 2절에서 말한 것을 되풀이합니다. 레위 제사장들은 혈통상 아브라함의 후손들로부터 십일조를 받았습니다. 그것은 하나님의 정하심을 따라 그들에게 부여된 직무적인 존영의 증거였습니다. 그러나 멜기세덱은 아브라함으로부터 직접 십일조를 받았습니다. 그 점은 멜기세덱이 아론보다 더 높음을 증거할 뿐 아니라 아론의 조상인 아브라함보다 더 높다는 것을 나타냈습니다. 사도가 이 점을 그처럼 특별하게 강조하는 것을 보면, 사람들은 자기들이 오랫동안 주장해 왔고 자랑해 왔던 것들을 포기하는 것이 얼마나 어려운가를 알 수 있습니다. 유대인들은 자기들이 아브라함의 후손임을 완강히 주장하면서 사실 그 점을 의지하여 구원받으려 했습니다. 오류 속에 있는 그들을 믿음과 사랑하는 마음으로 다루기 위하여 많은 인내가 요구됩니다. “거역하는 자를 온유함으로 훈계할지니.”(딤후 2:25) 이것은 모든 교사(敎師)에게 필요한 말씀입니다.

멜기세덱은 아브라함으로부터 십일조를 받았을 뿐 아니라 그에게 실제로 복을 선언하였습니다. 그것은 멜기세덱이 직무적인 차원에서 조상 아브라함보다 높다는 또 다른 증거입니다. 이 국면을 더욱 더 강조하기 위해서 사도는 아브라함의 존영을 강하게 나타냅니다. 왜냐하면 아브라함이 영광스러울수록 그 아브라함에게 복을 빌 권한을 가진 사람의 존영은 그만큼 더욱 더 뛰어날 것이기 때문이다. 그래서 여기서 아브라함을 두고 "약속을 받은 자"라고 말합니다. 그는 이스라엘 족속 중에서 하나님으로부터 생명의 언약을 맨 처음으로 받은 자입니다. 여호와께서 믿는 자들의 아버지에게 부여한 존영은 보통이 아닙니다. 그는 약속을 받은 즉각적인 결과로서 그리스도의 날을 "보았습니다." "너희 조상 아브라함은 나의 때 볼 것을 즐거워하다가 보고 기뻐하였느니라."(요 8:56) 그러나 아브라함에게 부여하신 특권과 존영이 아무리 크다 할지라도, 그 큰 존영이 아브라함으로 하여금 하나님의 대리자인 멜기세덱에게 복종하는 것을 막지는 못했습니다.

6절에는 우리에게 중요한 교훈이 있습니다. 하나님의 "약속을 받은" 사람은 복을 받은 사람입니다! 아, 우리는 우리의 생각 속에 하나님의 약속을 쌓아놓고, 우리의 혀끝으로 하나님의 약속을 논할 수 있습니다. 그러나 하나님의 축복을 받지 않는 한 그 모든 것들이 무슨 소용이 있겠습니까? 더 나아가, 하나님의 약속을 우리에게 효력 있게 하는 것은 특히 그리스도(멜기세덱을 통해서 모형적으로 예표된)의 축복입니다. 그리스도께서는 친히 위대한 약속의 주체이십니다(고후 1:20). 이같이 모든 축복이 그로부터만 나옵니다(엡 1:3). 그 안에서, 그로부터, 그로 말미암아 주어지는 것입니다. 그리스도를 떠나서는 모든 사람은 저주 아래 있습니다.

히브리서 7:7

"논란의 여지없이 낮은 자가 높은 자에게서 축복을 받느니라."

이 구절은 4-6절에서 전개한 논증을 요약합니다. 이에 대하여 존 브라운(John Brown) 박사는 이렇게 주해합니다.

"이 말씀은 분명히 여러 가지 제한 조건을 염두에 두고 이해되어야 한다.

율법 아래 있는 제사장이 왕을 축복했을 때 그가 정권적(政權的)인 차원에서 왕보다 더 높다고는 할 수 없다. 또한 기독교회 목회자가 교회에 나오는 정부의 주요 고관을 가르치고 책망한다고 해서 세상 권세적인 차원에서 그보다 높다고 하는 것은 아니다. 사도의 논리는 이러하다. 제사장을 영적인 국면에서 마치 땅에서 가장 높은 권위를 가진 자로 여겨 제사장으로부터 축복을 받는 사람은 자원하여 기독교회의 일원이 된다. 그 사람은 그런 의미에서 그 교회의 목회자가 '주 안에서 자기를 다스리는 자'로 인정할 것이다."

이에 대한 존 칼빈(John Calvin)의 설명을 들어 봅시다.

"'축복을 받느니라.' 이 표현이 무엇을 의미하는지를 먼저 알아봅시다. 그 말은 어떤 공적 존귀를 부여받은 사람이 개인적인 관계에서나 사역적인 관계에서나 자기 수하에 있는 사람들을 하나님께 천거하는 것, 이른바 엄숙한 축복의 기도를 의미한다. 우리가 다른 사람을 위해서 기도할 때 그것은 축복의 또 다른 방식이다. 모든 경건한 사람들은 보통 그 일을 하고 있다. 그러나 사도가 여기서 언급한 축복은 더 높은 권위의 상징이다. 그래서 이삭이 자기 아들 야곱을 축복하였고, 야곱 자신도 그 아들 요셉을 축복하였던 것이다(창 27:27 ; 48:15). 이런 '축복'은 피차 서로 주고받을 수 있는 일이 아니다. 왜냐하면 아들은 아버지와 같을 수 없기 때문이다. 그러한 축복을 하려면 축복받는 사람보다 높은 권위를 가져야 한다. 민수기 6:23에서 보면 그 점은 더욱 명백히 드러난다. 그 말씀에는 제사장에게 백성들을 축복하라는 명령이 나타나 있다. 그런 다음에 즉각적으로, 제사장이 축복하는 사람들은 복을 받게 되리라는 약속이 있다. 제사장의 축복은 바로 이 점에 입각해서 행해진 것이다. 그 축복은 사람의 축복이라기보다는 하나님의 축복이다. 왜냐하면 제사장이 드리는 제물을 통해서 그리스도를 나타내었듯이

그는 백성들을 축복할 때 최고 높으신 하나님의 사역자요 특사이다."(John Calvin)

이상의 원리들을 지금 우리가 다루는 논리에 적용시키는 것은 쉬운 일입니다. 구약시대에 제사장이 축복한 것(그리스도가 지금 자기 백성들을 복 주심의 모형)은 하나님의 사역자로서 행한 일이지만, 그것은 여전히 그 축복을 발하는 자의 높은 존영의 증거였습니다. 비록 아브라함이 자기 후손들 중 어느 사람보다도 더 뛰어났습니다. 그럼에도 그가 친히 예루살렘의 왕이요 제사장인 멜기세덱에게 은덕을 입었던 것입니다.

히브리서 7:8

"또 여기는 죽을 자들이 십분의 일을 받으나

저기는 산다고 증거를 얻은 자가 받았느니라."

사도는 여기서 아론의 반차를 따른 제사장이 멜기세덱의 반차를 따른 제사장보다 열등함을 더 드러내려고 또 하나의 논증을 시작합니다. "여기는"이라는 표현은 아론의 반차를 좇은 제사장을 가리킵니다. "저기는"은 창세기 14장에서 진술된 멜기세덱을 가리킵니다. 주목할 요점은 레위의 반차를 좇은 제사장 직무는 시간적 제한이 있었으나 아브라함에게 복을 빈 그 제사장은 그렇지 않다는 것입니다. "그 모형에 대해서 끝이 없는 자로 묘사된다. 그러므로 그 모형이 상징적으로 나타내는 제사장의 반차는 영원한 것이다"(John Calvin). 성경은 멜기세덱에게 십일조가 드려졌다고 진술할 때 그의 죽음에 대하여는 전혀 언급하지 않습니다. 그러므로 그의 제사장직의 권위는 시간의 제한을 받지 않았습니다. 오히려 성경의 진술은 그의 제사장직의 영구함을 시사하고 있습니다.

"저기는 산다고 증거를 얻은 자가 받았느니라." 어떤 사람은 "산다고 증거를 얻은 자가 받았느니라."는 멜기세덱에 관한 진술 때문에 거쳐 넘어집니다. 이 말씀을 보고 그가 '초인적(超人的) 존재'라는 증거를 얻게 된다고 주장하기도 했습니다. 그러나 이 진술을 문맥에 비추어서 해석하면 어려움은 없어지게 됩니다. 멜기세덱이 개인적으로 절대로 죽지 않고 계속 여전히 살아 있다는 말이 아닙니다. 오히려 그리스도를 상징하는 모형적 측면에서 그렇다는 말입니다. 성경은 자주 원형(原型)에서만 발견되는 것을 모형에 속한 것처럼 묘사하곤 합니다. 그래서 '유월절 어린양(paschal lamb)'을 '하나님의 유월절'(God's passover)이라고 부르기도 합니다(출 12:11). 사실은 그 때 그 어린양은 하나님의 유월절에 대한 오직 유일한 보증이요 증표였습니다. 그래서 주님의 성찬탁에 놓여 있는 기념물로서의 떡과 피를 '그리스도의 몸과 피'로 부르는 것입니다. 그것들이 그리스도의 몸과 피를 상징하기 때문입니다. 이 국면이 복됨을 뒤에 나오는 몇 구절로 알게 될 것입니다.

히브리서 7:9,10

"또한 십분의 일을 받는 레위도 아브라함으로 말미암아 십분의 일을 바쳤다고 할 수 있나니 이는 멜기세덱이 아브라함을 만날 때에 레위는 아직 자기 조상의 허리에 있었음이라."

이 두 구절에서 사도는 트집을 잡으려는 유대인이 마지막으로 들고 나올 반론을 예기하면서 대응하고 있습니다. 사도가 이제까지 말해 왔던 것을 반대하면서 이러한 논리를 펼 수도 있습니다. 유대인들은 이런 반론을 들고 나올 법하였습니다. '아브라함이 스스로 십일조를 멜기세덱에게 드린 것은 인정한다 할지라도, 그렇다고 해서 반드시 멜기세덱이 모든 아브라함의 후손들보다 더 높은 것은 아니다.' 어떤 의미에서 아브라함은 제사장이었습니다. "여호와께서 아브람에게 나타나 이르시되 내가 이 땅을 네 자손에게 주리라 하신지라 자기에게 나타나신 여호와께 그가 그 곳에서 제단을 쌓고."(창 12:7). 그럼에도 불구하고 하나님께서 제정하시어 교회 안에 두신 어떤 직무적 차원에서 아브라함을 제사장이라 할 수는 없습니다. 그러나 모세 시대에 여호와께서 아론의 혈통으로 제사장 반열로 삼으시고 그 직무를 감당하게 정하셨습니다. 그렇게 하나님의 정하신 그 규례로 말미암아 이전의 멜기세덱의 반차를 폐하여 버리셨다고 아론의 혈통에 속한 제사장들이 더 높지 않았던가요? 사도는 이 의구심을 풀어주려 하고 있습니다.

많은 이들에게 사도의 논리의 흐름을 따라가는 것이 어려워 보였습니다. 그것은 그들이 '머리와 대표의 원리'(headship and representation)라는 정말 중요한 진리에 대해서 미숙하기 때문입니다. 이에 대하여 샘슨(F. S. Sampson)의 글을 인용해 봅니다.

"아브라함은 진정으로 이삭과 야곱의 혈통에 속한 그의 후손들의 언약적인 머리다. 그 후손들 속에서 아브라함에게 한 약속이 이루어졌다. 유대인들이 한 족속으로서 특별한 특권들을 누리게 되었던 것은 아브라함과 맺은 이 약속 때문이었다. 그들을 여호와께 대하여 '특별한 백성'의 관계로 이끌어 간 것은 바로 이 아브라함과의 조약 때문이었다. 그래서 아브라함의 족장적인 성격과 행동을 통해서 그는 그 민족의 대표, 또는 연대적인 머리로서 서 있었다. 유대 민족의 모든 약속과 특권과 규례들에 관한 한 그는 대표였던 것이다. 그는 하나님의 정하심에 따라서 유대 민족의 육신적인 조상이었고 언약적인 머리였다. 하나님께서 당신 자신의 섭리와 약속으로 말미암아 이 모든 일에 관여하셨다는 것을 우리는 잊지 말아야 한다. 그러므로 아브라함이 십일조를 지극히 높으신 하나님의 제사장인 멜기세덱에게 드리고 그로부터 축복을 받은 것이 어떤 의미였는지를 주목해야 한다. 그 일은 하나님의 섭리에 의해서 의도된 역사적 사실로서 멜기세덱이 (말하자면) 최고 높으신 영원한 대제사장이신 그리스도의 모형의 특성을 갖추게 한 사건이었다. 멜기세덱은 그의 역사(歷史)와 여러 역할들에서 영원한 대제사장을 미리 예표한 모형이었다. 신적인 섭리와 목적을 따라서 일어난 이 사건은 모형이 원형의 탁월함을 미리 상징적으로 보여주도록 의도된 것이다. 그 일을 통해서 아브라함은 직무상 그 모형의 높음을 인정했다. 아브라함은 그가 직무상 아브라함 자신뿐 아니라 자기의 모든 후손들 보다 높음을 인정했다. 아브라함은 자기 모든 후손들을 대표하였고, 그 모든 후손들은 그의 허리에서 났다."

로마서 5:12-19와 고린도전서 15:45-47을 유심히 연구하면, 하나님께서 백성들을 다루시는 모든 처사(處事)의 근저에는 '연합적(聯合的) 대표원리(principle of federal representation)'가 깔려 있습니다. 아담은 전 인류를 대표하여 행동했던 것입니다. 그러므로 아담이 행한 것은 '법적으로' 인류 전체가 행한 것이 됩니다. 아담의 죄와 죄책과 죽음도 그의 후손들에게 전가(轉嫁) 됩니다. 하나님께서는 그 모든 후손들을 아담이 행한 바에 따라서 다루시는 것입니다. 그와 같이 그리스도도 자기의 모든 후손을 대표하여 처신하셨던 것입니다. 그러므로 그가 행하신 일은 '법적으로' 그 모든 후손들이 행한 일이 됩니다. 그래서 그가 율법을 만족시키고 죽고 부활하신 일이 그를 믿는 모든 사람들에게 전가됩니다. 그와 같이 아브라함은 그의 모든 후손들을 대신하여 행동했던 것입니다. 그러므로 하나님께서 그와 맺은 언약은 하나님께서 그의 후손들에게 맺은 언약과 같이 취급되어야 합니다. 이 점에 대한 증거가 아브라함에게 주어진 '여기서'(다른 곳은 말고) 나타난 "조상"(4절)이라는 칭호를 통하여 나타납니다. 그 말은 백성들의 어머니요 아버지라는 의미입니다.

그래서 사도는 여기서 레위가 대표적으로 사실상(개인적으로나 실제적으로가 아니라) 십일조를 멜기세덱에게 드린 것이라고 지적함으로써 그의 논증을 정점으로 끌어올리고 있습니다. 우리가 거듭 말하거니와, 창세기 속에서 아브라함을 하나의 개인으로 취급할 것이 아니라 그의 모든 자손들의 머리와 대표로 취급해야 합니다. 아브라함이 십일조를 드릴 때 그는 그 자신의 이름으로 뿐만 아니라 그의 후손들의 이름으로 그렇게 한 것입니다. 아브라함은 하나님께 부르심을 받아 하나님이 선택한 백성들의 머리로 하나님을 섬기도록 구별된 것입니다. 아브라함과 그의 후손들 사이에는 혈통보다 더한 것이 존재했습니다. 여호와께서는 아브라함이 그 뒤에 오는 후손들에게 복의 근원이 될 것이라고 약속하셨습니다. 그러므로 아브라함은 자기 후손들의 이름과 대표로서 하나님과 언약을 맺었던 것입니다. 하나님께서 아브라함에게 주신 것을 그의 자손들에게도 주셨습니다. 그러나 그는 사백 년 뒤에 그의 자손들이 차지할 땅에 대한 소유권을 그의 자손들을 대표하여 받았던 것입니다.

창세기 14장에서 나타나는 그 모형적 교훈은 지극히 풍요합니다. 그러나 그것을 해석하는 주요한 원리들에 익숙하지 못하면 이해하기 힘든 가르침입니다. 멜기세덱이 아브라함을 축복하는 모습 속에서 우리는 그리스도의 그림자를 봅니다. 우리의 대제사장이신 그리스도께서 은혜로 선택함을 받은 모든 사람들을 축복하시는 모습을 봅니다. "예수께서 그들을 데리고 베다니 앞까지 나가사 손을 들어 그들에게 축복하시더니."(눅 24:51) 아브라함이 멜기세덱에게 십일조를 드림으로써 지극히 높으신 하나님의 제사장으로 인정했을 때, 우리는 거기서 믿는 모든 백성들이 그리스도께 복종하는 모습을 보는 것입니다. 히브리서 7장에서 이 모형을 파헤쳐 설명하는 것이 사도의 의도는 아니었습니다(히 9:5 참조). 여기서는 다만 기독교의 대제사장이 유대교의 제사장보다 그 영광과 존영에 있어서 훨씬 뛰어나다는 것을 보여주고 있을 뿐입니다. 9,10절에서의 그의 논리는 사실상 이러합니다. 아브라함이 참으로 그처럼 멜기세덱을 높여 주었다면, 그것은 레위에 속한 제사장들이 멜기세덱에게 충성을 보였다는 말입니다.

우리가 여기에서 붙잡아야 할 가장 중요하고 복된 진리는, 9,10절 속에서 성경에 계시된 영혼을 진정 만족시키는 진리의 '실증'(實證)을 얻는다는 사실입니다. 레위가 혈통상으로 뿐만 아니라 대표적인 관계의 의미에서 '아브라함 안에' 있었듯이 하나님의 자녀들마다 각각 '그리스도 안에' 있었습니다. 그가 다른 무엇보다도 하나님을 크게 높이고 기쁘시게 한 그 영광스러운 사역을 마칠 때 그러하였습니다. 그리스도께 율법의 사형선고가 떨어졌을 때, 그 사형선고는 신자에게 떨어진 것입니다. 그래서 그는 주저 없이 "나는 그리스도와 함께 십자가에 못 박혔다."고 말할 수 있습니다(갈 2:2). 그와 같이 그리스도께서 무덤에서 부활하실 때 그 모든 백성들이 그리스도의 승리에 함께 동참한 것입니다(엡 2:5,6). 그리스도께서 지극히 높은 곳에 오르셨을 때, 그의 모든 백성들도 역시 그곳에 오른 것입니다. 모든 독자들은 간절하게 기도하시기 바랍니다. 하나님께서 "그리스도 안에"라는 말의 의미와 그 복됨과 충만함을 밝혀 주십사고 기도하십시오.

32강

제사직분의 변역

7:11 레위 계통의 제사 직분으로 말미암아 온전함을 얻을 수 있었으면(백성이 그 아래서 율
법을 받았으니) 어찌하여 아론의 반차를 따르지 않고 멜기세덱의 반차를 따르는 다른 한
제사장을 세울 필요가 있느냐 7:12 제사 직분이 바꾸어졌은즉 율법도 반드시 바꾸어지리니
7:13 이것은 한 사람도 제단 일을 받들지 않는 다른 지파에 속한 자를 가리켜 말한 것이라
7:14 우리 주께서는 유다로부터 나신 것이 분명하도다 이 지파에는 모세가 제사장들에 관
하여 말한 것이 하나도 없고 7:15 멜기세덱과 같은 별다른 한 제사장이 일어난 것을 보니 더
욱 분명하도다 7:16 그는 육신에 속한 한 계명의 법을 따르지 아니하고 오직 불멸의 생명의
능력을 따라 되었으니

사도가 5:1-9에서는 아론이 백성들의 대제사장으로서 그리스도를 예표한 것을 그리스도가 어떻게 이루셨는지를 부분적으로만 보여 주었습니다. 왜냐하면 그가 다시 9장에서 같은 주제로 다시 돌아갈 것이기 때문입니다. 그런 다음에 5:11에서는 하나님께서 그리스도를 "멜기세덱의 반차를 따르는" 대제사장으로 세우셨음을 선언합니다. 그런 다음에 사도는 멜기세덱에 관하여 '할 말'이 많으나 히브리 사람들의 둔함 때문에 말하기 곤란하다고 부연하였습니다. 사도는 그들의 그릇된 상태를 고치기 위하여 괄호구적인 대목을 할애합니다. 그런 다음에 다시 6:20에서 그리스도의 제사장직 주제로 돌아옵니다. 그것이 7장에서 확대 설명됩니다. 사도가 7장에서 의도한 주요한 요점은 그리스도가 유대교의 대제사장보다 훨씬 높으시다는 것입니다. 그는 그 증거로 그리스도를 모형적으로 예표한 멜기세덱의 두드러진 특성을 가리킵니다. 그 모형에 대해서 사도는 이렇게 지적했습니다. 곧 멜기세덱은 개인적인 차원에서 볼 때도 아론보다 더 큽니다. 전체 레위 사람들도

그 점을 인정하였습니다. 왜냐하면 그들을 대표하는 아브라함이 멜기세덱을 정중하게 대하였기 때문입니다. 11절에서 시작되는 7장의 두 번째 대목에서 사도는 방금 보여준 사실에서 끌어낸 필연적 추론들과 그 속에 함축되어 있는 확실한 귀추들을 지적합니다. 메시야가 멜기세덱의 반차를 좇은 제사장이라는 사실은 틀림없이 레위의 반차를 좇은 제사장을 폐하게 됩니다. 하나님께서 당신의 아들을 보내시어 제사장 사역을 수행하게 하셨다는 사실은 아론과 그의 후계자들의 사역이 완전한 것이 아님을 의미합니다. 그리스도가 자신을 제물로 드리기까지 아직 '온전함'에 이르지 못하였다는 사실이 그리스도보다 앞선 자들의 온전치 못함을 분명하게 보여주었습니다. 이 점을 보다 더 분명하게 밝히는 것이 바로 사도가 의도하는 가장 중요한 목적입니다.

그는 이제 유대인들로서는 받아들이기 가장 힘든 것을 다루려 합니다. 다시 말하면 사도가 그들의 조상들이 그처럼 오래 섬겨왔던 것을 하나님께서 폐하셨다는 요점을 말하려하니 받아들이기가 쉽지 않았다는 말입니다. 경건해 보이나 거듭나지 못한 이들이 '모세의 경륜이 영구하거나 완전하지 못하고 부족함이 있다.'고 공언하는 것을 들었다 합시다. 그 요점이 그들 이스라엘 사람들에게는 전혀 믿겨지지 않고 생소하였습니다. 중생한 유대인에게도 그 점을 논증하는 사도의 논리를 선뜻 받기가 어려웠습니다. 레위 제사장의 체계가 '온전'한 것이라고 믿었던 것입니다. 그 체계는 여호와 하나님께서 세우신 것입니다. 그러니 '그것은 충분하고 영구적일 것임에 틀림없다.'는 식입니다! 만일 아론의 체계가 하나님께서 제정하신 것이었다면 지금 그것이 어떻게 폐지될 정도로 만족스럽지 못한 것일 수 있었던가? 사도는 '자연이 제공하는' 유추를 통하여 논증을 끌어갈 수도 있었습니다. 하나님께서 지으신 많은 것들이 한동안 존재하다가 더 온전하게 되는 단계가 되면 소용없게 됩니다. 나비 유충이 번데기가 되고, 그것이 나중에는 나비로 변하는 것과 같이 말입니다. 그러나 사도는 훨씬 더 높은 근거를 취하여 변박할 수 없는 논리로 레위 제사제도 체계가 '온전하지 못함'을 증거합니다. 그러므로 그것은 다른 것에 의해 대치되어야 합니다.

하나님께서는 레위 지파에 속하지 않은 '한 제사장'을 세우신 적이 있었습니다. 히브리인들도 그 점은 흔쾌히 인정했습니다. 주 예수 그리스도께서 자기의 희생 제사를 통해서 그들의 죄를 도말(塗抹)하셨고, 그들로 하나님께 가까이 나아가게 하셨습니다. 그들이 복음을 받아들일 때에 지지하던 영광스러운 진리였습니다. 그러나 그 진리가 필연적으로 '함축하는' 요소들을 깨닫고 인정하는 데는 더디었습니다. 주 예수께서 '멜기세덱의 반차를 따른' 제사장이라는 사실은 그보다 앞선 제사 직분이 '온전함을 낼 수 없었다.'고 말하는 것이나 마찬가집니다. 왜냐하면 옛것이 하나님의 모든 요구조건들을 만족시켰다면 다른 새것이 올 필요가 없었기 때문이다. 그러나 더 중요한 사실이 있습니다. 그리스도께서 '온전함'을 이루셨음은 옛 질서의 '불완전함'을 전제합니다. 뿐만 아니라 그것은 필연적으로 '경륜(經綸)의 변역'(제도상의 변역)을 함축했습니다. 곧 레위 체계와 독특한 연관을 가진 모든 것들은 이제 효력이 없어 소용없어지게 되었습니다. 사도는 이 점을 보여주기 위해서 더 나아가고 있습니다.

레위 제사장직을 영구히 있게 하시려고 하나님께서 의도하신 적이 없었습니다. 왜냐하면 구약성경 안에서 '다른 제사장', 다른 반차를 따르는 제사장을 후에 일으키실 것을 시사(示唆)하여 주셨기 때문입니다. 그 암시가 처음 나타난 것은 창세기 14장에서입니다. 거기서 유대민족 전체의 머리요 대표자격인 아브라함이 멜기세덱을 지극히 높으신 하나님의 제사장으로 인정하고 있습니다. 더욱더 분명한 것은 하나님이 다윗에게 주신 예언입니다. 시편 110편에서 하나님께서는 "너는 내 우편에 앉으라."(1절)는 말씀으로 메시야를 반기십니다. 그런 다음 4절에서 하나님께서 말씀하십니다. "여호와는 맹세하고 변하지 아니 하시리라 이르시기를 너는 멜기세덱의 서열(반차)을 따라 영원한 제사장이라 하셨도다." 사도는 여기 히브리서 7장 11절에서 그 말씀을 인용합니다. 그렇게 함으로써 경건한 유대인이라면 누구라도 반박할 수 없는 근거 위에 자신의 논증을 세우고 있습니다. 곧 논증의 기초를 영감되고 오류없는 증거에서 찾고 있다는 말입니다. 그러므로 만일 그리스도께서 "멜기세덱의 반차를 따른" 제사장이었다면 아론의 제사 직분은 '불완전한 것임에 틀림'없습니다. 그렇지 않다면 이러한 변역이 전혀 필요치 않았을 것입니다.

히브리서 7:11

"레위 계통의 제사 직분으로 말미암아 온전함을 얻을 수 있었으면 (백성이 그 아래서 율법을 받았으니) 어찌하여 아론의 반차를 따르지 않고 멜기세덱의 반차를 따르는 다른 한 제사장을 세울 필요가 있느냐."

사도는 이제 그리스도가 "멜기세덱의 반차를 따른" 제사장이시라는 사실에서 연유되는 '귀추(歸趨)들' 중 몇 가지를 지적하고 있습니다. 그가 언급하는 첫 번째 귀추는 레위 제사직분은 '온전함을 이룰 수 없었다.'는 점입니다. 이 점은 명백했습니다. 레위제사 직분이 온전하였다면 별다른 제사장을 세울 필요가 없었을 것이기 때문입니다. 그러나 '레위 계통의 제사직분이 어디에서 부족한가? 그 제사직분으로는 무엇을 이루지 못하는가?'라는 의문을 제기할 이들이 있을 것입니다. 이 의문들에 대답하기 위해서 우리는 '온전함'이라는 표현을 유심히 살펴 볼 필요가 있습니다. '온전함'이라는 용어는 이 서신의 특징과 열쇠와 같은 어휘입니다. 히브리서에서 그 말은 다른 바울 서신들의 경우와는 다른 의미를 가지고 있습니다. 그 말이 나타나는 문맥에 면밀한 주의를 기울이지 않으면 우리는 틀림없이 그 말의 요지에 대하여 그릇된 개념을 가지게 될 것입니다. 그 말은 체험보다 '관계'에 더 치중하는 국면을 가지고 있습니다. 비록 그에 상응하는 체험이 뒤따라오더라도 여전히 그 관계를 영적으로 이해한 것이 앞섭니다. 또한 그것은 주관적인 것보다 '객관적'인 것에 관계합니다. 그것은 체험적이고 실천적인 것보다 '법정적(法廷的)'이고 사활을 좌우하는 국면에 관한 것입니다. 그 말이 첫 번째 나타나는 곳은 2:10과 5:9입니다. 거기서 그리스도 자신을 가리켜 말할 때 그 말이 사용됩니다. "그러므로 만물이 그를 위하고 또한 그로 말미암은 이가 많은 아들들을 이끌어 영광에 들어가게 하시는 일에 그들의 구원의 창시자를 고난을 통하여 온전하게 하심이 합당하도다." 거기에서는 그리스도의 인격적인 방면보다는 직무적인 방면을 언급하였습니다. 그런 다음에 6:2에서 그 말이 다시 발견됩니다. 그 말씀에 대한 우리의 강해를 참조하십시오. 9:9에서는 구약시대에 드려진 예물과 제물들이 "섬기는 자로 그 양심상으로 온전하게 할 수 없다."고 기록되어 있습니다. 10:1에서 같은 요점이 확언됩니다. 그러나 그와는 아주 복된 대조를 이루면서 10:14에서 "저가 한 제물로 거룩하게 된 자들을 영원히 온전케 하셨다."고 말합니다.

'온전함'은 어떤 일을 생각한 대로 끝마치는 것을 의미합니다. 교리적으로 하나님과 사람 사이의 관계가 만족하여 더 이상 손을 댈 필요가 없게 된 '온전한 상태'를 이름입니다. 그것은 그리스도께서 확보한 하나님의 은총과 복락으로 말미암아 얻어진 불변하는 지위에 대한 것입니다. 12:23에는 "온전케 된 의인의 영들"에 대해서 말하고 있습니다. 그의 "온전케 된 의인의 영들"이라는 말은 구약 성도들이 '거룩과 행복'에 있어서 '온전케 되었다'는 의미가 아닙니다. (물론 그 거룩과 행복이 그들에게도 해당되기는 하지만) 오히려 하늘의 영광을 차지할 '권리'에 있어서 '온전케' 되었다는 말입니다. 그리스도께서 제사를 드리기 전에는 그러한 일이 일어나지 않았습니다. 그 일이 일어날 것을 확실히 내다봄으로써 오래전에 그로부터 나오는 복락을 미리 받기는 하였습니다(히 11:40 참조).

사도는 현재 우리가 다루는 대목에서, '온전함'은 레위 제사 제도를 통해서는 얻어질 수 없다고 주장하고 있습니다. 온전함을 가지고 올 제사장은 그 보다 더 높아야 한다고 주장합니다. 그러므로 우리는 다음의 질문을 던질 만합니다. 제사 직분의 큰 '목적들'은 무엇인가? 제사장이 어떠한 일을 위해서 세우심을 받는가? 제사장은 다른 사람들을 위해서 하나님께 가까이 나아가는 중보자였습니다. 그의 사역은 하나님의 공의를 만족시키는 제물을 하나님께 드리는 일이었습니다. 그 일은 자기가 대표하는 사람들의 양심이 평안을 얻을 정도로 하나님의 은총을 확보하고, 하나님 앞에서 설 자리를 마련하는 효력을 내는 것이었습니다. 또한 제사장의 일은 축복을 선포하기 위해서 하나님의 면전에 나오는 일이었습니다. 레위 제사 제도가 이러한 것들을 얻을 수 있었던가요? 아론과 그의 후계자들이 죄의 모든 결과에 대한 하나님의 용서를 얻어 내었습니까? 그 반차를 따른 제사장들이 완전하고 영구적인 구속을 확보하였던가요? 절대로 그렇지 않습니다.

제사장 직분의 직무를 두 방면에서 숙고할 수 있습니다. 첫째로 그 직무의 모든 합당한 행위의 최고 대상이신 하나님 편에서입니다. 둘째로는 그 제사장 직무의 집행을 통해서 축복과 은혜를 얻을 하나님의 백성들의 차원에서 생각할 수 있습니다. 하나님의 차원에서 볼 때 제사 직분의 가장 중요한 목적은 속죄 희생제물을 통해서 죄를 속(贖)하는 것입니다. 그러나 레위 제사 직분이 그 일을 해낼 수 없었습니다. 그들이 제사장직을 수행하는 면에서도 모형적이고 의식적(儀式的)이고 잠정적인 가치는 있었습니다. 그러나 효과적이고 사활적이고 영구적인 가치는 없었습니다. 10:4에서 그 요점이 적극적으로 진술됩니다. "이는 황소와 염소의 피가 능히 죄를 없이 하지 못함이라." 그러면 어째서 그러한 레위 지파에 속한 제사장들을 세우셨습니까? 그것은 하나님의 거룩한 요구를 나타내고, 하나님의 공의(公義)의 요구조건들을 드러내기 위함입니다. 또한 장차 있을 위대한 제사를 예표적으로 상징하기 위함입니다.

그 다음으로 우리가 물어야 할 것은 이것입니다. 그리스도께서 이룩한 '온전함'은 어떠한 것이었던가? 여기서 우리가 존 오웬(John Owen)의 주해를 요약하여 인용해 보는 것처럼 큰 도움을 얻을 길이 없습니다.

"그리스도께서 하나님의 영광과 자기 백성의 복락을 위해서 이룩한 첫 번째의 것은 '의(義)'이다. 죄로 말미암아 모든 '온전하지 못한 것'이 들어왔다. 이것이 율법을 연약하게 만들었다(롬 8:3). 또한 이것이 죄인들로 '힘이 없게' 만들었다(롬 5:6). 그러므로 온전함은 '의'로 말미암아 들어와야 한다. 그것이 바로 새 언약의 근본이다(사 60:21 ; 시 72:7 참조). 그러므로 성도들은 여호와는 우리의 '의'라고 말하는 것이다(렘 23:6). 그리스도께서는 한 '영원한 의'를 가져오셨고(단 9:24), 신자들은 '그 안에서 하나님의 의가 되었다.'(고후 5:21)

"둘째로 기독교의 복음적인 '온전함'에 속한 그 다음의 문제는 '평화'이다. 하나님과 죄인들 사이를 화평케 하는 것은 언약의 대제사장으로서 주 예수님께 속한 일이다. '우리가 원수 되었을 때 그 아들의 죽으심으로 말미암아 하나님으로 더불어 화목되었은즉.'(롬 5:10). 그러므로 그리스도를 가리켜 '평강의 왕'이라고 부르기도 한다(사 9:6). 그가 평강의 왕인 것은 '자기 십자가의 피로 말미암아 화평을 이루셨기' 때문이다(골 1:20). 이 결과로 신자들이 '우리 주 예수 그리스도로 말미암아 하나님과 더불어 화평을' 누리게 된 것이다(롬 5:1). 그래서 우리가 선포하는 복음은 '평안의 복음'이다(엡 6: 15).

"셋째로 복음의 '온전함'은 '빛'이다. 하나님께서는 율법을 통해서 얻을 수 있는 것보다 훨씬 더 많은 영적인 빛을 허락하셨다. 하나님의 지혜와 은혜의 신비를 아는 훨씬 더 많은 지식들을 그리스도인들을 위해서 계획해 놓으셨다. 하나님께서는 그의 아들을 위해서 그 뜻이 '충만함'을 알리는 영예를 유보시켜 놓으셨었다(요 1:18 ; 시 110:1,2). 레위의 제사 제도 아래서는 '장차 올 좋은 것의 그림자'만 있었다(히 10:1). 그러나 여전히 그 좋은 것들의 신비가 하나님 안에 감추어진 채 있었다(엡 3:9). 선지자들 자신도 자기들이 전하는 예언의 깊이를 깨닫지 못하였다(벧전 1:11.12). 그래서 구약 교회의 자세는 더 충만한 계시가 오기를 고대하는 것이었다. '날이 저물고 그림자가 사라질 때까지' 그렇게 기다렸던 것이다(아 2:17 ; 4:6). 요한일서 2:8에는 두 경륜 사이의 대조가 나타나 있다. '어두움이 지나가고 참 빛이 벌써 비췸이니라.'

"넷째, '하나님께 나아감'이다. 그리스도께서 가져온 '온전함'에는 율법을 통해서는 알려지지 않았을 뿐 아니라 노골적으로 금지된 일이 허락되었다. 곧 은혜의 보좌 앞에 담대하고 자유롭게 나아가는 일이 복음의 '온전함' 속에 함축되어 있다. 시내산에서 백성들은 산기슭에 머물고 그 이상은 올라오지 못했었다. 여호와께서 산꼭대기에서 모세에게 나타나질 때 정황이 그러하였다. 성막(聖幕)에서 제사장들 외에는 어느 누구도 바깥뜰 이상을 넘어가지 못했다. 그들은 하나님께서 거하시는 지성소(至聖所)로 들어가지 못했다. 그러나 오늘날 그와는 대조되게도 얼마나 복된 사실이 존재하는가! '이는 그로 말미암아 우리 둘이 한 성령 안에서 아버지께 나아감을 얻게 하려

하심이라.'(엡 2:18) 우리에게 다음과 같은 말씀이 해당된다. '형제들아 우리가 예수의 피를 힘입어 성소에 들어갈 담력을 얻었나니… 우리가 마음에 뿌림을 받아 양심의 악을 깨닫고 몸을 맑은 물로 씻었으니 참 마음과 온전한 믿음으로 하나님께 나아가자.'(히 10:19,22)

"다섯째, '장래 상태를 열어 보여줌'이 그리스도의 복음의 온전함 속에 들어 있다. 그리스도께서는 '복음으로써 생명과 썩지 아니할 것을 드러내셨다.'(딤후 1:10) 구약시대의 몇 몇 성도들이 부활과 영원한 복락을 아는 지식을 향유하고 있었다. 그런다 해도 레위 제사 제도를 통해서 전달된 것이 아니다. 모세의 율법 아래 있던 사람들을 특징짓는 것은 '또 죽기를 무서워하므로 일생에 매여 종노릇하는 것이었다.'(히 2:15) 율법의 저주가 그들 위에 걸려 있는 동안에는 그렇지 않을 수 없었다. 그러나 이제 우리의 대제사장이 우리 위해서 저주받으셨다. 그는 참혹한 죽음의 구덩이에 들어가셨다. 그러나 그는 그 속에 머물러 계시지 아니하시고 무덤을 이기고 승리하셨다. 그리스도가 부활하심으로 말미암아 그의 백성들도 승리의 증거와 보증과 본을 가지게 된 것이다. 그는 높은 곳에 올라가셨다. 그것도 우리의 '앞서 가신 자'(선구자)로서 올라가신 것이다(히 6:20). 그의 요청은, '아버지여 내게 주신 자도 나 있는 곳에 나와 함께 있게 하옵소서.'라고 하신 것이다(요 17:24).

"여섯째, 그리스도로 말미암아 이룬 '온전함' 속에는 '기쁨'이 있다. '하나님의 나라는 성령 안에서 의와 평강과 희락이라.'(롬 14:17) 구약의 많은 사람들이 주 안에서 크게 기뻐했음은 사실이다. 그럼에도 불구하고 그것은 레위 제사 제도를 통하여 된 일은 아니었다. 그들이 기뻐한 근거는 죽임이 이김의 삼킨바 될 것이라는 점이었다(사 25:8). 또한 그리스도의 죽음과 부활하심을 고대한 데서 나온 기쁨이다. 그러므로 아브라함은 '그리스도의' 때에

될 일을 보고 즐거워하였다(요 8:56). 그러나 구약 백성들의 기쁨은 세상에서 만나는 잠시적인 것들에 관한 것이기도 하였다(레 23:39-41 ; 신 12: 11,12,18 참조). 그러나 그리스도인은 '말할 수 없는 영광스러운 즐거움으로' 기뻐한다(벧전 1:8). 그것은 예수 그리스도로 말미암아 하나님의 사랑 안에서 이루어진 말할 수 없는 만족이다. 이는 모든 시련에 빠진 영혼에게 휴식을 준다. 또한 지쳐있을 때는 새로운 힘을 베풀어 준다. 고통 중에서는 평안을 주고, 환난 중에서는 즐거움을 준다(롬 5:1-5).

"일곱째, 그리스도로 말미암아 이룬 '온전함' 속에는 '주 안에서 자랑하는 것'이 있다. 이는 기쁨의 열매다. 복음의 주요한 목적 중 하나는 모든 인간적인 자랑이나 우리 자신을 자랑하는 것을 무산시켜 버리려는 것이다(롬 3:27 ; 엡 2:9). 하나님께서는 사물들의 질서를 주장하시되 어떠한 육체도 하나님 앞에서 자랑하지 못하게 하신다. 그럼으로써 자랑하는 자는 주 안에서 자랑하게 하신 것이다(고전 1:29,31). 그래서 그것이 구약의 백성들에게 약속되었던 것이다(사 14:25 참조). 주 안에서 자랑하는 것은 신자들로 하여금 이 세상에 속한 것들보다 하늘에 속한 것들을 훨씬 더 높게 평가하게 하며, 하늘에 속한 것들과 반대되는 모든 것을 멸시하고 저주하게 한다. 더 나아가 사도처럼 '우리 주 예수 그리스도의 십자가 외에는 결코 자랑치 않는다.'고 말하게 한다. 만일 이 강론을 읽는 독자가 두 경륜, 곧 모세와 기독교의 두 경륜 사이에 영광과 탁월함의 차이가 얼마나 큰지를 세밀하게 알아보고 싶다면, 고린도후서 3장을 연구하라."(John Owen)

이 복된 주제를 끝내기 전에 우리가 생각해 온 것을 간단하게 적용시켜 봅시다. 참된 그리스도인이 된다 함은 그리스도의 '온전함'이 가져온 복락들에 관심을 기울이고 실제로 그것들에 참여함을 의미합니다. 그렇게 한다고 겉으로 고백하는 사람은 수도 없이 많습니다. 그러나 그런 복락들에 대하여 체험적으로 친밀한 자들은 적습니다. 유대교보다 기독교가 탁월함은 전적으로 영적인 국면에서입니다. 육신적인 눈으로써는 그 탁월함을 지각할 수 없습니다. 영적인 면에서 기독교가 유대교를 능가한다는 것은 위에서 지적한 바 있습니다. 그것은 하나님을 더욱 분명히 아는 지식과, 하나님께 더 자유롭게 나아가는 것과, 하나님을 더 충만히 즐거워하는 것을 내용으로 합니다. 끝으로, 외양적 형식과 의식(儀式)을 통해 영광과 만족을 얻으려는 시도는 그리스도의 제사 직분에서보다는 레위의 제사직분에서 더 유리해 보입니다. '바로 그것'이 모든 의식주의자(儀式主義者)들의 죄악입니다.

"백성이 그 아래서 율법을 받았으니." 이 괄호 안에 들어있는 이 소절을 간단하게 살펴볼 필요가 있습니다. 이 괄호구를 둔 명백한 존재 목적은 사도의 논증을 강화시키기 위한 것이었습니다. 레위 제사 직분을 통해서는 '온전함'이 있을 수 없음을 증거하는 보충적인 자료로 제시된 것입니다. 그러므로 우리는 여기서 '율법'이라는 말이 모세의 경륜 아래서의 전 체계를 가리키는 말로 간주해야 한다고 제안합니다. "율법을 받았다."는 수동적인 표현은 헬라어에서는 한 단어로 되어 있습니다. 그 표현은 실제로 '입법화되었다'(were legalized)는 말입니다. 그것은 율법을 실제적으로 제정하여 준다는 말이 아닙니다. 율법 아래 있는 백성들의 상태를 가리킵니다. 오히려 그들이 율법의 권세 아래 들어오게 되었다는 말입니다. 율법은 그들에게 '완전한 의'를 요구했습니다. 그러나 타락한 사람은 그 의(義)를 낼 수 없었습니다. "우리가 알거니와 무릇 율법이 말하는 바는 율법 아래에 있는 자들에게 말하는 것이니 이는 모든 입을 막고 온 세상으로 하나님의 심판 아래에 있게 하려 함이라 그러므로 율법의 행위로 그의 앞에 의롭다 하심을 얻을 육체가 없나니 율법으로는 죄를 깨달음이니라."(롬 3:19,20) "율법이 육신으로 말미암아 연약하여 할 수 없는 그것을 하나님은 하시나니."(롬 8:3) 또한 레위 제사 직분으로도 그 '완전한 의'를 낼 수 없었습니다. 그래서 오직 유일한 소망은 그들 자신 밖에 있습니다. "그리스도는 모든 믿는 자에게 의를 이루기 위하여 율법의 마침이 되시니라."(롬 10:4)

히브리서 7:12

"제사 직분이 바꾸어졌은즉 율법도 반드시 바꾸어지리니."

사도는 여기서 1-10절에서 진술한 사실들로부터 끌어내야 하는 두 번째 '귀추'를 거론합니다. 앞에서 살펴 본 것과 같이 그 첫 번째 '귀추'는 레위 제사직분은 '온전함'을 내기에 합당치 않고 할 수도 없습니다. 그러니 그 제도는 잠정적인 제도일 뿐이었습니다. 그것이 바로 사도가 논증하여 도달한 두 번째 귀추입니다. 레위 제사 제도와 관련된 모든 규례는 폐지되어야 마땅합니다. 다른 말로 해서 유대교는 이제 폐해진 것입니다. 그래서 "율법의 변역' 은 경륜의 변역, 신적(神的) 행정과 제도의 변역을 의미합니다. 이는 대번에 11절의 괄호구 속에 표현된 '율법'의 의미를 확증시켜 줍니다. 그 말은 십계명을 나타내는 것이 아니라 모세의 율법체계를 가리키는 말입니다.

"율법도 반드시 바꾸어지리니." 율법의 변역, 또는 모세의 체계를 제쳐두는 것은 유대인들이 정말 완강하게 반대하던 일입니다. 그들은 그 자세로 스데반을 돌로 때려 죽였습니다(행 6:14). 바울에게 격분하여 달려 들었던 것도 바로 그 때문이었습니다(행 21:28). 아니, 복음적인 신앙을 고백한다는 자들 중에 아직도 계속해서 모세의 율법이 여전히 효력을 발생한다고 주장했던 이들도 있었습니다. "그들이 듣고 하나님께 영광을 돌리고 바울더러 이르되 형제여 그대도 보는 바에 유대인 중에 믿는 자 수만 명이 있으니 다 율법에 열성을 가진 자라 네가 이방에 있는 모든 유대인을 가르치되 모세를 배반하고 아들들에게 할례를 행하지 말고 또 관습을 지키지 말라 한다 함을 그들이 들었도다."(행 21:20,21) 이와 관련하여 초대교회에 상당한 어려움이 발생했습니다. 그리고 유대주의자들은 할례를 행하라, 의식법(儀式法)을 지키라는 등 고집을 부리면서 이방인 회심자들을 괴롭혔습니다. 하나님께서 그처럼 영광스러운 방식으로 세우셨고 그렇게 많은 세월 동안 인정해 주셨던 엄숙한 예배체계를 소용없는 것으로 제쳐 놓으셨다니, 신앙심 깊은 유대인도 믿기 어려웠습니다. 그렇다 할지라도 하나님께서 그렇게 하셨다는 증거는 명백하고 풍성했습니다. 율법과 복음이 서로 섞여 공존할 수는 없습니다. 행위와 은혜는 서로 대칭되는 것들입니다. 그리스도께서 나타나실 때 모세는 사라져야 합니다. 마가복음 9:5-8의 말씀을 세심하게 주목해 보십시오. "베드로가 예수께 고하되 랍비여 우리가 여기 있는 것이 좋사오니 우리가 초막 셋을 짓되 하나는 주를 위하여, 하나는 모세를 위하여, 하나는 엘리야를 위하여 하사이다 하니 이는 그들이 몹시 무서워하므로 그가 무슨 말을 할지 알지 못함이더라 마침 구름이 와서 그들을 덮으며 구름 속에서 소리가 나되 이는 내 사랑하는 아들이니 너희는 그의 말을 들으라 하는지라 문득 둘러보니 아무도 보이지 아니하고 오직 예수와 자기들뿐이었더라."

그로 인하여 하나님의 백성들이 손실을 입은 것이 아니라 말로 할 수 없이 큰 것을 얻었습니다. 하나님께서 "더 나은 소망"(히 7:19)을 하나님께 그리스도를 통하여 들여오셨기 때문입니다.

히브리서 7:13

"이것은 한 사람도 제단 일을 받들지 않는

다른 지파에 속한 자를 가리켜 말한 것이라."

"왜냐하면"(우리말 개역개정이나 개역한글에서 다 생략하고 있음 - 역자주)이라는 말로 시작되는 이 구절의 논리가 앞 절 끝에서 도덕법을 언급한 것이 아님을 명백히 합니다. 14절의 마지막 몇 어휘는 그 점을 더욱 더 분명하게 합니다. 우리가 이것을 특별하게 언급하는 이유가 있습니다. 어떤 '세대주의자(Dispensationalist)들은 어처구니없게도 그리스도인들이 십계명 아래 있다는 잘못된 시도를 합니다. 그 시도를 위하여 히브리서 7:12의 말씀을 들고 나옵니다. 그러나 이 대목에서는 도덕법이 전혀 논의되지 않고 있습니다. 고린도전서 9:21, 요한복음 2:6만으로도 도덕법이 폐지되지도 않았고 앞으로도 결코 폐지되지 않을 것임을 증거하기에 충분합니다. "이것은 한 사람도 제단 일을 받들지 않는 다른 지파에 속한 자를 가리켜 말한 것이라."는 사도의 의도는 이러합니다. 레위 제사장 직분과 전체 의식법(儀式法)이 하나님에 의해서 폐지되었다는 또 다른 증거를 제시하는 것입니다. 사도는 육체를 따라서 우리 주님이 레위 지파에 속하지 않는다는 사실을 들고 나옵니다. 그러므로 그의 제사장 직분도 아론의 반차를 따른 것이 아닙니다.

"이것은 한 사람도 제단 일을 받들지 않는…" "제단 일을 받는다"는 것은 '제사장의 직무들'을 수행한다는 뜻입니다. 여기서 "이것"이란 11절 마지막에서 언급한 것을 가리킵니다. 그 요점이 17, 21절에서 확대 설명됩니다. 하나님의 정하심과 하나님의 주신 특권을 따라서 아론의 제사장 반열의 영예가 레위 지파에게만 계속 주어졌었습니다(출 40:12-16). 이스라엘 중 다른 지파들에게는 그 제단에서 섬기거나 성소에 들어가 받들어 섬길 엄두를 내지 못하였습니다. 이 규례가 어찌나 엄격하게 지켜졌던지요! 이스라엘의 한 왕이 그 규례를 어겼을 때 하나님의 심판이 즉각 그에게 떨어졌습니다(대하 26:18-21). 하나님께서는 웃시야 왕을 문둥병으로 치심으로 하나님의 율법의 신성(神聖)함을 지키셨습니다. 거룩한 직무를 수행하라는 하나님의 부르심을 전혀 받지 않는 어떤 사람도 그 직무를 무모하게 수행하려 해서는 안 된다는 가장 엄숙한 경고를 주셨습니다. 더구나 하나님께서 그 면에서 그처럼 엄격하게 행하심은, 하나님께서 다른 지파에 속한 제사장을 주실 때에는 옛 반차에 속한 제사 직분을 폐하셨음을 분명하게 보여주신 것입니다. 단순한 암시 이상의 선명한 의도를 드러내셨습니다.

히브리서 7:14

"우리 주께서는 유다로부터 나신 것이 분명하도다

이 지파에는 모세가 제사장들에 관하여 말한 것이 하나도 없고."

이 구절의 처음에 나오는 접속사 이유 "왜냐하면"이라는 말은 대번에 사도가 여기서도 계속해서 레위 제사직분과 그 경륜이 지나간 것임을 증거하고 있음을 보여줍니다. 그 경륜이 이제는 더 이상 하나님께 인정받지 못하는 지나간 것에 불과하다는 것입니다. 여기서 사도의 말은 이중적인 역설을 내포하고 있습니다. 인성(人性)을 따라서 우리 주님께서는 유다 지파에 속해 있었습니다. 모세가 제사장들에 관하여 말할 때 그 지파에 대하여는 한 번도 언급한 적이 없었습니다. 사도의 논증을 완벽하게 증거하기 위해서 필요한 것은 그리스도가 제사장이라는 사실입니다. 그는 앞으로 계속되는 여러 구절 속에서 그 점을 보여줍니다. 주 예수께서 승천하시기까지는 제사장 직무를 감당하지 않았다고 주장하는 사람들이 이 구절을 들고 나오는데, 그것은 너무나 무식하고 악의에 찬 논리이기 때문에 논박할 가치조차 없습니다.

"우리 주께서는 유다로부터 나신 것이 분명하도다." 첫째로, 우리 주님께서는 "이새의 줄기에서 나온 싹"으로 나신 것이 분명합니다. 이 점은 메시야가 왕 지파에서 나와야 한다고 믿는 사람들의 신앙 속에 내포되어 있습니다. 창세기 49:8-10, 사무엘하 7:12, 이사야 11:1-5, 미가 5:2과 같은 예언들은 그 점을 매우 분명하게 하였습니다. 마태복음 1장에 기록된 예수님의 족보도 같은 사실을 확증했습니다. 그러므로 주 예수를 참된 메시야로 인정하는 사람은 누구든지 예수님이 유다 지파에서 나신 것을 인정해야 했습니다. 히브리서 최초 수신자들 중 대부분이 아직은 의식법(儀式法)을 고수하려고 하였음에도 그것을 인정해야 했습니다. 믿지 않는 유대인들도 그 점을 부인하지 못했습니다. 우리는 지나가는 투로 유다가 '찬양하라.'는 의미를 가진 어휘임을 지적한 바 있습니다. 그리스도께서는 자기 백성들의 찬미 속에서 여전히 거하고 계십니다!

둘째, 모세는 유다의 제사 직분에 대하여 하나도 말하지 아니하였습니다. 사도의 의도한 바는 이러합니다. 하나님께서 왕 지파에서 제사장을 일으켜 세우신 것을 보면, 이제는 아론의 모든 집이 그 제사장 직무에 더 이상 참여하지 못하게 하셨다는 필연적인 결론에 이른다는 것입니다. 모세는 레위 지파에 속한 자들만 제사장 직무를 감당하도록 구체적으로 지적했었습니다. 그러나 어디서든지 그 제사 직분이 왕가(王家)로 넘어갈 때가 오리라고 암시한 적이 없었습니다. 다시 우리는 성경의 '침묵'의 의미를 주목하고, 그 침묵으로부터 유추하여 논증하는 것이 정당하다고 말할 수 있습니다. 예를 들어, 구주께서 나신 달에 대한 언급이 성경에 없습니다. 그것을 보면, 하나님께서는 그가 탄생하신 날을 맞을 때마다 매년 축하하라고 하신 것이 아님을 지시하는 것입니다(렘 7:31). 바울은 여기서 모세의 침묵으로부터는 다음과 같은 사실을 보여주기에 충분한 여러 논증을 유추하여 냅니다. 곧 율법적, 또는 아론에 속한 제사 직분이 유다 지파에게로 전이(轉移)될 수 없다는 사실 말입니다.

히브리서 7:15

"멜기세덱과 같은 별다른 한 제사장이 일어난 것을 보니 더욱 분명하도다."

이 구절과 다음 구절에서 사도는 7:1-10에서 제시된 사실로부터 연유되는 세 번째 '귀추'를 나타냅니다. 첫째로 사도는 그 사실들에서 레위 제사 직분이 적당하지 못하다는 필연적인 귀추에 이르게됨을 지적한 바 있습니다. 왜냐하면 그것이 '온전함'을 이룰 수 없었기 때문입니다. 둘째로 그러므로 레위 제사 직분은 잠정적인 제도에 불과하다는 것이 명백합니다. 레위의 제사 직분과 관련되고 그 제사 직분을 기초한 모든 경륜은 폐지되어야 마땅하다는 것입니다. 셋째로 사도는 이제 그리스도의 제사직분이 레위의 반차를 따른 제사 직분과 근본적으로 다르고 또 말할 수 없이 더 우월하다는 틀림없다는 사실을 주장하고 있습니다. 15,16절에서 사도가 말하는 요지의 핵심이 그러합니다. 이제 우리는 그 두 구절의 상세한 국면들을 각 각 주목하기로 합니다.

"더욱 분명하도다." 무엇이 더욱 분명하다는 말입니까? 사도는 어떤 요점에 히브리 사람들의 시선을 주목시키고 있습니까? 그리스도께서 유다 지파로부터 나셨다는 것도 아니고, 그가 멜기세덱의 모형을 성취했다는 것도 아닙니다. 오히려 레위 제사 직분과 그 경륜이 이제는 폐지되었다는 분명한 사실을 지적하고 있습니다. 그것이 참으로 명백하다는 증거를 바로 다음에 나오는 진술 속에서 제시합니다. 그 증거를 이렇게 표현할 수 있습니다. 그리스도의 제사 직무는 레위의 반차를 따른 제사 직분의 결함을 보충하기 위해서만 들여온 잠정적인 편의(便宜)가 아니라, 영구적인 직무요 항상 존재하는 사역이라고 말입니다. 그러므로 하나님께서 서로 다른 두 제사 직분을 인정하시지 않으실 것이니, 레위의 제사 직분이 더 열등하여 후자에게 자리를 내어 주었음이 틀림없습니다. 둘째로, 사도는 그리스도의 인성(人性)이 속한 지파로부터 '귀추'를 끌어내었습니다. 셋째로, 이 '귀추'는 그리스도의 제사장 직분의 성격에서 끌어내 온 것입니다.

"더욱 분명하도다." 사도가 여기서 '훨씬 더 확실하다'고 말하지 않고 있는 사실을 세심하게 주목해야 합니다. 정말 사도는 그런 식으로 말하지 않고 있습니다. 그는 레위 제사장 직무와 그리스도의 제사장 직무를 절대적인 의미에서 비교하는 방식을 취하고 있지 않습니다. 오히려 증거적인 의미에서만 그 둘을 비교하고 있습니다. 사실들을 가늠해 볼 수 있는 모든 자들에게 그 사실들이 가진 상대적 효력을 제시하고 있을 따름입니다. 하나님께서 우리의 위대한 '대제사장'을 레위 지파가 아닌 유다 지파에서 나게 하셨다는 사실은 아론의 반차가 더 이상 계속될 수 없음을 명백하게 보여주었습니다. 그러나 그리스도께서 멜기세덱과 닮았다는 사실이 그 점을 더욱 명백하게 하여 줍니다. 히브리 사람들이 유대교에 집착해 있는 것이 얼마나 나쁜가를 보여주기 위해서 논증에 논증을 거듭하고 있을 뿐입니다.

"멜기세덱과 같은 별다른 한 제사장이 일어난 것을 보니." 여기서 "유사한"(similitude)(우리말 개역개정에서는 "같은"이라고 번역되었음 - 역자 주)의 헬라어는 '닮음'(likeness)이라는 의미입니다. 그 어휘가 나타나는 다른 곳은 4:15입니다. 여기에서 강조되는 말은 "별다른 한 제사장"입니다. 그 말은 같은 종(種)에 속한 다른 것을 의미하는 '알로스'가 아니라 전적으로 다른 반열에 속한 다른 존재를 의미하는 '헤테로스'입니다. 곧 아론의 집과는 관련없는 외인(外人)을 가리킵니다. 출애굽기 29:33, 레위기 22:10, 민수기 16:40의 말씀을 참조해 보면, 유다 지파에서 나온 자가 레위의 제사 직분을 이어 받아 영속화시키는 것이 얼마나 불가능한지가 드러날 것입니다. 여기서 "일어나다"는 말이 또 매우 강조적인 표현입니다. 그 말은 특이한 방식으로 태어난다는 의미입니다(삿 5:7 ; 신 18:18 ; 눅 1: 69 참조). 그리스도께서 제사장 직무를 가지고 일어나심으로 아론의 제사장 직무의 종말을 가져오신 것입니다. 마치 그리스도의 백성들의 마음에 그리스도께서 일어나심으로(벧후 1:19)[1] 구원을 위하여 다른 것을 바라보는 일이 끝나는 것과 마찬가지입니다.

히브리서 7:16

"그는 육신에 속한 한 계명의 법을 따르지 아니하고
오직 불멸의 생명의 능력을 따라 되었으니."

이 말씀은 15절에서 시작된 문장을 완성하고 있습니다. 사도는 아직도 레위 제사 직분이 폐지된 것이 얼마나 명백한지를 보여주고 있습니다. 왜냐하면 무한히 높으신 그분을 세우신 분은 하나님이시기 때문입니다. 여기서 그 둘을 대조하는 것이 아주 매우 돋보입니다. 아론의 제사장 직무는 "육체에 속한 계명의 법을 좇은" 것입니다. 사도는 에베소서 2:15에서 같은 표현 방식으로 유대교의 예배 체계 전체를 "법조문으로 된 계명의 율법"이라고 표현합니다. 이렇게 강조적인 명칭을 사용한 것을 어떻게 설명할 수 있을까요? 첫째로 유대교 아래서 계명들이 너무 복잡하였고, 그 법에 대한 엄격한 순종이 요구되었다는 사실로써 설명될 수 있습니다. 레위 제사제도에서 제물은 짐승들의 육체니만큼 '육체적'인 것이었습니다. 둘째로 그 제사장 직분이 육체의 혈통으로 이어져 나갔습니다. 곧 아버지로부터 아들에게로 이어져 나갔다는 말입니다. 그렇기 때문에 '육체적'입니다. 셋째로 그들의 섬기는 것이 "육체를 정결하게" 하는 데만 효용이 있었습니다. 그리스도께서는 그와는

1) "또 우리에게는 더 확실한 예언이 있어 어두운 데를 비추는 등불과 같으니 날이 새어 샛별이 너희 마음에 떠오르기까지 너희가 이것을 주의하는 것이 옳으니라."(벧후 1:19)

날카로운 대조를 이루며 짐승의 제물로 직무를 감당치 않으셨습니다. 또한 자신의 육체적 혈통을 내걸며 그 제사장 직분의 권리를 주장하지도 않으셨습니다.

"오직 불멸의 생명의 능력을 따라 되었으니." 이 책을 읽는 독자들은 5:5에 대한 강해와 이 부분의 강해를 서로 대조하고 비교해 보기 바랍니다. 그리스도께서는 자신의 권세나 권위를 내세워서만 그 제사장 직무를 감당치 않으셨습니다. 오히려 당신의 아버지께서 세워주신 권위에 의존하여 그 직무를 감당하신 것입니다. 그리스도께서 '제사장 되신' 방식이 여기에 진술되어 있습니다. 곧 그리스도께서는 "불멸의 생명의 능력을 따라" 제사장이 되신 것입니다. 부활하시기까지는 제사장 직무를 시작하지 않으셨다고 주장하는 사람들이 함부로 이 대목을 들고 나옵니다. 더 잘 알아야 할 사람들이 '영혼멸절설자들(Annihilationists)'[2]의 오류를 되풀이하는 것을 보면 참으로 딱하기 그지없습니다. 그리스도께서 부활하시기 전부터 제사장 직무를 감당하셨습니다. 그렇지 않다면 하나님께 자신을 제물로 드릴 수 없으셨을 것입니다. 이 점은 9장을 강해할 때 다시 거론될 것입니다. 현재로선 그 점에 대해서 더 이상 말하지 않겠습니다.

"불멸의 생명의 능력"은 하나님의 아들로서의 그리스도의 '무궁한 생명'을 가리킵니다. 그것에 입각하여 그리스도 자신의 중보적인 생명도 영원합니다. 또한 그 백성에게 영생을 부여하심도 그것을 기초한 것입니다(요 5:26,27). 중보의 직무를 감당할 자격을 갖춘 것도 "무궁한 불멸의 생명의 능

---

2) 영혼멸절설(annihilationism, 靈魂滅絶說)의 요지는 이러하다. 사람은 죽지 않게 창조되었으나 죄 가운데 계속 생활한 영혼은 하나님의 단호한 처분으로 마침내 멸절되거나 무의식적 비존재의 상태로 있게 된다는 주장이다. 그러나 이 주장을 하는 이들은 그리스도를 믿음으로 말미암아 구원을 받은 이들은 계속 영원한 복락을 누림을 인정한다. 그래서 이 주장을 영혼의 '조건멸절설'이라고도 한다. 맨 처음 3~4세기에 로마의 수사학자 아르노비우스가 주장했다고 한다. 그 후 1513년 제 5회 라테라노 공의회에서 정죄되었다. 정통적인 개혁주의에서 이런 주장이 나타나지 않았다. 오늘날 안식교와 여호와의 증인에서 이를 주장한다. 유명한 복음주의자 존 스토트(John Stott)가 이 주장에 편승하였다니 그게 사실이라면, 개혁주의적 정통에 서 있는 자들의 보기에 안타까운 일이다. - 역자 주

력을 좇아" 제사장이 되심으로 인한 것입니다. 그럼으로써 하나님께서는 '자기 피'로 교회를 구속(救贖)하신 것입니다(행 20:28). 사도행전에서 "자기 피" 라고 한 표현은 신격(神格)의 제 2격위와 인성(人性)의 연합됨을 인함입니다. 이 말에 '그러나 그리스도께서 죽으셨다.'는 반론을 제기할 이가 있을지 모릅니다. 그렇습니다. 그러나 그의 '신적인 격위(格位)'는 그 때에도 생존해 있었습니다. 비록 인성으로서는 실제로 죽었지만 그는 여전히 그의 무궁한 격위로는 살아 계셨습니다. 그러므로 그의 제사장 직무를 감당하는 면에서 조금도 중단된 적이 없었습니다. 그럼으로써 아론과 그리스도 사이의 차이는, 죽을 인생과 "영원하고 불멸하는 눈에 보이지 않는 영원한 왕"의 차이입니다. "영원하신 왕 곧 썩지 아니하고 보이지 아니하고 홀로 하나이신 하나님께 존귀와 영광이 영원무궁하도록 있을지어다 아멘."(딤전 1:17)

그리스도인은 그러한 제사장 때문에 얼마나 깊은 감사를 드려야 합니까! 영원한 말씀이 육체가 되셨습니다. 영광의 주가 사람이 되시기까지 낮아지셨습니다. 그는 신인(神人)으로서 감히 입에 담기도 두려울 정도로 거룩하신 하나님과 죄인들 사이에 다리를 놓으셨습니다. 구주는 다름 아닌 임마누엘(마 1:21,23)이셨습니다. 그는 인성을 입고 고난당하시고 피를 흘리시며 죽으셨습니다. 그러나 그의 신인적(神人的) 인격으로 그 인성을 스스로 살리셨습니다(요 2:19 ; 10:18). 우리는 사실 그 신비를 다 이해하지 못한다 고백할 수밖에 없습니다. 그러나 은혜로 말미암아 성경이 그에 관해서 기록한 것은 무엇이든지 믿습니다. 중보자인 그리스도에게 주어진 '생명'(그의 인성의 생명과는 다른)은 파멸될 수 없는 것이었습니다. 그러므로 그는 "항상 있는 제사장"이십니다. 그러므로 "그는 항상 살아 계셔서 그들을 위하여 간구하심이라."(히 7:25) 할렐루야!

33강

하나님이 폐하신 유대교

7:17 증언하기를 네가 영원히 멜기세덱의 반차를 따르는 제사장이라 하였도다 7:18 전에 있
던 계명은 연약하고 무익하므로 폐하고 7:19 (율법은 아무 것도 온전하게 못할지라) 이에 더
좋은 소망이 생기니 이것으로 우리가 하나님께 가까이 가느니라

본문은 히브리서 7장의 두 번째 부분입니다. 앞 강론에서 지적한 바와 같이, 사도는 이제 가장 힘들고 미묘한 일을 감당해야 할 위치에 이르렀습니다. 곧 믿는 유대인들로 하여금 모세 때에 하나님께서 친히 제정하신 전 체계를 폐하셨음을 만족하게 설명하는 일입니다. 당시 그들 믿는 유대인들의 입장에서 그것이 어떤 의미로 다가왔겠습니까? 우리 입장에서 다음의 평가 이외에 다른 평가를 내린다는 것은 심히 곤란합니다. 사실 그 문제는 하나님의 백성들의 믿음이 언제나 맞부딪쳐야 하는 가장 혹독한 시금석이었습니다. 하나님께서 그처럼 영광스러운 방식으로 제정하시어 인정하셨던 엄숙한 예배 질서를 소용없는 것으로 폐지하셨다는 것을 확신하는 일이야 말로 그들 믿는 유대인들에게 있어서 혹독한 믿음의 시련이었습니다. 이 획기적인 일을 주장하시는 하나님의 주권을 따르는데 상당한 은혜가 필요하였습니다. 바울은 그에 대한 진리를 확증하기 위해서 성령님의 인도하심을 받습니다. 그리하여 자기의 논리에 반발하는 모든 강력한 반론을 공정하고 명백하

게 논박해야 합니다. 사도는 지금 그 일의 상세한 국면으로 들어가고 있는 것입니다.

오늘날에도 어째서 사도가 여기서 그처럼 많은 논증들을 펼쳐야 했는지 그 이유를 전혀 이해하지 못하는 사람들이 많습니다. 이러한 것들이 무의미하고 무익한 것으로 보이는 사람이 있다면, 그 사람은 사도가 다루고 있는 것이 얼마나 중요한 것인지 지각하지 못하고 있는 셈입니다. 존 오웬(John Owen)은 다음과 같이 바르게 확언하였습니다.

"그는 하나님의 교회의 쟁론들 중에서 가장 중요한 문제를 논증하고 있다. 그 쟁론의 결과에 따라서 교회의 구원과 파멸이 결정될 판이었다. 그가 다루는 예배 의식(儀式)은 하나님께서 친히 제정하셨던 것이다. 그리고 그것이 교회 안에서 1500 여년 가까이 시행되어 왔다. 그 의식은 하나님께서 백성들을 받으실 것인지 진노하실 것인지를 가늠하는 확실한 표준이 되어 왔다. 왜냐하면 백성들이 그 표준에 잘 부합하게 행하면 하나님께서 그들에게 복을 내리셨고, 그 표준을 게을리 하면 혹독한 징벌을 내리셨다."

하나님께서 마지막 선지자인 말라기를 통해 이스라엘 사람들에게 주신 최종적인 권면을 들어 보세요. "너희는 내가 호렙에서 온 이스라엘을 위하여 내 종 모세에게 명령한 법 곧 율례와 법도를 기억하라 보라…아니하면 두렵건대 내가 와서 저주로 그 땅을 칠까 하노라 하시니라."(말 4:4-6) 이것이 바로 구약의 마지막 말씀입니다. 유대인들이 자기들이 다른 모든 민족들보다 크고 고유한 특권들을 가졌음을 얼마나 높게 평가하였습니까? 그 특권들을 빼앗기느니 차라리 죽는 것이 낫다고 여길 정도였습니다. 그들은 그리스도의 주장을 그대로 강조했던 이들에게 얼마나 크게 격분하였는지요.

첫 번째 기독교 순교자를 이렇게 고소하였습니다. "이 사람이 모세와 및 하나님을 모독하는 말하는 것을 우리가 들었노라… 이 사람이 이 거룩한 곳과 '율법을 거슬려' 말하기를 마지 아니하는도다."(행 6:11,13) 비록 그 순교자가 그들에 대하여 신실하고 열심있고 온유하게 타일렀지만, 그들은 "이를 갈며" 돌로 그를 쳐 죽였습니다(행 7:54,59). 그래서 바울은 면밀하고 주의 깊고 침착하게 나아갈 필요가 있었습니다. 또한 자기가 설파하는 논리의 힘이 될 만한 것은 무엇이든지 생략하지 않았습니다.

하나님의 진리는 우리로부터 변호받기를 원치 않습니다. 또한 우리는 어떤 사람에게 불필요하고 지겨운 것으로 느껴지는 것을 위해 그 정당성을 변호하기를 애쓰라 부르심 받지도 않았습니다. 그럼에도 불구하고 우리는 바울이 그리스도의 모형인 멜기세덱의 상세한 국면들의 의미와 함축하는 내용들을 그처럼 현미경적으로 다루는 것을 본받을 필요가 있습니다. 거기에 부연하여 사도가 하나님의 종들이 명심할 본을 어떤 식으로 남겼는가를 관찰하면 유익할 수 있습니다. 여기서 이 사랑하는 교사인 사도가 취하는 경로는 "믿는 이들이 이미 있는 진리에 선다."는 것이 무엇인지 가장 유익하게 예증합니다(벧후 1:12). 모든 진리는 영원합니다. 또한 진리는 그 자체로 세대가 바뀌어도 동일한 가치를 지니며 또한 동일하게 적용됩니다. 그럼에도 불구하고 진리의 여러 부분들은 어떤 특별한 시기에 적절하게 적용됨으로써 가치 있고 유익합니다. 그 진리의 어떤 부분들을 대적하여 제기되는 반론들 때문에 그러할 경우도 있습니다. 그래서 바울은 여기에서 새로운 제사 직분과 예배 제도가 도입됨으로 말미암아 모세의 의식(儀式)들이 폐지되었음을 가르치고 있습니다. 바울의 그 가르침은 하나님의 백성들의 사활이 달린 중요한 지식과 확증을 인하여 "이미 있는 진리'였습니다. 같은 원리가 계속 유익을 주고 있습니다. 하나님의 진리의 각 부분은 그 진리를 반하여 제기되는 어떤 특별한 반론 때문에 생겨나는 나름의 특별한 긴박성에 부합할 수 있습니다.

하나님께서는 주권적인 지혜로 말미암아 당신의 진리를 대적하는 격렬하고 집요하고 교활한 여러 이단(異端)들을 통하여 성도들의 믿음을 시험(試驗)하고 연단하시기를 좋아하십니다. 마귀의 조종을 받는 자들 중에 그리스도의 대의를 위해서 목숨을 버리는 양하거나 하늘로부터 오는 새롭고 더 충만한 '빛'을 계시하는 척 합니다. 그러한 모습을 취하고 있는 이들 중에 복음을 '다' 배척하거나 진리의 '모든' 근본 교리들을 논박하는 입장을 보이는 자가 하나도 없습니다. 정말 그렇게 하지 않습니다. 사탄은 너무나 영리하여 자기 손이 다보이게 내놓지 않습니다. 하나님의 자녀들로부터 기업을 빼앗을 목적을 가진 이리떼들은 양의 가죽옷을 입고 있으며, 성경을 참으로 크게 경외하는 것 같은 몸짓을 합니다. 성도들에게 전해진 전체 진리를 논박하지 않습니다. 대신 다만 은근하게 어떤 진리의 한 부분을 공격합니다. 그런 식으로 마귀의 공격을 받는 부분의 진리를 변호하는 것이 그런 시대의 '이미 있는 진리'가 됩니다. 원수가 성도들을 넘어뜨리려고 하니 성도들이 바로 바로 그 진리 안에서 세워질 필요가 있습니다.

사단은 모든 진리를 미워합니다. 그러나 어찌나 주도면밀하던지 자기 정탐꾼들을 하나님의 백성 가운데 보냅니다. 그 때 하나님의 백성들이 좋아하는 '모든 것'을 다 부인하게 하지는 않습니다. 하나님의 백성들이 겸비하게 하나님을 의지하며 하나님과 진정으로 동행하는 동안에는, 사탄이 하나님의 백성들을 무너지게 하려는 계략을 펴기 위한 어떤 고지도 점령할 수 없습니다. 사탄은 신앙 고백하는 그리스도인들이 그 정욕과 선입견을 통해서 가장 받아들이기 쉬운 것이 무엇인가를 알아내기까지 지켜보면서 기다립니다. 세상적인 정신이 성도들 중에 증가함을 보면 바로 그 때 사탄은 작용합니다. 그리하여 성도들로 하여금 자기들이 하나님의 백성들로 하늘의 부르심을 받았다는 사실, 그리고 그 결과로 이 세상에 있을 동안에 "나그네와 외국인"처럼 행해야 한다는 사실을 염두에 두지 못하게 하려 합니다. 그런 일에 가장 효과적인 것을 들이밉니다. 이기주의와 거만의 정신이 그들 중에 어떤 큰 위치를 차지하게 되면, 그에 비례하여 육체를 겸비하게 하고 낮추던 일은 물러나기 시작합니다. 그리고 대신 거만하게 하는 종류의 지성주의가 그 자리에 서게 됩니다.

이상의 원리에 비추어 기독교국이 지난 2,3세기 동안 걸어왔던 자취를 더듬어 보는 것은 엄숙하면서 서글픈 일입니다. 자신을 부인하고 매일 십자가를 지는 정신이 하향세를 취하는 마음은 사탄의 기만에 속임 당할 준비가 된 셈입니다. 그래서 '구원은 은혜로만 받는 것이니 하나님께 복종하고 율법에 순응하고 하나님의 말씀을 실제 삶 속에서 준행하는 일이 전혀 불필요하다.'는 생각을 가지게 됩니다. 그러면서 야고보서는 버리고 바울을 높이 추켜 세웁니다. 곧 야고보의 가르침을 무시하게 된다는 말입니다. 그래서 실제로 '생명'에 이르기 전에 '좁은 문'으로 들어가야 하고 협착한 길을 지나야 한다는 진리가 하나님의 종들로 자처하는 자들에게 부인당하는 일이 거의 다반사가 되었습니다. 그럼에도 불구하고 그 현상은 우리 주님의 말씀을 엄숙하게 확증하여 줄 뿐입니다. "생명으로 인도하는 문은 좁고 길이 협착하여 찾는 이가 적음이라."(마 7:14)

다시, '신앙을 고백하는 교회'가 세상에 넘쳐나고 있는 '불법'의 영향을 받으면 받을수록 안식일은 '유대교적'이 되고, 하나님의 율법이 아주 폐지되었다는 가르침을 자기를 기쁘게 하려는 자들이 거의 다 받아들이는 일이 발생합니다. 하나님의 이름으로 말한다고 주장하는 자들이 하나님께서 백성 앞에 세워 놓으신 거룩의 표준을 낮추는 일이 있게 됩니다. 그리고 회개는 '왕국 세대'에만 속했다는 기괴하기 짝이 없는 개념을 반갑게 맞아들이고 있습니다. 그리스도의 이름을 지니고 있다는 대다수의 사람들은 멍에를 메고 "마음이 온유하고 겸손한" 그분을 배우기를 싫어합니다. 그러므로 말미암아 마태복음 5-7장의 산상설교의 탐사적인 교훈들이 오늘날 살아있는 그리스도인들에게는 해당되는 것이 아니라는 무섭기 짝이 없는 이단들이 득세합니다. "믿는 자에게 이미 있는 진리"가 지금 사람들에게 배척받는 일이 바로 그러한 일입니다. 참으로 하나님의 백성들에 속한 많은 이들이 "이미 있는 진리" 안에서 '잘 세워질' 필요가 있습니다. 하나님께서 바로 지금 그 요점들에서 자기 백성들의 믿음을 단련하시려고 유도하십니다. 하나님의 종들은 바울이 여기에 남긴 본을 본받기 위한 은혜와 지혜와 용기를 구할 것입니다. 그들은 성도들에게 가장 요긴한 것들 속에 성도들이 뿌리를 박고 터를 굳히게 하는데 수고를 아끼지 아니할 것입니다. 히브리서 7장에서 사도가 예증하는 원리를 그러한 '실제적인 적용'으로 활용할 필요가 있습니다. 사도는 우리가 다루는 이 대목 바로 앞 구절에서 레위의 제사 직분이 폐하여짐이 필연임을 보여주었습니다. 그 이유를 몇 가지로 나누어 생각해 보면 다음과 같습니다.

첫째, 아론이 부르심을 받기 전에 하나님께서는 친히 뛰어난 별다른 제사장 멜기세덱의 제사 직분을 인정하셨습니다.

둘째, 더 탁월한 제사 직분을 잠시 나타나게 하셨던 것은 후에 확증될 것을 미리 예표해 주시기 위함이었습니다. 그러므로 그 옛 모형이 그려 주는 별다른 제사장이 교회를 위하여 일어나야 했습니다.

셋째, 멜기세덱의 반차를 따르는 새로운 제사장이 레위 제사장과 함께 공존할 수 없습니다. 왜냐하면 그는 레위와는 다른 지파에 속해 있으며, 그의 제사는 다른 종류에 속하기 때문입니다. 아론의 제사 직분이 죄를 없이 할 수 없고, 하나님 앞에서 예배하는 자를 온전케 할 수 없습니다. 그런 것들을 산출해내는 것은 오직 그리스도의 제사장 직무 뿐입니다. 그러므로 그 아론의 반차에 속한 제사 직분이 그리스도의 제사 직분에게 자리를 내주어야 마땅합니다. 사도는 그 요점의 필연성을 입증하기 위하여 또 다른 이유들을 계속 제시해 나갑니다.

히브리서 7:17

"증언하기를 네가 영원히 멜기세덱의 반차를 따르는 제사장이라."

이 구절은 이전 15절에서 시작된 문장을 완성하고 있습니다. 그 전체 문장의 의도는 11절에서 말한 것을 증거하려는 것입니다. 11절에서는 멜기세덱의 모형이 의미하는 것으로부터 한 가지 추론을 끌어내었습니다. 그 모형은 아론의 반차와는 다르고 그 반차보다 높은 한 제사장이 일어날 것을 공표했습니다. 사도는 그 사실로부터 두 가지 요점을 지적합니다. 첫째, 레위의 반차가 부적당하고 불완전하니 그보다 더 탁월한 것에 자리를 내주어야 한다. 둘째, 아론의 반차가 폐지된 것은 필연적으로 그와 관련된 전체 경륜의 폐지를 수반한다.

사도의 '논리'가 완벽하여 논박당할 수 없습니다. 그럼에도 불구하고 사도는 히브리 그리스도인들에게 그 단순한 이론적인 논증만 믿으라는 식으로 말하지 않습니다. 사도는 그 히브리 사람들이 영감되고 권위 있는 하나님의 말씀으로 인정하는 성경에 호소하며 자신의 말을 입증해 나갑니다. 또한 히브리 사람들로 하여금 여호와께서 암시를 친히 던져 주신 것을 상기하게 합니다. 하나님께서는 창세기의 역사적인 진술 속에서 창세기에 기록된 제사장의 모형이 그려주는 본질을 성취할 어떤 사람이 일어나야 함을 암시하신 것입니다. 뿐만 아니라 여호와께서 친히 위대한 메시야 예언을 담은 시편을 주셨습니다. 그 시편에서 메시야를 가리켜 "멜기세덱의 반차를 좇은 영원한 제사장"이라고 부르신 사실을 지적합니다. 우리는 우리 하나님의 기이하고 완벽한 방식에 놀라지 않을 수 없습니다. 이스라엘 교회가 혈통적인 계보를 따르는 레위 제사직분을 가장 크게 누리고 있을 바로 그 구약 경륜의 때에 성령께서는 다윗으로 말미암아 알려주시기를 기뻐하셨습니다. 곧 한 제사장이 올 것인데, 그 제사장은 육체의 혈통의 맥을 전혀 갖지 않을 것이고 오직 성경에 어떤 족보도 없는 멜기세덱의 반차를 따르는 제사장일 것이다(시 110:4).

주여, 하나님의 백성들의 상태에 따라서 진리를 밝혀 주시는 성령의 주권적인 지혜를 경외하는 심정으로 숙고하고 찬탄할 수 있는 은혜를 허락하옵소서. 여기서 우리는 하나님께서 사람들을 대하실 때마다 취하시는 그 기본적인 원리가 실증적으로 나타난 것을 발견합니다. "땅이 스스로 열매를 맺되 처음에는 싹이요 다음에는 이삭이요 그 다음에는 이삭에 충실한 곡식이라."(막 4:28) 첫째, 하나님께서는 창세기에서 그리스도의 모형인 한 인물에 대해 간단한 기록을 남겨 놓으셨습니다. 둘째, 그로부터 천년 후에 성령께서 예언의 말씀을 통해 그 모형이 별다른 한 제사장의 예표임을 암시하셨습니다. 당시 하나님의 백성들 모두가 창세기의 모형의 의미를 다 이해하지 못하고 오직 다른 성질에 속한 제사 직분에 온전히 만족하고 있었습니다. 아브라함으로부터 십일조를 받은 사람에 대한 기록이 후에 일어날 별다른 제사장을 예표하고 암시하는 것이었습니다. 그럼으로써 하나님께서는 이스라엘 사람들로 하여금 고대(古代) 역사의 한 중요한 대목을 상기하게 하신 것입니다. 뿐만 아니라 그들이 그때 즐거워했던 제사 직분은 영구한 것이 아니라 더 나은 제사장이 오면 폐하여진다는 사실을 일러 두셨던 것입니다.

그러나 시편 110편에 기록된 분명한 예언에도 불구하고, 구주께서 오셔서 모형과 예언을 다 성취하셨을 때 유대인들은 어떠하였던가요? 그들은 창세기 14장의 신비와 다윗으로 말미암아 새롭게 된 약속들을 아는 지식과 총명을 다 상실하고 있었던 것이 분명합니다. 그들은 족보도 없고, 엄숙하게 손을 들고 선서하는 일도 없고, 그 직무에 주어진 외양적인 예복도 없는 제사장이 있어야 함을 이상스럽게 생각했습니다. 그러므로 사도는 이 신비를 푸는데 그처럼 침착하고 주의 깊게 나아갑니다. 먼저 서두에서 그는 그것을 바로 이해하는 것이 얼마나 어려운가를 역설했습니다(5:10). 그러나 역시 긴 강론(5:11-6:20)을 통해 그 비밀에 대하여 열심히 주목하도록 그들 마음을 준비시켜줍니다. 사도가 만난 난제는 그들 유대인들이 창세기 14장과 시편 110편에 대한 참된 이해를 상실하고 있다는 것만이 아니었습니다. 자기 편지를 받는 사람들이 육신적인 생각을 가지고 있어서 그리스도를 멜기세덱의 반차를 따르는 제사장으로 세우는 것이 필연이므로 레위 제사 직분과 그것과 관련된 모든 예배 체계의 종식을 고해야 한다는 사실을 인정하려들지 않았던 것입니다. 바로 그것이 사도에게 어려움을 주는 것이었습니다.

유대인들이 어릴 때부터 그런 체계 속에서 자라 익숙하고 깊은 애착을 가지고 있던 체계로부터 돌아서는 것이 정말 어렵기는 하였습니다. 그렇다 해도 유대인의 구원은 그 체계에 등을 돌릴 때에 이루어지는 것입니다. 그러므로 사도가 유대교가 폐지되었음을 그처럼 강하게 강조하는 것을 이상하게 여기지 말아야 합니다. 왜냐하면 그 민족 전체의 구원과 멸망이 바로 그것에 달려 있기 때문입니다. 만일 그들이 자기들의 옛 제사 제도와 예배 의식을 포기하지 않는다면 그들은 멸망할 수밖에 없습니다. 그들이 그 체계를 고수한 상태에서 그리스도를 받아들여도 그들에게 "아무 유익이 없게" 되는 것입니다(갈 5:2). 안타깝게도 그들 대다수가 그러한 자리에 떨어져 버린 것입니다! 주 예수로부터 등을 돌리고 자기들의 옛 제도들을 집요하게 붙잡아 불신앙 가운데서 멸망하였습니다.

우리는 유대인들의 문제를 오늘날 구원과 관련시켜 유추해 보고 적용시켜보는 일을 간과해서는 안 됩니다. 구원이 전적으로 은혜로 말미암고 사람의 노력이나 행위에 의해서 얻어지는 것이 아님은 진리입니다. 그럼에도 불구하고 세상과 세상 속에서 살던 자신들의 옛 방식에 대하여 철저하게 손을 떼기까지 어떠한 사람도 구원을 얻을 수 없다는 것도 진리입니다. 회심(conversion)이란 하나님께 돌아서는 것입니다. 하나님께 돌아서기 위해서는 하나님과 반대되는 모든 것으로부터 등을 돌려야 합니다. 어떤 이들도 그리스도께 '나오기'까지는 구원받지 못합니다. '그리스도께 나온다.'는 말 자체가 그리스도와 반대되는 것에서 '떠나는 것'을 함축합니다. 주 예수님은 자기 죄 가운데 머물러 있는 사람을 구원하지 않으십니다. 죄로부터 그들을 구원하시기 전에 먼저 죄를 회개하는 것이 있어야 합니다(눅 13:3). 죄 가운데 살며 죄를 사랑하는 한 그는 진정으로 구원 얻는 회개를 한 것이 아닙니다. 악인이 하나님께 용서받으려면 먼저 그들의 길을 '버려야' 합니다. "악인은 그의 길을, 불의한 자는 그의 생각을 버리고 여호와께로 돌아오라 그리하면 그가 긍휼히 여기시리라 우리 하나님께로 돌아오라 그가 너그럽게 용서하시리라."(사 55:7) 죄인이 아버지께 나아가 "가장 좋은 옷을" 받으려면 먼저 아버지를 떠나가 있던 먼 나라에 등을 돌리고 거기를 떠나야 합니다(눅 15장).

방금 말한 것을 듣고 어떤 사람은 이런 반론을 제기할지 모릅니다. '그러나 그것은 부분적으로라도 사람으로 하여금 자기 자신을 구원하는 구주가 되게 하는 것이 아닌가!' 우리는 '절대 그렇지 않다.'고 대답합니다. 회개에 어떤 공로적 요소도 없습니다. 믿음에 있어서 공로적인 요소가 전혀 없음과 같이 말입니다. 믿음이나 회개, 어느 것도 죄인으로 하여금 구원을 얻게 하는 공덕이 아닙니다. 그럼에도 불구하고 회개와 믿음은 요구되는 방편들입니다. 마치 거지가 빈손 들고 동정을 구하는 것과 같은 방식으로, 또는 병든 사람이 의사의 주목을 받기에 합당한 것과 같은 의미에서 말입니다. 성경은 사람이 하나님의 인정을 받기 위해서 자기 삶을 고쳐야 한다고 가르치지 않습니다. 그러나 성경은 "자기의 죄를 숨기는 자는 형통하지 못하나 죄를 자복하고 버리는 자는 불쌍히 여김을 받으리라."고 확언합니다(잠 28:13).

"증언하기를 네가 영원히 멜기세덱의 반차를 따르는 제사장이라 하였도다." 여기서 "증언하기를"이란 표현을 주목해야 합니다. 그 표현이 단순하게 "그가 말씀하셨다."는 것이 아닙니다. 사도는 자기가 말한 것을 뒷받침하기 위해서 성령께서 다윗을 통하여 말씀하신 것을 들고 나옵니다. 그 인용한 문구가 아무리 짧다 할지라도 바울이 주장하는 원리적인 요점들을 담고 있는 말씀입니다. 첫째, '레위 지파에 속하지 않은 다른 제사장이 있어야 한다.'는 증거를 내포하고 있습니다. 왜냐하면 여호와께서 유다 지파로부터 나실 그리스도에 대하여 확언하시기 때문입니다. "네가…제사장이라 하였도다." 둘째, 그는 "멜기세덱의 반차를 따르는 제사장"이십니다. 셋째, 하나님께서 친히 그리스도를 그렇게 인정하셨습니다. 넷째, 그는 역시 "무궁한 불멸의 생명의 능력을 좇아" 제사장이 되셨습니다(16절). 왜냐하면 그는 "영원히" 제사장이시기 때문입니다.

아마 그리스도가 "멜기세덱의 반차를 따르는 제사장이시다."는 사실에 대하여 한 마디 더 언급할 필요가 있을 것 같습니다. 하나님의 생각 속에서는 그리스도의 제사장 직분이 영원 전부터 있었던 생각이었습니다. 따라서 하나님께서는 멜기세덱을 불러 제사장 직무를 부여하시되, 그리스도를 마땅하게 예표하도록 그 직무를 부여하셨습니다. 그래서 멜기세덱과 그의 제사장 직무는 그리스도의 제사장 직무를 미리 보여주는 외양적 예시(豫示)가 된 것입니다. 그러므로 그리스도의 제사장직을 가리켜 "멜기세덱의 반차를 따르는 제사장"으로 항상 존재하시는 분이라 한 것입니다. 그 점은 멜기세덱을 인하여 상징적으로 제사장 직무에 대하여 보여주었던 것과 부합합니다.

히브리서 7:18

"전에 있던 계명은 연약하고 무익하므로 폐하고."

사도는 제사 직분이 바뀌었으니 율법도 필연적으로 바뀐다고 이미 확언했습니다. 15 -17절에서 제사 직분의 변역을 증거하고 나서 여기 18절에서 바로 그 점에서 피할 수 없는 추론을 확증해 나갑니다. 그리스도의 제사장 직분이 약속대로 이제는 나타났습니다. 그 제사 직분이 범사에 레위 제사 직분과 합치되지 못함을 보여줌으로써 그 추론을 확증하고 있습니다. 12절에서 그는 더 부드러운 용어로 "바뀌었다."하는 말을 사용하였습니다. 그러나 여기서는 옛 제도가 새로운 질서로 바뀌어 조정될 수 없고 아주 전적으로 "폐하였다."고 역설합니다.

"전에 있던 계명은…폐하고." 여기서는 하나님께서 모세를 통해 부여하셨던 제도의 전 체계를 가리키고 있습니다. 그 체계를 "전에 계명"이라고 칭하고 있습니다. 그것은 하나님의 정하심과 권위로 된 일입니다. 그럼에도 불구하고 그것은 "개혁할 때까지 맡겨 둔 것"입니다(히 9:10). 여기서 "전에(앞선)"는 시편 110편의 약속 성취를 통해서 새 제사장이 들어오는 것을 암시합니다. "전에 계명"은 기독교 세대가 열리기 전 하나님을 예배하고 순종하던 것을 관장하였던 계명을 가리킵니다. 그러나 이제 그것이 폐해지고 새로운 예배법이 주어졌습니다. 하나님께서 이스라엘 사람들에게 율법이 폐해질 것을 미리 경고하셨음을 주목하는 것은 놀랍습니다. 첫째, 하나님께서는 처음부터 그 율법의 비 영구성을 명백하게 암시하셨습니다. 하나님께서 이스라엘과의 언약으로 율법을 주셨습니다. 그런데 이스라엘 백성들이 그 언약을 받은 후에 즉각 호렙에서 금송아지를 세워 그 언약을 파기했습니다. 거기서 모세는 두 돌판을 깨뜨렸고, 율법이 다시 주어졌습니다. 만일 하나님께서 그 언약을 영구하게 존속시키실 의향이셨다면, 그 언약을 처음 주시면서 그것이 폐해진다는 분명한 표를 남겨 놓으셨을 리 없습니다. 둘째, 율법을 받은 다음에 모세는 노골적으로 선언하였습니다. 하나님께서 이방인들을 부르심으로 말미암아 어리석은 이스라엘로 시기나게 하실 것이라고 말입니다. "그들이 하나님이 아닌 것으로 내 질투를 일으키며 허무한 것으로 내 진노를 일으켰으니 나도 백성이 아닌 자로 그들에게 시기가 나게 하며 어리석은 민족으로 그들의 분노를 일으키리로다."(신 32:21) 그때가 되면 여러 규례들에 들어있는 계명의 율법은 필연적으로 폐지하게 되어 있었습니다! 셋째, 예레미야를 통해서는 옛 것을 폐지한 다음에 '새 언약'을 주시고, 그 언약과 함께 교회가 서게 되리라고 알려 주셨습니다(렘 31장 참조). 이스라엘 사람들은 이러한 여러 방식을 통해서 예고 받았던 것입니다. 모세의 율법이 언약의 효력의 차원에서 철폐될 때가 오리라는 예고를 말입니다. 그리해야 하나님의 백성들이 진정한 유익과 혜택을 입게 되는 것입니다.

"전에 계명은 연약하고 무익하므로 폐하고." 유대교의 그 "전에 계명"이 어떻게, 언제 폐지되느냐고 묻는다면, 대답은 이러합니다. 첫째, 그리스도 자신에 의해서 사실상 폐지되었습니다. 그는 자신 안에서 그것을 성취하셨습니다. 그렇게 함으로써 그 계명의 법적 효력을 없이 한 것입니다. 둘째, 이전에 그리스도께서 제정하신 새로운 규례들로 말미암아 폐지되었습니다. 주의 성찬(마 26:26-29)과 그리스도인의 세례(마 28:19)는 율법의 여러 규례들과 공존할 수 없었습니다. 왜냐하면 이 새 규례들이 옛 규례가 내다보았던 장래 올 것이 이미 왔고 성취되었음을 선언하기 때문입니다. 셋째, 그 이전 것은 하나님의 계시된 뜻에 의하여 명백하게 폐지되었습니다. 사도행전 15장에 보면 성령께서 사도들을 통해서 이방인 회심자들이 모세의 법을 지킬 의무가 없음을 명백히 선언하셨습니다(24,28절). 넷째, 섭리적으로 그러하였습니다. 주후 70년 하나님께서는 예루살렘과 예루살렘에 있는 성전을 파괴하도록 허락하셨습니다.

"연약하며 무익하므로." 사도는 여기서 어째서 하나님께서 모세의 법을 폐하셨는지 그 이유를 말합니다. 사도는 11절에서 이렇게 물었습니다. 만일 "레위 계통의 제사 직분으로 말미암아 온전함을 얻을 수 있었으면 어찌하여 아론의 반차를 따르지 않고 멜기세덱의 반차를 따르는 별다른 한 제사장을 세울 필요가 있느냐?" 여기서 사도는 상대적으로 말해서 그 모세의 율법의 전 체계는 무가치하다고 선언합니다. 이렇게 말하는 것이 결코 적지 않은 난제를 일으킵니다. 곧 하나님께서 친히 세우신 체계를 그렇게 무가치하다고 평하는 것이 옳은가? 어떻게 선하시고 거룩하신 여호와께서 '연약하고 무익한 율법'을 주셨다고 상상이나 할 수 있겠는가?

절대적으로 말하자면 모세의 율법 자체에 유감의 뜻을 표할 수 없습니다. 왜냐하면 그것은 하나님의 지혜와 거룩과 진리의 산물이기 때문입니다. 그러나 그것을 받은 '사람들'의 차원과, 그것이 주어진 '목적'의 차원에서 온전하지 못합니다. 하나님께서는 율법의 한계로 그것을 부과하셨던 것입니다. 더러운 죄인들에게 그 율법이 주어졌습니다. 그러므로 그 율법은 "육체로 말미암아 연약했습니다."(롬 8:3). 그 율법을 지켜야 하는 사람은 그 율법의 높은 요구에 순응할 힘이 없었습니다. 더 나아가서 율법은 '그 자체로' 죄인들의 깊은 요구사항을 만족시킬 수 없었습니다. 그들의 죄를 없이 하거나, 생명을 부여하거나, 하나님의 거룩을 닮게 하는 일을 전혀 해내지 못했습니다. 그러면 어째서 그 율법이 주어졌습니까? "그런즉 율법은 무엇이냐 범법함으로 더하여진 것이라…약속하신 자손이 오시기까지 있을 것이라."(갈 3:19) 그 율법은 죄의 본성을 드러냅니다. 그리하여 사람의 양심으로 그 죄의 본성에 대하여 예민하게 느끼게 합니다. 또한 여러 가지 금지조항들과 위협적인 경고들을 통해서 죄를 억제합니다. 그래서 죄로 과격하게 치닫지 못하게 하는 것입니다. 또한 율법은 희미하게나마 죄를 속(贖)함 받는 방식과 방편들을 나타내 줍니다. 끝으로, 율법은 그리스도께서 사람들 스스로는 도저히 할 수 없는 것을 사람들을 위해 행하러 오실 분의 절대 필요성을 알려 주었습니다.

히브리서 7:19

"율법은 아무것도 온전하게 못할지라 이에 더 좋은 소망이 생기니
이것으로 우리가 하나님께 가까이 가느니라."

이 구절에서 세 가지 사항을 주목해야 합니다. 첫째, 사도는 율법이 "연약하고 무익한" 특별한 경우를 열거합니다. 둘째, 사도는 폐해진 것 대신에 들어온 것을 구체적으로 말하고 있습니다. 셋째, 율법의 의도를 언급합니다. 곧 율법은 "아무것도 온전하게 하지 못한다."는 것입니다.

"율법은 교회의 상태를 온전케 하지 못했다. 또한 하나님께 예배하는 것을 온전케 하지 못했다. 또한 아브라함에게 주신 약속들을 온전하게 성취하지 못했다. 하나님과 사람 사이의 완전한 언약을 이루지 못했다. 율법은 이런 모든 일들에 대한 그림자요 희미한 상징을 지니고 있다. 그러나 율법은

아무것도 온전케 하지 못한다."(John Owen)

이상에서 우리는 백성들을 위하여 그렇게 아무것도 온전하게 하지 못하는 율법을 주신 하나님의 의도는 무엇인지에 대한 의문을 풀어 주려고 애를 썼습니다. 범사에 하나님의 주권을 복종해야 함을 우리가 더 지적할 수 있습니다. 하나님의 주권에는 겸손한 영혼들을 위한 아름다움과 복락이 들어 있습니다. 주 예수께서 지혜롭고 총명한 자들에게 숨겨진 하늘의 비밀들이 어린아이들에게 계시(啓示)됨을 보고 심령으로 즐거워하시며 하나님께 감사하셨습니다. 그 때 주님께서는 다른 이유를 말씀하지 않으시고 다만 "옳소이다. 이렇게 된 것이 아버지의 뜻이니이다."라고만 하셨습니다(눅 10:21). 하나님께서는 그 행하시는 일을 설명해 주지 않으시고 다만 그 행하심이 당신 자신의 주권적인 뜻이라는 사실만 알려 주십니다. 우리는 이 사실만으로 하나님의 모든 뜻이 탁월함을 깨달아야 할 것이며, 그때 비로소 우리는 하나님의 방법에 진정한 찬사를 돌릴 수 있을 것입니다.

다시, 사람들은 범죄했고 하나님을 등지고 떠났습니다. 그러므로 사람들을 고쳐서 다시 이전의 상태로 복원되지 않아야 하는 것이 옳고 바른 일입니다. 이 점에 대하여 존 오웬(John Owen)의 설명을 들어 보기로 합시다.

"하나님께서는 세상의 대다수 사람들이 하나님의 의향을 모른 상태로 있게 내버려 두신다. 그와 같이 교회가 바람직한 상태를 지키고 있어 하나님께서 의도하신 해방과 구원의 상태에 머물러 있는 것을 보시기 좋아하셨다. 그는 세상을 한 시간 또는 한 순간에 창조하실 수 있었다. 그러나 창조의 일을 6일에 걸쳐서 하시기로 정하셨다. 그럼으로써 하나님의 영광이 천사들과 사람들 앞에 뚜렷하게 드러나게 되었다. 하나님께서는 인간이 타락한 즉시로 약속된 씨(자손)를 들여오게 하실 수도 있다. 그 약속된 자손이 오심으로써 교회는 필연적으로 이 세상에서 누릴 수 있는 모든 온전함을 누릴 수 있을 것이 틀림없다. 그러나 사람들의 죄와 비참함을 교회가 배워야 한다. 하나님께서는 백성들이 그 점을 배우게 하신다. 그리고 사람들이 자기들 속에서 역사하시는 하나님의 말할 수 없는 은혜를 인식하게 하신다. 하나님께서는 그러한 일을 통하여 점진적으로 자신을 나타내신다. 그와 같이 그리스도가 오시기 전에 여러 세대 동안 간절한 마음으로 사모하고 기다리게 하셨던 것이다."

궁극적이고 본질적으로, 하나님께서는 주 예수님으로 범사에 가장 뛰어나게 하실 계획을 세우셨습니다. 하나님의 인격의 영광과 그의 사역의 말할 수 없는 탁월성 때문에 그러한 일이 마땅하였습니다. 그러나 만일 율법이 어떤 것이라도 온전케 할 수 있었다면 그렇게 하셨을 리가 없었음이 명백합니다. 그리스도는 모든 하나님의 뜻의 중심이요 모든 문제를 푸는 열쇠입니다. 모든 일들은 궁극적으로 그리스도의 영광을 찬미하기 위하여 진행되고 있습니다. 여러 가지 비밀과 그림자를 가진 유대교의 체계는 하나님의 성육신하신 아들로 말미암아 나타나게 되는 '하나님의 완전하심이 충만한 빛을 더욱 영광스럽게 밝혀 주기에 합당한 배경 역할을 했습니다. "어두움이 지나가고 참 빛이 벌써 비침이니라."(요일 2:8)

"이에 더 좋은 소망이 생기니 이것으로 우리가 하나님께 가까이 가느니라." 율법이 죄 가운데 있는 백성들을 "온전하게 하기에" 부적합하다는 것이 충분하게 드러나게 되었습니다. 그 때에 하나님께서는 온전하게 하는 것을 도입하셨던 것입니다. 로마서 8:3,4에서 그에 대한 병행 구절이 발견됩니다. 거기서 "율법이 연약하여 할 수 없는 그것을"이라는 표현이 나옵니다. 그 율법을 받는 사람들의 허물로 말미암아 율법이 연약하게 되었다는 말입니다. 또한 거기서 율법 다음에 하나님이 보내신 "더 좋은 소망"을 보내신 것을 읽습니다. 곧 "하나님의 아들"을 보내신 것입니다. 이어서 그리스도께서 자기 백성들을 위해서 이룩한 "온전함"에 대한 말씀이 나옵니다. 우리가 히브리서 10:1-10에 이르게 되면 같은 문제를 다시 다루게 될 것입니다.

"더 좋은 소망." 여기서 "소망"이란 표현이 환유법(換喩法)[1]으로 사용되고 있습니다. 다시 말하면 목적하는 대상자체, 또는 바라는 것을 나타내고 있다는 말입니다. 창세기 3:15에서 첫 번째 약속이 주어진 후에 12:3에서 다시 그 약속이 재확인되고, 17:8에서 역시 그 약속을 새롭게 합니다. 그로부터 그리스도가 이 세상에 오심은 신자들이 고대하는 큰일이었습니다. 아브라함은 그의 날을 바라보고 기뻐하였습니다(요 8:56). 선지자들은 그 일에 관해서 부지런히 연구하였습니다(벧전 1:11,12). 그래서 성경은 시므온이 "이스라엘의 위로를 기다리는" 것에 대하여 말합니다. "예루살렘에 시므온이라 하는 사람이 있으니 이 사람은 의롭고 경건하여 이스라엘의 위로를 기다리는 자라 성령이 그 위에 계시더라 그가 주의 그리스도를 보기 전에는 죽지 아니하리라 하는 성령의 지시를 받았더니."(눅 2:25-26) 또한 나이 많은 안나가 "예루살렘의 구속됨을 바라는 모든 사람들에게" 같은 요점을 말했습니다. "마침 이 때에 나아와서 하나님께 감사하고 예루살렘의 속량을 바라는 모든 사람에게 그에 대하여 말하니라."(눅 2:38) 같은 방식으로 이 세대에 살고 있는 하나님의 성도들 앞에 있는 "복된 소망"은 무엇입니까? "복스러운 소망과 우리의 크신 하나님 구주 예수 그리스도의 영광이 나타나심을 기다리게 하셨으니."(딛 2:13)

"더 좋은 소망." 이것이 들어옴으로써 신자들은 이제 "하나님께 가까이" 나아갑니다. 여기에 채용된 동사는 거룩한 분위기를 자아내는 어휘이며, 하

---

1) 환유법은 수사법의 일종으로, 어떤 사물을, 그것의 속성과 밀접한 관계가 있는 다른 낱말을 빌려서 표현하는 수사법. 예를 들어 숙녀를 '하이힐'로, 우리 민족을 '흰옷'으로 표현하는 것 따위이다 - 두산국어사전에서

나님께 예배할 때 제사장들이 하나님 앞으로 나아가는 것을 지시하는 말입니다. 본질상 우리는 그렇게 할 수 없었습니다. 왜냐하면 우리는 "멀리 있었던" 사람들이었기 때문입니다(엡 4:18). 죄가 우리와 거룩한 성삼위 하나님 사이를 분리시켰습니다. 그러나 전에 멀리 있던 우리는 "그리스도의 피로 가까워졌습니다."(엡 2:13) 그 결과 믿는 유대인들이나 이방인들이나 다 "한 성령으로 아버지께 나아감을 얻게 된" 것입니다(엡 2:18). 왜냐하면 모든 은혜로 선택함을 받은 백성들은 "예수 그리스도로 말미암아 하나님의 기쁘게 받으실 신령한 제사를 드릴 제사장"이 되었기 때문입니다(벧전 2:5). 신자들이 하나님과 그 하나님의 은혜의 보좌 앞에 나아갈 권리와 특권을 가진 것에 대하여 히브리서 10장에서 더욱 상세하게 배우게 될 것입니다. 특히 히브리서 10장 19-22절이 그러합니다. 우리를 하나님으로부터 멀리 떠나게 했던 모든 것이 더 "좋은 소망"이 들어옴으로 제거되었습니다.

그 소망이 철저하게 실현되고 궁극적으로 성취될 날을 바라본다는 의미에서 그것은 아직도 "더 좋은 소망"입니다. 신자들은 아직은 이 땅에 살고 있습니다. 또한 이 땅에는 하나님과의 교제를 방해하고 손상시키는 것들이 많이 있습니다. 그들의 상태와 체험에서 그들이 온전케 되는 것(히 11:40), 그들이 실제로 아버지의 임재하심 가운데 들어가게 되는 것(요 14:1-3) - 그 일은 아직은 현재가 아니라 장래에 속합니다. 그런 하나님을 찬송하리로다. 우리의 죄악이 정결케 되었습니다. 우리는 이미 "그로 말미암아 우리가 믿음으로 서있는 이 은혜에 들어감"을 얻게 되었습니다(롬 5:2). 앞서 가신 자는 "우리를 위해서 휘장 안으로" 들어가셨습니다(히 10:19,20). 그러니 그때까지 "우리는 때를 따라 돕는 은혜를 얻기 위하여 은혜의 보좌 앞에 담대히 나아갑시다."(히 4:16) 주께서 주의 이름을 위해 그것을 허락하시기를 원하나이다. 아멘.

34강

맹세로 제사장된 예수님

7:20 또 예수께서 제사장이 되신 것은 맹세 없이 된 것이 아니니 7:21 (그들은 맹세 없이 제사
장이 되었으되 오직 예수는 자기에게 말씀하신 이로 말미암아 맹세로 되신 것이라 주께서
맹세하시고 뉘우치지 아니하시리니 네가 영원히 제사장이라 하셨도다) 7:22 이와 같이 예
수는 더 좋은 언약의 보증이 되셨느니라 7:23 제사장 된 그들의 수효가 많은 것은 죽음으로
말미암아 항상 있지 못함이로되 7:24 예수는 영원히 계시므로 그 제사장 직분도 갈리지 아
니하느니라

사도가 바로 이 대목에서 가진 주요 목적이 무엇인지 상기하는 것이 좋을 것입니다. 사도의 목적은 이중적입니다. 그 하나는 기독교의 대제사장이 유대교의 대제사장보다 훨씬 더 탁월함을 나타내려는 것입니다. 그리하여 히브리 그리스도인들의 믿음을 견고하게 하고, 그들의 마음으로 사랑하고 경배하게 하려 합니다. 다른 하나는 새로운 제사 직분을 하나님께서 들여오신 일은 필연적으로 옛 질서를 완전하게 폐지하셨음을 알리려 함입니다. 성령님의 감동을 받아 사도가 여기서 취하는 증거 방식은 구약의 주목할 만한 모형에 호소하는 것입니다. 구약의 메시야 예언을 인용하여 확증하는 방식입니다. 이로 보건대 구약성경의 신적 권위를 진정으로 인정하는 사람은 사도의 그런 방식에 어떤 반론도 제기하지 못합니다. 하나님께서 자기 백성들의 믿음을 받쳐줄 확실한 기초를 은혜롭게 마련하고 계시는 모습을 보십시오. 참으로 복됩니다. 그럼에도 불구하고 이 기초가 온전하게 발견되는 일은 하나님의 말씀을 부지런히 연구할 경우에만 허락됩니다. 물론 그런

경우에도 성령님의 지도하시고 인도하시는 은혜를 통해서만 그런 일이 일어납니다. 히브리서 7장을 분석해 보면 그리스도가 아론보다 탁월함이 다음의 요점에서 드러난다는 것을 알게 됩니다.

첫째, 아론은 사람에 불과하였으나 그리스도께서는 "하나님의 아들"이십니다(3절). 28절의 논증 끝에서 이 어휘가 다시 반복됨을 주의하십시오!

둘째, 아론은 레위 지파에 속해 있었으나 그리스도는 육체를 따라서 왕 지파인 유다지파에서 나셨습니다(14절). 그리스도는 왕이요 제사장이십니다.

셋째, 아론은 "육체의 계명의 율법을 따라" 제사장이 되었으나 그리스도는 "무궁한 생명의 능력을 따라" 된 것입니다(16절).

넷째, 아론은 "아무것도 온전케 하지 못했으나 그리스도는 온전케" 하셨습니다(19절).

다섯째, 아론은 죄인으로 "하나님께 가까이 나아가게" 하지 못하였으나(19절), 그리스도는 그 일을 해내셨습니다(25절).

여섯째, 아론은 그의 제사장 직무에 대하여 하나님의 맹세의 보증을 받지 못하였으나 그리스도는 하나님의 맹세로 보증을 받으셨습니다(11절).

일곱째, 아론은 계속해서 그 뒤를 이을 다른 제사장들을 가졌으나(23절), 그리스도는 그 뒤를 이을 어떤 다른 제사장도 없었습니다.

여덟째, 아론은 죽었으나(23절), 그리스도는 "항상 살아계십니다."(25절)

아홉째, 아론은 죄인이었으나 그리스도는 "죄인에게서 떠나 계십니다."(26절).

열째, 아론은 땅에 있는 백성의 제사장의 머리일 뿐이었으나, 그리스도는 "하늘보다 더 높이 되셨습니다."(26절)

열한째, 아론은 "매일" 제사를 드려야 했었으나(27절), 그리스도께서는 제사를 "단번에" 드리셨습니다.

열두째, 아론은 "연약에" 싸여 있었으나(28절), 그리스도는 "영원토록 온전케" 되셨습니다. 우리는 그러한 "대제사장"을 주신 하나님께 찬양을 드려야 마땅합니다(26절).

훨씬 탁월한 제사장이 오셨는데 다른 제사장이 더 필요하겠습니까? 이제는 더 이상 모형이 필요 없습니다. 왜냐하면 원형(原型)이 나타났기 때문입니다. 상징과 그림자는 실체가 나타날 때 목적을 달성한 것입니다. 사람이 장성하면 어린아이의 일을 버리는 것과 같습니다. 다친 수족(手足)이 회복되면 목발은 더 이상 필요 없게 됩니다. 완전한 것이 올 때 부분적인 것은 폐하여 집니다. 여기서 사도는 그 피할 수 없는 추론을 붙들고 있습니다. "'참으로' 논박당할 수 없는 진리로, 논란의 여지없는 사실로 전에 있던 계명이 폐해진 것이다." 그 이유는 무엇인가요? "제사 직분이 바꾸어졌은즉 율법도 반드시 바꾸어지리니."(히 7:12) 유대교의 전 체계가 하나님에 의해서 폐해졌습니다

구약을 읽으면 누구나 여호와의 오래 참으심에 대하여 놀라게 됩니다. 이스라엘 사람들이 말할 수 없이 많고 큰 범죄로 하나님을 격동시켰습니다. 그러나 하나님께서는 정하신 목적이 실제로 이루어지기까지는 유대교를 폐하지 않으셨습니다. 약속된 메시야가 나타나셨을 때 그 성전은 여전히 예루살렘에 서 있었습니다. 그리고 그 제사 직분도 진행되었고 제사도 드려지고 있었습니다. 그러나 이제 그 목적이 성취된 마당에서 그 임무는 끝난 것입니다. 성전의 원형이 성육신하신 하나님의 인격 속에서 나타났습니다(요 2:21). 아론이 그림자로 보여주었던 것을 기독교의 위대한 대제사장께서 성취하셨습니다. 주 예수께서 단번에 드리신 최종적인 제사로 말미암아 나머지의 모든 제사들은 이제 더 이상 드려질 필요가 없게 되었습니다. 그러므로 하나님께서는 "우리를 거스르고 불리하게 하는 법조문으로 쓴 증서를 지우시고 제하

여 버리사 십자가에" 못 박으셨습니다(골 2:14). 하나님께서는 그리스도의 십자가로 말미암아 그 계명의 율법이 철저하게 완성된 것으로 여기셨습니다.

우리가 생각하고 있는 이 구절들 속에서 사도는 두 가지 요점을 지목하고 있습니다. 첫째, 다윗으로 말미암아 주어진 예언 속에 들어 있는 가장 의미 깊고 심오한 중요성을 가진 어휘에 주의를 환기시키고 있습니다. 곧 그리스도께서는 "하나님의 맹세로 제사장으로 세워지셨다."는 점입니다. 그로 인하여 율법 아래 있던 제사 직분보다 그리스도의 제사 직분이 훨씬 더 높아진 것입니다. 이 사실이 가진 심각한 의미와 가치를 다음에 나오는 것에서 발견하게 될 것입니다. 둘째, 사도는 그리스도께서 영원한 제사장임을 확증하고 있습니다. 사도가 그리하는 것은 다른 제사장이 이제는 더 이상 있을 필요가 없고, 레위 제사제도가 다시 부활할 가능성도 없음을 보여주기 위함입니다. 시편 110편에 있는 그 간단한 말씀은 참으로 기이하고 포괄적인 말씀입니다. 만일 우리가 성경의 각 구절들을 영적인 눈을 가지고 주목한다면, 그 구절들에는 참으로 다 탐색할 수 없는 지혜와 진리가 담겨 있습니다. 그 점에 대한 실례를 시편 110편의 말씀이 보여주고 있습니다. 역시 이 점은 성경의 축자영감(逐字靈感, verbal inspiration)을 뚜렷하게 증거하고 있습니다. 성경의 모든 어구나 모든 단어는 다 하나님의 지혜로 작성된 것입니다. 그래서 성경의 각 어구나 단어마다 그 나름의 가치와 의미를 가지고 있습니다.

히브리서 7:20

"또 예수께서 제사장이 되신 것은 맹세 없이 된 것이 아니니."

여기서 "또"라는 말은 '더구나'라는 의미입니다. 사도는 여기서 이전에 언급했던 약속으로부터 결론을 끌어내고 있는 것이 아닙니다. 도리어 그가 행하고 있는 논증을 진행해 나가고 있을 뿐입니다. 그는 여기서 자기가 가지고 있는 의도를 확증하기 위하여 새로운 요점을 도입하여 설명합니다. 성경 번역자들은 이 구절의 내용이 다음에 나오는 말씀에 의존한다고 확신했습니다. 이 구절에서 생략된 부분(이탤릭체로 된)[1]의 내용을 다음의 21절을 통하여 알려진 내용을 참조하면 알 수 있기 때문입니다. 사도가 이 구절에서 강조하고 있는 요점은 그리스도의 제사 직분의 존영이 그 직분에 부여된 엄숙성에 비례한다는 것입니다.

"맹세 없이 된 것이 아니니." 그리스도의 제사 직분의 탁월성과 견고성을 분명하게 하여 그 일에 부족이 하나도 없게 조처하신 분이 하나님이십니다. "맹세 없이 된 것이 아니라"는 표현은 그리스도의 인격과 영광에 부합한 일입니다. 하나님의 아들은 무한한 은혜 안에서 제사 직무를 취하고, 그 제사 직무에 수반되는 모든 의무들을 감당하기 위해서 낮아지셨습니다. 그러므로 그 직분의 영광과 효력에 이바지하는 어느 것도 그 직분을 떠맡으신 이의 영광에 기인한다는 것이 마땅한 일입니다. 하나님께서는 이 일을 통해서 친히 사랑하시는 아들의 영광에 대하여 얼마나 열심인지를 보여주셨습니다. 범사에 하나님의 사랑하시는 이가 가장 높아지게 하신 것입니다. 하나님의 사랑하시는 그리스도께서 담당하신 모든 일에 있어서 하나님을 섬기는 일에 이미 쓰임 받았거나 앞으로 쓰임받기 위하여 나타나는 모든 이들을 훨씬 능가하십니다. 그러므로 그가 제사장 된 것이 "맹세 없이 된 것"이 아닙니다.

더구나 하나님께서는 자기 백성들의 믿음을 격려하고 안전하게 지킬 필요가 있음을 아셨습니다. 율법 아래 있는 제사 직분에는 부족한 것이 많이 있었습니다. 그렇게 된 것이 하나님의 계획에 부합한 일입니다. 하나님께서는

---

1) 우리말 개역개정이나 개역한글에서는 21절을 괄호 안에 넣어 별도로 표시하였다. 필자는 KJV의 역문을 중심으로 생각하고 있다. - 역자 주

교회의 믿음이 그러한 제사장들에게만 머물러 있도록 의도하지 않으셨습니다. 그러나 그리스도의 제사 직분이 나타남에 따라서 하나님께서는 믿음이 바라보고 기대해야 할 모든 것을 밝혀 주셨습니다. 그러므로 하나님께서는 무한한 지혜와 은혜 가운데서 그리스도의 제사 직분의 영구성을 입증하는 가장 높고 특별한 증거를 허락해 주신 것입니다. 하나님께서는 그러한 방식으로 자기의 뜻과 긍휼로 정하신 이 제도가 절대로 변하지 않음을 보여주셨습니다. 그래서 우리가 하나님께서 그리 정하신 일에 순응하지 않으면 우리는 영원히 멸망당할 수밖에 없습니다(이 문단의 내용은 John Owen의 글에서 요약 발췌한 것임).

"또 예수께서 제사장이 되신 것은 맹세 없이 된 것이 아니니." 아론의 제사 직분은 맹세로 세워진 것이 아닙니다. 그러나 그리스도의 제사 직분은 맹세로 세워졌습니다. 맹세로 주어진 것은 결코 바뀔 수 없습니다. 왜냐하면 하나님은 불변하시기 때문입니다.

"하나님께서는 아브라함에게 맹세하여 말씀하신 것과 똑같은 방식으로 맹세하셨다. 하나님께서는 아브라함에게 '내가 너에게 반드시 복주고 복주리라.'고 맹세하셨다. 그럼으로써 하나님께서 불변하시며 거짓말 하실 수 없는 두 가지 변치 못할 사실들로 말미암아 우리가 소망의 풍성한 확신을 가질 수 있는 것이다. 예수님의 대제사장 직분이 달라질 수 없는 것도 역시 마찬가지이다. 왜냐하면 그것은 하나님의 영원한 경륜과 뜻에 따른 것이기 때문입니다. 또한 그것이 본질적으로 하나님 자신의 성품과 목적에 관련된 것이기 때문에 맹세로 주어진 것이다. 여호와께서 맹세하셨으니 결코 후회하지 않을 것이다."(A. Saphir)

히브리서 7:21

"(그들은 맹세 없이 제사장이 되었으되 오직 예수는 자기에게
말씀하신 이로 말미암아 맹세로 되신 것이라
주께서 맹세하시고 뉘우치지 아니하시리니 네가 영원히 제사장이라 하셨도다)"

우리가 특히 주목해야 하는 바는 하나님께서 맹세로 엄숙하게 개입하신 이유입니다. 그 이유는 각 경우 마다 그리스도가 관계된다는 사실에 있습니다. 만일 그런 것이 아니라면 백성들에게 베푸시는 긍휼과 특권에 대하여 그리 하지 않으셨을 것입니다. 아브라함에게 친히 맹세하시어 그의 '후손'으로 말미암아 모든 땅의 족속들이 복을 받을 것이라고 말씀하셨던 것입니다. 그럼으로써 하나님께서는 자기 아들을 보내시되 아브라함의 후손으로 보내실 변치 않는 뜻을 공언하신 것입니다. 역시 그와 같이 하나님께서는 당신 자신의 거룩하심을 걸고 다윗에게 맹세하시었습니다. 그럼으로써 다윗의 자손으로 오실 그리스도께서 영원토록 다윗의 위(位)에 앉게 되실 것을 말씀하셨던 것입니다.

"그들은 맹세 없이 제사장이 되었으되 오직 예수는 자기에게 말씀하신 이로 말미암아 맹세로 되신 것이라." 물론 하나님은 "회전하는 그림자도" 없으시기 때문에 그 뜻의 내면적인 작용에 있어서는 조금도 달라지지 않습니다. 또 그 뜻이 조금도 바뀌지 않을 것입니다. 그러나 하나님께서는 자주 그의 행사와 섭리에 있어서, 심지어 다른 때에 사람들에게 지시하신 일들 중 어느 것에 있어서까지 달리하시는 경우가 있습니다. 그 일들이 맹세로 확증된 것이 아니라면 그렇다는 말입니다. 레위 제사장들도 하나님의 정하심에 따라서 존재했습니다. 그러므로 이스라엘 사람들은 그 레위 제사장들에게 복종해야 했습니다. 그러나 그들이 그러한 직분을 받은 것이 하나님의 맹세로 된

것이 아니었습니다. 하나님의 맹세가 없다는 것은 하나님께서 좋게 보실 때는 언제라도 바꾸실 여지를 남겨 놓으셨음을 암시하는 것입니다.

"오직 예수는 자기에게 말씀하신 자로 말미암아 맹세로 되신 것이라 주께서 맹세하시고 뉘우치지 아니하시리니 네가 영원히 제사장이라 하셨도다."

"네가 영원히 멜기세덱의 반차를 따른 제사장이라." 맹세하신 분은 성부 하나님이십니다. 그 성부 하나님께서 성자 하나님께 말씀하셨습니다. " 여호와께서 내 주께 말씀하시기를 내가 네 원수들로 네 발판이 되게 하기까지 너는 내 오른쪽에 앉아 있으라 하셨도다."(시 110:1) 하나님의 맹세는 그의 영원한 경륜에 대한 공개적인 선언입니다. 시편 2:7에는 그와 같은 하나님의 행사와 뜻이 이렇게 표현됩니다. "내가 영(令)을 전하노라." 그러므로 하나님께서 자기 경륜과 뜻을 밝히 드러내어 계시하고 싶으시고 그 뜻이 절대로 변하지 않음을 증거하고 싶으실 때, 맹세로 그 점을 확증하십니다. 히브리서 6:13,14,17의 말씀과 그 강해를 다시 참조하십시오.

그러면 하나님께서 그리스도께 '언제' 맹세하셨느냐고 물을 이가 있을 것입니다. 우리는 그 맹세하신 일의 두 요점, 보다 더 정확하게 말하자면 두 국면들을 구분해야 합니다. 하나는 신적 경륜, 또는 그 목적 자체요, 다른 하나는 그것을 계시하시고 선언하신 하나님의 방식입니다. 왜냐하면 '맹세'는 두 국면을 다 포함하고 있기 때문입니다. 하나님의 경륜 자체에 대하여 '영원한 언약'이 맺어졌던 이른바 성부와 성자 사이의 영원한 연대 협약을 연상하게 됩니다. 그것의 계시는 다윗으로 말미암아 주어졌습니다. 그러니 이 맹세를 그리스도가 승천하셨을 때 주어진 것으로 보는 현대의 많은 주석가들은 심각한 오류를 범한 셈입니다. 왜냐하면 '하나님의 맹세'를 그런 식으로 이해하면 여기서 말하는 사도의 논증을 철저하게 와해시킬 것이기 때문입니다. 하나님의 맹세 '보다 앞서' 그리스도께서 제사를 드리셨다면, 그리스도의 제사 직분이 아론의 제사장들의 직분보다 결코 뛰어나지 못했겠지요. 하나님의 맹세가 있고 난 후에 그리스도의 제사장 임무가 있어야 했습니다. 그렇지 않았으면 여기서 사도가 논증하는 요점이 전혀 무의미하게 되었을 것입니다. 하나님께서 그리스도에 대하여 맹세하심으로써 기독교 대제사장의 높은 존영을 나타내셨을 뿐만 아니라, 하나님께서 들여오시어 지금 시행하고 계시는 경륜의 위대함과 중요성을 암시하기도 하신 것입니다.

"지혜롭거나 선한 사람은 사소한 문제에 맹세하지 않는다. 만일 그 사람이 자원하여 맹세하였다면 그것은 그 문제를 중요한 것으로 생각한다는 증거다. 그러니 여호와께서 맹세하신 일의 경륜은 높고 거룩하다는 것이 확실하다. 그러므로 그 맹세 받은 일은 다른 모든 경륜보다 더욱 높아지게 된다. 다시 말하면 그 일이 신적인 기원을 가지고 있다는 사실만이 아니라, 홀로 지혜로우신 하나님의 평가에서 가장 큰 중요성을 가진 일임을 확증하신 것이다. 다른 구별되지 않은 모든 것보다 그 일이 더 높이신 것이다. 그러니 하나님의 맹세는 중요성을 부각시킬 뿐 아니라, 맹세하신 그 일에 관한 하나님의 뜻이 '견고함'도 드러낸다. 성경에서는 하나님이 확정적이고 불변하는 것 외에는 그 어떤 일에도 맹세하지 않는 분으로 묘사되어 있다."(John Brown)

"오직 예수는 자기에게 말씀하신 이로 말미암아 맹세로 되신 것이라 주께서 맹세하시고 뉘우치지 아니하시리니 네가 영원히 제사장이라 하셨도다."
이 구절은 멜기세덱에 대해 언급하는 성경의 최종적인 말씀입니다. 그러니 멜기세덱이 그리스도를 그림자로 예표하는 주요한 몇 가지 사실들을 요약하는 것이 좋겠습니다. 첫째, 멜기세덱은 자기 대에서만 제사장이었습니다. 그럼으로써 그리스도의 제사장직의 독특성을 암시하였습니다. 그는 아무하고도 그 제사장직을 나누지 않았습니다. 둘째, 멜기세덱보다 앞선 제사장이 없었습니다. 그러므로 그가 그 직무를 맡은 것이 육체의 혈통을 따라 된 것이 아닙니다. 그것은 그리스도의 제사장직이 아론의 제사 직분과는 전혀 별개의 것이라는 사실을 예표했습니다. 셋째, 멜기세덱은 자기 뒤를 잇는 제사장을 두지 않았습니다. 그 점은 그리스도의 제사 직분이 최종적이고 영원하다는 사실을 증거합니다. 바꾸어 말하여, 그리스도가 현재 멜기세덱의 반차에 속한 제사장이라는 말이 없는데 다만 실제로 그리하였다는 사실만 강조하고 싶다면, 벌써 멜기세덱과 그리스도 사이의 유사성은 정말 치명적으로 손상이 된 셈입니다. 그리스도께서는 멜기세덱의 제사 직분을 승계한 것이 아니라, 다만 멜기세덱이 원형이신 그리스도를 모형적으로 나타낸 것뿐입니다. 구약성경에서 멜기세덱이 하나님께 제사를 드린 기록이 전혀 없다는 반론을 제기하는 자들에게 우리는 이렇게 대답할 것입니다. 멜기세덱이 '중보의 기도'를 했다는 말이 하나도 없도다! '그러한' 일들에 있어서 그리스도를 예표하라고 지정하신 것이 아닙니다. 오히려 위에서 지적된 국면들에서 그리스도를 예표적으로 상징하라고 멜기세덱을 세우신 것입니다.

히브리서 7:22

"이와 같이 예수는 더 좋은 언약의 보증이 되셨느니라."

"이와 같이"라는 말은 20절의 "되신 것은 맹세 없이 된 것이 아니니(만큼)"[2]를 받습니다. 그러니 22절은 20절과 바로 연결됩니다. 그래서 "또 예수께서 제사장이 되신 것은 맹세 없이 된 것이 아니니 이와 같이 예수는 더 좋은 언약의 보증이 되셨느니라." 21절이 주도적 역설(力說)을 입증하거나 확증하는

2) 우리말 개역개정이나 개역한글은 그냥 '아니니'로 표현되었다. - 역자 주

것을 내포하고 있지만 괄호안에 묶여있는 것이 아주 잘 된 것입니다. 존 오웬(John Owen)은 여기 20절과 22절이 긴밀하게 연결되어 있는 일에 대하여 다음과 같이 말하였습니다.

"그 말씀 속에는 두 가지 의도가 내포되어 있을 수 있다. (1) 그가 맹세로 제사장이 되셨으니 그가 좋은 언약의 보증이 되기에 합당하다. (2) 또는 그가 보증이 된 새 언약은 분명히 다른 언약 보다 더 나을 것이 틀림없다. 왜냐하면 그 언약의 보증된 분이 맹세로 제사장이 되셨기 때문이다. 한 방면에선 새 언약의 차원에서 그리스도의 제사장 직분의 존귀를 증명했다. 또 다른 방면에선 그리스도의 제사장 직분으로부터 새언약의 존귀를 증거했다. 그리고 우리는 이 두 구절을 다음과 같은 사실을 확언함으로써 조화시킬 수 있다. 곧 그 제사 직분이 진정으로 효과 있게 새 언약에 존귀를 더하였으며, 새 언약은 그리스도의 제사 직분의 존귀함을 드높여 밝혔다고 말이다."

"이와 같이 예수는 더 좋은 언약의 보증이 되셨느니라." 이 말씀은 분명히 세 가지 사항을 전제합니다. 첫째, 그리스도가 나타나기 전에 하나님과 하나님의 백성들 사이에는 또 다른 언약이 존재했었다는 점입니다. 이 문제는 8장에서 더욱 상세하게 다루어집니다. 8장에서는 옛 언약과 새 언약이 비교되며 대조 설명됩니다. 둘째, 어떠한 국면들에서는 옛 언약이 좋았었다는 점을 전제합니다. "더 좋은"이라는 비교급 형용사를 통해서 그 점이 암시됩니다. 옛 언약은 그 자체로는 좋았습니다. 그것은 하나님의 지혜와 의(義)의 산물이기 때문입니다. 옛 언약은 선한 목적을 성취했습니다. 왜냐하면 그 규례들이 죄를 억제하고 경건을 조장하였기 때문입니다. 그 언약의 의도는 선하였습니다. 왜냐하면 그 언약은 그리스도를 바라보게 했기 때문입니다. 셋째, 옛 언약은 '보증'을 가졌다는 점입니다. 많은 사람들은 '중보자'와 '보증' 사이의 차이를 인식하지 못하여 이 점에서 실수했습니다. 모세는 '중보자'의 모형이었고, 아론은 '보증자'의 모형입니다. 왜냐하면 백성들의 이름으로 백성들을 대신하여 제사를 드린 자가 아론이었기 때문입니다. 그럼으로써 언약의 규약에 따라 그들을 위해서 속죄를 이루었던 것입니다.

"이와 같이 예수는 더 좋은 언약의 보증이 되셨느니라." 여기서 사도는 이 히브리서 7장에서 지금까지 언급해 왔던 분의 이름을 처음으로 명백하게 밝히고 있습니다. 멜기세덱의 모형을 따라 그 직무를 감당할 자의 제사장직의 본질에 대한 선언이 먼저 있었습니다. 그러나 지금은 그 전체를 구주께 분명히 적용시키고 있습니다. 유대인들은 두 가지 문제에 대하여 오랫동안 관심을 집중시켰습니다. 메시야직의 본질 문제와 그 메시야직을 감당할 분이 누구일까 하는 문제입니다. 사도는 성경에서 메시야는 제사장이어야 함을 밝혔습니다. 그러나 메시야는 레위 혈통에 속하지 않은 한 제사장이어야 한다는 것입니다. 그는 역시 이 진리의 필연적인 귀추들을 보여주기도 하였습니다. 이제 그는 이 제사장이 바로 '예수'라고 역설합니다. 왜냐하면 그 분만이 메시야 모형을 성취하셨고, 가장 주요한 의무를 감당하셨기 때문입니다. 여기서 사도는 '예수님'을 두고 "더 좋은 언약의 보증자가 되셨다."고 확증합니다. 하나님 아버지의 뜻과 행사로 말미암아 예수님이 제사장이 되신 것입니다. 또는 제사장으로 세움 받으셨습니다. 히브리서 1:4, 3:2, 5:5의 말씀과 그 강해를 참조해 보면 '되셨다'는 말의 요지를 알게 될 것입니다. 그리스도께서 이 직무를 취하시고, 그 직무에 합당한 사역을 효과적으로 감당하신 것은 순전히 하나님 아버지의 정하심을 따라 된 것입니다.

"'보증'이라는 말의 헬라어는 본래 보증인(bondsman)을 의미한다. 자기의 이름과 재산과 영예를 걸고 어떤 일을 반드시 하겠다고 서약한 사람을 뜻한다. 어떤 계약이 성립되거나 어떠한 조약이 이루어질 때, 흔히 친구가 '보증'이 된다. 만일 계약한 조건대로 이행되지 않을 때에는 보증을 선 친구가 그 책임을 떠안는다."(A. Barnes)

'보증'은 마땅한 의무를 감당할 능력이 없는 다른 사람을 위해서 자기가 그 의무를 떠맡겠다고 나선 사람입니다. 어떤 것을 보증하겠다고 나서는 경우는 어떤 경우인가요? 언약의 말로든지 아니면 중개자의 손으로 실제 문서를 만들어 작성하든지, 또는 목숨까지도 거는 개인적인 조약을 통해서든지 간에, 그 보증 받는 사람의 '결함'을 전제하고 들어가는 경우입니다. 보증은 다른 사람을 위한 '스폰서(sponsor)'입니다. 그래서 행동할 능력이 없는 사람을 대신하여 행동하는 자를 가리켜 보증자라 합니다. 그는 자기가 보증하는 다른 사람을 대신하여 조약한 일을 이루겠다고 선서합니다. 그와 같이 그리스도께서는 하나님을 위한 보증자가 아니었습니다. 왜냐하면 하나님께서는 부족함이 없기 때문입니다. 그리스도께서는 마땅한 의무를 감당할 수 없고 주어진 책임을 감당할 능력이 전혀 없는 불쌍하고 가련하고 실패하고 연약한 자기 백성들을 위한 보증자이십니다. 그리스도께서는 이러한 것을 보시고 그들을 위해서 대신 떠맡겠다고 나서셨습니다. 그들의 빚을 완전히 청산하고 하나님께서 그들을 향하여 요구하시는 모든 요구사항을 철저하게 만족시키셨습니다.

창세기 43:8,9에 보면 '보증자'에 대한 아름다운 실례가 나타나 있습니다. "유다가 그의 아버지 이스라엘에게 이르되 저 아이를 나와 함께 보내시면 우리가 곧 가리니 그러면 우리와 아버지와 우리 어린 아이들이 다 살고 죽지 아니하리이다 내가 그를 위하여 담보가 되오리니 아버지께서 내 손에서 그를 찾으소서 내가 만일 그를 아버지께 데려다가 아버지 앞에 두지 아니하면 내가 영원히 죄를 지리이다." 유다가 약속한 일에 얼마나 충실한가를 보는 것은 참으로 복됩니다. 후에 요셉의 잔이 베냐민의 자루에서 발견됩니다(44:12). 그들이 애굽으로 다시 돌아와 베냐민 대신 요셉 앞에 다시 나아갔을 때 유다는 이렇게 말합니다. "주의 종이 내 아비에게 아이를 담보하기를 내가 이를 아버지께로 데리고 돌아오지 아니하면 영영히 아버지께 죄를 지리이다 하였사오니 청컨대 주의 종으로 아이를 대신하여 있어서 주의 종이 되게 하시고 아이는 형제와 함께 도로 올려 보내소서."(44:32,33).

신약에서는 바울이 자청하여 오네시모를 위해 보증이 되겠다고 나서는 복된 실례를 발견합니다. "저가 만일 네게 불의를 하였거나 네게 빚진 것이 있거든 그것을 내 앞으로 계산하라 나 바울이 친필로 쓰노니 내가 갚으려니와 너는 이외에 네 자신이 내게 빚진 것을 내가 말하지 아니하노라."(몬 1:18,19) 그리스도께서는 같은 방식으로 자기의 선택한 백성들을 위해서 아버지 하나님께 스스로 약조하여 이렇게 말씀하셨습니다. "내 백성이 당신께 빚진 것이 있으면 무엇이든지 내 앞으로 계산하소서. 내가 그들의 빚을 다 갚겠나이다." 그리스도께서 자신의 중보를 받는 죄인들과의 관계에서 '대표적 성격'을 바로 그런 직무에서 유지하십니다. 그리스도께서는 영원한 언약의 효력에 동참하게 될 사람들 편에서 그 영원한 언약이 요구하는 모든 조건들을 성취하겠다고 스스로 서약하신 것입니다. 그리스도를 "두 번째 사람, 마지막 아담"이라 부르는 것은 새 언약의 보증자로 말함입니다(고전 15:47). 그리스도를 "두 번째 사람, 마지막 아담"이라 부르는 것은 아버지께서 그리스도께 주신 자들의 대표로 그리스도를 보시어 그 둘을 '하나로 함께' 보고 계시기 때문입니다. 바로 그리스도께서는 그들 백성들을 위하여 자기에게 주어진 대표자격으로 그 큰 역사를 성취하셨습니다(요 6:38,39 참조). 그는 그들 대신 하나님께 온전한 만족을 드리셨습니다.

이와같이 예수는 **"더 좋은 언약의 보증이 되셨느니라."** 이제 이 대목을 주목해 봅시다. 이 표현은 하나의 규약, 또는 경륜이나 법 제정을 지시합니다. 그 말은 그리스도에 의해서 도입된 새로운 질서가 모세의 체계에 함축된 질서와 대조됨을 의미합니다. 모세의 언약은 레위 제사 직분을 수단으로 시행되었습니다. 그러나 더 좋은 언약은 하나님의 아들 예수님으로 말미암아 시행됩니다. 모세의 언약은 잠시적이고 변역하는 것이었습니다. 그러나 '더 좋은 새 언약'은 불변하고 영원합니다. 그것도 그럴 것이 그 복락을 누리는 자들이 예수님으로 말미암아 그 조약에 부응하고 그 조건을 성취하며 하나님께서 요구하시는 순종을 드릴 능을 받겠기 때문입니다. 왜냐하면 하나님의 세우심에 따라 우리의 보증은 그들을 위해서 성령께서 역사하시도록 마땅한 공력을 지불하셨기 때문입니다. 그들을 새로운 피조물로 만들기 위해 필요한 모든 은혜를 제공하셨습니다. 또한 우리의 보증자가 새 생명의 원리에서 하나님께 복종할 수 있는 능력을 부여하시고 끝까지 신실하게 그 점을 지켜 나가실 것이기 때문입니다.

언약에 대해 확고한 확실성을 부여하는 것은 하나님의 맹세로 말미암은 '보증'입니다. 하나님께서는 첫 사람 아담과 언약을 맺으셨습니다(호 6:6 난외주 참조). 그러나 그 언약은 '보증'이 없었습니다! 우리의 첫 번째 조상이 거룩한 성향으로 충만한 거룩한 본성을 가졌었습니다. 그 점은 엄청난 이점이었습니다. 그래서 모든 악한 생각과 소욕과 습관들로부터 자유로웠지만, 그럼에도 불구하고 그는 언약을 파기하여 그 언약이행과 함께 올 모든 이익들을 박탈당하였습니다. 하나님께서는 시내산에서 이스라엘과 언약을 맺으셨습니다(출 19,24장). 그리고 대제사장을 세워서 그 언약의 모형적인 보증으로 행동하게 하셨습니다. 그럼에도 불구하고 우리가 보았듯이, 언약과 그 보증은 아무것도 온전하게 하지 못했습니다. 그 언약의 목적은 다른 "더 좋은 보증"의 필요성을 크게 부각시키고자 함이었습니다. 하나님께서는 이것들과는 달리 그리스도 안에서 자기의 선택한 백성들과 "범사에 확실하게 하는" 언약을 맺으셨습니다. "내가 능력 있는 용사에게는 돕는 힘을 더하며 백성 중에서 택함 받은 자를 높였으되"(시 89:19)라고 말씀하셨기 때문입니다.

그러면 우리가 앞에서 말한 것은 오늘날 하나님의 자녀들에게는 어떻게 적용됩니까? 그것은 분명합니다. 새 언약이 옛 언약을 능가하는 만큼 우리는 하나님께 대하여 더 큰 의무를 가지고 있는 것입니다. "무릇 많이 받은 자에게는 많이 찾으실 것이기" 때문입니다(눅 12:48). "더 좋은 언약"의 보증이 그 존영과 영광에 있어서 옛 체계 아래서의 보증보다 더 뛰어나는 만큼, 우리는 그분께 더 철저한 복종과, 더 깊은 헌신과, 더 충만한 순종을 드려야 하는 더 높은 의무를 가지고 있습니다. 오 사랑하는 형제들이여, 하늘의 영광을 떠나서 죄악으로 물들여진 이 세상에 오사 우리가 담당해야 할 것을 대신 담당하시고, 우리의 빚을 갚으시고, 우리 대신 고난당하시고 죽으신 그 복되신 분께 어떻게 해드리는 것이 '마땅합니까!' 그분의 사랑이 우리를 강권하여 온전한 마음으로 그분께 복종할 수 있게 하옵소서! 더 이상 우리 자신을 기쁘게 하려고 하지 말고 그의 영광과 찬미를 위해서 살게 하옵소서! 우리가 그렇게 하지 못한다면, 우리가 여전히 죄 가운데 있으며 더 좋은 언약의 보증에 대하여 외인들이라는 확실한 증거입니다.

히브리서 7:23

"제사장 된 그들의 수효가 많은 것은
죽음으로 말미암아 항상 있지 못함이로되."

사도는 이 구절과 다음 구절에서 멜기세덱으로 예표된 그리스도의 제사 직분을 생각함으로써 마지막 논증을 펴나갑니다. 사도의 의도는 레위 제사 직분보다 그리스도의 제사 직분이 탁월하다는 또 다른 증거를 제시하려는 것입니다. 또한 레위의 제사장들보다 그의 인격이 훨씬 더 탁월하다는 것을 증거하려 합니다. 그가 앞에 있는 몇 구절에서 멜기세덱에 대하여 묘사한 것을 보면 바울이 아직도 그리스도의 모형인 멜기세덱을 돌아보고 있음이 명백합니다. 곧 "…하나님의 아들과 닮아서 항상 제사장으로 있느니라."(히 7:3) "저기는 산다고 증거를 얻은 자가 받았느니라."(8절) 왜냐하면 그의 제사 직분은 레위의 제사 직분처럼 50세에 끝난 것이 아니기 때문입니다. 이 점은 여기에서 특별하게 주목해야 하는 모형적인 국면입니다. 왜냐하면 그것은 사도가 주장한 모든 다른 요점에 대하여 효능을 주는 것이기 때문입니다. 이것을 제쳐 놓아 보십시오. 그러면 사도가 열거한 다른 모든 이점들과 탁월함들은 '온전함'을 이루는 데 전혀 효력을 발하지 못하게 될 것입니다. 교회가 잠시 동안 그처럼 영광스러운 제사장을 소유했다가 그의 제사 직분이 만료됨으로써 그를 박탈당하게 된다면 무슨 유익이 있겠습니까?

사도가 24절에서 그리스도에 대하여 선언한 것이 앞에서 멜기세덱에 관하여 주목했던 것과 연관되듯이, 레위 제사장들에 대해서 23절에 확언한 것과 앞에서 선언한 것이 연관됩니다. 곧 그들은 모두 죽을 사람들이니 그 이상은 나가지 못합니다. 왜냐하면 그들은 실제로 죽어서 그 다음을 잇는 세대들에게 제사 직분을 물려주었기 때문입니다(8절). 사도는 "참으로"[3]라는 말을 매우 강조적으로 사용합니다. 그가 지금 다루고 있는 요점은 양면성을 가진 요점이 아닙니다. 전혀 논란의 대상이 될 수 없는 요점입니다.

"제사장 된 그들의 수효가 (참으로) 많은 것은." 사도는 지금 대제사장만

---

3) 히브리서 7:23의 KJV의 역문이 And they truly were many priests(제사장된 자들이 참으로 많았다)임을 감안할 것이다. - 역자 주

을 언급하고 있습니다. 곧 아론과 그의 후계자들에 관해서만 말하고 있습니다. 유대의 기록들을 보면, 초대 대제사장인 아론으로부터 시작하여 주후 70년 성전이 무너지면서 함께 죽은 비느하스 때까지 대제사장의 수가 도합 83명입니다. 솔로몬 이전의 성막에서 13명의 대제사장이 수종들었습니다. 그리고 바벨론 사람들에 의하여 무너진 솔로몬 성전에서 섬긴 대제사장 수효는 18명이었고, 바벨론에서 돌아와 지은 스룹바벨 성전에서 섬긴 대제사장의 수효가 도합 65명이었다는 말입니다(주후 70년까지).

이처럼 제사장들의 수효가 참으로 많았던 이유는 "죽음을 인하여 항상 계속 제사장 직무를 수행할 수 없었기" 때문입니다. 그들의 직분도 크게 존귀하며, 그들이 그 직분을 받을 때 엄숙하게 장립 받았습니다. 그러나 그들은 자기들이 대신하는 사람들처럼 죽음에 복종하는 썩어질 수밖에 없는 사람들에 불과하였습니다. 죽음이 왔기 때문에 그들은 자신의 직무를 계속 수행해 나갈 수 없었습니다. 그들이 생명과 죽음을 주장하시는 위대한 주권자 주님의 이름으로 그렇게 제사장 직무를 계속 행하는 것이 불가능하였습니다. 그들 가운데 최초의 대제사장이었던 아론 자신에게서 이에 대한 뚜렷한 실례를 발견합니다. 하나님께서는 아론을 통하여 사람들에게 그 제사 직분의 본질을 보여주셨으며, 또 영원한 제사장이 앞으로 올 것을 나타내 주셨습니다. 그래서 모든 회중들이 보는 앞에서 아론이 죽도록 명령하신 것입니다(민 20:25,29)! 같은 방식으로 죽음이 그의 모든 후계자들을 사로잡았습니다. 그럼으로써 하나님께서는 그처럼 자주 그 직분 수행을 방해하던 그 "온전치 못함"이 그 직분에 부여되었음을 이스라엘 사람들에게 시사해주셨던 것입니다.

히브리서 7:24

"예수는 영원히 계시므로 그 제사장 직분도 갈리지 아니하느니라."

이는 우리의 대제사장께서 레위의 제사장들보다 말할 수 없이 탁월하심을 최종적으로 증거하고 있습니다. "더 좋은 언약의 보증"은 변치 않는 제사 직분을 견지하십니다. 그 이유와 근거는 어디에 있습니까? **"영원히 계시므로."** 에 있습니다. 사도는 여기서 그리스도의 제사 직분의 절대적인 영구성을 증명하고 있는 것이 아닙니다. 오히려 그것이 계속 방해받지 않고 수행되어 나감을 증거하고 있습니다. 메시야와 그 직무에 관한 유대인들의 신앙이 바로 그러하였습니다. "그리스도가 영원히 계신다 함을 들었거늘"(요 12:34). 우리 주님께서 자신은 죽음으로 들림을 받아야 한다고 하셨을 때 바로 그 지식이 하나의 난제(難題)로 등장했습니다. 그래서 그들은 그것을 주님의 선언을 반대하는 자료로 삼아 말했던 것입니다. 멜기세덱을 통해서 주도적으로 모형화된 것은 바로 이 직분의 영구성이었습니다.

이에 대해 이렇게 대꾸하는 사람이 있을지 모릅니다. 곧, '예수께서 아론과 그의 후계자들과 똑같이 죽으셨다. 그러니 그가 방해받지 않는 제사 직분을 감당했다고 말할 수는 없지 않는가?' 이 난제를 해결하기 위해서 현대 주석가들 가운데 많은 사람들은 소시니우스주의의 오류로 빠져들어 갔습니다. 그들의 해석은 이러하였습니다. '그리스도께서는 부활하시기까지 전혀 제사장이 아니었다.' 그러나 그러한 식의 답변은 난제를 해결하기는커녕 억지를 더할 뿐입니다. 우리는 이 무모함에 대하여 이미 지난 강론들에서 논박한 바 있습니다. 히브리서 7장에는 그리스도의 제사 직분 수행이 하늘에서만 국한된다는 개념을 입증하는 것이 하나도 없습니다. 오히려 전체 문맥은 선입견에 의해서 눈멀지 않은 모든 사람들에게 사도가 그리스도의 제사직분 '전체'를 다루고 있음을 명백히 보여줍니다.

그리스도의 죽음은 레위 제사장들의 죽음과는 크게 달랐습니다. 왜냐하면 그리스도의 죽음은 그로 하여금 그들이 죽음을 맞았을 때처럼 제사 직무를 감당하지 못하게 하지는 않았던 것입니다. 그 이유를 말씀드립니다. 첫째, 그는 제사장으로서 죽으셨습니다. 그들은 죽어서 제사장직을 그만 두었습니다. 그러나 그리스도께서는 그의 직무 안에서 죽으셨습니다. 그들은 그 직무를 떠나게 되었지만 말입니다. 둘째, 그들이 죽는 일이 그들에게 주어진 직무의 어떤 부분도 아니었습니다. 그러나 주 예수님의 경우는 죽으시는 것이 그의 제사 직분에 부여된 제일의 의무였습니다. 셋째, 그들은 죽음의 권세 아래 떨어지고 나서 스스로 그 죽음에서 빠져나와 성소에 들어가 섬기는 일을 하지 못했습니다. 그러나 하나님의 아들에게는 자기 목숨을 내놓을 권세도 있었고 그것을 다시 취할 권세도 있었습니다. 죽음이 그의 제사 직분을 그만두게 하기는커녕 그 제사 직분의 수행을 온전하게 했습니다. 그의 죽음이 그 제사 직분을 전혀 방해하지 못했습니다. 그리스도는 제사장으로서 죽으셨습니다. 그분은 죄를 위한 제물이셨기 때문입니다. 그럼에도 불구하고 그리스도의 인격의 와해될 수 없는 성질 때문에 본질적으로 그의 영혼과 몸은 여전히 하나님의 아들의 격위(格位) 안에서 여전히 실재하고 있습니다. 그는 어떠한 공백도 없이 그의 직무를 "항상 영원히 계속 수행하고" 계십니다.

"예수는 영원히 계시므로 그 제사장 직분도 갈리지 아니하느니라." 위에서 언급된 사실로부터 그리스도는 절대 달라지지 않고 사라질 수 없는 "변역하지 않는 제사 직분"을 가지고 계시다는 필연적인 귀결이 성립됩니다. 새 언약에 속한 전체 제사 직분과 그 직무는 엄격히 하나님의 아들인 예수님의 인격에만 국한됩니다. 그것을 이을 자도 없고 '모형적인 방면을 제외하고는' 그보다 앞서서 그 일을 수행했던 자도 없었습니다. 이는 즉각적으로 자기들의 사역자들을 '제사장들'이라 부르는 교황주의자들의 구역질나는 신성모독의 거짓됨을 대번에 폭로합니다. 그들은 제사를 드림으로써 그러한 마땅한 임무를 수행한다고 주장합니다. 누구든지 제사장 직무를 부여받아 그의 합당한 사역을 수행한다고 주장하는 것은 그리스도의 영광을 크게 손상시키며 성경 전체의 가르침을 전복시키는 것입니다. 이러한 특징을 악하게 가지고 있는 사람들은 그리스도만의 특권을 잠식하는 셈입니다. 또 자기들이 스스로 그러한 자들이라고 가정하는 것은 우리의 구속주(救贖主)를 멜기세덱의 반차를 따른 제사장이 아니라고 여기는 셈이며, 자기들을 아론의 반차를 따르는 후계자들로 자처하는 셈입니다.

"예수는 영원히 계시므로 그 제사장 직분도 갈리지 아니하느니라." 그리스도가 제사장으로 항상 있다는 것은 그가 자기 백성들을 항상 돌보심을 뜻합니다. 그로 하여금 제사장으로서 자기 목숨을 자기 백성들을 위해서 내놓게 했던 그 사랑이 여전히 그 안에 변치 않고 남아 있습니다. 그러므로 각자마다 같은 확신을 가지고 모든 염려를 가지고 주께 나아갈 수 있습니다. 마치 가련하고 불쌍한 사람들이 주께서 이 땅에 계실 때에 그에게 나아갔던 것처럼 말입니다. 다시, 바로 이 그리스도의 제사 직분의 영구성에 기초하여 그의 교회의 "구원의 안정성"이 확보된 것입니다.

우리는 그에 대하여 다음과 같은 확신을 견지해야 합니다.

'우리가 고통과 환난과 역경과 시험과 재난을 만나게 되는가? 교회가 이전 시대에 그렇게 어려움을 겪지 않았던가? 그러나 참된 신자가 그러한 와중 속에서 한 사람이라도 영원히 버림을 받았는가? 사탄이 격노하며 달려들고 세상이 이빨을 갈면서 나왔다가는 참된 신자들의 믿음과 인내와 고난으로 말미암아 그 세력이 꺾여지지 않았던가? 그들이 그러한 와중 속에서도 자신들의 믿음을 지켰던 것이 그들 자신의 지혜와 용기로 말미암았던가? 그들이 자기 자신들의 피로 원수를 이기거나, 아니면 그들 자신의 능력으로 그 어려움에서 구원받았던가? 아니다. 오히려 그들이 믿음을 지키고 환난에서 건짐 받고 영원히 구원받은 것은 오로지 자기들의 자비하신 대제사장의 돌보심과 능력에만 기인함이었도다.'

주님의 이름을 찬송하리로다! 그는 "어제나 오늘이나 영원토록 동일하시도다." 할렐루야 그 얼마나 놀라운 구세주이신가요! 그 얼마나 놀라운 보증이시며 그 얼마나 기이한 제사장이신가요!

35강

완전한 제사장

7:25 그러므로 자기를 힘입어 하나님께 나아가는 자들을 온전히 구원하실 수 있으니 이는
그가 항상 살아 계셔서 그들을 위하여 간구하심이라 7:26 이러한 대제사장은 우리에게 합
당하니 거룩하고 악이 없고 더러움이 없고 죄인에게서 떠나 계시고 하늘보다 높이 되신 이
라 7:27 그는 저 대제사장들이 먼저 자기 죄를 위하고 다음에 백성의 죄를 위하여 날마다
제사 드리는 것과 같이 할 필요가 없으니 이는 그가 단번에 자기를 드려 이루셨음이라 7:28
율법은 약점을 가진 사람들을 제사장으로 세웠거니와 율법 후에 하신 맹세의 말씀은 영원
히 온전하게 되신 아들을 세우셨느니라

우리가 다루려는 이 본문의 중심 주제는 사도가 7장에서 계속 생각해 왔던 것과 같은 것입니다. 곧 기독교의 위대한 대제사장이 가장 탁월하다는 것입니다. 사도가 밝히고 있는 것은 레위 제사 직분보다 우리 주님의 제사 직분이 훨씬 탁월하다는 점입니다. 여기에는 여러 가지 증거들이 제시될 수 있습니다.

첫째, 그리스도께서 멜기세덱의 반차를 따라 하나님의 부르심을 받으셨기 때문에 탁월합니다(5:10). 사도는 이 7장에서 바로 그 사실을 세 가지로 확대설명하고 있습니다. 먼저 아론의 반차보다 멜기세덱의 반차의 우월함을 증거하였습니다(7:1-10). 그 다음으로 그리스도께서 멜기기덱의 반차를 따라 '부르심을 받았다'는 것을 증거하기 위해서 시편 110:4의 메시야 예언을 들어 말했습니다. 그런 다음에 이 예언이 성취되면 필연적으로 레위의 반차는 폐지될 수밖에 없음을 보여주었습니다.

둘째, 그것이 하나님의 맹세로 엄숙하게 뒷받침된다는 사실에 비추어 그리스도의 제사 직분이 아론의 것보다 우월합니다(7:20,21).

셋째, 그리스도의 제사 직분이 영속적으로 항상 존재한다는 것을 통해서 그 점이 증거됩니다(7:23,24).

넷째, 그리스도의 제사장 사역이 구원의 효력을 가졌다는 사실로서 그 점이 증거됩니다(7:25).

다섯째, 제사장으로 섬기기 위하여 그가 갖추신 인격적 구비조건들의 완전함을 통해서 그 탁월성이 증거됩니다(7:26-28).

여섯째, 그가 지금 섬기고 있는 곳이 '하늘 성소(聖所)'라는 것을 통해서 그 요점이 증거됩니다(8:1-5).

일곱째, 그리스도의 제사 직분과 관련된 '새 언약'에 의해서도 그 점이 증거됩니다(8:6-13).

이상의 국면들 말고 다른 방향으로 생각하여 히브리서 7장의 내용 속에 들어 있는 주요 핵심을 통하여도 그 점을 확인할 수 있습니다. 다시 말하면 하나님께서 멜기세덱의 반차를 따른 제사장으로 그리스도를 들여오심으로 창출된 '결과들'을 통하여도 그 점이 밝히 드러날 수 있습니다. 첫째로 그것은 레위 반차를 따른 제사 직분이 폐지되었다는 필연적인 논리가 됩니다. 왜냐하면 그리스도의 제사 직분과 레위의 제사 직분이 함께 병행될 수 없기 때문입니다(11절). 둘째로 제사 직분의 변역으로 말미암아 모세의 모든 율법의 의식(儀式)들이 폐하여졌다는 사실을 주목해야 합니다(12절). 그 이유는 명백합니다. 전체 의식법(儀式法)은 아론의 제사 직분을 전제한 것입니다. 그 아론의 제사 직분 때문에 그 의식법이 제정된 것입니다. 그러나 기초를 무너뜨리십시오. 그러면 건물 전체가 넘어집니다. 셋째로 그리스도께서 제사장으로 서셨다는 사실은 전적으로 새롭고 말할 수 없이 탁월한 경륜의 시작을 의미합니다(19-24절). 끝으로 그러한 대제사장이 오심으로써 하나님의 모든 백성들의 구원이 틀림없이 보증되었습니다(25-28절).

사도는 히브리서 7장 마지막 몇 구절에서 교회의 믿음과 안위를 위하여 그 문제를 적용시킴으로 이제까지의 모든 논증을 종결짓습니다. 사도가 목적하는 바는 신비로운 구약성경의 여러 구절들을 열어 보여주고, 기독교가 그리스도의 제사 직분으로 말미암아 유대교보다 훨씬 영광스럽고 뛰어남을 증거하는 것입니다. 그럼에도 불구하고 사도의 가장 주요한 목적은 이러한 것들을 통해서 모든 참된 신자들의 구원의 효력과 영원한 은택을 분명하게 밝히는 데 있습니다.

그가 이제까지 끌어왔던 논증의 절정이 바로 여기 25절에서 나타납니다. 여기 7장 마지막 대목에서 그 논증의 요점을 더욱 상세하게 말하고 있습니다. 그리스도인이 마땅하게 추구해야 할 것이 무엇이며, 그들이 그리스도의 복되고 영광스러운 제사 직분으로서 기대해야 할 것이 무엇입니까? 사도는 바로 지금 이 대목에서 알리려 합니다. 사도는 자기의 모든 서신들에서와 같이 여기서도 예수 그리스도 안에 있는 하나님의 목적을 밝히고 있습니다. 다시 말하면 그리스도로 말미암은 구속(救贖)의 모든 신비와 복음의 여러 규례들을 통하여 하나님의 목적하시는 바를 밝히고 있습니다. 곧, 선택한 백성들을 구원하시어 그들로 하여금 하나님의 은혜의 영광을 찬미하게 하시려는 하나님의 목적을 사도는 보여주려 합니다.

히브리서 7:25

"그러므로 자기를 힘입어 하나님께 나아가는 자들을 온전히 구원하실 수 있으니 이는 그가 항상 살아 계셔서 그들을 위하여 간구하심이라."

먼저 우리는 이 말할 수 없이 보배로운 말씀을 문맥에 비추어 숙고해 보기로 합시다. "그러므로"라는 접속사는 앞에서 말한 것으로부터 미루어 생각하고 있음을 지시합니다. 그러면 이런 결론이 어떤 근거들을 기초하여 나온 것입니까? 아니 더 쉬운 말로 하여, 여기서 "자기를 힘입어 하나님께 나아가는 자들을 온전히 구원하실 수 있다."고 말한 '이유'는 무엇입니까? 그 이유들을 열거하자면 이렇습니다. "그가 제사장 된 것이 맹세로 되었기" 때문입니다(20절). 그리고 아버지의 목적(뜻)이 변하지 않기 때문입니다(21절). 하나님께서는 '결코 후회하지 않으십니다.' 또한 그리스도께서 '보증'이 되시는 "더 좋은 언약" 때문에 그러합니다(22절). 또한 그가 "항상 변하지 않고 제사장으로 계시기" 때문입니다(24절). 그러므로 그리스도께서는 "자기를 힘입어 하나님께 나아가는 자들을 온전히 구원하실 수 있습니다." 이것이 바로 25절이 문맥과 가진 관계라고 본 강해자는 생각합니다.

사도는 제사장이신 그리스도의 영광스러운 진리와 그 직무를 생각하게 함으로써 하나님의 백성들의 믿음을 더욱 강화시키고 그들의 위로를 더하려합니다. 사도는 바로 그 틀림없는 목적을 가지고 추론하여 "그가…능히 할 수 있다."고 말하고 있습니다. 모든 권세가 그리스도의 것입니다. 그래서 그리스도께서는 은혜의 계획을 성취할 수 있는 풍성하고 충분한 능력을 갖추고 계십니다. 우리가 대제사장의 능력을 상기하기는 이번이 두 번째입니다. 첫 번째 경우는 2:18의 말씀입니다. "그가 시험을 받아 고난을 당하셨은즉 시험 받는 자들을 능히 도우실 수 있느니라." 이 말씀에 대한 강론을 다시 참조해 보십시오.

"그러므로 자기를 힘입어 하나님께 나아가는 자들을 온전히 구원하실 수 있으니." 여기서 사도가 "온전히 구원하실 수 있다."할 때 특별하게 염두에 둔 것은 그리스도의 본체(本體)의 능력이 아닙니다. 그리스도의 '직무'

의 능력입니다. 여전히 사도가 가장 주요하게 생각하고 있는 것은 율법에 속한 다른 대제사장들보다 그리스도가 훨씬 탁월하다는 요점입니다. 그들은 개인적인 연약과 직무 수행의 시한(時限)으로 제한받았기 때문에 자기들을 힘입어 하나님께 나아가길 원하는 사람들에게 가장 필요로 하는 것을 줄 수가 없었습니다. 그러나 우리의 대제사장은 그러한 모든 불완전함으로부터 자유로우시니 "자기를 힘입어 하나님께 나아오는 자들을 온전히 구원할 수 있으십니다." 그의 제사 직분은 갈리지 아니하고 영구하기에 자기가 대표하는 하나님의 백성들의 모든 필요를 채우기에 완전하고도 충분하십니다.

"그러므로…온전히 구원하실 수 있으니." 여기서 말하는 "구원"은 단순하게 잠정적이거나 변할 수 있는 성질의 것이 아닙니다. 도리어 초자연적이고 영적이고 영원한 구원입니다. "구원하신다."는 말은 백성들이 빠져있는 어떤 '악과 위험'을 시사합니다. 그것은 다름 아닌 '죄와 죄의 모든 무서운 귀추들' 입니다. - 죄의 귀추들이란 죄책과 죄의 오염, 율법의 저주, 사단에게 사로잡힘, 임박한 하나님의 진노 등입니다. 그러므로 성경에 그리스도께서는 자기 백성들을 "그들의 죄에서 구원할 자라"고 기록되어 있습니다(마 1:21). 또한 그리스도께서는 자기 백성들을 "저주로부터" 구원하시고(갈 3:13), "임박한 진노로부터" 구원하시는 분입니다(살전 1:10).

그는 역시 구원할 수 있으십니다. 사탄을 제어하시고, 율법을 성취하시고, 죄를 없이 하시고, 하나님의 진노를 가라앉히시고, 백성들로 죄 용서를 받게 하시고, 백성들을 위하여 은혜와 영광을 피로 사시고, 아울러 하나님의 위대한 구원에 속한 모든 것을 확보하시는 일이 결코 쉬운 문제가 아니었습니다. 그러나 하나님께서는 "돕는 힘을 능력 있는 자에게" 더하셨습니다(시 89:19). 그리하여 그 일을 친히 감당하신 분은 백성들을 능히 구원하실 수 있으십니다. 그를 위하여 하나님께서 친히 지정하시어 사용하게 하신 방편들과 앞으로 나아가실 길로 말미암아 능히 그 일을 성취하실 수 있으십니다.

하나님께서 자기 백성을 구원하기 위해서 계획하신 방식은 그리스도의 제사 직분 수행으로 말미암습니다. 하나님께서는 그 목적을 위해서 다른 어떤 방편도 생각하지 않으셨습니다. 그러므로 우리는 그것을 바라보아야 합니다. 그렇지 아니하면 결코 구원에 이르지 못합니다. 안타깝게도, 오늘날 수많은 사람들이 벨리알의 아들들과 같습니다. 그들은 하나님께서 사울로 왕을 삼아 기름 부으셨을 때 사울에 대해서 이렇게 했습니다. "어떤 불량배는 이르되 이 사람이 어떻게 우리를 구원하겠느냐 하고 멸시하며 예물을 바치지 아니하였으나 그는 잠잠하였더라."(삼상 10:27) 그 사람들은 또한 "어떻게" 그리스도께서 제사장 사역으로 말미암아 죄인들을 구원하실 수 있는지 이해하지 못합니다(알고 싶어 하지도 않습니다). 그러므로 그들은 여러 가지 위선적인 모양을 띠며, 자신들을 신뢰하고 그리스도를 멸시합니다.

존 오웬(John Owen)은 말하였습니다. "모든 거짓된 종교는 그리스도를 무시하고 자기들이 신뢰할 다른 것들을 선택한 것에 불과하다. 작거나 크거나 간에 모든 미신(迷信)들은 바로 그 점을 실제로 보여 준다."

"그러므로…온전히 구원할 수 있으니." 여기 '온전히'라는 말은 이중적인 의미를 가질 수 있습니다. 사역(事役)의 완전함을 가리키거나, 그 완전함의 지속 기간의 장구함을 가리키든지 말입니다. 그래서 '철저하게,' 또는 '완전하게, 영원토록' 등으로 번역될 수 있습니다.

먼저 그 말의 첫 번째 의미인 그리스도의 사역(事役)의 완전함을 생각해 봅시다. 그리스도께서 우리의 구원에 필요한 일부만 이루시고 나머지는 우리가 스스로 성취하게 내맡겨 주시는 식으로 하지 않으실 것을 이 대목이 말하고 있습니다. "죽음을 핑계로 그 일을 단념하신 것이 아니다. 오히려 백성들의 구원을 위해서 필요한 것이라면 그는 언제나 그것에 대하여 살아 계시다."(A. Barnes)

두 번째 의미로는, 믿는 자들을 구원하시는 길에 어떠한 장애와 위험이 있더라도 주 예수께서는 자기의 제사장 직무를 행사하여 그들로 영원한 구원을 받게 하십니다. 그 일을 하시되 완전하고도 충분하게 일하십니다. 그것이 두 번째 의미입니다. 어떠한 대적이 일어난다 할지라도 그 모든 것들을 사로잡고 이기기에 넉넉하신 분입니다. 이 두 의미를 합쳐 보면, 완전한 구원은 곧 '영구한 구원'입니다.

"그러므로 자기를 힘입어 하나님께 나아가는 자들을." 이 구절은 그리스도의 구원에 참여하는 자들이 누구인지 규정짓고 있습니다. 그리스도께서는 온전하게 구원하실 수 있습니다. 그러나 모든 사람들이 다 그리스도에 의해서 구원받는 것은 아닙니다. 구원받는 사람들은 소수에 불과합니다. 수많은 사람들이 그의 말씀을 듣기는 하지만, 세상과 육신적 감각에 속한 것들을 더 사랑했습니다. 그들이 모든 것을 버리고 그를 따르기를 싫어했습니다. 그들은 "생명을 얻기 위하여 그에게 나아오지" 않았습니다. "너희가 영생을 얻기 위하여 내게 오기를 원하지 아니하는도다."(요 5:40) 그를 힘입어 하나님께 나아오는 자들만이 구원받을 수 있습니다.

"하나님께 나아가는 자들을…" 여기 "하나님께 나아간다"는 말은 첫째로 '하나님을 믿는다'는 말입니다(히 11:6). 둘째로 '예배로 하나님께 가까이 나아간다'는 말입니다(히 10:1). 여기서는 특별히 그리스도를 믿음으로 하나님께 예배함으로 나아가는 것을 의미합니다. "우리가 마음에 뿌림을 받아 악한 양심으로부터 벗어나고 몸은 맑은 물로 씻음을 받았으니 참 마음과 온전한 믿음으로 하나님께 나아가자."(히 10:22) 여기서는 특별하게 이 후자를 의미합니다. 왜냐하면, 사도는 '새 언약' 아래 있는 교회의 상태를 말하고 있기 때문입니다. 그 새 언약 아래 있는 교회는 그리스도의 제사 직분과의 관계 때문에 유대교 아래 있던 교회보다 더 유리합니다. 존 오웬(John Owen)은 이에 대하여 이렇게 말하였습니다. "그리스도를 힘입어 하나님께 나아오는 자들은 그를 믿고 그로 말미암아 하나님을 예배하기 위해 거룩한 순종으로 자신들을 포기하는 그러한 사람이다."

예수 그리스도를 힘입어 하나님께 나아가는 것이 바로 거룩한 예배입니다. 자기 백성들의 대제사장으로서 그가 가진 구원의 능력에 관심을 가진다는 것은 무엇입니까? 첫째로 그의 권위에 '순종'하는 자세로 나아온다는 말입니다. 그의 왕적 권위에 복종하며 실제적으로 그가 자기의 주군(主君)임을 인정해야 합니다. 그렇지 않으면 우리는 배도자들이나 우상숭배자들이지 하나님을 예배하는 자들은 아닙니다. 둘째로 그리스도의 중보를 받아들이기까지 그것에 '의존하는' 것을 의미합니다. 그가 우리의 죄를 속하기에 충분한 제사를 드리셨음을 인정하고, 우리 인격들과 예물들을 하나님께서 받으시게 중재하시는 중보자로서의 충분한 권위를 인정해야 합니다. 셋째로 그것의 기초로서 그의 인격을 '믿어야' 합니다. 그리스도께서 하나님께 거룩한 직무를 부여받으심을 믿어야 하고, 그 직무를 감당함으로써 자기를 힘입어 하나님께 나아오는 자들을 온전히 구원하심을 믿어야 합니다. 우리가 참된 신자들이 아니라면, 우리의 예배는 가납되지 않을 것입니다. 그러면 그렇게 하나님께 나아가는 참된 신자들은 누구입니까?

첫째로 각성받은 죄인이 그리스도께 나아옵니다. 그런 사람을 하나님께서 그리스도께 인도하십니다(요 6:44). 그런 사람이 그리스도로 말미암아 하나님께 나아옵니다. "그리스도께서도 단번에 죄를 위하여 죽으사 의인으로서 불의한 자를 대신하셨으니 이는 우리를 하나님 앞으로 인도하려 하심이라 육체로는 죽임을 당하시고 영으로는 살리심을 받으셨으니."(벧전 3:18) 그리스도께서는 그의 제사 직무를 통해서 그들을 죄로부터 구원하여 하나님께 나아가게 하십니다. 그의 의(義)가 중보자로서의 자신을 넘어 그 사람들을 하나님께로 인도하십니다. "우리가 마음에 뿌림을 받아 악한 양심으로부터 벗어나고 몸은 맑은 물로 씻음을 받았으니 참 마음과 온전한 믿음으로 하나님께 나아가자."(히 10:22) 그래서 "하나님께 나아가는 것"은 "그리스도께 나아오는 것"의 열매요 귀추입니다. 하나님은 의로우시고 거룩하십니다. 그러나 그리스도를 믿는 죄인은 그리스도 안에서 하나님과 교제를 나눌 수 있습니다. 내가 각성받아 하나님의 무서운 엄위와 완벽한 거룩하심을 의식하고 있다고 상상해 보십시오. 그러면 나는 무서워 떨며 감히 그에게 나아가지 못합니다. - 그렇지만 오늘날 그러한 경험을 하는 이들이 어디에 있습니까? 그러나 후에 가서 성령께서는 그리스도의 것들을 가지고 나에게 보여주십니다. 죄인들을 향하신 그의 긍휼과 그의 중보자의 직무, 그리고 그리스도의 완전하고도 충분하신 사랑을 보여주십니다. 그러면 두려움은 가라앉습니다. 그리고 나는 그의 말할 수 없는 은택을 인하여 하나님께 가까이 나아가 찬미를 드리게 됩니다. 그리스도의 구원하시는 "능력"이 내가 그분께 나아가는 것에 달려 있지 않습니다. 오히려 '자기 백성들'의 주저함을 이기시고 하나님께 나아갈 성향을 갖게 하시는 그리스도의 권세에 달려 있습니다. "내가 비옵는 것은 이 사람들만 위함이 아니요 또 그들의 말로 말미암아 나를 믿는 사람들도 위함이니."(요 17:20)

"이는 그가 항상 살아 계셔서 그들을 위하여 간구하심이라." 이 말씀은 그리스도께서 자기 백성을 효과적으로 구원하실 수 있는 이유를 나타냅니다.

자기 백성들을 안전케 하는 것은 그리스도께서 영원히 살아 계심입니다. "그가 항상 살아 계셔서." - 그리스도의 영속적인 사역입니다. - "그들을 위하여 간구하심이니라." 이것이 바로 그리스도의 제사 직분에 효력을 갖게 합니다. 주 예수님은 자기 백성들을 위해서 하늘에서 중보자의 삶을 영위하십니다. 그가 그들을 위해서 죽으셨듯이, 지금은 "그들을 위해서" 살아 계십니다. 그러므로 그들에게 "내가 살았으니 너희도 살리라."고 확증하셨던 것입니다(요 14:19). 이 복된 사실을 이해하거나 맛볼 수 있는 사람은 오늘날 비교적 소수에 지나지 않습니다. 복음을 인정하는 모든 사람들은 그리스도께서 자기들을 위해서 죽으셨음을 믿는다고 고백은 합니다. 그러나 그리스도께서 '항상 살아 계셔서 자기들을 위해서 언제나 간구하시는 것'이 그의 죽으심과 똑같이 절대적으로 필요함을 지각하지는 못합니다. 그럼에도 불구하고 성경은 이 점에 대해서 분명합니다. "그리스도께서 다시 사신 것이 없으면 너희의 믿음도 헛되고 너희가 여전히 죄 가운데 있을 것이요."(고전 15:17) 이에 대한 아돌프 사피어(Adolph Saphir)의 설명을 들어 봅시다.

"예수 그리스도의 십자가에 못 박히심에만 치중하여 생각하는 그리스도인들이 많다. 물론 우리 죄를 위해서 예수 그리스도께서 십자가에 못박히셨다는 그 영광스러운 진리는 아무리 생각한다 해도 지나치다 할 수 없다. 그러나 우리의 믿음이 의지하는 것은 그의 십자가에 못 박히심이 아니라 지금 살아계시는 그리스도 주님 자신이다. 우리는 이제 그리스도를 여전히 십자가 위에 계신 분으로 생각하지 말고, 죽었다가 다시 살아나시어 하나님 우편에서 우리를 위해서 간구하시는 분으로서 생각하고 믿어야 한다. 예수께서 십자가에 못 박혀 죽으셨을 때, 우리의 죄를 정결케 하셨으나 그것은 장애물을 제거한 것에 불과하다. 그가 십자가에서 죽으신 궁극적인 목적은 부활과 승천에 있었다. 고난을 통해서 영광으로 들어가시고, 하나님과 사람 사이의 완전한 중보자로 서 계시며, 우리를 하나님께 인도하시고, 자기 피로 사신 모든 복락을 우리에게 부여하실 목적을 가지고 계셨던 것이다. 그는 십자가에서 영원한 구속(救贖)을 성취하셨다. 그는 지성소로부터 영원한 구속의 복락들을 '적용'하신다. 만일 그리스도께서 다시 사시지 못했다면 우리는 여전히 죄 가운데 있을 것이다. 그리고 그러한 일이 가능할지 모르겠지만, 우리가 죄 사함을 받을 수 있다 해도 우리는 죽어 있을 것이고 성령을 받지 못했을 것이다."(A. Saphir)

믿는 자들을 온전히 구원하는 일이 그처럼 엄청난 것이기 때문에 주 예수께서 그 구원을 온전히 성취하시기 위하여 하늘에서 중보자의 삶을 영위하실 필요가 있습니다. 신앙을 고백하는 그리스도인들은 죄인들이 그리스도의 죽음 없이는 구원받을 수 없음을 일반적으로 다 인정합니다. 그러나 그리스도의 부활 사역 없이는 구원받을 수 없다는 점에 대하여는 그렇게 기꺼이 인정하려 들거나 생각하려고 하지 않습니다. 그럼에도 불구하고, 로마서 5:10은 그 요점에 대하여 매우 명백합니다. "곧 우리가 원수 되었을 때에 그의 아들의 죽으심으로 말미암아 하나님과 화목하게 되었은즉 화목하게 된 자로서는 더욱 그의 살아나심으로 말미암아 구원을 받을 것이니라." 로마서 8:33-35의 말씀을 신중하게 숙고해 보세요. "누가 능히 하나님께서 택하신 자들을 고발하리요 의롭다 하신 이는 하나님이시니 누가 정죄하리요 죽으실 뿐 아니라 다시 살아나신 이는 그리스도 예수시니 그는 하나님 우편에 계신 자요 우리를 위하여 간구하시는 자시니라 누가 우리를 그리스도의 사랑에서 끊으리요 환난이나 곤고나 박해나 기근이나 적신이나 위험이나 칼이랴." 그리스도께서 자신을 단번에 드리심으로 "우리를 위한 영원한 구속(救贖)을 성취하셨다."(히 9:12)고 인정하는 것과, 그가 드리신 제물의 열매가 그 은총을 받는 사람들에게 '항상 적용되게 하시려고' 그의 '중보의 간구'(intercession)의 필요성을 지각하는 것은 별개의 문제입니다.

그리스도께서 자기 백성들을 위하여 모든 의(義)를 이루셨고, 자기 피로 그들을 구속하셨으니, 이제 더 이상 아무 것도 필요 없다고 하면 많은 사람들이 호응할 것입니다. 그러나 이런 가정을 상정해 봅시다. 만약 그리스도께서 그가 마련해 놓으신 기초 위에 영원한 구원의 안정성을 우리 자신이 스스로 구축하게 내버려 두셨다 합시다. 또 계속 우리를 위해서 그 제사 직무를 수행하지 않으시고 수고에 대한 보상만 노려 높은 곳에 올라 계시기만 하신다 가정해 봅시다. 또한 그가 단순히 우리에게 하늘 기업을 얻을 권리와 자격을 얻게만 해놓으시고 그것을 얻을 때는 그의 도움 없이 우리 혼자서 그것을 하라고 내버려 두셨다 가정해 봅시다. 그러면 우리 모두는 우리를 멸망시키려고 항상 노리고 있는 강력한 원수들의 희생물로 금방 전락하고 말았을 것입니다. 하나님께서 "땅의 기초를 놓을 때에 새벽별들이 함께 노래하며 하나님의 아들들이 다 기쁘게 소리하였다."고 하였습니다(욥 38:4,7). 그러나 땅을 온전케 하기 위하여 하나님의 창조적 능력이 '계속' 작용할 필요가 있었습니다. 그와 같이 새 창조의 터가 그리스도의 죽으심과 부활을 통해 영광스럽게 놓여졌고, 그로 인하여 하나님께 승리의 찬가를 부르게 되었습니다(골 2:15 ; 딤전 3:16). 그 찬미는 그리스도께서 맡으신 일을 완전케 하기 위하여 불변하시는 사랑과 보증과 능력을 베풀어 주신다는 보장에 합당한 것입니다.

그리스도께서 대신 죽어주신 자들이 믿는 순간에 하늘로 취하여 가는 것이 아닙니다. 그들은 여전히 원수의 나라에 남아 있으며, 아직은 영화롭게 되지 않은 채 있습니다. 오히려 더럽게 하는 모든 영향력들을 가진 '육체'가 아직도 그들 속에 남아 있습니다. 그러므로 그들은 여전히 그리스도의 제사장적 돌봄을 긴박하게 필요로 합니다. 그의 간구하심의 응답으로 하나님께서 그들에게 성령님을 보내시고, 그들에게 새로운 은혜를 날마다 제공하시며, 그들의 원수들로부터 그들을 구출하십니다. 그들 신자들로 하여금 아버지와의 교제를 지속하게 하시고, 사탄의 참소들을 막게 하시고, 그들을 하나님께서 친히 받으시어 "그 영광 앞에 흠이 없이 즐거움으로 서게" 하십니다(유 24).

"믿는 자들의 구원을 완성하시기 위한 일이 항상 진행된다는 사실을 반대할 수 있는 자가 누구인가? 아직도 남아 있는 죄의 능력과 사탄과 세상의 대적과 싸워 이길 자가 누구인가? 자신의 본성 속에 극악하고 파멸적인 요소를 가지고 있는 모든 신자들마다 당하는 시험들이 얼마나 헤아릴 수 없이 많은가!"(John Owen)

"우리의 구원을 위하여 휘장 안에 있는 것들과 아직도 거룩한 지성소에서 진행되고 있는 조치들을 들여다 볼 수 있는 가장 영광스러운 전망대가 어디인가? 그리스도의 간구하심에 대해 우리에게 주어진 진술 안에 있다. 우리의 대제사장은 아무도 들여다 볼 수 없는 휘장 안에 들어가셨다. 그는 대제사장으로 그 안에 계셔서 하늘을 영광스러운 성전으로 만들었다. 여기에서 그가 아직도 제사장 직무를 수행하시며, 계속 그 일을 하고 계심을 믿음으로 본다. 그래서 요한에게 나타난 대로 그는 발에 끌리는 옷을 입고 가슴에 금띠를 띠고 계셨다. 둘 다 제사장이 입었던 의복들이다(계 1:13)."(John Owen의 주해를 축약시켜 인용함)

"그리스도의 간구하심은 그가 교회를 위해서 사랑과 돌봄과 불쌍히 여기심과 자비하심을 계속 베풀어주시고 계시다는 위대한 증거다. 그러나 예수 그리스도께서 여전히 그렇게 자비하시며 사랑하시며 긍휼에 풍성하신 분임을 어떻게 알겠는가? 그 사실에 대한 증거나 표증이 무엇이란 말인가? 그것은 진리이다. 그는 육체를 입고 지상에 계실 때에도 뛰어나게 그러하신 분이셨다. 우리를 위해서 자기 목숨을 내어 놓기까지 하셨다. 영광을 입으심으로 그분의 성품 자체에 어떤 변화가 일어날 수 있는지에 대해서도 확실하게 알지 못한다. 또한 우리 안에 있는 이른 바 연약과 슬픔과 분리할 수 없는 정서들이 그의 현재의 상태와 존귀와 어떻게 충돌하는 지에 대해서는 확실하게 아는 바가 없다. 오직 다만 여기서 우리는 여전히 그 직무를 계속 수행하고 계시다는 틀림없는 증거를 갖게 된다. 그런 면에서 주님을 사랑과 불쌍히 여김과 자비의 모든 열정을 가지신 분으로 이해해야 한다."(John Owen)

히브리서 7:26

"이러한 대제사장은 우리에게 합당하니
거룩하고 악이 없고 더러움이 없고 죄인에게서 떠나 계시고
하늘보다 높이 되신 이라."

사도는 이 구절에서 죄인들이 하나님께 나아가기 위해서는 용기와 그렇게 할 능력을 주시는 대제사장이 필요함을 보여줍니다. 단순히 대제사장이 필요한 것이 아니라, 우리가 거룩한 삼위 하나님께 나아감을 언제나 얻게 하시기에 합당한 어떤 탁월한 자격들을 구비한 대제사장이 있어야 합니다. 그러한 제사장이 여기에 묘사되어 있습니다.

"이러한 대제사장이 우리에게 합당하니." 그분은 불쌍한 죄인들인 우리에

게 긴요하고 합당합니다. 다른 어떤 자도 우리의 죄를 속할 수 없고, 우리의 양심을 죽은 행실에서 깨끗하게 할 수도 없고, 우리에게 하나님께 나아감을 얻게 할 수도 없습니다. 영원한 구속을 이룰 수도 없습니다. 다른 어떤 자도 믿음과 순종과 예배의 모든 마땅한 의무들을 통해서 우리에게 하나님을 위하여 살 수 있게 하는 은혜를 공급할 수도 없습니다. 또한 그 어떤 자도 환난 중에서 우리를 위로할 수도 없으며, 시험에서 우리를 건져낼 수 없으며, 영원한 영광에 이르기까지 우리의 믿음을 견지하게 하지 못합니다.

"이러한 대제사장은…거룩하고." 절망적으로 악한 죄인들을 위하여 하나님 앞에서 직무를 감당하시기에 합당한 유일하신 대제사장은 오직 "거룩하신" 그분이십니다. 여기서 사도가 생각하고 있는 것은 그리스도의 '본성'의 절대적인 순결성입니다. 그는 우리의 본래적인 더러움의 아주 작은 흠이나 티도 전혀 없는 완전하신 분입니다. 그분은 우리처럼 "죄 가운데서 잉태되고 불의 가운데서 조성된" 분이 아니십니다. 오히려 그의 인성(人性)은 '거룩한 것'이었습니다. "천사가 대답하여 이르되 성령이 네게 임하시고 지극히 높으신 이의 능력이 너를 덮으시리니 이러므로 나실 바 거룩한 이는 하나님의 아들이라 일컬어지리라."(눅 1:35) 그분은 성령의 직접적인 작용을 통하여 이적으로 잉태되셨지 육신적인 생식(生殖)을 통해서 잉태되신 분이 아닙니다. 그렇기 때문에 그는 전적으로 아담의 모든 후손들을 부패시킨 더러움으로부터 완전히 벗어나신 것입니다. 그러므로 그는 "내게 관계할 것이 없으니"라고 말씀하실 수 있으셨습니다. "이 후에는 내가 너희와 말을 많이 하지 아니하리니 이 세상의 임금이 오겠음이라 그러나 그는 내게 관계할 것이 없으니."(요 14:30) 그분 속에는 악한 자가 송사(訟事)를 하여 성공할 재료가 하나도 없었습니다. 그러한 대제사장이 "우리에게 합당하도다." 그의 본성이 오염되어 있었다면, 그는 대제사장이 되거나 희생제물이 될 만한 자격이 없었습니다. 그의 본성의 거룩함은 우리의 본성의 부정(不淨)함을 대응하기 위해서 절대적인 요건이었습니다.

"이러한 대제사장은…악이 없고." 그는 "악이 없습니다." "거룩"은 그리스도께서 하나님을 향하여 어떤 분이셨는지를 말합니다. 그는 내적으론 하나님의 뜻에 일치하셨고, 외적인 행동을 통해서는 그 내적인 거룩함을 증거하셨습니다. "악이 없다"는 것은 그리스도께서 사람들에게 어떤 분이셨는가를 말합니다. 그는 이 세상에서 실제로 삶을 영위한 사람으로서 자기와 접촉한 사람들을 정죄하거나 시험하지 않았던 오직 유일한 분이십니다. 그는 "거룩하심으로" 온 마음을 다해 자기의 주 되신 하나님을 사랑하셨습니다. 또한 "악이 없으신" 분이니 자기 이웃을 자기 몸같이 사랑하셨습니다. 그는 자기를 위해서 살지 않으셨고 언제나 그런 사람들의 유익을 위해서 사셨습니다. 그는 선한 일을 행하셨습니다. 욕을 받으실 때에도 그들을 욕하지 않으셨습니다. 악하게 대접을 받으셨을 때에도 그는 보복하지 않으셨습니다. 이리들 가운데 있는 어린 양이셨습니다. 그는 자기 날개로 치료하시는 의의 태양이십니다. 그러니 그는 제사장의 직무를 감당함으로 자기 백성들의 긴박한 문제들을 대처하기에 얼마나 합당한 분이십니까!

"이러한 대제사장은…더러움이 없고." 그는 "거룩하시고 악함이 없이" 이 세상에 들어오셨을 뿐만 아니라, 이 세상을 떠나실 때도 그러하셨습니다. 33년 동안 저주받은 세상에서 장막 생활을 하셨고 죄인들과 매일 함께 섞여 계셨지만, 그는 결코 조금도 더럽혀지지 않으셨습니다. 마치 태양 광선이 더러운 시냇물에 비추어도 그 순결성을 잃지 않듯이 그리스도께서 가장 비열한 사람들 속에 출입하셨지만 거룩의 영광에 조금도 손상이 없었습니다. 그리스도는 도덕적으로 "더러움이 없으셨습니다." 율법 아래 있던 제사장들은 의식적(儀式的)으로 더러움을 제거해야 했습니다. 그러나 그리스도께서는 자기 주위의 악에 감염되지 않으셨습니다. 나병환자를 만지셨고 그 병자는 깨끗함을 입었습니다. 그는 주검을 만지셨고 그 죽은 자가 일어났습니다. 40일 동안 그는 마귀와 함께 있었습니다. 그러나 그는 그러한 것들과 접촉한 후에도 그렇지 않았던 처음과 똑같이 흠 없는 상태 그대로였습니다.

"이러한 대제사장은…죄인에게서 떠나 계시고." 이 소절이 여기 26절에서 어떤 위치를 차지하고 있는지를 유념하여 해석해야 합니다. 이 소절은 이중적인 힘을 가지고 있으며, 바로 앞에 나온 것과 직접 연관됩니다. 아울러 바로 그 다음에 나오는 말씀과도 긴밀하게 연결됩니다. 이 소절이 "거룩하고 악이 없고 더러움이 없고"라는 말 뒤에 나오니 그것은 그리스도가 스스로 어떠한 분이신가를 요약합니다. 곧 그리스도께서 제사장의 직무를 감당하기에 합당한 그가 지닌 독특함과 적합성을 강조합니다. 그는 시편 1편이 말하는 "복 있는 사람"이셨습니다. 그는 "악인의 꾀를 따르지 아니하고 죄인들의 길에 서지 아니하며 오만한 자의 지리에 앉지" 않으셨습니다. 그는 실로 민수기 6장에서 말하는 참된 '나실인'이셨습니다. 그는 죄인들 가운데 사시면서도 성품과 성격과 동기와 행동에 있어서는 죄인들과 무한히 다르셨습니다. 세상에 계셨지만 세상에 '속한' 것은 아니었습니다. 그래서 그는 하나님과 죄인 사이의 중보자로서 행동하기에 적합한 자격을 갖추고 계셨습니다.

"죄인에게서 떠나 계시고." 이 소절이 "하늘보다 높이 되신 자"라는 소절의 길을 열고 있습니다. 이 소절은 "범죄자 중 하나로 헤아림을 입었다."는 말씀과 날카로운 대칭을 이룹니다. 우리는 그가 십자가 위에서는 죄인들의 자리에 서신 것을 봅니다. 그러나 그는 더 이상 그런 자리에 있지 않으십니다. 죽음은 이제 영원히 그를 떠났습니다. 지금은 절대적인 의미에서 "죄인들에게서 떠나" 계십니다. 곧 자기의 간구로 은혜 받는 자들과 구별되이 계십니다. 죄인들의 사회와는 다른 영역으로 옮겨지셨습니다. 그래서 이 소절은 율법 아래 있는 대제사장과 또 다른 대조점을 지적합니다. 아론은 죄인들을 위한 속죄 제물을 드렸습니다. 그런 후에도 죄인들 가운데서 존재했습니다. 그러나 그리스도는 그렇지 않으십니다.

"하늘보다 높이 되신 이라." 이에 대하여 세 사람의 주해를 인용하려 합니다.

"이 말씀은 우리의 위대한 대제사장의 현재 위치와 상태를 가리킨다. 그는 잠시 동안 천사들보다 낮게 되셨고, 땅의 낮은 부분으로 내려 오셨다. 제사장 직무의 가장 주요한 부분을 감당하기 위해서, 곧 하나님께 자신을 제물로 드리기 위해서 그렇게 하신 것이다. 그러나 그는 그러한 상태에 계속 머물러 계시지 않으셨다. 그는 땅의 낮은 부분에서 그의 제사장 직무 전체를 다 수행하셨으나 그의 직무의 전 의무를 행하지 않으셨다. 그러므로 그는 하늘보다 높이 되셨다. 그가 제사장이 되기 위하여 하늘보다 높이 되신 것이 아니다. 대제사장이시기 때문에, 우리의 대제사장으로서 하늘보다 높이 되신 것이다. 그의 직무 중 아직 온전히 이루어야 할 부분을 감당하기 위해 그리 되신 것이다. 그는 우리를 위하여 간구하시기 위해서 영원히 살아 계셔야 했기 때문이다."(John Owen)

"우리의 처지에 합당한 대제사장이 되시기 위해서는 단지 성품상 절대적 완전만 있으면 되는 것이 아니었다. 역시 존귀케 된 지위와 높은 권위와 제한받지 않는 능력을 소유해야 한다. 그는 '하늘보다 높이 되신' 자이어야 한다. 그 말씀은 그가 하늘보다 높이 되신 것이 그에게 부여된 어떤 일 때문임을 분명하게 암시한다. 그는 그의 제사장 직무의 어떤 기능들을 감당하기 위하여 하늘 아래로 내려오셔야만 했다. 그러한 일들을 성공적으로 수행하신 결과로, 그리고 그의 제사장 직무의 다른 기능들을 감당하고 위대

하고 궁극적인 목적을 성취하기 위해서 모든 하늘보다 훨씬 높아지셔야 했다."(John Brown)

"예수께서는 성막 안에서 모형화되었던 지성소로 들어가셨다. 예수께서는 모든 피조계, 곧 하늘 세계와 천사들보다 높이 되셔서 진정한 성소인 하나님의 면전에 계신다. 거기서 그는 우리의 완전한 대제사장으로서 보좌에 앉아 계신다. 하늘에서의 그의 지위는, 그가 자신을 제물로 드렸을 때 죄를 영원히 없이 하셨음을 분명히 나타낸다. 그것이 그의 신적 영광을 나타내는 것과 같이 말이다. 왜냐하면 하나님의 아들이 아니고서야, 누가 지극히 높은 곳에 계신 위엄의 우편에 앉으실 수 있는가? 기록된 바 '하나님이여 주는 하늘 위에 높이 들리시며'(시 57:5)라고 한 것과 같다."(Adolph Saphir)

그리스도께서 "하늘보다 높이 되신 것"은 하나님으로 말미암습니다. 이 점은 이미 완전한 속죄가 이루어졌음을 증거합니다. 그것은 또한 그리스도께서 우리를 대신하여 하늘 성소에 들어가셨다는 사실을 강조합니다(히 4:14 ; 8:1,2 ; 엡 1:20-23 참조). 또한 그 말씀은 그가 모든 동급의 피조물보다 높이 되셨음을 공표합니다. 그것은 또한 우리의 대제사장이 아론보다 얼마나 측량할 수 없이 높으신지를 말해줍니다.

이 구절을 마치기 전에 이 구절이 우리에게 주는 탐사적인 실제 교훈을 명심하도록 합시다. 우리의 대제사장이신 예수님의 완전함들은 우리가 마땅히 본받아 따라야 할 것들입니다. 이에 대해 존 오웬(John Owen)의 지적을 들어 봅시다.

"만일 우리가 이 대제사장의 행실을 본받기 위하여 자신을 포기한다면, 만일 그로 말미암아서만 하나님께 나아가려 한다면, 우리에게는 우리의 분량대로 성품과 삶의 거룩함으로 그를 따르는 일이 불가피하게 요구된다. 예수님을 자기들의 제사장이라고 공언하고 구원받기 위하여 예수님을 믿는다 말하면서도, 그를 따라 거룩하고 악이 없고 더럽지 아니하고 죄인들에게서 떠나려고 '애쓰지' 않는다 하자. 그 사람처럼 그리스도를 모독하고 영혼을 악하게 속이고 배반하는 자는 없다."(John Owen)

히브리서 7:27

"그는 저 대제사장들이 먼저 자기 죄를 위하고 다음에 백성의 죄를 위하여 날마다 제사 드리는 것과 같이 할 필요가 없으니 이는 그가 단번에 자기를 드려 이루셨음이라."

독자는 이 구절의 구분을 유의하여 보아야 할 것입니다. 중심 소절('먼저 자기 죄를 위하고 다음에 백성의 죄를 위하여')을 괄호 안에 넣으면, 주석가들 거의 대부분에게 고통을 주는 난제를 해결할 수 있습니다. 사도는 이 구절과 다음 구절에서 우리의 대제사장이 아론의 반차를 따른 자들보다 훨씬 탁월하다는 사실을 또 다른 실례들로 증거합니다. 26절에 묘사된 그리스도의 완전함들은 그를 레위 제사장들의 모든 연약과 무관하게 만들었습니다. 레위 제사장들의 그 연약은 그 자신들 개인의 속죄를 불가피하게 만들었습니다. 사도의 의도는, 그리스도가 무한히 하나님께 기쁨을 드리셨음을 보여주는데 있습니다. 그는 자신을 위해서 제사드릴 필요가 없기 때문에 백성들을 위하여 자신을 제물로 드린 일은 영원한 효력을 가지고 있습니다. "단번에 자기를 드렸다."는 말은 더 이상 다른 제사가 필요가 없음을 공표합니다.

"그는 저 대제사장들이 먼저 자기 죄를 위하고 다음에 백성의 죄를 위하여 날마다 제사 드리는 것과 같이 할 필요가 없으니." 사도는 여전히 그리스도와 레위 계통의 대제사장들을 대조시키고 있습니다. 하나님께서 그들의 죄 때문에 분노하시는 것이 정당하거늘, 어찌 그런 사람들이 다른 사람들 때문에 격발된 하나님의 거룩한 분노를 가라앉힐 수 있습니까? 그들은 마땅히 "날마다" 때를 따라 거듭 거듭 정기적으로 자기 죄를 위해서 제사를 드려야만 했습니다. 히브리서 10:1의 "해마다 늘 드리는 같은 제사로는…"라는 말씀을 참조하십시오. 그리고 출애굽기 13:10의 '해마다'라는 말의 히브리어가 문자 그대로 하면 "날마다, 날마다"라는 의미임을 주목하십시오. 율법을 따라 대제사장 된 사람은 자기 죄를 위하여 제사를 드려야할 뿐만 아니라, 백성들을 대신하여 드린 제물이 지속적인 효력이 없으므로 매년 드려야만 했습니다. 반면에 그리스도께서는 완전하시기 때문에 자신을 위해서는 제사 드리실 필요가 없었습니다. 또한 그의 제사는 완전한 것이므로 다시 드릴 필요가 없습니다. 그리스도의 희생제사는 "새롭고 산" 제사로 언제나 존재합니다.

히브리서 7:28

"율법은 약점을 가진 사람들을 제사장으로 세웠거니와
율법 후에 하신 맹세의 말씀은
영원히 온전하게 되신 아들을 세우셨느니라."

이 구절에서 사도는 앞에서 논의한 것 전체를 요약하고 있습니다. 자기의 논의 전체를 받쳐주었던 참된 기초를 증거합니다. 여전히 모세의 규례들을 고집하는 사람들도 하나님의 백성들 전체를 위한 한 제사장이 있어야 함을 인정했습니다. 그러한 제사장이 없다면 하나님께 나아갈 수 없었기 때문입니다. 율법 아래에서도 그러하였습니다. 만일 같은 질서가 계속 존속되지 못한다면, 교회는 필연적으로 큰 불리함에 처하게 될 것입니다. 존 오웬(John Owen)이 바르게 지적한 바와 같습니다. "우리 종교의 대제사장을 상실하는 것은 교회의 궁창에서 태양을 상실하는 것과 같다."

이제 사도는 장막과 성전에서 섬겼던 대제사장들이 그 직무를 하나님께 받았음을 인정합니다. 사도의 논증을 반대하는 자들은 이 제사장들이 바뀌지 않고 교회에서 계속 존재하리라고 확신했습니다. 하나님께서는 그들이 떠나고 다른 반차에 속한 제사장이 그 자리에 올 때를 계획하셨습니다. 이 변역은 후회스럽기는커녕 교회에 더 큰 유익과 안전함과 복락과 영광이 되었습니다. 그 이유를 다음과 같습니다.

첫째, 레위 제사장들 "율법" 안에서 세우신 이는 하나님이십니다. 그러나 새롭고 완전한 제사장은 "율법 이후에" 세움 받으셨습니다(시 110:4 참조). 그 점은 그리스도가 그들보다 우월함을 보여줍니다.

둘째, 그들은 "사람들에 불과" 하였습니다. 그러나 그리스도는 "하나님의 아들"이셨습니다.

셋째, 그들은 "율법"에 따라 제사장이 되었습니다. 그러나 그리스도는 "맹세의 말씀으로" 대제사장이 되셨습니다.

넷째, 그들은 "연약"을 지니고 있었습니다. 그러나 하나님의 아들은 조금도 연약하지 않으십니다.

다섯째, 그들은 자기 날들 동안이나 자기 세대에서만 섬겼습니다. 그러나 그는 영원히 섬기십니다.

"율법 후에 하신 맹세의 말씀은 영원히 온전하게 되신 아들을 세우셨느니라." 이에 대한 아돌프 사피어(Adolph Saphir)의 주해를 인용합니다.

"사도는 다시 결론적인 방식으로 강조하고 있다. 히브리서 처음에 선을 보였던 열쇠와 같은 요점(Key-note)으로 되돌아간다. 모세의 율법은 끊임없이 바뀌는 제사장들을 세웠다. 그러나 율법 후에 온 맹세의 말씀은 아들을 제사장으로 영원히 세웠다. 1:1,2에서 '아들'을 강조하는 표현을 비교해 보라. 아들만이 대제사장이 될 수 있었다. 그래서 그는 대제사장이 '되셨다.' 성육신과 슬픔과 믿음의 모든 체험들로 말미암아, 또한 십자가의 죽으심과 부활하심과 승천으로 말미암아 예수님은 영원히 온전하게 되셨다."

그리스도는 그의 완전한 제사의 견고한 효력 때문에 제사장 직무를 영구히 수행하고 계십니다. 할렐루야!

36강

하늘에서 섬기시는 완전한 제사장

8:1 지금 우리가 하는 말의 요점은 이러한 대제사장이 우리에게 있다는 것이라 그가 하늘에
서 지극히 크신 이의 보좌 우편에 앉으셨으니 8:2 성소와 참 장막에서 섬기는 이시라 이 장
막은 주께서 세우신 것이요 사람이 세운 것이 아니니라 8:3 대제사장마다 예물과 제사 드림
을 위하여 세운 자니 그러므로 그도 무엇인가 드릴 것이 있어야 할지니라 8:4 예수께서 만
일 땅에 계셨더라면 제사장이 되지 아니하셨을 것이니 이는 율법을 따라 예물을 드리는 제
사장이 있음이라 8:5 그들이 섬기는 것은 하늘에 있는 것의 모형과 그림자라 모세가 장막을
지으려 할 때에 지시하심을 얻음과 같으니 이르시되 삼가 모든 것을 산에서 네게 보이던
본을 따라 지으라 하셨느니라

알버트 반스(Albert Barnes)는 히브리서 8장에 대해 다음과 같이 분석하였습니다.

"히브리서 8장은 앞의 여러 장에서 진행되어 온 논증의 계속이다. 그러니 여기서도 사도는 제사 직분에 대해서 다루고 있다. 그리스도가 제사장이어야 한다. 사도는 지금까지 그리스도의 제사 직분이 레위의 반차를 따르지 않고 멜기세덱의 반차를 따른 것이어야 함을 논증하였다. 또한 그 필연적인 귀추로 율법과 제사 직분의 변역이 수반되었다는 것과, 그리스도의 제사 직분이 영구하고 도덕적으로 복된 영향에 있어서도 유대교의 제사 직분을 훨씬 능가한다는 것을 증거했다. 사도는 이 히브리서 8장에서도 이 줄기를 따라 레위 제사제도의 변역은 하나님과 자기 백성들 사이에 맺은 언약의 성질 때문에 일어난 것임을 특별하게 보여준다. 그러기 위해서 사도는 (1) 지금 논의하고 있는 전체 문맥의 중심적인 요점을 진술한다. 곧 그리스도의 제사 직분은 진정하고 영구하다는 것이다. 반면에 히브리 사람의 경륜을 따르는 제사 직분은 모형적인 것이었고, 그 성질상 잠정적인 것일 수밖에 없었다(8:1-3). (2) 그리스도께서 하늘에서 제사 직분에 속한 여러 기능들을 수행하기 위해 그리로 가신 것은 합당하고 정당함을 사도는 진술한다. - 왜냐하면 만일 그가 이 땅에 계속 남아 계셨다면 제사장으로서의 활동을 하지 못했을 것이기 때문이다. 지상에서 제사장으로 활동하는 일은 모세의 율법으로 말미암아 특정 지파에 속한 다른 사람들에게 맡겨진 일이었다(8:4,5). (3) 그리스도께서 유대교의 제사장들이 수행했던 것보다 더욱 더 높은 사역(事役)을 확보하셨음을 진술한다. 왜냐하면 그는 더 나은 언약의 중보자였기 때문이다. - 그 언약은 외적인 규례보다 마음에 관계하는 언약이다(8:6-13)."

본 강해자가 보기에 이상의 반스의 분석은 히브리서 8장에 대한 최선의 해석이라고 생각합니다. 이 대목이 이전의 앞선 사도의 모든 논의를 계속하면서도, 그 논의의 요점을 요약해 주기도 한다는 점에 우리도 동의합니다. 사도는 앞의 여러 장에서 하나님의 아들 나사렛 예수가 하나님의 백성들의 위대한 대제사장이시며 이전의 모든 제사장들보다 무한히 뛰어나시다는 논박할 수 없는 증거를 제시했었습니다. 그가 지상에 계시는 동안 제사장으로서의 직무를 행사하셨던 것과 같이 지금 하늘에서도 그 일을 역시 계속하고 계십니다. 7장 마지막 몇 구절을 통하여 그 사실에 대한 결론적인 증거를 제시합니다. 먼저, 히브리서 7:26에 "대제사장"으로서의 그에 대한 묘사가 있는데, 만일 그 묘사가 하늘에 계시는 그의 모습을 다루는 것이라면 별 의미가 없습니다. "더럽지 않고"라는 표현을 생각해 보십시오. "하늘에서" 더러운 것이 무엇입니까? 하늘에는 더러운 것이 하나도 없습니다. 그러나 그 표현을 지상에 계실 때의 그리스도의 완전함들 중 하나를 묘사하는 것이라 이해하면, 그 표현은 충만한 의미를 가집니다. 조지 스미톤(G. Smeaton)은 다음과 같이 바르게 선언하였습니다.

"히브리서 7:26,27은 지상에서 계실 때의 그리스도를 보여준다. 즉 제사장과 희생제물로서의 그분을 보여주는 것이다. 26절의 '이러한'이란 말은 7:1-25의 내용을 가리키기 보다는 27절을 가리키고 있다(8:1 참조). '거룩하고 악이 없고 더러움이 없고'라고 묘사한 것은 죄인들 속에서 죄와 접촉하셨어도 정결하셨던 지상에서의 그의 됨됨이를 묘사한다. 다시 7:26의 '하늘보다 높이 되신 자라.'는 표현을 잘 주목해 보라. 누가 하늘보다 높이 되셨는가? 26절의 첫 부분은 '우리의 대제사장'이라고 말한다. 27절의 마지막 소절, '이는 그가 단번에 자기를 드려 이루셨음이라.'는 말씀을 주목해 보라. 누가'이것을' 행하셨는가? '그는' 누구인가? 물론 주 예수님이시다. 그렇다면 거기서는 어떠한 차원에서 예수님을 보고 있는가? 말할 필요도 없이 '대제사장'으로서의 예수님이다. 2:17을 들어보라 '그러므로 그가 범사에 형제들과 같이 되심이 마땅하도다 이는 하나님의 일에 자비하고 신실한 대제사장이 되어 백성의 죄를 속량하려 하심이라.' 이 말씀과 로마서 3:25의 말씀이 명백히 선언하듯이 그는 십자가에서 화목을 이루셨다. 그래서 다시, 4:14에서 우리는 "그러므로 우리에게 큰 대제사장이 있으니 승천하신 자 곧 하나님의 아들 예수시라."는 말씀을 듣게 되는 것이다. 그는 하늘에 들어가신 후에야 제사장이 되신 것이 아니라, '승천하실 때'에 이미 '제사장'이셨다. 이보다 더 분명한 어투는 있을 수 없다."

이 점에서 실수하면 어떤 구실도 정당할 수 없습니다. 우리가 이 점을 강조하는 오직 한 가지 이유가 있습니다. 자기들의 전통을 그처럼 큰 소리로 뽐내던 많은 사람들이 조직적으로 그 점을 부인하기 때문입니다. 그리스도의 희생이 곧 '대제사장적 제사'라는 것이 에베소서 5:2에서 명백해집니다.

"그리스도께서 너희를 사랑하신 것 같이 너희도 사랑 가운데서 행하라 그는 우리를 위하여 자신을 버리사 향기로운 제물과 희생제물로 하나님께 드리셨느니라." '제물'로서만 아니라 '생축(희생제물)'으로도 드리셨습니다. 제사장들이 아니면 이스라엘의 제사를 하나님께 드리지 못했습니다. 그리스도께서 승천하신 '후에' 제사장이 된 것이 아님을 히브리서 9:11,12이 명백하게 증거합니다. "그리스도께서 장래 좋은 일의 대제사장으로 오사 손으로 짓지 아니한 것 곧 이 창조에 속하지 아니한 더 크고 온전한 장막으로 말미암아 염소와 송아지의 피로 아니하고 오직 자기 피로 영원한 속죄를 이루사 단번에 성소에 들어가셨느니라." 그리스도는 대제사장의 '자격'으로 하늘로 들어가셨습니다. 그러므로 그리스도가 승천하신 후에야 제사장이 되셨다고 가르치는 자들은 알게 모르게 하나님의 진리를 무식하고 악하게 부패시키고 있습니다. 그리고 그들은 우리의 거룩한 믿음의 가장 중요한 요점 하나를 부인하고 있다고 말할 수 있습니다.

히브리서 8장 처음 몇 구절에서 사도가 취하고 있는 논증의 줄기는 쉽게 파악되지 않습니다. 주께서 우리에게 그 구절 속의 의미들을 밝혀 주시려고 하시는 한도 내에서 그것을 이렇게 이해합니다. 곧, 그리스도께서 하나님 우편에 오르셨고 그의 보좌 위에 제사장으로 앉아 계시므로 지상의 유대교 성소에서 섬기는 자가 아닙니다. 도리어 모형이 아닌 원형인 하늘에 속한 성소에서 섬기는 자라는 증거를 얻게 되었습니다.

사도는 7장에서 그리스도의 제사 직분이 아론의 반차보다 훨씬 탁월함을 나타냈으며, 그 직분을 감당하기 위하여 그리스도께서 완전하고도 충분한 자격을 구비하셨음을 밝혔습니다. 이제 사도는 그가 자기의 제사 직분을 충성되게 감당하신 사실을 확증하려고 하며, 10:19까지 그 주제를 계속해 끌고 나갑니다. 7장에서 두드러지게 나타났던 것은 우리 대제사장의 '인격'의 탁월성이었습니다.

여기 8장에서 숙고되는 것은 그의 '섬김(ministry)입니다. 2절에서 그리스도를 "성소와 참 장막에 부리는 자라."고 말하고 있는 것과, 3절에서 그가 "저도 무슨 드릴 것이 있어야 한다."는 것과, 5절에서 "섬기다"라는 말과, 6절에서 "직분"이라는 말을 주목해 보십시오. 8장에서는 구속주의 제사 직분이 행사되고 있는 곳이 바로 하늘의 성소라는 점에서 그의 제사장 직분의 탁월함이 더욱 드러납니다(1-5절). 또한, 보다 '더 좋은 언약'에 부응하는 그 제사 직분의 여러 행사들의 차원에서 구속주의 제사 직분의 탁월성이 드러납니다(6-13절).

히브리서 8:1

"지금 우리가 하는 말의 요점은

이러한 대제사장이 우리에게 있다는 것이라

그가 하늘에서 지극히 크신 이의 보좌 우편에 앉으셨으니."

이 표현의 문법에서 현재분사가 보입니다. 그러므로 "이제 우리가 말하고 있는 것들의"(of things of which we are speaking)라고 번역해야 합니다.[1] 그 분사는 이 서신의 전체 내용 전체를 일반적으로 가리키고 있으며, 특히 4:14에서 10:18까지의 내용을 더 가리킵니다. "우리가 하는 말의 요점" - 가장 영광스러운 요점 - 을 여기서 지적하고 있습니다. 히브리서 앞부분에서 가르친 모든 내용이 이 대목에서 절정을 이루어 마무리되고 있음을 지적하고 있습니다. 왜냐하면 그리스도의 대제사장직이 그 가르침의 빼어난 주제이기 때문

1) Revised Version 의 역문은 in the things which we are saying이라고 되어 있다.

입니다.

"이러한 대제사장이 우리에게 있다는 것이라." 이 말씀은 특히 7:26을 가리킵니다. 존 브라운(John Brown)은 7장 마지막 몇 절과 8장의 처음 몇 절 사이에 매우 긴밀한 관계가 존재함을 지적했습니다.

"우리는 예수 그리스도의 대제사장 직분이 이 대목의 가장 큰 논점임을 명심하게 한다. 사도는 두 논증을 통해서(히브리서 5장) 우리 주님의 대제사장 직분의 진정성을 밝혔다. 그가 이 직분을 받은 과정이 합법적인 것이라는 논증과, 그가 그 직분에 속한 여러 직무들을 성공적으로 감당하셨다는 논증으로 말미암아 그 점을 명백하게 보여주었던 것이다. 사도는 이제 우리 주님의 대제사장 직분의 말할 수 없는 탁월함과 존귀함을 밝히려고 한다. 사도는 매우 정교하게, 우리 주님의 제사 직분이 아론과 그의 아들들의 제사 직분보다 우월하다는 것을 증거하기 위해 시편에 기록된 옛 말씀에서 네 가지의 논증을 끌어낸다. '여호와는 맹세하고 변치 아니하시리라 이르시기를 너는 멜기세덱의 반차를 따른 영원한 제사장이라 하셨도다.'(시 110:4) 다섯째 논증이 전적으로 그 말씀에 기초한 것은 아니지만, 그 말씀을 통하여 암시받은 것을 가지고 7:26부터 논증을 시작한다. 우리가 틀리지 않는다면, 그 다섯째 논증은 거기서부터 8:6의 중간까지 진행된다. 8:6의 중간 이후부터 아론의 제사장들보다 우리 주님이 우월함을 나타내는 새로운 논증이 시작됨이 분명하다. 그 논증의 내용은 이러하다. - 아론과 그의 아들들의 제사 직분보다 우리 주님의 제사 직분이 우월한데, 그것은 주님의 제사 직분과 관련된 언약이 훨씬 더 탁월하다는 사실로부터 더 명백해진다.

"히브리서 8:6에 들어 있는 논증의 본질적 내용을 다음과 같이 표현할 수 있다. 사람의 입장에 서서 제사 직분을 성공적으로 감당하기 위해서는 그 인격으로 구비할 어떤 조건들이 있다. 아론의 제사 직분에는 이 구비조건들이 부족했다. 그러나 그리스도 예수 안에서는 그 구비조건들이 완전히 갖추어졌다. 우리, 다시 말하면 사람들은 '거룩하고 악이 없고 더럽지 않고 하늘보다 높이 되신' 대제사장을 필요로 한다. 유대교의 제사장들은 바로 이 묘사에 부합하지 못했다. 그 묘사는 예수 그리스도에게만 부합된다. 그리스도 안에서 우리 '그리스도인들'은 그러한 대제사장을 모신다. 결론은, 그가 '보다 탁월한 직분'을 받으셨다는 것이다. 내가 이해하기로는, 이런 식으로 모든 일이 함축되어 있다. 사도의 논증적인 실증이 그렇게 해서 완전하고 만족한 모습을 드러낸다. 실로 '이러한 대제사장'(7:26)이라는 소절과, '이러한 대제사장이 우리에게 있다.'라는 소절은 그 사상의 맥락이 계속된다는 사실을 분명하게 보여주려는 의도로 주어진 것 같다.

"이제 하는 말의 중요한 것은 이러한 대제사장이 우리에게 있는 것이라. 그가 하늘에서 위엄의 보좌 우편에 앉으셨으니 이 말씀은 그리스도와 레위 제사장들 사이의 또 다른 대조점을 지적한다. 우리 주 예수께서 잠시 동안 깊은 낮아짐의 조건으로 들어가 종의 형체를 입으셨다. 그리고 죄인의 육체의 모양을 취하셨던 것은 사실이다. 그것은 그가 드리려는 제사를 위해 필연적인 일이었다. 그러나 제사장 직분을 계속 감당하기 위해서 그가 처해 있는 '항구적이고 영속적인 상태'에서는, 아론이나 그의 후계자들보다도 말할 수 없이 높아지셨다. 유대교의 대제사장은 매년 한 차례씩 하나님께 속죄제물을 드린 후 피를 가지고 휘장 안으로 들어가 하나님 앞에 드렸다. 그러나 그는 모형적인 시은좌(施恩座, 속죄소) 앞에서 거룩한 외경심으로 서서 할 일을 끝마친 다음에는 황급히 물러 나와야 했다. 반면에 그리스도께서는 하나님께 제사를 드린 후, 하늘로 들어가셔서 보좌 앞에 겸비한 경외심을 가지고 서있는 것이 아니라 하나님 우편에 앉아 계신다. 잠시 동안이 아니라 영원히 그렇게 하신다."(John Brown)

성령께서 이 대목을 통해서 직접적으로 의도하시는 바는, 지독한 시련을 받고 있던 히브리 사람들의 마음을 위로하고 그 믿음을 세워 주시려는 것입니다. 그들은 끊임없이 그들의 믿지 않는 동족에게서 유대교의 거룩한 의식에 참여하지 않는다는 비난을 받았습니다. 믿지 않는 유대인들은 그들을 향해서 '성전도 없고 제사장도 없고 제사도 없는 자들이라.'고 비난했습니다. 그러므로 사도는 그들로 하여금 다시 "이러한 대제사장이 우리에게 있다."는 사실을 상기시켜 주고 있습니다. 그 대제사장은 눈에는 보이지 않지만, 육신적 계명의 율법 아래 섬기던 자들보다 영광과 존귀에 있어서 훨씬 더 뛰어나신 분입니다. 오늘날 그리스도인들에게 있어서 "이러한 대제사장이 우리에게 있다."는 것은 그리스도와 하나님의 선택한 백성들과의 관계를 규정지어 줍니다. 타락한 천사들과 배도한 죄인들은 대제사장을 갖지 못합니다. 그들의 심판이 '영원한 이유'는 바로 그 한가지 사실 때문입니다. 그들은 그들을 변호해 줄 중보자를 결코 갖지 못할 것입니다.

사도가 이 서신에서 크게 목적하는 바는 히브리 사람들의 마음이 예루살렘 성전을 떠나 지극히 높은 곳에 있는 기독교 예배의 참된 '성소'로 향하게 할 논거를 제시하는 것입니다. 히브리서에서 그리스도가 '승천한' 일이 그처럼 탁월한 위치를 차지하고 있는 것도 바로 이런 이유 때문입니다. 히브리서의 바울 저작을 반대하는 자들이 제시하는 육신적인 비평 중 하나는 '히브리서에는 그리스도의 부활을 직접 언급하는 부분이 단지 한 번 밖에 없다.'는 것입니다(13:20). 바울의 다른 서신들에서는 그리스도의 부활이 무척 탁월한 위치를 차지하고 있으나 히브리서에는 그렇지 않다는 식입니다.

그러나 바울이 이 서신에서 그렇게 한 이유는 쉽게 설명될 수 있습니다. 히브리서의 강조점은 그리스도가 하나님 우편에 앉아 계시다는 데 있습니다(1:3 ; 4:14 ; 6:20 ; 7:26 ; 8:1 ; 9:24 ; 11:12 ; 12:2). 그 이유는 어디에 있습니까?

예루살렘의 성전 예배를 떠난 자들로 하여금 확신을 가지게 하려 함입니다. 그들이 단순히 모형적이고 잠정적인 것들이 예표하는 실체와 본질을 가지고 있습니다. 그리고 참된 성소는 땅에 있는 것이 아니라 하늘에 있습니다. 그리스도 자신이 지금 그 하늘에서 직무를 감당하고 계십니다. 그들로 하여금 그 사실을 확신케 하려고 합니다. 그래서 그리스도의 승천에 강조점이 주어진 것입니다.

"그가 하늘에서 지극히 크신 이의 보좌 우편에 앉으셨으니." 우리의 대제사장이 지금 차지하고 있는 높아진 위치는 그의 인격과 직무 모두에 해당됨을 보여줍니다. 또한 그 높은 위치는 그 제사 직무의 여러 기능들을 성공적으로 수행할 것을 기대하기에 얼마나 충분한 지를 확신하게 함을 누가 모르겠습니까? "하늘에서 지극히 크신 이의 보좌 우편에" 누가 앉아 계십니까? 사도행전 7:55,56의 말씀은 이것을 하나의 육신적이거나 문자적인 방식으로 해석하지 못하게 경고합니다. "스데반이 성령 충만하여 하늘을 우러러 주목하여 하나님의 영광과 및 예수께서 하나님 우편에 서신 것을 보고 말하되 보라 하늘이 열리고 인자가 하나님 우편에 서신 것을 보노라." 히브리서 8:1과 1:3에 대한 우리의 강해를 참조해 보세요. 그리고 히브리서 12:2의 말씀과도 서로 비교해 보면 몇 가지 주목할 만한 동사의 변화가 보입니다. 1:3에서는 "아들"로서의 그리스도의 인격적 영광을 보여주고 있습니다. 그곳에서는 "보좌"가 언급될 필요가 없었습니다. 12:2에서는 사람이신 그리스도 예수님의 상급을 주요하게 다룹니다. 그리고 거기에는 "보좌"가 나타납니다. 그러나 그곳에서는 "하늘에 있는 위엄"이란 말을 발견하지 못합니다. 그러나 여기 8:1에서는 그리스도의 제사직분의 존귀와 영광을 확증하고 있으니 "하나님의 보좌와 위엄"이 다 언급되어 있습니다.

히브리서 8:2

"성소와 참 장막에서 섬기는 이시라
이 장막은 주께서 세우신 것이요 사람이 세운 것이 아니니라."[2)]

"성소와 참 장막에서 섬기는 이시라." 이는 지극히 복된 표현입니다. 존 오웬(John Owen)은 이 표현을 이렇게 주해하였습니다. "그리스도께서 하늘에 있는 위엄의 보좌 우편에 앉으셨다고 함으로써 영광과 존귀에 있어서 높아지셨음을 선언하였다. 그러니 그에게 더 이상 무엇을 기대할 수 있겠는가? 거기서 그는 살아 계시고, 자기 자신의 복락과 영광을 누리며 영원토록 복되게 존재하신다. 하나님의 아들이신 그분이 이 세상에 내려와 당한 모든 역경과 고통을 마치고 그러한 자리에 계심이 이치에 합당치 않은가? 그가 더 제사장 직분과 그 의무를 감당하기 위해서 낮아지셔야 한다고 누가 기대할 수 있겠는가? 사람들은 일반적으로 그에 대해 다른 생각들을 가지고 있지 않다. 그러나 사도가 특별한 방식으로 나타내려고 하는 예수의 높아지심 속에서 교회는 어떠한 유익을 얻는가?"

우리의 복되신 구속주께서는 아직도 그의 높아지신 영광속에서 자기 교회를 위해서 공적 직분을 수행하는 겸비한 자세를 취하고 계십니다. 그리스도께서 지상에 계실 때에 우리를 위해서 어떠한 일을 하셨는지를 우리의 믿음이 이해하는 것은 참으로 중요합니다. 그뿐 아니라 그가 하늘에서 자기 백성들을 위해서 지금 무엇을 하고 계신지를 이해하는 것은 더욱 더 필요한 일입니다. 진실로 그의 중보의 전체 생명과 효력은 그가 우리를 위해서 '지금 현재' 하고 계신 일에 달려 있습니다. 그가 지금 부단히 감당하고 계시는 직

---

2) 개역한글에서는 이 대목을 "참 장막에서 부리는 자"로 번역하였다. KJV에서는 A minister of the sanctuary and of the true tabernacle로, NIV에서는 and who serves in the sanctuary, the true tabernacle로 번역하였다. - 역자 주

분처럼 구세주의 기이한 은혜와 놀라운 사랑이 더 영광스럽게 나타난 적이 없을 정도입니다.

모든 수치와 고난과 죽음의 고통에도 불구하고 자기 백성들을 위하여 제사 드리는 일을 불사하셨듯이, 지금도 영예와 영광과 존귀로 옷 입고 계시지만 여전히 하나님 앞에 그 공로를 내보이시며 그 복락을 자기가 대신 제사 드려준 자들에게 베풀어 달라고 간청하는 일을 사양하지 않으십니다. 그의 관심은 여전히 이 광야 같은 세상 가운데 있는 자기의 가련한 백성들에게 집중되어 있습니다.

우리의 큰 대제사장이 들어가 섬기고 계신 "성소"는 바로 하늘 그 자체입니다(9:24 ; 10:19). 그곳은 하나님의 위엄과 영광이 가장 충만하게 드러나 있는 곳입니다. "여호와께서 그의 높은 성소에서 굽어보시며 하늘에서 땅을 살펴보셨으니."(시 102:19) 하늘을 "성소"라고 부르는 이유는 이스라엘 성막(聖幕)의 거룩한 곳들을 통해 모형적으로 예표되었던 모든 것의 실체가 하늘에 있기 때문입니다. 지금 그 하늘 성소에서 그리스도께서 자기 교회를 위하여 제사장 직분을 감당하고 계십니다. 아론이 지성소에 들어갈 때 이스라엘 사람들은 모두 기뻐하였습니다. 왜냐하면 그가 그들의 모든 죄를 속할 속죄의 피를 가지고 들어갔기 때문입니다. 그와 같이 그리스도께서 하늘에 계시고 그의 공력 있는 피의 효력을 가지고 탄원하십니다. 그 사실은 그 백성들의 마음을 말할 수 없는 기쁨으로 충만케 하는 것입니다(요 14:28 참조).[3)]

"성소와 참 장막에서 섬기는 이시라 이 장막은 주께서 세우신 것이요 사람이 세운 것이 아니니라." 매우 많은 사람들이 이 구절이 앞 소절을 확대 설명한 것이라고 상정합니다. 그러나 사실은 전혀 별개의 것입니다. 여기 "참 장

---

3) "내가 갔다가 너희에게로 온다 하는 말을 너희가 들었나니 나를 사랑하였더라면 내가 아버지께로 감을 기뻐하였으리라 아버지는 나보다 크심이니라."(요 14:28)

막"이란 표현에서 '참'이란 거짓된 것(이방 우상의 전당들)의 반대 개념으로 쓰인 것이 아닙니다. 모형적이고 그림자적이고 잠정적인 이스라엘의 성막과 대조하는 수식어입니다. 이 "참"이라는 말은 실질적이고 견고하고 영속적인 것이라는 의미를 가집니다. 이스라엘의 장막은 원형적인 '참 장막'의 그림자에 불과했습니다. 주님께서 하신 말씀 속에서도 그와 같은 대조가 보입니다. "모세가 너희에게 하늘로부터 떡을 준 것이 아니라 내 아버지께서 너희에게 하늘로부터 참 떡을 주시나니."(요 6:32) 이 말씀은 그 말의 의도를 알려 줍니다. 그러나 여기서 "참 '장막'"이란 말은 무엇을 가리키는가요? 그것은 구속주의 인성(人性)을 가리킵니다. 그리스도는 그 인성을 가지고 높은 곳에 계신 하나님의 면전에서 섬기십니다.

그 요점을 이렇게 증명할 수 있습니다. 첫째로 고린도후서 5:1과 베드로후서 1:13에서 사람의 몸을 '장막'이라는 상징적인 말로 표현합니다. 둘째로 성령께서는 요한복음 1:14에서 이 단어(헬라어로)를 특별하게 사용하셨습니다. "말씀이 육신이 되어 우리 가운데 거하시매"에서 '우리 가운데 거하신다.'는 말이 '우리 가운데 장막을 치셨다.'는 뜻입니다(The Word became flesh and tabernacled among us). 셋째로 히브리서 9:11을 보면 '장막'은 명백히 그리스도의 인성(人性)을 가리킵니다. 히브리서 9:11의 '장막'이 9:12의 '거룩한 곳'(성소)과 구별되게 쓰고 있음을 유념하여야 합니다.

이에 부연할 것이 있다면, 이스라엘의 장막은 성육신하신 구속주에 대한 뛰어난 구약의 모형이라는 사실입니다. 우리는 요한복음 1:14의 강해에서 이 기이하고 놀라운 진리를 보다 자세히 밝혔습니다. 관심 있는 독자라면 요한복음 강해의 그 부분을 참조할 것입니다. 여기서는 다만 한 두 가지 국면에 대해서만 말해야겠습니다. 하나님께서는 이스라엘의 장막을 하나의 거하는 장소로 구별하셨습니다(출 29:44,45). 그와 같이 그리스도 안에는 "신성(神性)의 모든 충만이 육체로 거하십니다."(골 2:9) 그 장막 안에서 하나님의 영광이 가장 현란하게 나타났습니다. "여호와의 영광이 성막에 충만하매."(출 40:34) 그와 같이 사도는 그리스도에 대하여 "우리가 그 영광을 보니 아버지의 독생자의 영광이요."라고 선언하였습니다(요 1:14). 장막 안에서 제물과 향품이 하나님께 드려졌고, 모든 거룩한 예배가 집행되었습니다. 그처럼 그리스도는 자기 몸 안에서 자신의 희생제사와 기도와 모든 거룩한 예배를 드렸습니다(히 5:7, 10:5) 사람들이 자기들의 모든 제물을 가지고 장막으로 나왔듯이(레 1:3), 우리도 우리의 모든 것을 가지고 그리스도께 나아가야 합니다(히 13:5).

"이 장막은 주께서 세우신 것이요 사람이 세운 것이 아니니라." 이 구절은 우리 주 예수님의 동정녀 탄생과 인성(人性)의 초자연적인 성격을 가리키고 있음에 틀림없습니다. 이 말씀은 "오직 나를 위하여 한 몸을 예비하셨도다."(히 10:5)라는 말씀과 병행합니다. 여기서 "세우다"(pitched)는 동사는 성막을 세우고 견고하게 함을 표현하는 적합한 단어입니다. 기둥과 막대를 고정시키고, 성막의 여러 줄들을 단단하게 조이는 일들은 장막을 세우는 가장 주된 방법이었습니다(사 54:2). 여기서 의미하는 것은 그리스도의 인성의 '준비'입니다. 이 세상에서 취한 바 된 몸이 잠시 동안 구부러졌으나 후에는 조금도 꺾이거나 손상되지 않고 다시 세움을 입어야 합니다. "주께서 세우신 것이요"라는 표현은 그리스도 인성의 신적 기원(起源)을 보여줍니다(마 1:20). "사람이 세운 것이 아니니라."는 말씀은 그리스도께서 나셨을 때에 인간의 아버지가 거기에 전혀 관계되지 않았음을 선언합니다(눅 1:34,35).

히브리서 8:3

"대제사장마다 예물과 제사 드림을 위하여 세운 자니

그러므로 그도 무엇인가 드릴 것이 있어야 할지니라."

이 구절의 첫 번째 단어('왜냐하면')[4]는 사도가 1,2절에서 선언한 것을 확증하고 있음을 암시하며, 보편적인 원리에서 특별한 국면으로 논증을 진전시키고 있음을 지시하고 있습니다. "대제사장마다 예물과 제사 드림을 위하여 세운 자니."(하나님께서 바로 그 일을 하라고 그를 부르셨으니) 그러므로 우리의 대제사장인 그리스도도 마땅히 그 목적을 위해 세우심 받았음에 틀림없습니다. 그래서 주 예수님은 모형이 아닌 원형의 성소에 속한 일을 하셨고, 지금도 하고 계십니다.

히브리서 8장의 처음 몇 구절에서, 우리는 하늘의 성소에 계신 구속주가 자기 백성들을 위해서 하나님 앞에서 섬기고 계시는 모습을 봅니다. 그렇다면 그가 어떻게 그 성소에 들어가셨습니까? 율법 아래 있던 대제사장은 제물을 드린 후에 성소에 들어갔습니다. 우리의 믿는 도리의 대제사장도 역시 그러하셨습니다. "대제사장마다 예물과 제사 드림을 위하여 세운 자니 이러므로 저도 무슨 드릴 것이 있어야 할지니라." 주의 깊은 독자라면 이 말씀을 그 자체로만 생각해서는 독특하고 완전하고 만족할 만한 의미가 전달되지 않는다는 느낌을 가질 것입니다. 그 진술은 분명히 생략법을 사용하고 있습니다. 그 생략한 부분을 다음과 같이 설명할 수 있을 것 같습니다. 우리는 참 지성소인 하늘의 성소에 들어간 대제사장을 모시고 있습니다. 모든 대제사장마다 지상의 성소에 들어가기 위하여 제사 예물을 드려야 했습니다. 그것을 위하여 하나님께 세우심을 받은 것입니다. 원형과 모형은 분명히 서로 상응되기 마련입니다. 이 놀라운 제사장 역시도 참 성소에 나아갈 길을 얻기

4) 우리말 개정개역이나 개역한글에서와는 달리 KJV는 이 문장을 '왜냐하면'이라는 이유 접속사로 시작하고 있다. For every high priest is ordained to offer gifts and sacrifices - 역자 주

위하여 드려야 할 무엇을 가져야 함은 필연적인 일입니다.

그리스도께서 하늘의 성소인 그곳에 계시다고 하는 사실은 단번에 드린 속죄 희생제사가 있었다는 증거이며, 또 그 제사가 효력을 얻었다는 증거입니다. 성소에 나아가기 위하여 그가 반드시 드릴 필요가 있었던 '그 무엇'이 대체 무어란 말입니까? 우리는 그 대답을 찾기 위하여 뒤돌아보지 않을 수 없습니다. 그 제물은 "거룩하고 악이 없고 더럽지 아니하고 죄인들에게서 떠나 계신 예수님 자신"이었습니다. 그는 하나님의 율법의 교훈적이고 명령적인 부분에 대하여 완전하고 기꺼운 순종을 드리셨습니다. 바로 그것이 대제사장이신 그분이 '참 성소'로 나아갈 길을 열어 주었습니다. 그 참 성소에서 그는 하나님 면전에서 자기의 구속(救贖)받은 백성들의 이름으로 공적 직무를 행사하십니다.

이에 대하여 존 브라운(John Brown)은 이렇게 말합니다.

"그가 율법에 의해 지시된 제물을 가지고 있을 수 없었음은 명백하다. 왜냐하면 그는 율법에 의하여 그 제물들을 가지고 들어가게 되어 있는 사람들의 부류에 속해 있지 않았기 때문이다. 그러나 그는 더 나은 제물을 가지고 계셨다. 히브리서 10:5-13를 읽어 보라."

존 칼빈(John Calvin)은 또 이렇게 말하였습니다.

"사도는 그리스도의 제사 직분이 레위의 제사 직분과 공존할 수 없음을 보여주려 한다(3절). 그는 그것을 이렇게 증거한다. - 율법은 제사장들에게 하나님께 제물을 드리라고 지시하였다. 그래서 제사 직분은 제물이 없이는 아무런 의미도 없어 보였다. 그러나 그리스도께서는 율법 아래 드려지는 그러한 제물들은 전혀 가지고 계시지 않았다. 그래서 그의 제사 직분이 지상적이거나 육적인 것이 아니라 보다 더 탁월한 성격에 속한 것이었다는 필연적인 귀결이 나오는 것이다."

히브리서 8:4

"예수께서 만일 땅에 계셨더라면

제사장이 되지 아니하셨을 것이니

이는 율법을 따라 예물을 드리는 제사장이 있음이라."

그리하여 성령께서는 그리스도인들의 큰 대제사장이 하늘의 보좌에 앉힌 바 되셨음을 더욱 확증하였습니다(1절). 또한 그는 거기서 "섬기시는" 분이십니다. 원형적인 성소인 "참 장막 곧 그의 인성 안에서 섬기고 계시다."는 말입니다(2절). 그가 그 성소에 들어갈 자격을 얻을 수 있었던 것은 그 자신을 드린 완전한 제물 때문입니다(3절). 사도는 이제 "예수께서 만일 땅에 계셨더면 제사장이 되지 아니하셨을 것이니 이는 율법을 좇아 예물을 드리는 제사장이 있음이라"고 선언합니다. 3절 초두의 "왜냐하면"이라는 단어는 1, 2절에서 선언된 것을 되돌아보면서 하는 말입니다. 또한 그 말은 그리스도의 제사장 사역이 하늘 성소에서도 계속된다는 또 다른 증거를 제시합니다. 지상에 있는 체계, 곧 유대교는 "율법을 따라" 제물을 드릴 제사장들을 갖추고 있었습니다.

이에 대하여 샘슨(F. S. Samption)의 주해를 들어 봅시다.

"지상적이고 모형적이고 열등한 제사 직분이 이미 주어져 있었다. 그리고 그 제사장 직분의 원칙들도 서 있었다. 또한 그 역할을 감당할 사람들도 정해져 있었다. 그 규례에 따르면, 그리스도 예수께서는 그들 가운데 속한 사람이 아니고 제사직분을 받을 권리가 있는 지파에 속한 사람도 아니었다. 그러므로 앞에서 입증된바 그리스도께서 제사장 직무를 감당하고 계시다는 사실은 그가 제사장으로 섬기는 성소가 레위 제사장들이 섬기는 성소와는 다름을 보여준다."

"예수께서 만일 땅에 계셨더라면 제사장이 되지 아니하셨을 것이니." 바로 이 4절이 그가 승천하시기 전에 제사장 직무를 수행하셨음을 부인하는 사람들이 가장 잘 들고 나오는 구절입니다. 그러나 그것을 그 배경에 비추어 유심히 살펴보면, 그런 소시니우스주의의 관점을 취할 만한 근거가 전혀 보이지 않습니다. 사도가 여기 8장에서 다루고 있는 것은 그리스도의 제사 직분 전체가 온전히 수행된다는 점입니다. 자신을 단번에 드린 것으로 다 끝난 것이 아니라 그의 계속적인 간구하심이 바로 그 제사 직무에 속한 것입니다. 이제 그 간구하심이 하나님 우편, 즉 하늘에서 이루어져야 합니다. 우리는 구약의 모형들이 그것을 요구하기 때문에 "이루어져야 한다."고 말하는 것입니다. 아론은 피뿐 아니라 향을 가지고 지성소로 들어가야 했습니다(레 16장). 만일 그리스도께서 부활하신 후에도 지상에 남아 계셨다면, 그의 제사장 사역의 절반밖에는 성취하지 못한 셈이 됩니다. 그의 간구하심은 하나님의 통치의 정당성들을 유지하기 위해서 필요하였습니다. 또한 구속주로서의 자신의 옳음을 나타내고 자기 백성들의 복락을 위해서도 그런 일이 필요하였습니다. 그가 이 땅에서 시작한 사역이 하늘에서도 계속되고 온전하게 완성되고 성취될 수 있기 위해서는 그럴 필요가 있습니다. 그리스도의 속죄 제물은 단번에 드려진 것입니다. 그러나 그의 교회가 그 속죄 제물의 유익을 계속 누리려면, 그가 하나님 우편에 앉으사 계속 간구하셔야 합니다.

사도는 이 4절에서 1,2절의 진술을 확증하고 있습니다. 뿐만 아니라 그리스도인들에게 지상의 대제사장이 없지 않느냐는 반론을 제기하는 유대인에 당당히 맞서 대처하고 있습니다. 사도는 정말 그렇다고 말합니다. 우리의 대제사장이 지상에 계시지 않는 것이 더 좋다고 말하고 있습니다. 그리스도께서 지상에 계실 때 제사장이 아니셨다고 말하지 않으시는 성령님의 의도를 유심히 주목해야 합니다. 결코 성령께서는 그렇게 말씀하실 리 없습니다. 히브리서 2:17 ; 5:7-9 ; 7:26,27에서 명백하게 확언하신 것을 경솔하게 무시해 버리시는 일이 없습니다. 오히려 그는 "만일에 계셨더면"이라고 말합니다. 다시 말하면, 예수님께서 그냥 이 땅에 남아 계셨다면 그는 그의 제사장 직무에 속한 여러 가지 역할들을 완전하게 감당하지 못하셨을 것입니다. 만일 그리스도께서 지상에 남아 계셨다면, 그는 그의 직무를 불완전하게 수행한 것밖에는 되지 않습니다. 왜냐하면 백성들은 자기들을 위해서 "하나님 앞에 나아갈" 대제사장이 필요하기 때문입니다(9:24). 만일 아론이 놋 제단에서 제사를 드리고 나서 휘장 안으로 제물의 피를 가지고 들어가지 않았다면, 그는 일을 반밖에 하지 아니한 셈입니다.

"예수께서 만일 땅에 계셨더라면 제사장이 되지 아니하셨을 것이니 이는 율법을 따라 예물을 드리는 제사장이 있음이라." 이 말씀은 그리스도가 하늘에 들어가지 않으셨다면 '어째서' 완전한 제사장이 되지 못하셨는지 그 의문에 답을 제시하고 있습니다. 이미 제사장들이 있었습니다. 그는 그 반열에 속하지 않으셨습니다. 그들은 이 땅에서 제물들을 드렸습니다. 아니 그리스도께서 성육신하시기 오래 전부터 그 일을 해 왔습니다. 그러므로 만일 그리스도의 제사 직분의 전체 목적이 지상에서 행하는 일에만 국한되어 있었다면, 그들은 그리스도 앞에서 자신들의 입장을 내세웠을 것입니다. 그러나 5절이 명백히 말하는 바와 같이, 그 제사장들은 "하늘에 있는 것의 모형과 그림자로" 섬긴 것에 불과하였습니다. 하늘에 있는 참된 제사 직분이 아니고서는 그들의 제사 직분을 중단시키거나 폐지할 수가 없었습니다. 이 점은 9:8에서 명백히 밝혀집니다. "첫 장막"이 서 있어야 하는 기한은 하늘로 들어가신 분이 그 제사장 직무를 감당하시게 될 때까지 만입니다. 그러므로 그리스도가 오직 유일한 제사장이시려면, 그는 반드시 하늘에서 간구하시는 제사장이 되셔야 합니다. 그렇지 않으면 레위 제사장들이 그리스도와 함께 그 직무를 나누어 가질 것입니다.

요약하여 말하건대, 4절의 첫 소절은 절대적이라기 보다는 상대적인 진술입니다. "예수께서 만일 땅에 계셨더면 제사장이 되지 아니하셨을 것이니." 어째서 그러합니까? "이는 율법을 따라 예물을 드리는 제사장들이 있음이라." 다시 말하면, 이미 그 자리는 채워져 있다는 말입니다. 그렇습니다. 그러나 무슨 자리입니까? 말할 필요도 없이 "율법을 따라" 예물을 드리는 자리입니다. 그리스도께서는 율법보다 높으시고 이상적이고 완전한 제사장이므로 그는 예루살렘 성전에서 직무를 감당하실 수 없으셨습니다. 왜냐하면 그는 유다의 육신적 혈통에서 나온 분이시기 때문입니다. 또한 지금 자신이 드린 제사를 하나님 앞에 제시하고 계시는 하늘의 성소가 그 존귀함의 국면에서 그 직무의 최상의 탁월성에 부합합니다. 그러니 그리스도께서 지상에 계시지 않은 것이 그분을 의심하는 여지를 남기기는 커녕, 그분의 위상과 행하신 일의 영광을 드러내는 필연의 귀추입니다.

히브리서 8:5

"그들이 섬기는 것은 하늘에 있는 것의 모형과 그림자라
모세가 장막을 지으려 할 때에 지시하심을 얻음과 같으니 이르시되
삼가 모든 것을 산에서 네게 보이던 본을 따라 지으라 하셨느니라."

여기서 사도는 4절 처음에 말한 것을 더 보충하고 있습니다. 모형이 아직 존재한다는 것은 필연적으로 원형(原型)의 실체가 나타나지 않았음을 의미합니다(9:8-10 참조). 왜냐하면 모형의 성질 자체가 눈에 안 보이는 실상을

보이게끔 상징적으로 나타내는 것이기 때문입니다. 신적 관점에서 볼 때, 하나님께서 성전 휘장을 찢으셨을 때 유대교는 폐해지고 종식된 것입니다(마 27:51). 그러나 인간적인 관점으로 볼 때에는, 로마의 디도(Titus) 장군이 주후 70년에 예루살렘을 멸망시킬 때까지 그 유대교는 폐해지지 않았습니다. 그러니 여전히 이스라엘의 제사장들이 섬기고 있었습니다. 그러나 그들의 섬김의 오직 유일한 의미는 모형적인 것에 불과했습니다.

5절에서 성령이 밝히고자 하는 바는 명백합니다. 하나님께서 모세에게 지정해 주신 물질적인 장막보다 더 높고 초월적인 무엇이 있었습니다. 모세가 지은 그 장막은 지금 높은 데 계신 그리스도에 의해서 구체화된 영적이고 하늘에 속한 실상(實像)들을 희미하게 그려주는 예표에 불과했습니다. 이스라엘 제사장들의 전체 사역은 지상적이고 육적인 것과 관계를 가졌습니다. 그것은 위에 있는 것들에 대해 단지 희미한 윤곽만을 보여주었습니다. '모형'은 글자 그대로 모형을 의미하며, 9:24 KJV에서는 '형용'(figures)으로 번역되어 있습니다.[5] "그림자"라는 말은 실상이나 본체의 어렴풋한 사본을 의미합니다. 그러니 그 실상과 그 실상과 대칭을 이루어 넌지시 비쳐내는 역할을 합니다(골 2:17 ; 히 10:1 참조). "그림자들"은 희미하고 잠간 있다가 사라지는 것입니다. 그 자체로 어떠한 본체를 가지고 있는 것이 아니라, 다만 그 본체의 실상을 희미하게 드러낼 뿐입니다.

"이르시되 삼가 모든 것을 산에서 네게 보이던 본을 따라 지으라 하셨느니라." 존 칼빈(John Calvin)은 이에 대해 이렇게 말하였습니다. "이 구절은 출애굽기 25:40에서 발견된다. 사도가 그 말씀을 여기에 인용한 목적은 이러하다. 율법에 따른 섬김 전체가 다 그리스도 안에서 영적으로 발견될 것을

5) 우리말 개정개역이나 개역한글에서는 '그림자'로 번역되어 있음 - 역자 주

그림자로 나타내주는 것에 불과함을 증거하려 함이다.”

5절의 가르침을 우리에게 실천적으로 적용시키면 이러합니다. 그리스도인들은 마땅히 하나님께 예배할 때, 하나님께서 어떻게 하라고 요구하시는 것에 따라 하나님의 계시된 의중을 확인하기 위해서 최선을 다하고 열심을 내야 합니다. 비록 모세가 애굽의 모든 지혜를 통달하였지만, 그것이 영적인 행사에 관계할 때는 아무런 가치나 소용이 없었습니다. 그는 여호와께서 지시한 대로 정확하게 '모든 일'을 해야 했습니다.

오늘날 “하나님께 대한 예배”라는 문구와 관련하여 신앙을 고백하는 대다수의 사람들은 자기 자신의 지혜의 지시를 따르고 있습니다. 성경보다는 자기들의 육체적인 정욕을 따르고 있다는 말입니다. 어떤 사람들은 조상들의 전통(傳統)을 기계적으로 따르고 있습니다. 또는 대중의 인기에 편승한 관례들을 따릅니다. 그 결과, 성령께서는 육신적인 사람들이 만든 세상적인 방식에 의해 근심하시며 그 감화가 소멸됩니다. 또한 그리스도는 그 일 전체와 상관하지 않으시고 '밖에' 계십니다. 인간적으로 “예배하겠나이다”라고 하면서 하나님을 모독하는 것보다는 차라리 하나님을 전혀 예배하지 않는 것이 낫습니다(골 2:23). 소위 교회들이라고 불리는 모든 곳에서 진행되는 혐오스런 신성모독에 참여하는 것보다는 차라리 우리 가정에서 별도로 성경적으로 하나님을 예배하는 편이 더 낫습니다.

37강

두 언약

8:6 그러나 이제 그는 더 아름다운 직분을 얻으셨으니 그는 더 좋은 약속으로 세우신 더 좋은
언약의 중보자시라 8:7 저 첫 언약이 무흠하였더라면 둘째 것을 요구할 일이 없었으려니와
8:8 그들의 잘못을 지적하여 말씀하시되 주께서 이르시되 볼지어다 날이 이르리니 내가 이스
라엘 집과 유다 집과 더불어 새 언약을 맺으리라 8:9 또 주께서 이르시기를 이 언약은 내가
그들의 열조의 손을 잡고 애굽 땅에서 인도하여 내던 날에 그들과 맺은 언약과 같지 아니하
도다 그들은 내 언약 안에 머물러 있지 아니하므로 내가 그들을 돌보지 아니하였노라

사도는 7장에서 성경의 권위에 입각하여 그리스도의 제사 직분이 아론의 반차의 제사 직분을 폐하였다는 것을 논박할 수 없이 증거하였습니다. 그리고 여기 8장에서는 우리의 큰 대제사장의 더 높으신 "섬김"을 나타내고 있습니다. 첫째, 그는 "앉아 계십니다."(1절) 둘째, 그는 신성의 위엄의 보좌에 앉아 계십니다(1절). 셋째, 그는 하늘의 성소에서 섬기고 계십니다(2절). 넷째, 그 자신의 인격이 장막의 원형(原型)입니다(2절). 다섯째, 그는 하나님 앞에 더욱 탁월한 제물을 드리고 계십니다(3-6절). 여섯째, 그는 더 높은 언약의 중보자십니다(6절). 일곱째, 그 언약은 "더 좋은 약속들"과 연관되어 있습니다(6절). 여기서 성령께서 우리의 주목을 집중시키는 요점은 우리의 대제사장이 섬기고 있는 '장소'입니다. 또한 성령께서는 지금 그리스도께서 수행하고 계시는 '경륜'의 말할 수 없는 탁월함을 집중적으로 생각하게 하십니다.

이 히브리서 8장은 두 가지 사항을 다루고 있습니다. 하나는 우리 주님의 대제사장 사역의 영역이요, 다른 하나는 그것과 관련된 더 좋은 언약입니다. 이 둘은 서로 완벽한 조화를 이루고 있습니다. 6절은 그 둘 사이의 연결고리를 제공합니다. 사도가 이 논증 단계에서 "새 언약"을 말하는 목적은 명백합니다. 왜냐하면 레위 제사 직분의 전체 행사가 바로 그 '옛 언약'에 국한된 것이었기 때문입니다. 유대인들의 교회 정치와 그의 모든 규례와 예배 형식과 그것과 관련된 모든 조건들은 전적으로 하나님께서 시내산에서 그들과 맺은 언약에 기초한 것입니다. 그러나 새로운 제사 직분이 들어옴으로 말미암아 필연적으로 그 언약은 폐지되었습니다. 그리고 그 언약에 속한 모든 거룩한 행사들이 끝을 맺은 것입니다. 이것이 바로 사도가 여기서 증거하려는 요점입니다.

"히브리 사람들의 생각과 마음을 어지럽혔던 문제는, 레위 제사 제도와 또한 그 옛 경륜에 대하여 어떠한 관계를 맺느냐는 것이었다. 성전이 여전히 예루살렘에 있었고, 레위 제사 제도에 속한 규례들이 모세가 행한 대로 여전히 시행되고 있었다. 마치 태양이 떴는데도 달이 사라지지 않은 것같이 말이다. 그러나 그것은 이미 약화되어 가고 있었고 사라져가고 있었다. 히브리 그리스도인들은 그리스도가 하늘 성소에서 섬기는 참되고 영원한 제사장이심을 이해해야 할 긴박한 필연성에 직면하게 된 것이다. 또한 유다와 이스라엘과 맺었던 새롭고 영원한 언약은 율법과 관계된 것이 아니라 복음의 약속과 관계되었음을 이해해야 했다. 하나님께서는 친히 새로운 언약을 약속하심으로써 그 첫 번째 언약을 '옛 것'으로 만들어 버리셨다. 이제 그리스도께서 자신의 피로 성소에 들어가심으로써 옛 언약은 사라졌다. 그럼에도 불구하고 선택한 백성들을 향하신 하나님의 약속들은 견고하고 불변하다."(Adolph Saphir)

우리가 알고 있었듯이 하나님께서 제사 직분의 반차를 "변역하심"(7:12)은 그리스도를 유다 지파에게서 나게 하셨다는 사실로 분명하게 확증되었습니다(7:14). 하나님께서 그 지파에서 제사장을 일으켜 세우셨다는 것은 필연적으로 아론의 집에 속한 제사장들을 그 직무에서 배제시키셨음을 의미합니다. 마치 하나님께서 다윗을 보좌에 앉히시고 사울의 후손들을 그 왕의 자리에서 영원토록 추방하신 것처럼 말입니다. 여기서 우리는 여호와께서 이스라엘을 여러 지파로 그렇게 엄격하게 나누셨던 이유를 알 수 있습니다. 곧 레위지파에 속한 제사 직분이 계속되는 동안만 존속하도록 되어 있는 율법적 예배의 기한에 대한 교훈을 주시기 위하여 그리하신 것입니다.

하나님께서 이 제사 직분의 반차를 변역하신 것은 필연적으로 '언약'이나 '경륜'의 변화를 초래했습니다. 마치 왕가(王家)가 변하면 새로운 조정(朝廷)이 들어서듯이 말입니다. 또는 새로운 대통령이 들어서면 그 정부가 바뀌는 것과 같습니다. 그리스도께서 관련된 경륜은, 그리스도의 제사 직분이 아론의 제사 직분을 능가하는 것만큼, 옛 것에 속한 질서를 능가합니다. 그래서 사도는 여기서 우리 주님의 제사 직분의 탁월성에 대한 또 하나의 논증, 또는 그 증거를 제시하고 있는 것입니다. 예수 그리스도께서 사역자나 공적 직무자로서 이끄신 경륜이 레위사람들이 섬겼던 경륜보다 훨씬 더 우월한 차원에 속합니다. 그러하듯이 그 존영에 있어서도 훨씬 더 높으십니다.

두 언약의 주제를 접근함에 있어서, '옛 언약'이 모세의 경륜을 가리키는지, 아니면 하나님께서 아담과 맺은 행위 언약[1]을 가리키는지 결정하기란 그리 쉽지 않습니다(호 6:7 난외주). 또한 '새 언약'이 그리스도로 말미암아 들어선 복음적 경륜을 가리키는지, 아니면 창세기 3:15에서 아담에게 처음 주어졌

---

1) "그들은 아담처럼 언약을 어기고 거기에서 나를 반역하였느니라."(호 6:7)

고 아브라함에게 확증된(창 17장) 처음 은혜 언약을 가리키는지 분간하기란 그리 쉽지 않습니다. 이는 각 경우의 문맥에 따라서 결정해야 할 것입니다. 두 언약이 묘사되고 서로 대조되는 주요한 대목들은 고린도후서 3장, 갈라디아서 3,4장, 그리고 히브리서 8,9장과 12장에서 발견됩니다.

히브리서 8:6

"그러나 이제 그는 더 아름다운 직분을 얻으셨으니
그는 더 좋은 약속으로 세우신 더 좋은 언약의 중보자시라."

이 구절에 대한 존 오웬(John Owen)의 주해를 먼저 인용해 봅시다.

"이 구절은 한 주제에서 다른 주제로 넘어가는 전환점이다. 곧 그리스도의 제사장 직분이 율법에 속한 제사장 직분보다 탁월하다는 주제로부터, 새 언약이 옛 언약보다 탁월하다는 주제로 넘어가는 것이다. 사도는 여기에서도 그리스도와 그의 직무가 율법의 그것들보다 탁월하다는 점을 함축하면서 지난번 논증을 확증해 나간다. - 그리스도가 직무를 감당함에 있어, 중보자로서의 역할을 해내는 그 새 언약의 본질이 율법에 속한 것보다 뛰어나시다."

"그러나 이제 그는 더 아름다운 직분을 얻으셨으니." 사도가 여기서 '이 때'라는 의미를 가진 "그러나 이제"라는 말로 시대적 구별을 하며 중요한 논증을 시작합니다. 그 말은 모세의 경륜이 시행되는 시대와 대조되는 한 시대를 지적합니다. 곧 이스라엘의 제사장들이 "하늘에 속한 모형과 그림자를 따라" 섬겼던 그런 시대와 대조되는 때를 말합니다(5절). 이와 가까운 병행 구절은 로마서 3:21입니다. "'이제는' 율법 외에 하나님의 한 의가 나타났으니." 그 말이 로마서 3:26에서는 "곧 '이 때에' 자기 의로우심을 나타내사 자기도 의로우시며 또한 예수를 믿는 자를 의롭다 하려 하심이라."고 정의되어 있습니다. 하나님께서는 무한한 지혜로 적당한 때와 기한을 정하시어 교회를 향한 모든 경륜을 이루어 나가십니다. 주 하나님께서는 은혜에 속한 당신의 모든 일들을 정한 때에 늦지 않게 마치십니다(사 60:22). 우리에게 주어진 마땅한 도리는 하나님의 백성들의 모든 복락이 걸려 있는 하나님의 약속들이 하나님의 정하신 때에 이루어질 것으로 믿고 하나님께 맡기는 것입니다(행 1:7).

"더 아름다운 직분을 얻으셨으니." 여기서 그리스도를 가리켜 그리 말하고 있습니다. 옛적에 제사장들이 직분을 가진 것은 아름다운 것이었습니다. 왜냐하면 그들이 제단에서 섬긴 것이 자기 뜻에 의한 것이 아니라 하나님의 세워주심에 의한 것이었기 때문입니다(5절). 그와 같이 그리스도께서도 하나의 직분을 가지시되, 그들보다 "더 아름다운 직분"을 가지셨습니다. 2절에서 그리스도를 두고 "성소와 참 장막에 섬기는 자라."고 칭했습니다. 그를 그렇게 칭한 것은 어떤 한 특별한 행사의 차원에서가 아니라 그에게 위임된 하나의 견고한 직무 때문입니다.

그리스도께서 부르심 받아 행하시는 일은 아론이 맡았던 어떤 일보다도 더 높은 차원과 아름다운 본질을 가진 것입니다. 그것이 "더 아름다운 직분"인 이유는 그것이 '실체적이고 본질적'인 것이기 때문입니다. 레위의 직분은 그러한 그리스도의 직분에 대한 하나의 예표적인 그림자에 불과했습니다. 그리스도의 직분은 하늘에 있는 참 장막에 속한 것인 반면에, 레위 사람들의 직분은 땅의 장막에 제한되어 있었습니다. 또한 그리스도의 직분은 영구한데 비하여 그들의 직분은 잠간 동안에 불과했습니다.

"…더 아름다운 직분을 얻으셨으니" 여기서 그리스도가 더 아름다운 직분을 "얻으셨다"고 말하고 있습니다. 주 예수께서 중보의 전체 직무와 사역을 맡게 된 방식을 1:4에서는 "기업으로 얻으신" 것이라고 표현하고 있습니다. 다시 말하면, 주 예수께서 그 제사장 직분은 아들로서 아버지께 받은 영구한 유증(遺贈)으로 얻으신 기업입니다. 1:4에 대한 강해를 참조하면 이 직분을 얻으실 때 함께 수반된 두 가지 사항을 발견할 것입니다. 첫째는 하나님의 영원한 목적과 뜻 속에 그 직분을 얻으시는 것이 정해져 있었습니다(벧전 1:20 ; 계 13:8). 둘째로 하나님의 실제적인 부르심인데(히 5:4,5), 그것은 그가 그의 전체 직분을 거룩하게 감당하기 위해 측량할 수 없는 성령의 기름부음이 주어졌습니다(시 45:7). 그러므로 그리스도께서는 어떠한 법적인 권리나 육신적인 혈통이나 또는 육적인 장립(將立)에 의해서 이 직분을 얻으신 것이 아닙니다. 그러나 레위 제사장들은 그런 식으로 직분을 얻었습니다. 이 영광스러운 직분을 행사하기 위해 그리스도의 인성(人性)과 신성(神性)이 영광스럽게 연합되었습니다. 그 영광은 오로지 하나님의 주권적인 지혜와 은혜와 사랑에서만 기인된 것입니다.

"그는 더 좋은 약속으로 세우신 더 좋은 언약의 중보자시라." 여기서 특별하게 지목하고 있는 요점, 아니 그가 앞에서 전제했던 것들로부터 끌어내고 있는 결론은, 7:20,22에서 먼저 암시되고 예기되었었습니다. "또 예수께서 제사장이 되신 것은 맹세 없이 된 것이 아니니…이와 같이 예수는 더 좋은 언약의 보증이 되셨느니라." 사도는 이 말씀 속에서 그리스도가 보증하시며 중보자로 서 계시는 언약의 탁월함을 제시하였습니다. 곧 그 탁월함이 그리스도의 제사 직분이 아론의 제사 직분에 비교하여 나타나는 차이의 정도에 비례한다고 선언했던 것입니다. 그리스도께서는 하나님의 맹세로 제사장이 되셨으므로(레위 사람들은 그렇지 않았음) 마땅히 더 나은 경륜의 중보자가 되셔야 했습니다. 바꿔 말하면, 그가 보증으로 있는 언약은 필연적으로 옛 체계보다 더 탁월해야 합니다. 왜냐하면 하나님의 맹세로 그 언약의 보증이 되셨기 때문입니다. 그러므로 그리스도의 제사 직분의 존귀는 새 언약의 탁월함에 의해서도 증거됩니다. 새 언약은 그리스도의 제사 직분의 존귀함을 확연하게 밝혀줍니다.

"그는…더 좋은 언약의 중보시라." 그리스도가 '제사장적' 중보자임을 인식하는 것은 매우 중요합니다. 디모데전서 2:5,6을 보면 이 점을 명백하게 알 수 있습니다. "하나님은 한 분이시요 또 하나님과 사람 사이에 중보자도 한 분이시니 곧 사람이신 그리스도 예수라 그가 모든 사람을 위하여 자기를 대속물로 주셨으니 기약이 이르러 주신 증거니라." 중보적인 제사장은 하나님과 죄인들 사이를 화해시킬 목적으로 제물을 드리고 간구하십니다. 우리가 앞으로 알게 되겠지만, 히브리서 9:15의 말씀은 그리스도가 중보자로 세워진 목적을 명백하게 선언합니다. 곧 제사장의 일을 감당하시기 위해 그리 세워진 것입니다. 그와 같이 히브리서 12:24에서 그리스도의 중보 사역과 관련하여 그의 제사의 탁월함이 다시 한 번 돋보이게 됩니다. 그래서 그의 중보의 '제사장적' 성격을 성경적으로 논박한다는 것은 불가능합니다.

그리스도는 그가 중보자 되신 더 높은 경륜에 부응하여 더 아름다운 제사장 직분을 얻으셨습니다. "그러나 이제 (이 기독교적 경륜에 있어서) 그가 ('제사장으로서' 아론보다) 더 아름다운 직분을 얻으셨으니 이는 더 좋은 약속으로 (하나님이) 세우신 더 좋은 언약의 중보자시라." 그는 제사장일 뿐 아니라 중보자입니다. 그가 중보자이시기 때문에 또한 제사장이요, 제사장이기 때문에 중보자십니다. 그가 양편 사이에 서서 그 둘을 화해시키는 중보자의 권리를 행사하심은 그의 제사장 직분과 사역으로 말미암습니다. 그래서 그는 그 자신의 인격 속에서 옛 경륜 아래 둘로 나뉘어 있던 것을 하나로 연합시킵니다. 옛 경륜 아래서 모세는 모형적인 중보자요, 아론은 모형적인 보증자였습니다. 그리스도께서는 언약의 조건을 신설하게 이행할 것을 자신을 '보증'으로 하여 '맹세'하셨습니다. 또한 '중보자로서' 그는 자기 백성들의 복락을 위하여 '중재' 역할을 하시고 계십니다. 이 히브리서 8장에 나오는 "언약"이라는 말은 어떤 협약이나 어떤 일들의 책임, 경륜이나 제도를 의미합니다. "옛 언약"은 유대 백성들이 시내산에서 맺었던 협약의 결과로 들어가 있던 특별한 체계를 의미합니다. "새" 또는 "더 좋은 언약"은 예수 그리스도로 말미암아 들여온 새로운 체계, 곧 기독교적인 경륜을 의미합니다.

"더 좋은 언약의 중보자시라." 언약의 쌍방 사이에 서 있는 사람이 '중보자'입니다. 만일 그 양편이 서로 상반되는 성질들을 가진 경우 완전한 중보자가 되려면, 자신의 인격 속에 그 쌍방의 성질들을 각 각 갖추고 있어야 합니다. 그리스도께서는 이 점에서 완전하셨습니다. 그러한 중보는 쌍방이 너무도 달라 서로 직접 상대할 수 없음을 전제합니다. 그렇지 않다면 중재(仲裁)가 무슨 필요가 있겠습니까? 신명기 5:23-27에 이 사실이 예증되어 있습니다. "…육신을 가진 자로서 우리처럼 살아 계시는 하나님의 음성이 불 가운데에서 발함을 듣고 생존한 자가 누구니이까 당신은 가까이 나아가서 우리 하나님 여호와께서 하시는 말씀을 다 듣고 우리 하나님 여호와께서 당신에게 이르시는 것을 다 우리에게 전하소서 우리가 듣고 행하겠나이다 하였느니라."(신 5:25-27)

그리스도는 중보자로서 두 가지 사항을 만족시켜야 했습니다. 첫째, 그는 쌍방을 멀리 이격시키는 것이 무엇이든지 그것을 다 제거시켜야 합니다. 곧 그 쌍방 간에 적대감을 불러일으키는 원인을 없애야 한다는 말입니다. 둘째, 그는 하나님의 영광에 합당한 방식으로 언약을 통해서 준비되고 제안된 모든 것들(은혜와 영광)을 자기의 보증의 혜택을 입는 사람들에게 실제로 전달할 수 있는 조건을 구비해야 합니다. 끝으로, 그는 언약의 쌍방 모두에게 환영받고 신뢰받고 인정받는 중보자여야 합니다. 하나님 편에서는 그리스도를 "내가 기뻐하신다."고 공적으로 선언하셨습니다. "하늘로부터 소리가 있어 말씀하시되 이는 내 사랑하는 아들이요 내 기뻐하는 자라 하시니라."(마 3:17) 그의 선택받은 사람들 편에서는 "주의 권능의 날에" 즐거워하게 됩니다. "주의 권능의 날에 주의 백성이 거룩한 옷을 입고 즐거이 헌신하니 새벽 이슬 같은 주의 청년들이 주께 나오는도다."(시 110:3)

"더 좋은 약속으로 세우신." 이에 대하여 존 오웬(John Owen)의 주해를 인용합니다. "하나님과 사람 사이의 모든 언약은 전제 조건들을 기초로 그 위에 세워져야 한다. 그러므로 본질적으로 약속과 언약은 하나인 셈이다. 하나님께서는 절대적인 약속이 절대적인 뜻에 기초한 것이라고 말씀하셨다. 그래서 창세기 9:11에서는 '내가 너희와 내 언약을 세우겠다.'고 하셨다. 자연의 과정이 세상 끝날까지 계속되리라는 하나님의 뜻을 밤과 낮과 맺은 '나의 언약'이라 부르십니다. '여호와께서 이와 같이 말씀하시니라 너희가 능히 낮에 대한 나의 언약과 밤에 대한 나의 언약을 깨뜨려 주야로 그 때를 잃게 할 수 있을진대.'(렘 33:20) 신적 언약의 존재와 진수는 바로 그 약속에 있는 것이다. 그래서 그것들을 '약속의 언약들'이라 불렀던 것이다. '그 때에 너희는 그리스도 밖에 있었고 이스라엘 나라 밖의 사람이라 약속의 언약들에 대하여는 외인이요 세상에서 소망이 없고 하나님도 없는 자이더니.'(엡 2:12). 그러한 언약들이 약속 위에 세워지고 또한 약속으로 이루어진다. 그러한 일은 필연적인 것이다."

"더 좋은 약속으로 세우신." 여기서 '세우셨다'는 말을 주목할 필요가 있습니다. 왜냐하면 그 말은 사도가 여기서 영원한 언약을 '절대적인' 차원에서 다루고 있지 않음을 명백하게 시사해 주기 때문입니다. 마치 그것이 약속의 방식으로 창세전부터 실제로 진척되어 왔던 것처럼 말하지 않는다는 말입니다. 오히려 상대적으로는 '새 언약,' 또는 '새 경륜'으로서 '형식적으로' 지상에 들어오게 된 것처럼 취급하고 있습니다. 하나님께서는 영원한 언약을 이루심에 있어서 하나의 고정된 규례나 기준에 의거하셨습니다. "세우셨다."는 '법적으로 세운,' 또는 공식인 율법으로 세워진 것이라는 의미입니다. 교회 안에 있는 모든 것은 하나님의 제정에 의해서 확정되어 있어 파괴될 수 없는 상벌(賞罰) 규정으로 안전하게 보호를 받습니다. 7:11에서는 "세우셨다"고 번역된 헬라어 동사를 "율법을 받았다"로 번역하고 있습니다. 7:11의 강해를 참고해 보십시오.

존 브라운(John Brown)이 이에 대하여 이렇게 말합니다. "그리스도의 제사 직분에 관계하는 언약은 역시 율법에 의하여 세워졌으며 신적 권위에 의해서 반포되었던 것이다. 그것에 관한 진리를 이렇게 말하였다. '처음에 하나님의 아들로 말씀하신 바요 들은 자들이 우리에게 확증한 바니 하나님도 표적들과 기사들과 여러 가지 능력과 및 자기 뜻을 따라 성령이 나누어 주신 것으로써 저희와 함께 증언하셨느니라.'(히 2:3,4)"

"더 좋은 약속으로 세우신." 여기서 "더 좋은"이라는 말이 함축하는 대조에 대해 오해가 없도록 각별한 주의가 요구됩니다. 알버트 반스(A. Barnes)는 이 대목을 이렇게 주해합니다. "첫 언약에 주어진 약속들은 '주로' 현실 생활에 속한 것들이었다. 그 약속들은 이 세상에 사는 날들이 장구하리라는 것과, 수가 번성하며 파종할 때와 추수할 때에 복을 주시겠다는 것이었다. 또 그 이스라엘 나라가 장차 누리게 될 특권과 특이한 평강과 풍성하고 많은 것들을 소유하게 되리라는 약속들이었다. 또한 거기에 영원한 생명의 약속도 있었음은 의심할 여지가 없지만 그것이 주요한 요점은 아니었다. 그러나 새 언약에서는 영적인 복락의 약속이 '주도적인' 위치를 차지하게 되었다.

이제 생각을 하늘로 향하게 하고, 영생의 소망으로 마음을 기쁘게 하고, 가장 두드러지고 엄숙한 방식으로 하나님의 은총과 하늘에 대한 기대를 보장한다."(A. Barnes)

이상의 인용문 중에서 강조된 두 어휘를 잘 주목하십시오. 하나님은 구약시대에 "복과 더 영원한 생명을 명하셨습니다."(시 133:3) 가나안에서의 일시적인 생활뿐 아니라 영생을 명하셨다는 말씀입니다. 반면에 신약시대에 사는 백성들은 "내생 뿐 아니라 금생의 약속"까지도 가지고 있습니다(딤전 4:8).

이 점에 대하여 사피어(A. Saphir)는 바르게 지적하였습니다.

"우리가 망각하지 않아야 할 것은 옛 경륜 아래서도 영적인 실상과 복락이 나타났다. 그것들을 하나님의 백성들이 믿음으로 환영하였다. 그 점을 망각한다면 새 언약과 옛 언약 사이의 대조를 잘못된 시각으로 바라보게 될 것이다. 율법도 부정적이고 소극적인 것만이 아닌 적극적인 국면, 또는 복음적인 국면을 가지고 있었다. 물론 율법 안에서는 그것이 초보적이고 잠정적이었으나 하나의 몽학선생이나 안내인의 역할을 했던 것이다. 마치 눈의 역할과 같다. 눈은 겨울이 닥쳐왔음을 알려 주고 밝고 깨끗한 햇빛을 더 돋보이게 하여 여름의 신선한 신록(新綠)과 크게 대조를 이룬다. 그뿐 아니라, 위로부터 내리는 복을 받게 하고, 토양을 유익하게 보호하고 준비시켜 주기도 하다. 그러나 이제는 겨울이 지나고 충만함이 이르렀다."

"더 좋은 약속들." 사도는 8장 10-13절에서 이 약속들을 묘사합니다. "더 좋은 약속들"은 칭의와 성화로 요약될 수 있습니다. 더 간단하게 말하자면, '구속(救贖)'으로 요약됩니다. 존 칼빈(John Calvin)은 이에 대하여 이렇게 말하였습니다.

"사도가 첨가하는 말에는 약간의 어려움이 있다. 복음의 언약이 더 좋은 약속들을 기초하여 선포되었다. 율법 아래 살았던 조상들이 우리처럼 자기들 앞에 있는 영생의 소망을 가졌음이 분명하기 때문이다. 또한 우리와 함께 그들도 양자로 받아들여지는 은혜를 받았다. 그러니 그들의 믿음도 같은 약속 위에 기초한 것임에 틀림없다. 그러나 사도가 여기서 지적하고 있는 비교는 본질 보다는 '형식'의 문제이다. 왜냐하면 비록 하나님께서 이 시대의 우리에게 약속하신 것들과 같은 구원을 그들에게도 약속하셨지만 계시(啓示)의 방식과 성격에 있어서는 우리가 누리는 것과 동일하지 않았기 때문이다."

새 언약이 관련된 "약속들"은 주로 지상적이거나 잠시적인 것이라기보다는 영적이고 영원한 복락에 관계되었다는 점에서 더 좋은 약속들입니다. 또한 그 약속들은 그리스도의 피흘림으로 인침을 받으며, 유대인들뿐 아니라 이방인들 가운데에서도 하나님의 선택한 백성들에게 공공연히 선포되었습니다. 그 점에서 그 약속들은 "더 좋은 약속들"입니다.

히브리서 8:7

"저 첫 언약이 무흠하였더라면
둘째 것을 요구할 일이 없었으려니와."

여기서 사도는 여호와께서 시내산에서 이스라엘과 맺은 언약을 가리켜 '첫 언약'이라고 말합니다(출 19:5 ; 34:27,28 ; 신 4:13). 이에 대한 이스라엘의 반응은 출애굽기 19:8와 24:3에 기록되어 있습니다. 그 언약도 피로써 인침받았습니다(출 24:4-8). 물론 이 언약이 '절대적인 의미에서 첫 언약'은 아니었습니다. 다만 이스라엘 민족과 맺어진 언약으로서는 첫 번째 언약입니다. 전에 하나님께서는 아담과 언약을 맺으셨습니다(호 6:6). 여러 가지 국면에서 시내산에서 맺은 언약은 바로 그 언약을 본뜬 것입니다. 왜냐하면 그것은 주로 '행위의' 언약이기 때문입니다. 그처럼 하나님께서는 아브라함과 언약을 맺으셨고, 그 언약은 몇 가지 국면들에서 영원한 언약을 그대로 본뜬 것입니다. 그것이 주로 '은혜'로만 성사되는 언약이기 때문입니다. 하나님께서는 시내산 언약 이전에는 이스라엘 사람들을 아담과 맺은 언약의 차원에서 다루셨습니다. 출애굽기 2:24과 6:3,4에서 그 점이 명백하게 드러납니다. 그러나 이스라엘이 가나안에 들어간 것은 시내산 언약에 기초한 것이었습니다(수 7:11,15 ; 삿 2:19-21 ; 왕상 11:11 ; 렘 34:18,19 참조).

"저 첫 언약이 무흠하였더라면 둘째 것을 요구할 일이 없었으려니와." 이 문장 처음에 "왜냐하면"이라는 접속사로 인하여 7절과 6절 사이가 연관된 것을 발견하게 됩니다. 6절에서는 그리스도인에게 주어진 언약이 유대교에게 주어진 언약보다 훨씬 더 탁월함을 확언했습니다. 여기 7절에서는 '옛 언약'에 결함이 있었음에 틀림없다는 사실로부터 그 점을 증거합니다. 그렇지 않으면 새 언약은 공연히 주어진 것이 되었을 것입니다. 그것들은 상황에 속한 사실들로부터 끌어낸 추론입니다. 만일 둘째 것을 필요로 하였다면, 첫째 것이 불완전했거나 가장 바람직한 것을 확보하지 못했음을 보여줍니다. 갈라디아서 3:21에서 그 병행 구절이 발견됩니다.

"첫 언약이 무흠하였더다면." 여기서 "무흠"이란 무엇과 관련된 표현입니까? 그것은 전적으로 외적인 것으로 내적인 효력을 전혀 동반하지 않았다는 점에서 '무흠'할 수 없었습니다. 그것은 이스라엘 앞에 객관적인 기준을 세워 놓았을 뿐이지 거기에 부응할 만한 능력은 전혀 주지 않았습니다. 이 율법은 사람들의 육체 안에서 다루었으므로 육체의 연약으로 말미암아 무능하였습니다(롬 8:3). 또한 그것은 죄를 위한 한 제사를 제시했으나, 그 가치는 의식적(儀式的)이고 잠정적인 수준이었습니다. 실제로 죄를 정결케 하지는 못하여 실제적인 구속(救贖) 또는 속량(贖良)을 확보할 수가 없었습니다. 그런 부족 때문에 '새롭고 더 좋은 언약'이 필요했던 것입니다.

이에 대한 존 브라운(John Brown)의 주해를 들어 봅시다.

"하나님의 모든 일은 하나님께서 의도하신 목적과 관련하여 볼 때 다 완전하다. 이 관점에서 보면 '첫 언약'은 무흠하였다. 그러나 유대인들은 그것을 일반적으로 구원을 얻게 하는 경륜 그 자체로 생각한 오류를 범했다. 구원을 얻게 하는 경륜 자체가 아니라는 점에서 '첫 언약'은 '흠 없지' 않았다. 그것은 도덕적 죄책을 속할 수 없었을 뿐만 아니라 도덕적 오염을 정결케 할 수도 없었고, 의롭다 하심을 얻게 하거나 거룩하게 하거나 구원할 수 없었다. 그것이 속한 제사 직분은 완전하지 못했다. 그것들은 연약했고 효력이 없었다. 그 제사 직분을 통해서 드려진 제사들은 '죄를 없이 하거나,' 양심에 관하여 완전하게 하거나, '지성소로 담대하게 나아감'을 얻게 하지 못했다. 한 마디로 말해서 '그것은 아무것도 온전하게 하지 못하였다.'"

히브리서 8:8

"그들의 잘못을 지적하여 말씀하시되 주께서 이르시되 볼지어다 날이 이르리니 내가 이스라엘 집과 유다 집과 더불어 새 언약을 맺으리라."

이 구절의 초두에 "왜냐하면"(For)(우리말 개역개정이나 개역한글에는 나타나 있지 않음 - 역자 주)이라는 말은 사도가 6절과 7절에서 방금 확언했던 것을 재확인하고 있음을 시사합니다. 바로 다음에 계속되는 말씀을 통해서 그 증거가 나타납니다. "그들의 잘못을 지적하여 말씀하시되."라는 말은 '옛 언약'과 그 언약 아래 있던 백성들을 가리켜 말할 수도 있습니다. '그 언약'이나 '그 언약 아래 있던 백성들'에게 "허물"(개역한글)이 있었다는 것입니다. 9절에서 부연되는 것에 비추어 보면 흠정역(KJV) 성경의 번역이 더 타당합니다.[2)]하나님께서는 세우신 언약을 백성들이 어겼기 때문에 그 백성들을 향하여 불만을 나타내셨습니다.

"주께서 가라사대 볼지어다 날이 이르리니." "볼지어다"는 다음에 따라오는 말의 중요성을 공언하며, 그것에 주의를 기울일 것을 촉구합니다. "볼지어다"는 이 은혜의 기이함에 큰 경외심을 가지라는 말입니다. 사도가 논리적인 추론이나 연역들을 의지할 만한데도 불구하고 그것에 의지하지 않는 것을 보면 참으로 놀랍습니다. 제사 직분의 변역은 필연적으로 언약의 변역, 또는 경륜적 제도의 변역을 함축합니다. 그것이 그렇듯 명확한데도 바울 사도는 분명하고 확정적인 표현을 쓰고 있습니다. "주께서 이르시되"라고 함으로써 자기의 주장을 '확증'하기까지는 결코 안심하지 않습니다. 그는 사람의 지혜를 가지고 히브리 사람들의 믿음을 세워주려 하지 않습니다. 오히려 하나님의 능력을 가지고 그들을 세워주려 하는 것입니다. 이것은 오늘날 하나님의 종들이 따라야 할 복된 표본입니다. 참으로 놀랍게도 오늘날 많은 사람들이 성경에서 명백한 증거 얻기를 요구하는 대신에 "마땅히 그 사람의 말하는 것을 알아야 한다."는 식으로 하여 어떤 사람의 교의적(教義的) 역설(力說)만으로 만족해합니다.

사도는 자기의 주장을 증거하기 위해서 예레미야 31:31을 인용합니다. "여호와의 말씀이니라 보라 날이 이르리니 내가 이스라엘 집과 유다 집에 새 언약을 맺으리라." 하나님께서 이 보배로운 약속을 그 백성들에게 주실 때를 주목하면 참으로 복됩니다. 사피어(A. Saphir)가 이를 매우 아름답게 지적하였습니다.

"주께서 위로가 넘치는 소망의 별들을 밝게 빛나게 하실 때는 역경의 밤이

---

2) 히브리서 8:8의 KJV 역문은 이러하다. For finding fault with them, he saith, Behold, the days come, saith the Lord, when I will make a new covenant with the house of Israel and with the house of Judah:

다. 가장 두꺼운 근심의 구름이 예루살렘 위에 드리워져 있고, 선지자 자신도 가장 깊은 슬픔에 잠겨 있었다. 그 때 하나님께서는 그 선지자에게 유다의 큰 구속과 장래의 복락에 대한 가장 영광스러운 예언들을 주셨다. 메시야의 강림과 통치 - 여호와가 우리의 의요 왕이요 이스라엘을 구속하는 제사장이시라는 사실, 성령의 은사와 하나님의 택하신 백성들을 새롭게 하고 회복시킴, 끊어지지 않는 부요와 복락의 날들, - 메시야로 말미암아 도래할 그 모든 황금과 같은 미래가 예루살렘이 망하게 된 그 마지막 날에 예고되었던 것이다. 예루살렘 성전의 그 웅장한 건물이 먼지로 돌아갈 참이었다. 그 벽과 궁정들이 무너져 땅바닥에 내동댕이쳐질 순간이 다가온 바로 그 때에 그러한 예언이 주어졌던 것이다."

"내가 이스라엘 집과 유다 집과 더불어 새 언약을 맺으리라." 하나님께서는 바로 이 새 언약을 "이스라엘 집과 유다 집과" 맺으셨습니다. 성경에서 "이스라엘"이란 명칭은 네 가지의 독특한 의미로 사용됩니다. 첫째, 그것은 하나님께서 야곱에게 주신 이름입니다. 야곱이 천사와 씨름하여 한 임금으로 이겼을 때 주어졌던 이름입니다(창 32:28). 둘째, 야곱의 육신적 후손들을 지칭하여 "이스라엘의 자손들"을 가리킬 때도 그 명칭을 씁니다. 곧 유대민족을 지칭할 때도 그 명칭을 씁니다. 셋째, 그 말은 유다와 충돌하였던 사마리아나 에브라임 나라 열 지파를 가리킬 때도 사용됩니다. 여로보암 시대에 나라가 둘로 나누어진 후에 그 명칭을 북국을 가리키는 말로 쓰이기도 하였습니다. 넷째, 영적으로 하나님의 백성 전체를 가리키는 말로 쓰여지기도 합니다(갈 6:16). 여기에서 덧붙여 다섯째 의미를 말하자면, 이사야 49:3(그 다음에 나타나는 여러 구절들도 주목하십시오)에서 자기 백성들과 하나가 된 그리스도 자신을 가리킬 때도 그 명칭이 쓰입니다. 필자 개인이 보기로는, 이 대목에서는 둘째와 셋째의 의미로 "이스라엘"이란 말이 사용되었습니다.

여기서는 율법이 '처음에 어떻게 불렸는지'를 알려 줌으로써 도움을 줍니다. 성경에서 어떤 표현이나 어떤 어휘가 처음으로 나타날 경우에 처음으로 나타나는 모양새가 그 표현과 어휘의 범주와 한계를 규정합니다. 그 모양새가 매우 광범하게는 그것과 관련되는 의미를 규정하기도 합니다. 여기서도 그러합니다. "이스라엘"이란 이름이 야곱에게 처음 주어졌습니다. 그 이후로 그는 이중적인 이름을 가진 사람이 됩니다. 어떤 경우에는 '야곱으로, 어떤 경우에는 이스라엘로 불려지기도 합니다. 그 안에서 두드러진 세력을 가진 것이 "옛 사람"의 성향이냐 아니면 "새 사람"의 성향이냐에 따라서 두 이름 중 하나가 쓰입니다. 이 점은 이 이름이 '이중적으로' 적용된다는 것을 더욱 암시합니다. 그 이름은 어떤 경우에는 야곱의 '육신적인 후손들'에게 적용되고, 어떤 경우에는 '영적인' 형제들에게 쓰이기도 합니다. 그리스도께서 나다나엘에게 "보라 이는 참 이스라엘 사람이라 그 속에 간사한 것이 없도다."라고 말씀하셨습니다(요 1:47). 마치 주님께서 "볼지어다. 여기 참 이스라엘 사람, 하나님께 영적으로 존귀함을 입은 사람이 있다."라고 하신 것과 같습니다. "이스라엘"이 언제나 육체의 혈통을 따른 야곱의 후손들을 의미한다고 주장하는 것은 핑계 댈 수 없는 무지를 드러내는 셈입니다. '영을 따라 난' 이스라엘이 없다면 고린도전서 10:18에서 "육체를 따라 난 이스라엘"이라는 말을 무엇 때문에 성령께서 사용하셨겠습니까?

본 강해서 저자인 본인은 다음의 사실들을 온전하게 확신합니다. 하나님께서 유다 백성들을 다시 대우하실 날, 그들을 그 땅으로 돌아가게 하실 날, 그들의 메시야와 구속주 되신 분께 돌려보내시고, 그들을 그 죄에서 구원하실 날, 예레미야로 말미암아 옛날에 약속하신 것을 그들에게 이루어 주실 그 때가 멀지 않다는 것입니다. 그러나 예레미야의 예언(어떤 다른 예고도 역시 마찬가지)을 '단순하게 하나로만' 성취되는 것으로 '제한'시키는 것은 심각한 실수라고 저는 확신합니다. 그리스도인들이 이 세대에 하나님께서 그들과 맺은 새 언약의 선함을 누리고 있었음이 고린도후서 3장에서 명백해집니다. 게다가 성찬식 때에 우리 주님께서 하신 말씀, "이 잔은 새 언약이라," 또는 "내 피로 세운 새 언약이라."고 하신 말씀을 상기하지 않습니까?(고전 11:25)

구약의 이스라엘은 하나님의 전체 교회를 모형적이고 신비롭게 나타냈던 사람들임을 지적해야 할 것입니다. 그 때문에 옛 경륜 아래서 "이스라엘," "유다"라는 이름을 부여받았던 하나님의 성도들에게 은혜의 약속들이 주어졌던 것입니다(롬 2:28,29을 자세히 비교할 것). 왜냐하면 그들은 진정으로 효력 있게 그 약속들에 참여하게 될 사람들의 모형이었기 때문입니다. 그래서 고린도후서 1:20의 말씀이 있는 것입니다. "하나님의 약속은 얼마든지 그리스도 안에서 예가 되니 그런즉 그로 말미암아 우리가 아멘 하여 하나님께 영광을 돌리게 되느니라." 또한 우리는 로마서 15:8,9의 말씀도 듣는 것입니다. "그리스도께서 하나님의 진실하심을 위하여 할례의 수종자가 되셨으니 이는 조상들에게 주신 약속들을 견고하게 하시고 '이방인'으로 그 긍휼하심으로 말미암아 하나님께 영광을 돌리게 하려 하심이라." 그러므로 사도 바울은 고린도 사람들에게 "그러므로 이 약속을 가졌으니 우리가"라고 썼던 것입니다. 바로 그 앞에 있는 몇 구절들은 레위기 26:12에서 인용한 말씀들이었습니다! 히브리서 13:5에서도 같은 이유로 주께서 여호수아에게 하신 약속이 역시 그리스도인에게도 해당됨을 확신시켜 주고 있습니다.

"내가 이스라엘 집과 유다 집과 더불어 새 언약을 맺으리라." 그러니 여기 "이스라엘 집"과 "유다 집"은 무엇을 가리킵니까? 첫째로 신비롭고 영적인 이스라엘과 유다를 가리키는 말로 이해할 수 있습니다. 둘째로 장차 어느 날엔가 문자적이고 육체적인 이스라엘과 유다 사람들에게 이 언약이 성취될 것으로 이해됩니다. 다른 말로 해서 우리는 그 표현이 옛적에 아브라함의 육체적인 자손들을 통해서 모형적으로 예표된 선택받은 신자들로 이루어진 하나님의 교회 전체를 나타내는 말로 간주합니다. 성령께서 여기서 이 두 이름을 다 사용하신 데는 이유가 있습니다. 성령께서는 유대인들과 이방인들 중에서 하나님의 택하신 백성들을 빼내실 작정을 하셨음을 우리로 믿게 하시려 합니다. 우리가 그렇게 믿는 이유는 다음과 같습니다. '새 언약'이 실행된 뒤, 곧 오순절 성령님의 강림으로 성령 충만을 입은 사도들 중에 처음 설교를 하였던 베드로가 '죄를 깨닫고 뉘우치는 유대인들'(convicted Jews)에게 이렇게 말했습니다. "이 약속은 너희와 너희 자녀와 모든 먼 데 사람 곧 주 우리 하나님이 얼마든지 부르시는 자들에게 하신 것이라."(행 2:39) 두 강조된 단어, "이스라엘 집"과 "유다 집"이 그렇게 '이중적'으로 가리킨다는 것은 주목할 만한 일입니다. 첫째, 그 두 말은 문자적으로 이스라엘 집에 해당됩니다. 그때 그들은 흩어져서 나라 '밖에' 있었습니다(단 9:7). 둘째, 선택받은 이방인들에게도 해당됩니다. 그 당시 이방인들은 예레미야가 새 언약을 예언할 당시에는 하나님을 멀리 떠나 있었습니다. 에베소서 2:13의 말씀을 참조하십시오. "이제는 전에 멀리 있던 너희가 그리스도 예수 안에서 그리스도의 피로 가까워졌느니라."

하나님께서 예레미야를 통해서 하나님의 뜻과 약속을 공표하실 때, 육체를 따라 난 아브라함의 후손들은 두 적대적인 그룹으로 나뉘어 있었습니다. 그들은 서로 다른 왕과 예배 처소를 가지고 있었습니다. 그들은 서로 적대하는 위치에 있었습니다. 그처럼 그들은 유대인들과 이방인들 중에서 선택받은 하나님의 백성들이 그들의 육신적이고 경륜적인 상태에서 크게 나뉘어 있는 모습을 참으로 적합하게 드러내 주었습니다. 그들 사이에는 중간에 막힌 담이 있었습니다(엡 2:14). 또한 그들 사이에는 "적대감"이 있었습니다(엡 2:16). 그러나 하나님께서 에스겔을 통해서 곧 다투는 유다와 이스라엘의 두 집이 "하나 되어야" 한다고 공표하셨듯이, 이방인들과 유대인들 중에서 선택받은 사람들이 이제 그리스도 안에서 하나가 되었습니다(엡 2:14-18)! 그러므로 모든 거듭난 신자들이 아브라함의 "자손들"과 "후손"으로 칭해집니다(갈 3:7,29). 그래서 그들은 "믿음 있는 아브라함과 함께 복을" 받았습니다(갈 3:9).

히브리서 8:9

"또 주께서 이르시기를

이 언약은 내가 그들의 열조의 손을 잡고 애굽 땅에서 인도하여 내던 날에

그들과 맺은 언약과 같지 아니하도다

그들은 내 언약 안에 머물러 있지 아니하므로 내가 그들을 돌보지 아니하였노라."

두 언약 사이의 대조점이 부정적으로 표현되기는 이번이 처음입니다. "같지 아니하도다." 그 둘 사이의 차이점은 많고도 큽니다. 전자(前者)는 주로 모형적이고, 후자는 본질적입니다. 전자는 불완전한 제사 직분을 통해서 시행되고, 후자의 경우는 완전한 제사 직분을 통해서 이루어집니다. 전자는 일차적으로 외적인 것과 상관되어 있고, 후자는 주로 내적인 것과 상관되어 있습니다. 모세의 언약은 한 나라에 국한 되었었고, 기독교 언약은 그 범주에 있어서 국제적입니다.

"또 주께서 이르시기를 이 언약은 내가 그들의 열조의 손을 잡고 애굽 땅에서 인도하여 내던 날에…" 옛 언약이 주께서 이스라엘을 "그들의 열조들의 손을 잡고 애굽 땅에서 인도하여 내던" 날로부터 시작된 것으로 표현되어 있

습니다. 이 말은 이스라엘 사람들이 처해 있던 무섭고 절망적인 상황을 강조해 줍니다. 그들은 자기들을 맨 종의 굴레에서 스스로 구원할 수 없었습니다. 마치 붙들어 주고 받혀 주지 않으면 걸을 수 없는 어린 아이들처럼 말입니다. 신명기 1:31이 말하는 바와 같습니다. "사람이 자기의 아들을 안는 것 같이 너희의 하나님 여호와께서 너희가 걸어온 길에서 너희를 안으사 이 곳까지 이르게 하셨느니라." 그래서 호세아 11:3에서 하나님께서는 이렇게 말씀하신 것입니다. "그러나 내가 에브라임에게 걸음을 가르치고 내 팔로 안았음에도 내가 그들을 고치는 줄을 그들은 알지 못하였도다." 그러한 표현은 하나님께서 자기 백성들을 향하여 무한히 자세를 낮추셨음을 확증합니다. 그처럼 하나님께서는 참으로 낮은 상태에 있는 백성들에게 미치기 위하여 자신의 허리를 굽혀 낮추셨다는 것입니다.

"그들은 내 언약 안에 머물러 있지 아니하므로 내가 그들을 돌보지 아니하였노라." "그러나 그들은 그가 행하신 일을 곧 잊어버리며 그의 가르침을 기다리지 아니하고."(시 106:14) 이는 시내 광야에서 행한 이스라엘 사람들의 행실을 가리키는 말입니다. 모세가 산에 가고 없는 사이에 그들은 "하나님을 저버렸습니다."(행 7:39) 그리고 황금 송아지를 만들어 숭배했습니다. 그것은 바로 그것의 전체 역사를 미리 보여주며 시사하는 일이었습니다. 그들의 수치스러운 행실이 여기서 언급된 이유가 있습니다. 그런 죄악에도 불구하고 그러한 백성들과 새 언약을 맺으신 하나님의 기이한 은혜를 크게 높이려 함입니다. "내가 그들을 돌아보지 아니 하였다."는 말씀은 이스라엘에 대한 하나님의 통치적인 처사를 가리킵니다. 하나님께서는 엄정하게 그들을 다루어 광야에서 쓰러지게 하셨습니다. 그러므로 우리는 그 점에 비추어서 저 탐사적인 말씀을 주목해야 할 것입니다. "그런즉 선줄로 생각하는 자는 넘어질까 조심하라."(고전 10:12)

38강

새 언약

8:10 또 주께서 이르시되 그 날 후에 내가 이스라엘 집과 맺을 언약은 이것이니 내 법을 그들
의 생각에 두고 그들의 마음에 이것을 기록하리라 나는 그들에게 하나님이 되고 그들은 내
게 백성이 되리라 8:11 또 각각 자기 나라 사람과 각각 자기 형제를 가르쳐 이르기를 주를
알라 하지 아니할 것은 그들이 작은 자로부터 큰 자까지 다 나를 앎이라 8:12 내가 그들의
불의를 긍휼히 여기고 그들의 죄를 다시 기억하지 아니하리라 하셨느니라 8:13 새 언약이라
말씀하셨으매 첫 것은 낡아지게 하신 것이니 낡아지고 쇠하는 것은 없어져 가는 것이니라

'옛 언약'과 '새 언약'의 주제는 하나님께서 지상에 있는 당신의 백성들을 다루시는 하나님의 경륜을 이해하는 데 중요한 열쇠를 제공합니다. 그 중요함과 복됨은 하나님의 계시 전체 영역 중 어느 주제도 능가하지 못할 정도입니다. 그럼에도 불구하고 신앙을 고백하는 대다수 그리스도인들이 그 점을 모르고 있는 현실을 지적해야 하니 서글픕니다. 언약 관계는 하나님께서 자기 백성들을 다루시는 기준입니다. 하나님의 모든 처사들의 기초는 하나님께서 영원 전에 그리스도와 맺은 '영원한 언약,' 또는 조약입니다. 그리스도께서는 은혜로 택하심 받은 모든 백성들의 대표요 머리입니다. 우리는 여기서 관심 있는 독자들을 위해서 그 문제에 대한 두 글을 소개하겠습니다. 필자의 성경연구지(Studies in Scriptures)[1] 1930년 1월호와 2월호에 실

1) 필자는 생존해 있는 동안 무크지(부정기적이면서도 연속성 있는 잡지형식의 간행물) 형식의 Studies in Scriptures 지(誌)를 통하여 자신의 성경적인 신학과 신앙의 연구물들을 게재하였다. 생존할 당시 그 성경연구지를 정규적으로 구독한 독자는 불과 200여명에 지나지 않았다. 그러나 그의 사후(死後) 그 책은 더 유명해지고, 그동안 그 책들에 수록되었던 자료들을 정리하여 책으로 내니 가히 20세기의 기독교 고전으로 자리잡을 정도였다. 나중에 필자의 편지 속에서 그 사실이 발견되어 알려진 일이지만, 생존할 당시 이 책들의 충실한 독자로서 자기도 큰 은혜를 받고 다른 이들에게도 이 계간지를 소개하는 데 열심있던 이들 중에 로이드 존스(D. M. Lloyd-Jones)가 들어 있었다는 것은 의미심장하다. - 역자 주

렸던 것입니다. 다만 우리가 여기서 다루려고 하는 것은 하나님께서 알려주신 대로의 그 언약의 '행정'(行政. Administration)입니다. 그리고 하나님의 성도들에게 그 언약을 확증하여 주셨던 '여러 형식들'을 다루려고 합니다.

하나님께서 아담 안에서 모든 인류와 맺으신 본원적(本源的, original)인 언약이 있었습니다. 호세아 6:7과 그 난외주를 보십시오. "그들은 아담처럼 언약을 어기고 거기에서 나를 반역하였느니라." 이 언약은 하나님과 인간 사이에 맺어진 하나의 협약으로서 순종과 불순종, 그리고 상과 징벌에 관한 것이었습니다. 그 언약에는 약속들과 위협적인 경고들이 부가되어 있었는데, 눈에 보이는 표징들, 또는 상징물을 통하여 그것들이 표현되었습니다. 상급의 약속들은 '생명나무'를 통해서, 징벌과 경고는 '선악을 알게 하는 나무'를 통하여 표현되었습니다. 하나님께서는 이러한 것들을 통해 언약하심으로써 창조에 속한 본원적인 법칙을 세우셨던 것입니다. 사람 편에선 이 법칙을 받아들이는 것이 마땅하였습니다. 그것은 '행위 언약'으로서 '중보자 없는' 언약이었습니다. 그 협약과 언약을 제정하신 하나님께서는 바로 그것을 기본으로 하여 아담을 다루셨습니다. 그러나 죄가 세상에 들어오자마자 그 언약은 중단되고 말았습니다. 하나님께서는 그들이 '생명의 조건'으로서 죄 없는 순종을 마땅히 드려야 하는 것과는 달리, 하나님 자신의 택하신 백성들을 위한 구원의 길을 마련하셨습니다. 그것은 그들의 보증자로 하여금 자신의 인격 속에서 그들이 져야 할 모든 책임을 감당하게 하는 방식이었습니다. 하나님께서 선포하신 첫 번째 약속을 통하여 그것이 알려졌습니다. "내가 너로 여자와 원수가 되게 하고 네 후손도 여자의 후손과 원수가 되게 하리니 여자의 후손은 네 머리를 상하게 할 것이요 너는 그의 발꿈치를 상하게 할 것이니라."(창 3:15) 복음의 약속을 통해 베풀어진 은혜를 받는 사람들은 자기들의 율법적 대표자 아담이 처했던 언약의 저주에서 구원받습니다.

처음 아담과 하나님 사이에 맺은 언약이 더 이상 행사되지는 않았습니다. 그러나 복음의 약속들을 통해 베풀어지는 하나님의 은혜를 받지 않은 아담의 모든 후손들은 아담이 맺은 언약의 법과 저주 아래에 있습니다. 왜냐하면 그 언약은 창조주에 대하여 순종할 것을 피조물에게 요구하고 있기 때문이며, 불순종하였을 경우에는 벌책과 저주가 내려진다는 규정이 여전히 유효하기 때문입니다. 그들은 한 '대속자(代贖者)'로 말미암아 그 벌책과 저주를 해결 받지 못했습니다. 그러므로 누구든지 믿지 않으면 하나님의 진노가 그 위에 머물러 있습니다. "아들을 믿는 자에게는 영생이 있고 아들을 순종하지 아니하는 자는 영생을 보지 못하고 도리어 하나님의 진노가 그 위에 머물러 있느니라."(요 3:36) 왜냐하면 사람은 조물주이신 하나님과 가진 관계에서 떠날 수 없기 때문이며, 최고 통치자요 모든 인류를 재판하는 재판장으로서의 하나님이 가진 엄격한 의로 말미암아 명령과 저주가 반드시 시행되어야 하기 때문입니다.

이스라엘 자손들은 외적으로는 '생명의 언약'으로서의 아담의 언약아래 전혀 놓여 있지 않았었습니다. 왜냐하면 아브라함 때로부터 아브라함과 그 후손에게 주어진 언약 때문입니다. '그 언약'은 창 3:15의 언약을 새롭게 하여 주신 언약입니다(창 12:1-3과 17:6-8 등을 참조). 갈라디아서 3:17에서 사도는 그 후에는 그 언약을 파기하거나 폐할 수 있는 '율법'이 주어진 적도 없고, 그 언약을 변역시키는 어떤 다른 언약이 주어진 적이 없음을 증거합니다. "내가 이것을 말하노니 하나님께서 미리 정하신 언약을 사백삼십 년 후에 생긴 율법이 폐기하지 못하고 그 약속을 헛되게 하지 못하리라." 만일 이스라엘 사람들이 아담의 행위언약 아래 놓여 있었다면, 아브라함에게 주신 약속은 서 있을 수 없었습니다. 왜냐하면 그 언약과 은혜 언약은 서로 대립하여 반대되기 때문입니다. 더구나 이스라엘이 형식적으로 아담의 행위언약 아래 들어왔다면, 그들은 모두 저주 아래 있는 셈이므로 그들은 영원히 멸망하였을 것입니다.

하나님과 하나님의 교회 사이에는 시내산에서 율법을 주시기 전부터 다른 '연대적 협약'(federal transactions)이 있었음을 창세기가 분명하게 보여줍니다. 하나님께서는 아브라함과 언약을 맺으셨고, 그 후손들의 대표로 그 언약이 성취되도록 하셨습니다. 그것을 확증하고 확인하기 위해서 엄숙한 외적 표를 지정하여 주셨습니다. 그 언약은 "새 언약"이라고 칭하는 것의 본질과 진수를 내포하고 있었습니다. "그리스도께서 하나님의 진실하심을 위하여 할례의 수종자가 되셨으니 이는 조상들에게 주신 약속들을 견고케 하시고."(롬 15:8) 그리스도께서 '새 언약'의 중보자이니 그 직무는 하나님께서 아브라함과 이삭과 야곱에게 하신 약속들을 폐하는 것이 아니라 도리어 그 약속들을 확증하고 세워주는 것이었습니다. 그러나 시내산에서 주께서 공식적으로 한 나라로서의 이스라엘과 언약을 맺으셨습니다(히 8:9). 그 언약에 하나님을 예배하는 모든 규례가 첨가되어 있었습니다(히 9:1-6).

하나님께서 시내산에서 이스라엘 사람들과 맺으신 언약과는 달리 그리스도는 "더 좋은 언약의 중보"가 되십니다(히 8:6). 이를 '은혜언약'이라 하는데, 아담 안에서 우리에게 맺어진 '행위언약'과 대조하여 그렇게 부릅니다. '은혜'와 '행위'는 하나님과 우리와의 관계를 두 방면으로 나누어 줄 뿐만 아니라 서로 대치되니 그리 부르는 것입니다(롬 11:6). 그리스도는 창세로부터 '은혜언약'의 중보자이십니다. 곧 창세기 3:15의 첫 번째 약속을 주실 때부터 그러하셨습니다. 왜냐하면 그 약속은 그의 성육신을 바라다보고 주어진 것이고, 그의 장래의 실제적인 중보를 통해서 성취해야 할 모든 것을 내다보고 주어진 것이기 때문입니다. 그리스도는 사도 바울의 보증이셨듯이 참된 아벨의 보증이셨습니다. 하나님께서는 바울이나 아벨을 모두 다 그리스도를 보증삼아 '받으셨습니다.' 이 점에 대해서, '그렇다면 복음적인 경륜이 모세의 경륜보다 더 나은 특권이 무엇이냐?'고 물을지 모르겠습니다.

그 질문에 대해 대답하기 위해서 히브리서 8장에 언급된 "새 언약"이 '절대적인 차원에서의' '새 언약'은 아님을 인식하는 것이 필요합니다. 그것은 사실상 '약속'의 방식으로 창세기 3:15의 말씀이 주어진 날로부터 효력이 발생하였다 할 수 있기 때문입니다. 그렇게 이해할 때만 하나님께서 시내산에서 이스라엘과 맺은 언약과 잘 조화를 이룹니다. 갈라디아서 3:17에서 사도는 아브라함에게 주신 언약(한 약속으로서)은 율법을 주심으로써 폐지된 것이 아니라고 증거하였습니다. 오히려, 사도는 히브리서 8장에서 시내산 협약의 폐지를 요구하는 새 언약의 '세워짐'을 다루고 있습니다. 이 새 언약을 "세우심"이 무엇을 의미하는지에 대하여는 히브리서 9장과 10장에 명백히 밝혀져 있습니다. 그것은 그것과 관련된 '예배 규례들'을 세우는 것이었습니다.

기독교가 공식적으로 하나님에 의해서 세워졌을 때, '옛 언약'은 폐지되었을 뿐 아니라 그 옛 언약이 시행되는 모든 거룩한 예배 체계도 폐지되었습니다. "새 언약"이 약속의 형식으로 처음 주어졌을 때(창 3:15, 창 12:17에서 재확인 됨), 그것은 같은 예배 체계나 특권들을 들여온 것이 아닙니다. '새 언약의 약속'은 모세 언약 안에도 들어 있었습니다. 새 언약이 그 모세 언약의 권리들이나 의식(儀式)들을 충돌한 것도 아닙니다. 심지어 종의 멍에를 메고 있는 자들에게도 모순되지 않았습니다. 어째서 그러합니까? 이는 그 모든 의식(儀式)들과 예식(禮式)들이 출애굽기 19장과 24장에서 주어진 언약에 포함되어 있었기 때문입니다. 그럼에도 불구하고 첨가된 것이 그 약속을 전복시킨 적도 없고, 전복시킬 수도 없었습니다. 만일 모세의 체계가 완전하였다면 교회의 모든 예배는 그 체계를 따라 나왔어야 합니다.

새 언약을 힘입고 그리스도의 중보가 아니고 구원받은 죄인은 하나도 없습니다. 은혜에 속한 '새 언약'(아담 안에서 인류가 맺은 옛 행위언약과 대조되는)은 구약시대 전체를 관통하여 존속되었으며 효력을 갖고 있었습니다. 그렇다면 그리스도의 죽음으로 말미암아 시작된 "더 좋은 약속들"과 관계된 "더 좋은 언약"이란 무엇입니까? 우리가 거듭 말하지만 그것은 '절대적인 차원에서' 새로운 언약이 아니었습니다. 시편이나 선지서들 중 많은 대목들이 구약시대의 교회도 그리스도로 말미암아 의롭다 하심을 얻고 구원받는다는 복된 진리를 분명하게 밝히고 있습니다. 그 시대의 사람들이 바로 그러한 믿음을 가지고 있었음을 보여줍니다. 또한 그들이 그리스도를 믿음으로 하나님과 동행하는 것을 알았음을 구약성경의 여러 대목들이 분명하게 밝혀 주고 있습니다. 그 요점을 로마서 4:3-9과 비교해 보십시오. 저 비할 수 없는 불후의 명작인 칼빈의「기독교 강요」제 2권 9-11장을 면밀하게 읽어 보십시오. 존 오웬(John Owen)이 이 점에 대하여 말하는 바를 들어 보십시오.

"구약시대의 교회도 역시 그리스도의 것과 같은 약속을 가지고 있었다. 구약 교회도 그리스도를 믿음으로 같은 영광을 누렸다. 그들은 신약시대의 신자들과 같은 방식과 방편을 통하여 죄사함도 받고 하나님과의 화평, 곧 칭의와 구원을 받았던 것이다. 언약의 진수와 실상은 이러한 것들로 구성되어 있다. 그러니 그들을 또 다른 언약 아래 있었다고 말하지 않고 다만 그 언약의 다른 '행정'(시행 방식) 아래 있었다고만 말하자. 이것은 그리스도의 오심으로써 복음 안에서 확정된 것과 너무 달랐기 때문에 다른 언약의 모습과 명칭을 가지는 것이다."(John Owen)

'은혜언약'의 '두 행정 방식'(시행방식)사이의 주도적인 차이를 다음과 같이 나누어 볼 수 있습니다.

첫째, 그리스도 안에 있는 하나님의 사랑이 알려진 '방식'에서 차이가 납니다. 마가복음 8:23,24에 기록된 이적이 두 행정 방식의 상태를 예증하고 그려줍니다. "예수께서 맹인의 손을 붙잡으시고 마을 밖으로 데리고 나가사 눈에 침을 뱉으시며 그에게 안수하시고 무엇이 보이느냐 물으시니 쳐다보며 이르되 사람들이 보이나이다 나무 같은 것들이 걸어 가는 것을 보나이다 하거늘." 구약시대의 성도들도 영적 시각을 가지고 있기는 하였지만, 그들의 믿음이 바라보는 대상은 구름과 그림자를 통해서 멀리 보았습니다. 신약의 성도들은 "수건을 벗은 얼굴로 거울을 보는 것같이 주의 영광을 보게" 되었습니다(고후 3:18).

둘째, 구약시대의 교회 보다 신약시대의 교회에 은혜를 '더욱 풍성하게' 주셨다는 점에서 다릅니다. "우리가 다 그의 충만한 데서 받으니 은혜 위에 은혜러라."(요 1:16) 구약의 신자들에게도 은혜가 주어졌으나(창 6:8 참조), 우리는 "풍성한 은혜를 소유하고 누리고" 있습니다. "한 사람의 범죄로 말미암아 사망이 그 한 사람을 통하여 왕 노릇 하였은즉 더욱 은혜와 의의 선물을 넘치게 받는 자들은 한 분 예수 그리스도를 통하여 생명 안에서 왕노릇 하리로다."(롬 5:17)

셋째, 하나님께 '나아감'의 측면에서 차이가 납니다. 시내산에 하나님께서 나타나실 때 백성들은 참으로 무서워 떨었습니다. 그러나 우리는 그리스도 안에서 하나님께서 자신을 나타내심에 기쁨이 충만합니다. 그들은 거룩한 곳에 오지 못하게 봉쇄를 당하였으나, 우리는 그의 보좌 앞에 담대히 나아갑니다. "그러므로 우리는 긍휼하심을 받고 때를 따라 돕는 은혜를 얻기 위하여 은혜의 보좌 앞에 담대히 나아갈 것이니라."(히 4:16)

넷째, 하나님의 은혜를 베푸는 '범위'에서 차이가 납니다. 구약시대에는 그것이 '한 나라에만' 국한되었지만, 이제는 그것이 모든 나라에 미칩니다. '은혜언약'은 '그 본질'에 있어서는 처음 것과 다를 바가 없습니다. 같은 본질과 효능을 가진 변할 수 없는 영구한 법이 "범사에 견고케 되어 확실케" 되기까지는 때가 차야 했습니다. 은혜 언약은 절대적인 차원에서 생각할 때, 그리스도 예수 안에서, 그로 말미암아 주어진 은혜의 약속이었습니다. "하나님이 우리를 구원하사 거룩하신 소명으로 부르심은 우리의 행위대로 하심이 아니요 오직 자기의 뜻과 영원 전부터 그리스도 예수 안에서 우리에게 주신 은혜대로 하심이라."(딤후 1:9 ; 딛 1:2). 죄가 세상에 들어온 후 선택받은 백성들이 구원받는 오직 유일한 방식은 그것뿐이었습니다. 절대적으로, 구약시대에 그 언약은 '약속'만으로 주어졌습니다. 사도행전 2:39, 히브리서 6:14-16이 그 사실을 언급합니다. 그 언약이 완전하고 합법적으로 "새 언약"으로 변하는 데는 두 가지 사항이 요청되었습니다. 하나는 그것에 속한 오직 유일한 '희생제물'의 '피 흘림'이었고, 다른 하나는 그에 부합한 예배 규례의 제정이었습니다.

그 언약이 교회에 주어진 오직 유일한 예배 법칙으로 확정되기 전에도, 구약 교회는 그 언약의 '본질'을 내포하고 있는 약속의 모든 '영적' 은택들을 누렸습니다. 그럼에도 불구하고 하나님께서 자기 백성들을 어떤 다른 언약 아래로 이끌어 가시거나 당신이 기뻐하시는 어떤 예배 형식들을 백성들에게 부과하시는 것이 하나님의 거룩과 지혜와 모순되는 일은 아니었습니다. 왜냐하면 그것들이 전에 주어진 약속을 무효화시키는 것은 아니었기 때문입니다. 모세 언약의 여러 규례들은 그 약속이 미리 성취될 것을 반대하여 나가는 것이 아니라, 오히려 그 약속의 성취를 바라보고 나갔던 것입니다. 그렇습니다. 모세의 경륜이 정하는 율법과 예배 의식은 이제는 열세에 몰려 있지만 현재 교회에서도 적용되는 교훈과 유익을 주었습니다(갈 4장). 하나님의 인도하심을 따라서 우리는 이상의 많은 것들을 오웬(John Owen, 1670)의 글에서 인용했습니다. 우리는 이제 다시 우리가 다루는 성경 본문으로 돌아가 봅시다.

히브리서 8:10

"또 주께서 이르시되
그 날 후에 내가 이스라엘 집과 맺을 언약은 이것이니
내 법을 그들의 생각에 두고 그들의 마음에 이것을 기록하리라
나는 그들에게 하나님이 되고 그들은 내게 백성이 되리라."

이 구절에 대한 존 오웬(John Owen)의 주해를 인용합니다.

"사도가 자기의 의도하는 바를 확증하기 위해서 내거는 증거들을 숙고하면서 항상 사도의 의도를 염두에 두고 있어야 한다. 그리고 끌고 나가는 논증의 전체적인 흐름을 놓치지 말아야 한다. 사도의 의도는 무엇인가? 대제사장들이 율법을 따라서 하나님을 섬긴 것보다 주 예수 그리스도가 '더 좋은 언약'의 중보자요 보증이심을 증거하려는 것이다. 왜냐하면 그리스도의 제사 직분이 율법을 따른 대제사장들의 제사 직분보다 더 위대하고 훨씬 탁월한 것이 바로 그 국면에서 귀결되기 때문이다. 사도는 이러한 목적을 염두에 두고 하나님께서 그런 언약을 하시기로 약속하셨다고 역설한다. 그뿐 아니라 역시 선지자들의 말을 통해서 그 언약의 본질과 내용을 선언한

다. 사도는 그와 같이 이전의 언약과 새 언약을 비교함으로써 새 언약이 탁월함을 보여준다. 특히, 이점(利點)을 논증해 나가면서 이전 언약의 불완전함이 그 언약의 결과를 통해 드러남을 사도는 지적하고 있다. 왜냐하면 그 옛 언약은 하나님과 백성들 사이의 평강과 상호간의 사랑을 효과적으로 유지시키지 못했기 때문이다. 오히려 그 언약은 백성들에 의해서 깨어졌다. 그래서 그 백성들은 하나님으로부터 버림받게 되었다. 이 점은 그 언약의 모든 다른 유익들과 이점들을 소용없게 만들었다. 그러므로 사도는 선지자의 말을 통하여 새 언약의 약속들을 역설한다. 그 새 언약은 결코 이전과 같은 결과를 가져오지 아니한다. 백성들의 순종을 영원토록 보장함으로써 그들에게 하나님이 자기들의 하나님임을 확증시킨다. 하나님과 그들의 사랑과 관계를 보장한다. 이 요점들이 이 다른 새 언약에 속한 약속들이다."

사도는 여기서 기독교의 경륜과 모세 시대의 경륜 사이를 서로 대조시키고 있습니다. 이전의 9절에서는 옛 언약이 육체의 연약으로 말미암아 부적합하기 때문에 폐지되었음을 일반적으로 선언하였습니다. 여기 10절에서는 그 언약을 대신하여 들어온 새 언약에 대해서 묘사합니다. 사도는 새 언약이 그 본질에 있어서 너무 탁월한 나머지 옛 언약의 자리에 그것이 대신 들어서도 아무도 반대할 명분을 얻지 못할 정도입니다. "왜냐하면"이라는 첫 번째 말이 바로 그 요점을 전달하고 있습니다.

"또 주께서 이르시되 그 날 후에 내가 이스라엘 집과 맺을 언약은 이것이니." 이 하나님의 공언은 그리스도인들로 하여금 자기들에게 속한 특권들을 뚜렷하고 온전하게 알 의무가 있음을 알게 합니다. 복음서 기자들과 사도들의 글들이 선지자들의 글들에 더해진 것은 바로 그런 목적 때문입니다. 새 언약은 "이스라엘의 집"과 맺어졌습니다. 우리는 그것을 신비롭게 이해하여

"이스라엘의 집"이라는 말 속에 모든 하나님의 백성이 포함되어 있는 것으로 이해합니다. 그것은 전체 교회를 영적으로 나타내는 말입니다. 곧 "하나님의 이스라엘"과 같은 말입니다(갈 6:16).

"그 날 후에." 이 말씀은 9절의 "날"과 서로 대칭을 이룹니다. 9절의 "그 날"은 하나님께서 모세를 애굽으로 보내어 이스라엘을 애굽에서 이끌어내어 시내산 앞까지 이르게 하셨던 기간을 나타내는 보편적인 표현입니다. "그 날 후에"라는 말은 그 다음에 오는 구약시대를 의미합니다. 이를 9:10에서는 "개혁할 때"라고 했습니다. 하나님께서 이스라엘과 첫 번째 언약을 맺으신 것은 그 언약을 엄숙하게 확증하기 위한 여러 예비적인 일들이 있는 다음의 일입니다. 다시 말하면, 모세를 보내셔서 한 일들 후의 일입니다. 모세를 보내어 하신 일이 무엇입니까? 그 은혜의 의도들을 그 사람들에게 공표하게 하셨고, 그들을 종되었던 집에서 구출해 내게 하셨고, 이적적인 방식으로 홍해를 건너게 하셨습니다. 그리고 시내산에서 그 율법을 알게 하셨습니다. 그런 일들 다음에 그 첫 번째 언약을 이스라엘 사람들과 맺으셨습니다.

그처럼 새 언약은 '점진적으로' 맺어지고 확증되었습니다. 그것을 위한 여러 예비적인 행동들이나, 또는 그 언약을 확증하는 여러 행동들이 있고 난 후에 주어지고 확증되었던 것입니다. 이 점에 대해서 너무나도 이해하지 못하므로 우리가 이에 대한 요점들을 상세하게 알아보아야겠습니다.

첫째, 새 언약은 세례 요한의 사역으로부터 시작했습니다(눅 16:16). 세례 요한은 주의 길을 예비하라고 보내심 받았습니다. 그가 나타나기까지 유대인들은 절대적으로 시내산에서 맺은 언약에 매여 있었습니다. 어떤 예배 규례에 있어서도 변동이나 첨가가 없었습니다. 그러나 세례 요한의 사역은 "복음의 시작"이었습니다(막 1:1,2). 그는 옛 언약의 특권들에 머물러 있는 백성들을 일깨웠고(마 3:8-10), 새로운 예배와 세례의 규례를 정하여 주었습니다. 그는 모세로부터 떠나 '하나님의 어린 양'을 바라보라고 가르쳤습니다. 그래서 그의 사역은 예레미야를 통해 하나님께서 주신 새 언약 성취의 시작이었습니다.

둘째, 예수께서 성육신하셔서 공생애를 시작하신 것은 하나님의 약속 성취를 훨씬 더 진척시키는 일이었습니다. 그가 육체를 입고 나타나심으로 말미암아 전체 모세의 경륜의 뿌리에 도끼가 놓여진 셈입니다(마 3:10). 물론 나무가 즉각적으로 베어지지는 않았지만 말입니다. 그리스도께서는 이적들과 가르침을 통해서 자기가 '새 언약'의 중보라는 풍성한 증거를 제시하셨습니다.

셋째, '새 언약'이 들어올 길이 마련된 후에 그리스도의 죽으심으로 말미암아, 또한 그 안에서 그 '새 언약'이 엄숙하게 확증되고 공표되었습니다. 그럼으로써 "약속"은 하나의 "언약"이 된 것입니다(히 9:14-16). 그때로부터 옛 언약과 그 행사들은 완전한 종말을 고한 셈입니다(엡 2:14-16 ; 골 2:14,15). 그리고 다만 하나님의 오래 참으심 속에서만 그것이 계속 존속할 뿐, 하나님의 때와 방식에 있어서는 이미 지나간 일이 되어 버렸습니다.

넷째, '새 언약'은 그리스도의 '부활'로 말미암아 더욱 확증되었습니다. 옛 언약의 저주가 시행되는 한에서는 그것이 폐지될 수 없었습니다. 그런데 그리스도께서 "사망의 고통에서 풀려나고" 무덤에서 벗어났을 때 그것은 절대로 폐지된 것입니다.

다섯째, '새 언약'은 오순절 날에 크게 반포되고 확언되었습니다. 그것은 마치 이스라엘 사람들이 애굽에서 구원받은 지 몇 주간 만에 시내산에서 율법이 반포된 것과 서로 병행을 이룹니다. 그 오순절 이후 하나님의 전체 교회는 옛 언약과 그 예배 규례에 대하여 어떤 의무도 가지지 않게 되었습니다(물론 그들의 양심에 있어서는 아직 그 점이 확실하게 인식되지는 않았습니다.) 그리고 '새 언약'의 모든 예배 규례와 제도들이 그들에게 의무로 부가되었습니다.

여섯째, 옛 언약이 규정하는 형식이 계속 존속하느냐에 대하여 공식적으로 의문이 제기되었습니다. 그러나 성령의 정확한 인도하심을 따라 사도들은 그럴 필요가 없음을 명백히 확인했습니다(행 15:1-29).

그러나 이미 지적한 바와 같이, 이 시점에 있어서 하나의 난제가 떠오릅니다. 만약 히브리서 8:10-13에서 언급된 말씀이 없었다면, 거기서 표현된 은혜와 긍휼은 시내산 이전이나 그 후에 하나님의 선택받은 백성들에게 실제로 전달되었을까? 하나님을 참으로 믿고 두려워했던 사람들 모두가 이 동질적(同質的)인 복락을 누리지 않았는가? 의문은 여지없이 그렇습니다. 그러면 그 난제에 대한 해결책은 무엇입니까? 이러합니다. 곧 사도는 여기서 구약시대와 신약시대에 있어서 하나님의 은혜가 내적으로 어떻게 달리 작용했는지를 대조하여 설명하고 있지 않습니다. 오히려 존 칼빈(John Calvin)이 바르게 지적한 것처럼, "사도는 교회의 경륜적 조건을 언급하고 있을 뿐"입니다. 차이점은 언약의 '외적' 확증에 있어서 뿐입니다. 유대교적 경륜과 기독교적 경륜을 특징짓는 것이 서로 달랐다는 점입니다. 다윗이나 다니엘 같은 그러한 많은 사람들 속에서 성령님께서 효과적으로 역사한 것이 사실입니다. 그럼에도 불구하고 아브라함의 육신적 후손들 대다수가 하나님께서 주신 외양인 계시에 친숙한 체험이 전혀 없었다는 것 또한 사실입니다.

"내 법을 그들의 생각에 두고 그들의 마음에 이것을 기록하리라." 이것이 그리스도인들이나 또는 낙심하였다가 다시 회복된 그리스도인들에게 고유한 어떤 체험을 가리키는 것이 아님을 시편 37:30,31을 보면 분명히 알 수 있습니다. "의인의 입은 지혜로우며 그의 혀는 정의를 말하며 그의 마음에는 하나님의 법이 있으니 그의 걸음은 실족함이 없으리로다." 시편 19:7,8에도 역시 그런 말씀이 있습니다. "여호와의 율법은 완전하여 영혼을 소생시키며 여호와의 증거는 확실하여 우둔한 자를 지혜롭게 하며 여호와의 교훈은 정직하여 마음을 기쁘게 하고…" 그러나 이스라엘 사람들 중 상당수가 그 역사의 어느 시점에서든지 중생하였음을 전혀 보여주는 것이 전혀 없습니다. 오히려 그 정반대의 경우를 더 많이 볼 수 있습니다. 하나님의 택하신 백성들이 아니고서는 '이 체험'을 누리지 못합니다. 모든 세대마다 하나님의 선택한 백성들은 "적은 양떼"에 불과했습니다.

"내 법을 그들의 생각에 두고." 이 말씀은 우리의 총명을 초자연적으로 밝혀 구원으로 인도하시는 성령님의 유효한 작용들을 가리키는 말씀입니다. 그러한 성령님의 역사로 말미암아 그들은 오늘날 '새 언약' 안에서 우리의 순종의 법칙인 하나님의 전체 율법을 습관적으로 따르게 되었던 것입니다. "육신의 생각은 하나님과 원수가 되나니 이는 하나님의 법에 굴복하지 아니할 뿐 아니라 할 수도 없음이라."(롬 8:7) 그러나 성령님께서 우리 마음을 새롭게 하시면 우리 속에서 하나님의 권위와 계시된 뜻에 복종하는 마음이 일어나게 됩니다. 주께서 루디아의 마음을 여셨을 때 "그녀가 바울의 말을 청종하게" 되었습니다(행 16:14). 그리스도인은 새로 태어나는 이적을 통해서 하나님의 율법의 거룩함과 공의와 선함을 깨닫는 들을 귀와 마음을 얻게 됩니다. 그렇습니다. 그 법이 그에게 효과적으로 '적용'됩니다. 그럼으로써 그것이 그의 생각에서 가장 우선적인 것이 되며, 그의 묵상의 주제가 되며, 그의 길들을 규제하는 통제자가 됩니다.

설교자는 사람의 외적인 귀를 향하여 하나님의 율법을 공표할 수 있으나,

성령께서는 그것을 마음에 새기실 수 있습니다. 이 사실을 인식하면 모든 사역자는 무릎을 꿇지 않을 수 없을 것입니다. 설교자가 설교를 아주 열심히 준비합니다. 또 하나님의 말씀을 아주 잘 분명하고 충성스럽게 강해합니다. 또한 그가 사람마다의 양심에 그 진리를 정말 엄숙하고 탐사적으로 열심히 강조하고 호소합니다. 그런다 할지라도 하나님께서 친히 자기의 말씀을 그 영혼 속에 들어가게 하시지 않으면, 영적이고 영원한 일은 하나도 일어나지 않습니다. 말씀이 전파되기 직전이나 직후에 구체적이고 분명한 기도를 드리지 '않는' 것만큼 오늘날 "교회들"이 죽어 있음을 분명히 보여주는 것은 없습니다. 기도로 섬기는 것이 "노래로 섬기는 것"으로 대치되었습니다. 하나님의 백성들이 함께 "주여, 이 사람들의 눈을 열어 주소서."라고 울부짖을 필요를 깨닫기를 원하나이다(왕하 6:20).

"그들의 마음에 이것을 기록하리라." "내 법을 그들의 생각에 두리라."는 말씀이 실제 효력을 발하게 만드는 것이 바로 이것입니다. "마음"(heart)은 "생각"(mind)과 구별되는 것으로서 감성과 의지를 함축합니다. 먼저, 이해를 얻게 되면 마음이 고쳐집니다. 순종의 능동적인 원리가 분여(分與)됩니다. 이는 다름 아닌 하나님 자신을 향한 '사랑'입니다. 하나님을 향하여 진정한 사랑이 있는 곳에는 자연히 하나님을 '기쁘시게' 하려는 참된 소원과 결심이 있기 마련입니다. 육신에 속한 사람의 마음은 하나님으로부터 "멀리 떠나" 있으며, 그 하나님의 권위에 반대되어 있습니다. 그렇기 때문에 하나님께서는 시내산에서 돌판 위에 계명들을 쓰셨습니다. 그렇게 하신 의도는 그 계명들의 외양의 문자를 안전하게 보존하려하심 보다는 그 계명들을 받는 사람들의 '굳은 마음'을 상징적으로 나타내시려는데 있었습니다. 그러나 중생할 때 하나님께서는 돌 같은 마음을 제하시고 고기같이 부드러운 마음(겔 36:26),

유연하고 생명력이 있고 민감한 반응을 보이는 마음을 주십니다.

독자마다 잠간 여기서 멈추어 마음으로 하나님을 우러르며 이 구절의 빛으로 자신을 정직하게 시험해 볼 은혜와 지혜를 주십사고 간구하십시오. 매주일마다 건전하고 성경적인 목회자 밑에서 말씀을 들을 수도 있습니다. 그러나 그것이 여러분의 속사람에게 '어떠한 효과'를 발합니까? 말씀의 문자(文子)와는 친숙할 수 있습니다. 그러나 여러분의 일상생활의 상세한 국면들에서 그것이 어느 정도까지 '영향'을 미칩니까? 여러분의 생각이 세상적인 일들에 머물러 있나요, 아니면 영원한 일들에 머물러 있나요? 물리적인 것들에 머물러 있는가, 아니면 영적인 것들에 머물러 있습니까? 여러분을 거듭나게 하시는 재창조의 시기에 여러분의 생각은 무엇에 골몰하고 있었습니까? 여러분의 마음이 하나님께 고정되어 있었나요, 아니면 세상에 고정되어 있었나요? 성경을 '입심 좋게' 말할 수 있을 정도로 신앙을 고백하는 그리스도인들의 수는 매우 많습니다. 그러나 그들은 하나님께서 그 법을 그들의 마음에 쓰셨다는 아무런 증거를 보이지 않는 삶을 살아가고 있습니다. 여러분도 그러한 사람들의 부류 가운데 들지 않습니까?

"나는 그들에게 하나님이 되고 그들은 내게 백성이 되리라." 이 말씀은 언약 관계를 나타냅니다. 그것은 다른 복락의 은혜를 솟구쳐내는 샘과 같기 때문에 이 약속들의 중심에 위치해 있습니다. 악인들은 이 세상에서 "하나님도 없고 소망도 없는" 삶을 영위합니다(엡 2:12). 그러나 의인에 대하여 하나님께서는, "나는 너의 방패요 너의 지극히 큰 상급이라."고 말씀하십니다(창 15:1). "이러한 백성은 복이 있나니 여호와를 자기 하나님으로 삼는 백성은 복이 있도다."(시 144:15) 하나님께서 "내가 그들에게 하나님이 되리라."라는 말씀은 하나님의 이름에 함축된 모든 것에 따라 자기 백성들을 대하실 것을 의미합니다. 하나님께서 여기서 말씀하고 계십니다. '나는 그들의 법 제정자가 될 것이요, 그들의 상담자와 보호자와 인도자가 될 것이다. 나는 그들의 모든 필요를 공급하여 줄 것이고, 모든 위험에서 건질 것이며, 영원한 행복으로 그들을 인도하리라.' 하나님께서는 미쁘시며, 오래 참으시며, 그들의 허물을 인내하시며, 그들을 떠나지도 버리지도 않으실 것입니다. "그들은 내 백성이 될 것이라."라는 표현은 하나의 존영과 의무를 다같이 나타냅니다. 그들의 존영이 베드로전서 2:9에 밝혀져 있고, 그 다음에 나오는 구절들에는 그들의 의무가 제시되어 있습니다.

히브리서 8:11

"또 각각 자기 나라 사람과 각각 자기 형제를 가르쳐 이르기를

주를 알라 하지 아니할 것은

그들이 작은 자로부터 큰 자까지 다 나를 앎이라."

이 말씀은 유대인 사이에 편만하였던 보편적인 영적 무지와 대조를 이루는 형국을 그려줍니다(사 1:3 참조). 존 브라운(John Brown)은 이에 대하여 다음과 같이 주해하였습니다.

"이 11절의 말씀은 절대적인 차원에서 보다는 상대적인 차원에서 이해되어야 한다. 이 말씀은 새 언약의 효력 안에 있는 자들은 옛 언약 아래 있던 대다수의 사람들을 특징짓는 무지와는 큰 대조를 이루게 될 것을 시사한다. 또한 하나님의 뜻을 알리는 계시가 옛 경륜에서보다 새로운 경륜 아래서 더욱 풍성하고 뚜렷하게 나타날 것을 지시한다. 또 그 때가 되면 그에 따라서 성령의 적용시키는 감화를 더 크게 전달받을 것이다. 이 말씀은 역시 다

음과 같은 개념을 암시해 주기 위하여 주어진 것으로도 보아야 할 것이다. 곧, 새 언약의 특별한 영광이 되는 그런 유의 지식은 형제가 형제를 가르침으로써 전달되지 않고 하나님으로부터 직접 온다는 개념이다. - 성령께서는 배우는 자가 이해하기 쉽게 가르치시는 장엄한 특징을 갖춘 위대한 교사이시다."(John Brown)

"또 각각 자기 나라 사람과 각각 자기 형제를 가르쳐 이르기를 주를 알라 하지 아니할 것은 그들이 작은 자로부터 큰 자까지 다 나를 앎이라." 모세의 경륜 기간, 특히 그리스도께서 오시기 전 1세기 동안에 율법의 외적인 가르침이 있었습니다. 사람들은 마음의 내적인 할례를 통한 가르침에 전혀 관심이 없이 그저 그 가르침만을 믿었고 그 속에 안주하고 있었습니다. 그런 가르침이 여러 경쟁적인 학파들, 바리새파, 사두개파, 헤롯파, 엣세네파 등 여러 분파들로 나뉘어 변질되어 있었습니다. 그들은 자기들의 유전(遺傳, tradition)을 통하여 하나님의 말씀을 공허하게 만들었습니다(막 7:13). 그것은 이스라엘의 마지막 선지자가 공언한 것을 거스르는 일이었습니다. "이 일을 행하는 사람에게 속한 자는 깨는 자나 응답하는 자는 물론이요 만군의 여호와께 제사를 드리는 자도 여호와께서 야곱의 장막 가운데서 끊어 버리시리라."(말 2:12) 우리가 지금 다루고 있는 히브리서 8:11은 모세의 경륜의 기간 중에 있던 백성들에게 보편적이었던 하나님을 아는 지식의 정도를 언급하고 있습니다. 그 때에는 하나님께서 모형과 그림자와 '비유와 어둠의 말씀'을 통하여 자신을 알리셨습니다. '비유와 어둠의 말씀들'이 이제는 하나님의 충만한 빛으로 밝고 뚜렷하게 밝혀지게 되었습니다.

"그들이 작은 자로부터 큰 자까지 다 나를 앎이라." 이제 하나님께서는 자기의 성육신하신 아들의 인격 속에서 자신에 대한 온전한 계시를 나타냄으로써 알린바 되셨습니다(요 1:18). 이는 요한일서 5:20에서 우리가 듣는 바와 같습니다. "또 아는 것은 하나님의 아들이 이르러 우리에게 지각을 주사 우리로 참된 자를 알게 하신 것과 또한 우리가 참된 자 곧 그의 아들 예수 그리스도 안에 있는 것이니 그는 참 하나님이시요 영생이시라." 우리가 "그를 안다"는 것이 무엇입니까? 우리가 그를 하나님으로 인정하며, 그에게 실천적으로 복종한다는 의미입니다. 이 영적이고 체험적이고 생명적인 구원을 얻게 하시는 하나님을 아는 지식이 이제 하나님의 선택한 모든 백성들에게 전달됩니다. 구주께서 "그들이 다 하나님의 가르치심을 받으리라."고 공언하신 바와 같습니다(요 6:45). 그들은 하나님의 뜻과 말씀을 통해서 밝혀진 모든 경건의 비밀을 가르침 받게 될 것이라는 말씀입니다. 하나님을 아는 '이 지식'은 어떤 외적인 가르침만으로는 전달될 수 없고 오직 성령님의 작용으로 말미암습니다. 물론 성령께서는 자주, 아니 보편적으로 하나님께서 도구로 사용하시는 종들의 입의 말과 기록된 글의 사역을 통하여 역사하십니다.

히브리서 8:12

"내가 그들의 불의를 긍휼히 여기고
그들의 죄를 다시 기억하지 아니하리라 하셨느니라."

존 오웬(John Owen)의 글을 여기에 바로 인용합니다.

"이는 새 언약의 위대한 근본적 약속이요 은혜이다. 그것이 지금 표현되기는 했지만, 순서상 언급된 다른 긍휼들과 특권들에 선행하는 것이다. 또한 그것은 우리에게 그러한 것들을 전달하는 기초가 된다. 이 구절 처음에 나오는 '왜냐하면'이라는 이유 접속사가 그 점을 밝혀 준다. 주께서는 말씀하신 것을 이루실 것을 말씀하셨다. '왜냐하면 나는 자비하기 때문이다.' 그러한 일이 아니고서는 언급된 다른 것들에 참여하는 것이 가능하지 않다. 그러므로 이 말씀 속에서는 새 은혜와 긍휼이 첨가된 이유와, 하나님께서 그러한 다른 긍휼들을 그들에게 베푸시는 근거 또는 이유가 밝혀져 있다."

12절에는 하나님께서 10,11절에서 열거한 그 놀라운 복락들을 베푸시는 이유를 말합니다. 여기서 "긍휼히 여기고"(merciful)라고 번역된 말은 '화목의'(propitious)입니다. 왜냐하면 공의를 만족시킨 것이 없으면 절대적인 긍휼이란 있을 수 없기 때문입니다. 은혜란 화목을 기초하여 베풀어지는 것입니다(롬 3:24,25). 그리스도께서 죽으신 것은 하나님으로 하여금 죄인들을 향하여 화목하려 하심이었습니다(히 2:17). 하나님께서는 그리스도 안에서, 그리스도로 말미암아서만 자기 백성들을 긍휼히 여기시고 죄를 용서하십니다. 그리스도를 거부하는 한, 죄인은 저주 아래 있습니다. 그리스도를 영접하여야만 비로소 10-12절에 묘사된 복락이 그 사람의 것이 됩니다. 거기에 열거된 일곱 가지의 복락을 주목하십시오. 그것은 새 언약의 완전함을 실증합니다.

"내가 그들의 불의를 긍휼히 여기고 그들의 죄를 다시 기억하지 아니하리라." 12절에서 죄인이 책임져야 하는 무서운 악들을 묘사하기 위해서 정확히 세 개의 어휘, 곧 '불의, 죄, 불법'이란 말이 사용되었습니다.[2)] 그 표현을 통하여 죄인이 거룩하신 하나님께 미움을 받는다는 사실을 강조하고 있습니다. 그리고 죄인을 구원하는 은혜를 크게 확대시킵니다. "불의"는 하나님을

2) 여기서 필자는 원어의 표현을 주목하고 있다. 우리말 개역한글이나 개정개역은 '불의'와'죄'라는 단어만 보이나 KJV에서는 세 단어가 다 보인다. 'For I will be merciful to their unrighteousness, and their sins and their iniquities will I remember no more.' - 역자 주

향하여 행한 악을 의미합니다. 사람이 주권으로 통치하시고 은혜를 베푸시는 하나님을 거스른 잘못을 '불의'로 표현하고 있습니다. "죄"는 표적을 빗맞힌 것입니다. 언제나 하나님의 영광을 목표로 삼지 못한 것이 '죄'입니다. "불법"은 무법함을 내용으로 합니다. 하나님의 뜻을 거스르고 자기 뜻을 세우고, 하나님의 영광보다는 자기 자신을 기쁘게 하는 삶을 영위하는 것이 바로 그러한 악행들입니다. 그러한 극악무도한 죄를 지은 자들에게도 하나님께서 자비로 호의를 베푸신다는 사실은 얼마나 놀라운 일입니까!

사도는 여기서 두 언약 사이의 또 다른 대조를 하려 합니다. 유대교를 특징지었던 것은 율법과 공의의 통치였습니다. 반면에 기독교를 특징짓는 것은 "은혜의 보좌"입니다. 여기에는 "어떠한 조건도" 명기되어 있지 않음을 주목하십시오. 그러나 '새 언약'은 회개와 믿음을 요구하지 않는가요? 물론 확실히 그렇게 요구합니다. 마가복음 1:15의 말씀을 주목하십시오. "이르시되 때가 찼고 하나님의 나라가 가까이 왔으니 회개하고 복음을 믿으라 하시더라." 그러나 이러한 것들을 요구하시는 그분이 또한 그 백성들 속에서 회개와 믿음을 일으킬 것을 약속하기도 하셨습니다(행 5:31).

히브리서 8:13

"새 언약이라 말씀하셨으매 첫 것은 낡아지게 하신 것이니 낡아지고 쇠하는 것은 없어져 가는 것이니라."

성경 번역자들이 "언약"이라는 말을 이탤릭체로 첨가한 것을 보면, 그들이 이곳에서 사도의 논증의 취지를 깨닫지 못했음이 분명합니다.[3] 이 "언약"이

3) '새 언약'이라고 한 부분이 원어에는 그냥 '새것'이라고만 표현된 것을 지적하고 있다. KJV 역자들도 그 점을 보여주려 하듯 'A new(covenat)'라고 표기하여 놓았다. - 역자 주

라는 말은 불필요할 뿐 아니라 그것을 집어넣으면 이 구절 전반부의 의미가 희미해집니다. 사도는 이 구절 전반부에서 하나님께서 예레미야로 하신 말씀에 비추어서 한 추론을 끌어내고 있습니다. 그는 "새"라는 한 마디 어휘를 지적해 내어 그것을 기초로 논증하고 있습니다. 곧, 기독교가 '새' 언약을 세운 것이기 때문에 앞에 존재했던 경륜은 "옛 것"이 되었음에 틀림없다는 것입니다. 곧 "옛 것"이란 다 낡아서 버릴 때가 얼마 남지 않았음을 의미합니다! 사도의 이 논증 방식은 우리로 하여금 성경의 일점일획이 얼마나 권위 있고 의미 충만한지를 생각하게 하는지요! 정말 사도의 방식은 그 성경의 일점일획도 거기서 끌어낼 수 있는 추론의 충분한 증거가 됨을 얼마나 여실히 보여 주는지요!

"첫 것은 낡아지게 하신 것이니 낡아지고 쇠하는 것은 없어져 가는 것이니라." 이제 사도의 논증이 결론에 이르렀습니다. 첫 언약이 합당하였다면 두 번째 언약을 요구할 필요가 없었을 것입니다(7절). 그러나 첫 번째 언약 대신 두 번째 언약이 요구될 것을 볼 때(8절), 첫 번째 것은 흠 없지 않았습니다. 옛 언약은 1500여 년 동안, 곧 모세로부터 그리스도께서 오시기까지 존속되었습니다. 그러나 그 언약의 의도는 대접받지 못했습니다. 하나님께서는 이스라엘 사람들에게 여러 번 암시하셨습니다. 모세의 경륜이 영원토록 지속하지 않을 것을 말입니다. 특히 하나님의 섭리로 그 나라가 바벨론에 포로 잡혀가게 허락하심으로써 그러한 암시를 하신 것입니다. 그들이 포로생활에서 돌아 왔을 때, 성전이나 제사 직분 중 어느 것도 본래의 영광대로 회복되지 않았었습니다. 사도가 기록한 대로, 이제 십년 뒤 주후 70년에 예루살렘과 그 성전도 완전히 붕괴될 참이었습니다. 유대교적 언약이 "옛 것"이라서 폐지되었다면, "옛 사람"을 벗고(엡 4:24), "옛 누룩"을 제하여 버리는 일은 얼마나 더욱 마땅합니까(고전 5:7)!

은혜의 방식 *The Method of Grace in Gospel Redemption*

존 플라벨 지음 | 서문강 옮김 | 신국변형 양장 648면 | 값 27,000원

이 책은 존 플라벨의 저작들 중에 가장 유명하고 가장 많이 읽혀진 책으로 19세기 프린스톤 신학대의 거장 아취벌드 알렉산더(Archibald Alexander)가 회심하는 데 이 책이 결정적 역할을 하였다. 목양적인 저자의 영적 지각과 충정으로 성도들의 마음속을 들여다보며, 그들의 마음을 움직여 구원하시는 하나님의 방식으로 데리고 가서 죄의 각성과 구원의 은혜와 그 확신에 이르게 한다.

영의 생각, 육신의 생각 *On Spiritual Mindedness*

존 오웬 지음 | 서문강 옮김 | 신국변형 양장 360면 | 값 16,000원

원제(原題)는 On Spiritual Mindedness로서 로마서 8장 6절의 "육신의 생각은 사망이요 영의 생각은 생명과 평안이니라."를 기초 본문으로 저자가 당시 목양하던 회중들에게 진정한 '영적 생각의 방식'을 연속 강론한 것이다. 저자는 '마음의 생각과 그 방식'이 구원받은 이후 그리스도인의 성화(聖化) 생활을 지로하는 결정적 방향타(方向舵)임을 역설한다. 이 책을 다 읽고 나서 독자마다 성령께서 마태로 하여금 예수님의 산상설교를 마무리하게 하던 그 진술의 능력을 반드시 음미하게 될 것이다.

고린도전서 13장 사랑 *Charity and Its Fruits*

조나단 에드워즈 지음 | 서문강 옮김 | 신국변형 양장 456면 | 값 20,000원

조나단 에드워즈는 자신의 정체성을 진정한 설교자로서 헌신하는 데서 보여주었는데, 본서가 바로 그에 대한 가장 좋은 예증일 것이다. 성령님께 사로잡힌 사도 바울이 고린도전서 13장에 진술해 놓은 '사랑'의 진면모를 그가 가진 모든 신적 은사와 은혜의 촉수로 더듬어내어 자기 회중들에게 연속 강론한 것을 묶어 이 책을 펴냈다. 이 책은 한번만 읽으면 단맛이 다 빠지는 종류의 책이 아니고 여러 차례 반복하여 읽을수록 그 영적 진미를 더 느끼게 하며, 하나님의 복음의 은혜의 풍성함에 겨워 더욱 더 만족을 주기에 충분하다.

사망의 잠 깨워 거듭나게 하는 말씀 *Sermons in the Natural man*

윌리엄 쉐드 지음 | 서문강 옮김 | 신국변형 양장 336면 | 값 16,000원

"사람이 거듭나지 아니하면 하나님 나라를 볼 수 없느니라…물과 성령으로 나지 아니하면 들어갈 수 없느니라"(요 3:3)고 하신 말씀은 예수 그리스도를 믿음으로 말미암아 구원에 이르는 복음의 이치에 눈을 뜨는 일은 거듭난 사람에게만 가능하다는 의미이다. 아직 거듭나지 못한 상태에 있는 자연인들은 영적으로 죽은 자들로서 깊은 사망의 잠을 자는 자들이다. 교회를 다니거나 교회 밖에 있거나 자연인의 상태에 있으면 그 이치를 모른 채 사망의 잠에 빠져 있게 된다.

하나님의 열심을 품은 간절목회 *An Earnest Ministry*

존 에인절 제임스 지음 | 서문강 옮김 | 신국변형 양장 392면 | 값 18,000원

이 책은 분명 '진정한 목회'를 지로하는 불후의 고전(古典)이다. 저자는 "하나님의 열심을 품어 사람들을 정결한 처녀로 그리스도께 중매하려 하던"(고후 11:2) 모든 사도들이 견지하던 사역의 본질과 실천을 '간절한 열심'(earnestness)이라는 개념 속에 응집시키고 있다. 그것을 분석하고 종합하고 적용하여 모든 사역자들에게 도전하고 격려한다. 실로 이 책은 리처드 백스터의 '참 목자상'(Reformed Pastor), 찰스 브릿지스(Charles Bridges)의 '참된 목회'(Chriatian Ministry)와 함께 나란히 '목회학'의 3대 고전이라 불려지기에 충분하다.

구원을 열망하는 자들을 위하여 *The Anxious Inquirer*

존 에인절 제임스 지음 | 서문강 옮김 | 신국변형 양장 256면 | 값 13,000원

영국에서 19세기 후엽 첫 출간 당시 50만부가 팔린 고전으로, 영적 각성을 받아 자신의 죄인 됨과 구원에 대한 '절박한 근심'을 하는 이들을 위한 책이다. 빌립보 감옥의 간수가 바울과 실라에게 "선생들아 내가 어떻게 하여야 구원을 얻으리이까?"(행 16:30)라고 간절하게 물은 것과 같은 단계에 있는 이들을 가리켜 'Anxious Inquirer'(염려하여 묻는 자)라고 하는데, 이 책은 이 상태에 있는 이들을 구원으로 인도하시는 하나님의 성령님의 말씀이 담겨 있다.

고통 속에 감추인 은혜의 경륜 *The Crook in the Lot*

토마스 보스톤 지음 | 서문강 옮김 | 신국변형 양장 328면 | 값 16,000원

"하나님께서 행하시는 일을 보라 하나님께서 굽게 하신 것을 누가 능히 곧게 하겠느냐?"(전 7:13)를 주제로 지상 성도들의 단골 메뉴인 '고통'의 문제를 하나님의 은혜와 그 능하신 손 아래서 어떻게 접근해야 하는지를 가르치고 있다. 하나님께서는 지상의 자녀들 각자에게 분정(粉定)된 몫을 주시되, 그 속에 반드시 '굽은 것'을 넣어 주시어 그로 인해 '고통'을 느끼게 하신다. 그리하시는 하나님의 목적은 그들로 '고통 자체'가 아니라 그것을 방편 삼아 사랑하시는 자녀를 향해 그리스도 안에서 예정하신 그 하늘에 속한 신령한 '은혜의 경륜'을 이루고자 하심이다.

요한계시록 그 궁극적 승리의 보장

서문강 지음 | 신국변형 양장 320면 | 값 16,000원

이 책은 '요한계시록 바르게 깊이 읽기'를 선도할 개혁주의적 강해서다. 저자는 1:3의 말씀, "이 예언의 말씀을 읽는 자와 듣는 자와 그 가운데에 기록한 것을 지키는 자는 복이 있나니 때가 가까움이라." 하신 것에 착안하여, 성경의 다른 65권의 책들과 같이 동등하게 묵상하고 강론되어 섭취할 영적 양식임을 확신한다. 또한 현대의 그리스도인들은 요한계시록을 처음 받은 초대교회 성도들보다 그리스도의 재림에 더 가까이 서있으니, 요한계시록의 메시지야말로 그 어느 때 보다 절박하게 필요함을 저자는 역설한다.

시편 119 말씀을 사모하여 헐떡이는 사람

찰스 브리지스 지음 | 신국변형 양장 820면 | 값 33,000원

스펄전 목사가 참된 신앙의 3요소로 줄기차게 강조한 '참된 성경 교리, 체험, 실천'의 실상을 이 책의 모든 지면에서 만난다. 주의 말씀과, 기도와, 은혜의 능력으로 순종하여 말씀을 실행하는 역동성은 지상에 있는 하나님의 자녀들의 선명한 표지다. "내가 주의 계명을 사모하므로 입을 열고 헐떡였나이다"(시 119:131). 하늘의 시민권을 가진 이는 이 책에서 더 큰 확신과 영적 진보의 영광을 맛보게 될 것이고, 영적 안일에 빠진 사람은 각성을 받아 '주의 말씀을 사모하여 헐떡임'의 행복을 회복할 것이다.

사도가 자랑한 복음의 진수 로마서 상, 하

서문 강 지음 | 신국변형 반양장 상권 442면, 하권 393면 | 상권 값 20,000원, 하권 값18,000원

이 책은 단순한 주석을 뛰어넘어 로마서 전문(全文)을 관통하여 흐르는 복음의 은혜와 능력을 목양적인 간절함으로 강해하고 설파하고 있다. 전체 52강을 상, 하 두권으로 나누어 구성하였다. 이 책을 통해 독자는 '사도가 전한 참된 복음의 진수에 이르러 구원의 기쁨과 확신과 소망을 뿜어내는 샘'을 갖게 될 것이다.

청교도신앙사

믿음의 깊은 샘 히브리서 2

멜기세덱의 반차를 따른 대제사장

초판 1쇄 펴낸날 2014년 7월 31일
2쇄 펴낸날 2020년 3월 15일

지은이 아더 핑크
옮긴이 서문 강
펴낸이 전수빈
펴낸곳 청교도신앙사

주소 서울시 은평구 녹번로 3길 2(녹번동 98-3)]
전화 02-354-6985(Fax겸용)
전자우편 smkline@naver.com
등록 제8-75(2010.7.7)

디자인 백현아
출력,인쇄 예원프린팅

파본이나 잘못된 책은 구입처에서 바꾸어 드립니다.

ISBN 978-89-87472-32-4 94230
978-89-87472-30-0(세트)

책값은 뒤표지에 있습니다.